奋力推进教育高质量发展暨
《教育学术月刊》创刊40周年
学术研讨活动

◎ 教育基本理论研究 ◎ 教育发展探索
◎ 政策与管理 ◎ 教师与学生发展

四秩芳華

SIZHI FANGHUA
JIAOYU XUESHU YUEKAN
LUNWEN JINGHUABAN

《教育学术月刊》 编辑部 ◎ 编

《教育学术月刊》
论文精华版

江西人民出版社
Jiangxi People's Publishing House
全国百佳出版社

**图书在版编目（CIP）数据**

四秩芳华 :《教育学术月刊》论文 : 精华版 /《教育学术月刊》编辑部编 . -- 南昌 : 江西人民出版社，2024. 10. -- ISBN 978-7-210-15774-8

Ⅰ . G4-53

中国国家版本馆 CIP 数据核字第 20242HM719 号

**四秩芳华：《教育学术月刊》论文精华版**
SIZHI FANGHUA:《JIAOYU XUESHU YUEKAN》LUNWEN JINGHUABAN

《教育学术月刊》编辑部　编

出　版　人：梁　菁
策　划　编　辑：张芝雄　蒲　浩
责　任　编　辑：陈炫宇
封　面　设　计：同昇文化传媒　饶　乐　徐雯诗

江西人民出版社
Jiangxi People's Publishing House
全国百佳出版社
出版发行

地　　　　址：江西省南昌市三经路 47 号附 1 号（邮编：330006）
网　　　　址：www.jxpph.com
电 子 信 箱：jxpph@tom.com　web@jxpph.com
编辑部电话：0791-86898965
发行部电话：0791-86898815
承　印　厂：长沙超峰印刷有限公司

开　　　本：720 毫米 ×1000 毫米　1/16
印　　　张：22.5
字　　　数：324 千字
版　　　次：2024 年 10 月第 1 版
印　　　次：2024 年 10 月第 1 次印刷
书　　　号：ISBN 978-7-210-15774-8
定　　　价：98.00 元
赣版权登字 -01-2024-609

# 序

　　《教育学术月刊》，原名《江西教育科研》，创刊于 1984 年，由江西省教育厅主管、江西省教育评估监测研究院和江西省教育学会联合主办，是教育理论研究方面的专业学术期刊。期刊创刊时，原国家教委党组副书记、副主任柳斌题写了发刊词——《新的形势　新的课题》，强调期刊"义不容辞地担负着一项光荣的使命，代表着江西教育界响亮地回答新形势向教育提出的种种要求"，鲜明地提出办刊定位和宗旨，并对期刊的成长寄予厚望。

　　四秩芳华，继往开来。自创刊以来，在编委会和同行专家关怀指导及广大作者、读者支持帮助下，在几代编辑人不懈努力下，期刊顺应改革开放的时代大潮，与时代同行，始终坚持政治家办刊原则，坚持严谨务实的学术态度，及时回应教育现实中的真问题，着力推介思想上和学术上具有高标准、高水平的教育科研成果，代代接力，砥砺前行，奋力打造高质量的教育理论期刊。四十年栉风沐雨，期刊从一株红土地上的学术幼苗，长成了一棵在全国有较大影响的学术之树。期刊连续被收录为全国中文核心期刊、中国人文社会科学核心期刊、CSSCI 扩展版来源期刊、人大复印资料重要转载来源期刊和 RCCSE 中国核心学术期刊，荣获华东地区优秀期刊和江西省优秀期刊一等奖。北京师范大学教育学部教授、著名教育学家成有信曾称赞期刊"从一个地方性的普通教育刊物一跃而升格为全国学术核心刊物之一，这是一个了不起的成绩"。

　　1984—2024 年，弹指一挥间，《教育学术月刊》迎来创刊 40 周年，编辑部会同江西人民出版社通过对 40 年刊文的深度梳理，沿着几代教育研究者的循证足迹与成长轨迹，精选出 24 篇文章，结集汇编成《四秩芳华：〈教育学术月刊〉论文精华版》。选文力求展现教育科学研究的整体发展轨迹，覆盖各个教育学段与类型，既体现教育名家的学理基础与思想智慧，又展示中青年学者的创新思维与务实精神；既关注宏观教育基本理论研究，又关注微观层面教师与学生发展；既循迹教育发展线索，又关涉政策与管理的变迁。

往昔已展千重锦，明朝更进百尺竿。结集出版精华版，是对办刊 40 年学术成果的一次小结，更是对未来学术立场的郑重承诺与美好展望。期刊编辑部站在教育强国建设的理论研究新起点，不断追随新时代步伐，进一步深入学习贯彻习近平新时代中国特色社会主义思想和党的二十大和二十届二中、三中全会精神，对标对表习近平总书记在哲学社会科学工作座谈会上的重要讲话和给《文史哲》编辑部全体编辑人员的重要回信精神，贯彻落实全国教育大会精神，牢牢把握正确的政治导向，坚守学术品格，打造高品质期刊，致力于推动学术共同体建设，努力助推教育科学事业繁荣发展，为教育强国建设作出更多的贡献！

江西省委教育工委委员、省教育厅副厅长

汪立夏

2024 年 9 月 10 日

# 目录

## 政策与管理 179

## 教师与学生发展 315

教育基本理论研究

1992 年第 5 期

# 简论教育和社会 *

**成有信** *

教育过程是社会过程的一部分。教育在和各社会过程（社会部门）的相互依存、相互作用的关系中显现了自己的特性，如教育的生产性、政治性（阶级性）、科学性、商品性等。从教育对其他社会过程的功能和作用看，我们把教育的这些特性称为教育的社会职能，如教育的生产职能、政治职能和文化职能等。

英国著名比较教育学家萨德勒（1861—1943）说"学校外的事情，比学校内的事情更重要，而且它支配和说明着学校内的事情"。[1]这意味着我们不能离开教育与其他社会部门的相互关系、离开教育的社会功能或社会职能去了解什么是教育、什么是教育的本质。因此，研究教育和社会其他各个部门间的关系，研究教育的各种社会职能，就成了我们探讨什么是教育的一个极重要的方面。

## 一、教育是社会过程

教育是社会过程，而不是生物过程，这是我们首先必须弄清楚的一个问题。

### （一）人和动物具有不同的素质基础

从生物学观点看，人是最高级的动物，人和其他动物有共同点，因而，人也要服从生物学规律，这是一方面。但另一方面，正因为人是最高

---

* 本文原载于《教育学术月刊》1992 年第 5 期，收入本书时根据实际情况有所修改。

* 作者简介：成有信，北京师范大学教育学部教授、博士生导师，我国著名教育学家。

级的动物,因而,人就有了与一般动物不同的特点,即人和动物具有着不同的素质。动物的素质已被特殊化,生而有生存能力,即有由遗传获得的、本能的简单行为定型式的生存能力;人的基本特点就在于人的素质没有被特殊化,人初生时都十分孱弱,本能的生存能力薄弱,但是却有由进化而形成的发达的大脑所给予的学习的可能性,即人的巨大的后天可塑性。人的大脑所决定的人的发展潜在能力和发展的多种可能性,乃是人不同于动物的素质基础。这是人不同于动物的生物学基础,也是人类的教育不同于动物本能的物质基础。

(二)教育是人类特有的活动

动物也有对幼仔的照顾和爱护之类的活动,但这是先天的、本能的活动,是由遗传获得的简单的行为定型。动物没有意识,因而这些活动对动物来说是不自觉的。

人类对幼儿的照顾、爱抚之类的类似动物照顾幼仔的活动,也不是教育。教育是出于社会需要而产生的更高级的有意识的活动,是由后天获得的社会性活动,而不是本能活动,不是由遗传获得的简单的行为定型式的动作。这就是说,教育活动,像人类的其他社会活动一样,意识性是其根本特点。

动物也有信息的储存和传递,但这种信息主要储存于遗传基因中,并通过遗传一代一代地传递下去。动物的行为和动作是一种先天的本能,而不是来自后天的学习。尽管某些高级动物也有某种智力活动,也有由适应周围环境在后天习得的某些经验,但因为动物没有语言和意识,这些个别高级动物后天习得的某些经验不能在同类中传递,它只能随着个体的死亡而消失。

人和动物不同,除了有上述与动物共同的固定于遗传素质中的信息可以通过遗传传递外,人类的经验主要来自后天的学习,来自后天经验的传递。这是因为人类有意识和语言,有学习的物质基础——大脑,所以人类的经验可以脱离个体而存在,可以通过教育传递经验,可以无限地积累经验,可以高速地促进人的智力的发展。当然,人类的这种经验传递活动,又促进大脑重量和结构的变化,从而进一步增强人类的学习能力和智力发展的潜力。后天的经验传递、经验的习得，乃是人类特有的活动。

总之，教育只是人类所特有的、有意识的、后天经验的传递活动。人从母胎出生，只不过是一个自然人，只有后天的教育，才能使自然人变成社会人。所以从某种意义上讲，人有两次降生，第一次降生的是一个自然人，第二次经过十余年的教育才成为一个社会人。

（三）教育是整个社会的一部分

教育是一种社会过程，是一种人影响人并使人社会化的过程。

作为非独立社会过程的原始教育，是和整个社会生活与生产劳动过程融合在一起的，人们无法分辨哪个是教育过程，哪个是生产劳动过程，哪个是社会生活过程。而作为独立的社会过程的学校教育则不同，它是和社会生活及生产劳动分离的。不过，这种分离并不是绝对的。它只是说，学校教育的这个社会过程，不同于工厂的生产过程，也不同于社会生活中的政治生活过程、经济生活过程等。

从另一方面讲，教育过程和整个社会生活过程是不能分割的，它是社会生活过程的一个方面，不能脱离社会生活过程而单独存在。若就自发教育而言，社会生活的整个过程，如政治生活过程、经济生活过程、宗教生活过程、文化生活过程和生产劳动过程等，同时也都是教育过程，因为它们都给人以各种影响，都在使人社会化。若就自觉教育、学校教育而言，尽管它可以从社会生活过程中分辨出来，但它不能孤立于整个社会生活过程之外而存在。学校存在于社会之中，学校的一切是被社会所决定的，同时学校又影响社会的各个方面。例如，教育的目的、内容等乃是整个社会生活过程及其要求的反映和再现，而学校所培养出来的人要参与社会生活，影响社会生活的各个方面。同时，学校所进行的教育，也不仅仅限于学校的教育过程，而是要把学校教育过程和整个社会生活过程联系起来，努力使教育以学校为主，同社会一起共同影响人的社会化，并成为相互配合共同促使人的社会化的一个社会过程。

总之，教育过程是和社会生活的整个过程密切联系在一起的，自觉教育、学校教育只不过作为一个过程，对于其他社会过程有相对的独立性而已。教育作为社会生活的一部分，它和社会生活的其他部分是相互依存和相互作用的。

（四）全面探讨教育和社会诸方面的关系

教育与社会的关系，可分为与社会的物质生活和精神生活两个方面的关系。物质生活方面，即物质生产方式，又可分为社会生产和经济基础两个方面。而精神生活方面，即上层建筑，又可分为其核心部分的政治及其他社会意识即文化两个方面。在现代社会里，科学技术有从社会意识中分离而独立并有并入社会生产的趋势。因此，或把科学技术独立出来，或和社会生产并在一起。这样，我们关于教育和社会的讨论将分为下列五个部分，即教育和社会生产、教育和科学技术、教育和经济基础、教育和政治以及教育和文化等。另外，社会主义初级阶段的教育和商品经济的关系也是需要探讨的问题。

## 二、教育和社会生产

教育和社会生产既有直接联系，也有间接联系。教育的产生和发展首先是由社会生产的要求决定的，社会生产是教育的最终决定因素。同时，整个来说，教育首先要为社会生产的存在和发展服务。古代教育是这样，现代教育也是这样。只有古代教育中的古代学校教育稍有例外。尽管它最终是被社会生产的发展水平决定，也最终会影响生产的发展，但它的确和生产没有或很少有直接的联系，因而也不直接影响或很少直接影响生产的发展。

关于教育和社会生产的相互关系可从下列两个方面说明。

（一）社会生产制约教育

1. 社会生产的水平和性质制约着教育的水平和性质

从历史发展中看得很清楚，社会生产的水平和性质怎样，教育的水平和性质也会怎样。原始氏族社会以使用石器手工工具为标志的生产力性质和极低下的生产水平决定了原始社会教育与社会生活生产劳动处于混沌未分化状态的性质及其极低下的水平。后来，古代文明社会使用金属手工工具从事手工劳动的性质，生产水平有所提高又不甚高的这种情况，决定了古代学校教育的出现，决定了只有一小部分儿童和少年可以从生产劳动中分离出来接受学校教育，决定了古代学校教育的等级性、狭隘性。现代社会以使用机器为标志的生产力性质和生产的高水平决定了现代学校教育的生产性、普及性、群众性、科学性、民主性和现代学校教育的高水平。

现实也是这样。不同国家，甚至一国之内不同地区，教育的先进性和教育的高水平归根到底是由社会生产的先进性和高水平决定的，而其他因素只是或多或少地起作用，不可能起决定性作用。

人们会问，难道社会生产也能决定教育的阶级性吗？它当然不能直接决定，直接决定教育阶级性质的是社会的经济制度。问题在于，社会经济制度又是被什么决定的呢？归根到底它是被社会生产的性质和水平决定的。这样我们就可以得出结论，社会生产的性质和水平一般是间接地，同时也是最终地决定教育是否会有阶级性以及具有什么类型的阶级性质。

2. 社会生产制约着教育的规模和结构

社会生产的性质和水平所决定的社会剩余劳动的数量制约着教育的规模——决定着完全和部分地脱离生产劳动的人员的数量和幅度，即决定着有多大比例的人员可以脱产作为教育工作者，有多大比例的儿童和少年可以脱产和脱产多少时间去当学生，决定着有多大的财力和物力可供开办学校和为教育提供经费。教育的规模绝对不可能超出社会剩余劳动所提供的这种可能性。同时，社会生产的性质和水平也制约着社会和个人对教育的需求，从而也决定着教育的规模。

历史和现实完全证明如下论点：原始社会低下的生产水平还不能提供任何剩余劳动的时候，就根本不可能产生学校。在古代文明社会的生产水平只能提供很少一部分剩余劳动的时候，就只能出现供极少数人学习的古代学校。只有在现代社会里，当生产水平大大提高，可以提供更多的剩余劳动时，才能出现普及性的现代学校。而现代社会发展的不同阶段和不同国家普及教育的水平和年限，首先依赖于现代生产发展的水平，以及由此提供的剩余劳动的数量。这几乎是一条绝对的规律。

显然，教育的结构，初等、中等和高等教育的比例，普通教育和职业教育的比例，职业教育和高等教育的科系、专业的类别和比例，高等教育的层次、招生比例和数量等，不但和上述由生产水平所能提供的剩余劳动的数量有关,而且也与由生产水平和性质所决定的社会经济结构、产业结构、就业结构等有关。

当然,社会生产的水平和性质也制约着教育的内容和手段。

3.社会生产制约着教育目的

过去人们常常把教育目的只看作阶级的教育目的。其实,教育目的是有层次和结构的。教育目的可分为教育的总目的和各个层次和类型教育的具体目的。教育的总目的至少可以划分为两个方面。这是因为我们对所培养的人有两个方面的要求,即适应一定社会生产的劳动者和适应一定社会生活的社会人。由此,教育目的可分为培养什么样的劳动者和培养什么样的社会人两个方面。教育的阶级目的只是阶级社会培养社会人这方面目的中的一个部分。

社会生产不但直接决定培养什么样的劳动者,而且也间接地但也是最终地决定培养什么样的社会人,甚至间接地但也是最终地决定这样的社会人具有什么性质的阶级性这个目的。因为生产最终决定社会的一切,最终决定社会是否划分为阶级和划分为哪些阶级以及哪个阶级可能占统治地位等。

一定社会生产的水平和性质决定对劳动者各方面素质的要求,而这些要求要由教育来满足,于是就决定了该社会这方面的教育目的。原始社会低下的生产水平和性质决定了原始社会对劳动者低下的劳动素质的要求,决定了原始教育培养具有简单劳动知识和使用简单工具技能的劳动者这个目的。古代阶级社会稍高的社会生产水平对劳动者相应的要求决定了古代阶级社会的教育培养具有从事手工劳动知识和使用这类工具技能的劳动者这个目的。由于古代文明社会劳动者使用手工工具劳动的性质,是凭借经验形态的技艺和劳动者的筋肉力,不需要科学和技术,甚至不需要读、写、算的文化知识,因此,这些劳动者也就不需要进入学校学习。这也决定了古代学校教育不直接反映或很少反映社会生产的要求。所以说,古代学校教育脱离生产、脱离生产劳动和脱离劳动人民的性质和它主要培养剥削统治人才的教育目的,是间接地也是最终被古代生产的水平和性质决定的。

现代社会以使用机器为标志的生产力的性质和生产的高水平对劳动者所提出的要求,决定了现代教育培养现代劳动者的教育目的,决定了现代教育不但要培养科学家、工程师、管理专家和教师等现代脑力劳动者，而且还要培养有相当科学文化水平的熟练劳动者和有一定文化知识的半熟练与不熟练的劳动者。正是现代生产的性质和水平对脑力劳动者和体力劳动者的新要求，推动了以培养统治人才为主要目的的具有古代学校传统的学校向现代学校的转变和以培养有文化的劳动者为目的的现代国民学校的产生。新的社会生产规定了新的教育目的，改造了旧的传统的学校和建立了新的现代学校，终于使培养劳动者——脑力劳动者和具有一定文化科学知识水平的体力劳动者变成了现代教育的首要目的。

（二）教育也制约社会生产

制约社会生产的因素很多，科学技术、政治经济制度和文化等都制约着社会生产的发展，教育是其中一个重要因素。

教育也制约着社会生产，这是因为教育的一个根本职能是培养劳动力，而劳动力是生产的一个根本要素。生产要发展，就要对劳动力提出要求，教育要满足这个要求，就要按这个要求去培养人才。从这个意义上讲，教育是被社会生产决定和制约的。反过来，也只有教育适应和满足了社会生产的要求，为社会生产提供了合格的劳动力，即把不掌握任何生产知识和经验的人这种可能的生产力变为掌握生产知识和经验的人这种现实的生产力时，社会生产才能得到发展。从这个意义上讲，教育直接制约社会生产的发展。教育和生产有直接联系，教育如不满足社会生产的上述要求，社会生产就根本不能发展。另外，教育和社会生产也有间接联系，也间接推动社会生产的发展，比如，教育促进科学技术的发展、文化的发展以及政治经济制度的稳定和发展，而这些因素又促进了生产的发展等。

古代生产和古代教育的关系是这样，现代教育和现代生产的关系更是这样。

在古代，由于古代劳动者教育满足了古代生产对劳动者的要求，古代生产才得以存在和发展。由于古代自然经济相对停滞的性质和生产经验、技艺凝固的性质，古代生产没有向古代劳动者不断地提出新的要求，因而古代劳动者教育推动古代生产发展的情况就不甚明显。但这里必须着重说明一点，古代学校教育没有或很少有直接制约古代生产的机制。因为古代学校教育一般不培养劳动者，和古代生产没有直接关系，因而古代学校教育没有或很少有直接推动古代生产发展的作用。

在古代社会向现代社会的过渡时期，由于商品经济的发展，要求生产不断发展以满足对产品的量和品种不断增长的要求，于是推动了生产工具的改进，推动了科学和技术在生产中的应用，于是对生产者不断提出了新的要求。先是由学徒制等劳动者教育来满足这种要求，当这种要求得不到满足时，即由国民学校、实科学校、职业学校和近代大学来满足这个要求。这些学校培养了大批合格的劳动力和技术人才，于是推动了生产的大发展。

现代生产是科学技术的物化这一性质决定了现代教育是制约现代生产的中间环节和决定性因素。

现代科学技术是知识形态的生产力。现代科学首先要转化为技术和设备，而后这些技术和设备还要为劳动者所掌握，科学技术才能变成现实的生产力。但科学技术是不会自动进入生产过程变为直接的生产力的。只有通过掌握科学技术的人才能把科学技术带进生产过程，即只有通过教育才能使劳动者掌握科学技术知识并在生产过程中运用技术和设备，从而制造产品并推进生产的发展。因此说，现代教育乃是使科学技术这个潜在的生产力变为现实的生产力的中间环节和关键因素。从这个意义上可以说，现代教育也是一种潜在的生产力，因为它是生产劳动力的机构。没有现代教育，没有现代教育使科学技术转化为劳动者的精神财富，没有劳动者使用科学技术装备起来的生产设备，没有劳动者使科学技术和劳动对象的结合，科学技术就永远是一种潜在的生产力，就没有现代生产。

根据苏联教育经济学家斯特鲁米林 1924 年的计算，接受一年学校教育者比在工厂工作一年而未受此教育者平均提高劳动生产率约 1.6 倍。苏联的科马洛夫 1980 年著文指出，教育水平每提高 1%，社会劳动生产率就提高 1.4%。根据美国经济学家舒尔茨的计算，从 1927—1957 年，美国教育投资对经济增长的贡献为 70%，而物的投资对经济增长的贡献则为 30%。苏联、美国和日本各按自己的方法对本国经济的测算表明，教育投资带来的收益分别为 30%、33% 和 25%。[2]

尽管对上述方法和数据还有不同看法和争议，但这些数字说明，在现代生产中，教育投资在发展生产中不但作用重大，而且远远超过了物的投资的作用。因为教育投资的收益远远高于物的投资的收益。这就是说，教育投资乃是一种有效的投资，是一种生产投资。因而，教育投资就成了发展现代生产的一个关键因素。

由于劳动力的培养，特别是高级脑力劳动力的培养是一个较长的过程，因此，教育投资就有了迟效性。教育投资的迟效性和教育投资要有超前性，只不过是一个问题的两个说法。就是说，比起物的投资来，教育投资见效较慢。因此，为了更有效地发展现代生产，就必须及早进行教育投资。这已为许多国家发展现代生产的经验所证明。

把教育投资看作单纯的消费，不愿对教育投资和不愿及早投资的观点是一种过时的观点。这种观点是违背现代教育的本性及现代教育和现代生产的相互关系性质的。那种只承认社会生产制约教育，而不承认现代教育也制约现代生产的单向制约论，也是违背现代教育的本性的。

综前所述，任何社会的教育都具有生产性。只不过在古代，教育的生产性主要被劳动者教育所限，古代学校教育则几乎没有什么生产性。而在现代，教育的生产性表现得却十分突出。它成为现代学校教育区别于古代学校教育的重要特征。在未来社会，教育的生产性可能会有某些变化，但仍不失为它的一个基本特征。教育的生产性也可叫作教育的生产功能或教育的生产职能。

由此可见，教育和社会生产，特别是现代教育和现代社会生产的这种相互依赖关系乃是一条重要规律。这条规律对我国社会主义初级阶段的生产和教育也是完全适用的。因而，确立教育必须为社会主义建设服务，社会主义建设必须依靠教育这一指导方针，是完全合乎科学的。

## 三、教育和科学技术

教育（劳动者学校教育）和科学技术的关系，是现代社会的一种关系。古代社会，即使到了古代文明社会，也还不存在这种关系。因为在那时，科学技术、劳动者学校教育还没有从社会生产过程中分离出来。因而在那时，也就不存在科学技术和劳动者学校教育的独立的社会职能，也就不存在科学技术、劳动者学校教育和社会生产之间的相互关系。在那时，即使有一点科学技术的萌芽，如数学和天文学等，它们和古代生产及古代学校教育的联系也十分薄弱。

在现代社会里，学科技术、现代教育——劳动者学校教育已从社会生产过程中分离出来，科学技术和现代教育各有自己独立的社会职能，因而就产生了科学技术、现代教育和社会生产之间的关系，也就产生了现代教育和现代科学技术之间的关系。

现代生产、现代科学技术和现代教育之间的关系是：现代生产已不是生理能的输出和劳动技艺的运用，而是自然能的利用和科学技术的运用，是科学技术的物化。现代科学技术则成了现代生产的一个最重要的因素，它是一种知识形态的生产力，是现代社会的第一生产力。现代教育则是使科学技术转化为劳动者精神财富的手段，是使科学技术进入生产过程，使科学技术和劳动对象结合起来，从而使科学技术这个潜在的生产力变为现实的生产力的中间环节和关键因素。这样现代科学技术、现代教育和现代生产三者就密切地结合了起来，相互依存、相互促进，一起成为现代社会发展的决定性因素。

现代教育和现代科学技术的相互关系可概括如下：

（一）科学技术制约着教育

如前所述，在古代，科学和技术都处于萌芽状态，这种萌芽状态的科学技术和劳动者学校教育都还没有从社会生产过程中分离出来，它和古代学校教育（剥削统治者的学校教育）的联系十分薄弱。古代科学在西方古代学校中不占重要地位和它被我国古代学校排斥于校门之外的事实完全可以证明这一点。因而，在古代，说不上科学技术对古代教育的制约作用。现代科学技术和现代教育的关系则完全不同，前者对后者具有明显的制约作用。

1. 现代科学技术制约着现代教育的内容

现代科学技术、现代生产和现代教育的性质及它们之间的关系，决定了现代科技直接制约现代教育的内容。现代科学技术的基础知识和基础学科构成了现代学校教育的基本内容。数学、物理、化学、天文学、地学和生物学是普通学校的基础学科，各类工艺技术成了职业学校的专业基础课程和专业课程，各种前沿科学和尖端技术还成了高等学校相应科系的主要课程，这证明了现代科学技术直接决定现代教育内容的这个性质。在当代，凡是现代科学技术的基础部分，凡是对现代生产和现代科学技术的发展有价值的知识，都将以不同的形式进入各级各类现代学校并将成为它们的教学内容。因为不这样，现代教育就不能称其为使现代科学技术进入生产领域，从而使现代科学技术这个潜在的生产力变为现实的生产力的中间环节和关键因素了，现代教育也就不能称其为现代生产的重要因素和某种意义上的潜在的生产力了，现代教育也就不能称其为现代教育了。

2.现代科学技术制约着现代教育的方法和手段

现代科学技术不但制约着现代教育的内容，而且还制约着现代教育的方法和手段。

现代科学技术成为现代学校的教学内容，同时也必然要把现代科学方法和现代技术手段引入现代学校，改造传统的教学方法和教学设备，形成新的科学的教学方法和配置新的教学技术手段，同时引入新的教学组织形式。观察、实验、调查、比较和实习等方法，也都是同现代科学方法相应的现代学校的教学方法。最初是望远镜、显微镜、幻灯机、照相机和各种实验仪器进入了教学领域，后来是收音机、电影机、电视机和录音机进入了教学领域，现在则是录像机、电子计算机和人造卫星也被当作教学手段。随着生产的发展和科学技术的发展，现代学校将日益成为高科学和高技术装备起来的教育机构，而职业技术学校和高等学校，同时也还是科研机构和生产机构，即所谓教学、科研和生产结合的机构。而这将把现代教育、现代生产和现代科学技术紧密地联系在一起，使新的科学技术以最快的速度进入教育并转入生产，从而以最快的速度促进现代生产的发展。因为这乃是现代科学技术、现代生产和现代教育在现代社会的相互关系的物质表现。不这样，现代教育就不可能培养出把现代科学技术应用于现代生产的高水平的新的生产工作者。目前，我国广大农村地区所推广的经科教或农科教的统筹和结合也是上述现代生产、现代科技和现代教育三者相互关系的一种自觉体现。

（二）教育也制约着科学技术

在现代社会里，现代教育不但受现代科学技术的制约；反过来，现代教育也制约着现代科学技术的发展。现代教育不但可以再生产现代科学技术，创造新的科学技术，而且还可以创造新的生产力。

1. 现代教育再生产现代科学技术

现代科学技术的发展是依赖于现代教育的。因为正是教育把人类长期积累起来的科学技术知识不断地再生产出来，传递给一代又一代的新人。从而实现了科学技术的继承、积累和发展。这样，教育对科学技术的再生产就成了科学技术得以继承、积累和发展的必要条件。这种再生产，如果在古代社会是以师徒相传等个别形式和自发进行的话，那么在现代社会，有计划和有组织地进行科学技术的再生产就成了现代教育的根本任务了。

现代教育和古代教育在这个问题上的不同点是：第一，如果古代学校还不是科学技术再生产的主要场所的话，那么，现代学校则是科学技术再生产的主要场所。因为如前所述，现代科学技术是现代学校教育的主要内容。第二，如果古代教育（古代劳动者教育中的师徒相传）对科学技术的再生产的主要特点是简单再生产的话，那么，现代教育对科学技术的再生产则是扩大的再生产。现代教育的大规模普及并逐级提高正是为现代科学技术的扩大再生产提供了场所。第三，古代教育即使对科学技术进行了扩大再生产，而这种扩大再生产至多只不过是一种个别进行的低效率的扩大再生产，但现代教育对科学技术的扩大再生产则是一种有计划、有组织、大规模的高效率和高速度的扩大再生产。因为现代科学技术如此爆炸式地急速发展，只有通过高度科学化、组织化的现代教育才能完成这种扩大再生产。因此，在现代社会里，科学技术的发展和现代教育的发展就必然要紧密地联系在一起，"我们要实现现代化，关键是科学技术要能上去。发展科学技术，不抓教育不行"。[3]

2. 现代教育创造新的科学技术

现代教育不但再生产科学技术，而且还创造新的科学技术。如果现代教育再生产科学技术是在基础教育的学校和基础学科的教学中进行的话，那么，现代教育创造新的科学技术则主要是在高等学校中的尖端专业和学科中进行的。

现代教育，特别是现代高等教育（包括某些现代职业技术教育），由于它的优越条件，例如，高水平的科学和技术人才云集，科学门类齐全，设备先进，经费充裕，具备进行尖端科学研究、跨学科研究等创造新的科学技术的充分条件，另外，还有众多的新一代科研生力军，即研究生和高级学位获得者的参加和对科研队伍的补充。因此，在现代很多国家，特别是发达国家的著名高等学府，不但是精英人才的培养中心，而且也几乎是新的科学技术的创造中心。在各个发达国家和很多发展中国家，科研力量、科研设备和科研经费的半数都集中在这些高等学府。因而，新的科学技术有相当部分是由高等学校创造的。例如，1981 年我国国家科委颁发的 44 项发明奖中，高等学校完成或参与完成的就有 20 项，将近 50%。1989 年 2 月 15 日颁发的第三次国家自然科学奖 11 项一等奖中，高等学校获奖的有 3 项，中学获奖的有 1 项，高等学校参加的有 2 项。[4] 1949—1989 年在国家授予的科技进步奖、发明奖和自然科学奖中，我国高等院校获奖数分别占全国总数的 22.2%、29.5% 和 48.2%。[5] 1992 年公布的新选的 210 名学部委员中，高校占三分之一的事实也说明高校是新科技重要的创造和发明基地。据称，美国科学技术新的突破口往往是在博士论文中提出来的。这是因为，在当代，高等教育特别是它的最高层次的研究生教育，乃是吸取和掌握了各个领域中人类科技成果的总和之后向前进发和向前突击的前沿阵地。研究生是在科研中学习科研，创造新的科学技术是他们的任务之一，他们的论文应当是新的科研成果。再加上上述其他条件，因而，研究生学位论文就成了新的科学技术发明的一个重要源泉。

3. 现代教育创造新的生产力

古代生产力水平极低，只有科学技术的萌芽，劳动者从事生产是以经验的运用和生理能的输出为特征的。因此，古代劳动者对科学技术的要求不迫切，古代学校教育和科学技术的联系也是薄弱的。这就决定了古代教育（主要是劳动者教育）只有对以经验形态存在于技艺之中的科学技术进行简单再生产(扩大再生产不占主要地位)的职能,决定了古代教育主要是继承和传递原有生产力的职能,很少有创造新的生产力的职能。这是构成古代生产发展缓慢的一个重要原因。

现代教育则不然。现代生产具有科学技术物化的性质,现代科学技术具有潜在的生产力及首要的生产力的性质,以及现代教育具有科学技术转化为现实的生产力的中介的性质,决定了现代教育可以创造新的生产力。因为现代生产、现代科技和现代教育的上述性质使三者相互结合,现代教育则成为这三者结合的中间环节。现代高等学校正是以教育为中心把这三者结合了起来。这样,在高等学校的实验室里,不但造就新的科技人才、创造新的科技知识,而且还研制新的工具、新的材料和新的工艺。这就是说,现代教育可以创造现代生产力的全部要素,可以直接推动现代生产力的发展。现代教育这一性质和职能是现代教育区别于古代社会教育的一个重要特点。正是由于现代教育具有这个特点,未来学家认为,越来越多的人承认,未来的时代将是教育的时代,未来的社会将是学习的社会。

## 四、教育和经济基础

教育和经济基础的关系是教育和社会诸方面关系的一个重要方面。社会生产必然要存在于一定的经济形式之中,即必然要和一定的生产关系相适应,这个生产关系的总和就是经济基础。教育除了首先和社会生产有直接的、本质的联系外,同时它还必然和经济基础有直接的、本质的联系。就是说,教育不但和社会生产存在着相互依存和相互作用的关系,而且它还和经济基础存在着相互依存和相互作用的关系。关于这后一种关系,过去讨论得很多,这里只作简略说明。

(一)经济基础制约教育

教育促成人的社会化。首先,人要社会化为一个劳动者。因此,教育和社会生产就有了直接的、本质的联系。其次,人还要社会化为一个社会人。因此,教育和经济基础也有了直接的、本质的联系,即教育要根据一定社会关系的要求去培养人。这样,经济基础对教育就有了直接的制约作用。

1.经济基础制约教育的社会性质

如果说社会生产的水平和性质制约着教育的生产性的话，那么，经济基础的性质则制约着教育的社会性。原始氏族社会原始的自然经济决定着原始教育的平等性和公共性等社会性质。古代文明社会自然经济的等级私有制性质决定着古代文明社会教育的特权和等级的社会性质。现代文明社会自由和平等的社会化商品经济决定着现代教育的人道主义、机会均等和民主等性质。资本主义商品经济的私有制决定着资本主义教育的金钱"特权"、资产阶级对教育的领导权和教育的资产阶级性质。社会主义商品经济公有制占主导地位和个人所有制决定着社会主义教育更充分的人道主义、平等和民主，即它的无产阶级性质。在阶级社会里，统治阶级在经济上的统治地位决定着教育的阶级性质。

2.经济基础制约着受教育的权利

经济基础既然制约着教育的社会性质，它必然也制约着受教育的权利。原始氏族社会原始的自然经济决定着原始教育受教育的平等权利。古代文明社会自然经济的等级私有制性质决定着只有极少数人有接受学校教育的权利，而这种受教育权是不平等的，具有赤裸裸的特权和等级的性质。现代社会的社会化商品经济原则上决定着受教育的平等权利。资本主义私有制本身同时决定着受教育的平等权利被财产状况所制约的性质。社会主义公有制占主导地位和个人所有制性质决定着受教育权更加平等的性质。

3.经济基础制约教育目的

社会生产的水平和性质制约着培养什么样的劳动者这个方面的教育目的。经济基础却制约着培养什么样的社会人这个方面的教育目的。在阶级社会中，经济基础制约着教育目的的阶级性质。原始社会原始的自然经济决定着原始教育的教育目的的公共性质——全氏族社会的性质。古代文明社会自然经济的等级私有制性质决定着古代阶级社会学校教育目的的阶级性、等级性——学校是培养各种等级的剥削统治者和为这种统治服务的工具的性质。现代社会社会化商品经济的性质决定着现代教育的目的是培养面向和平和发展的开放型、发展型和开拓型的人才的性质。但资本主义教育和社会主义教育的目的仍各具有自己的阶级性质。

4.经济基础制约教育内容

经济基础制约培养什么样的社会人这方面的教育目的，就意味着教育要根据这个教育目的选择教育内容。社会上层建筑的主要方面，如政治、法律、哲学、伦理、文学、艺术和宗教等，都是培养社会人的教育要选择的内容。正是教育使受教育者接受了这些内容，并把它们化为自己的精神财富，才能再生产出适应这一社会关系的新一代社会人来。因此，所谓对旧教育的革命性改造，从教育内容方面讲，主要是用反映社会主义经济基础的内容去代替反映封建的和资本主义经济基础的，特别是反映封建经济基础的相应的内容，并不是改变反映现代生产的科学技术知识的教育内容。

（二）教育对经济基础有重要影响

被经济基础所决定的上述教育性质，反过来对经济基础又产生重大影响。

第一，被经济基础决定的教育所培养出来的社会人，要通过为社会服务去巩固相应的经济基础。教育和社会生产的相互依存和相互作用的后果是再生产劳动者并使社会生产得以延续和发展，而教育和经济基础的相互依存和相互作用的关系的后果则是社会人的再生产（在阶级社会是阶级人的再生产）和社会关系的再生产，从而使经济基础得到巩固和发展。

第二，被经济基础决定的教育机关，同时也是反映一定社会关系的政治的、思想意识的和社会文化的宣传机关。通过教育机关对适应一定经济基础的政治的、思想意识的和一定文化的宣传，再生产（包括扩大再生产）这些思想及其所反映的社会关系，从而使一定的经济基础得以巩固和发展。

（三）教育和经济基础的联系具有上层建筑性质

上述教育和经济基础的相互关系中所表现出来的教育的这个方面的性质，是被经济基础决定并为经济基础服务的，这些性质随着经济基础的产生而产生，随着经济基础的变化而变化，随着经济基础的消灭而消灭或被改造。这就是说，经济基础决定教育的这个方面的性质，具有上层建筑的特征，即具有上层建筑的性质。

如前所述，教育并不全是被经济基础决定并为经济基础服务的，也并不都是随经济基础的产生、变化和消灭而产生、变化和消灭的。因此，不能说教育都具有上层建筑的特征，也不能说教育就是上层建筑。

不过古代学校教育却是个例外，它基本上是上层建筑，它具有上层建筑的基本特征。这是因为古代学校教育和生产联系薄弱，它基本上不具有和社会生产方面相互依存和相互作用的性质。就是说，古代学校教育具有脱离生产、脱离生产劳动和脱离劳动人民的性质。

我们过去关于社会主义教育在理论上的错误在于：把和社会生产、经济基础两者都密切联系的社会主义现代教育，错误地认定它就是上层建筑。这样，就使自己陷于矛盾之中：一方面说社会主义现代教育就是上层建筑，要它为政治服务，甚至要成为无产阶级专政的工具；另一方面，又批判它脱离生产，脱离生产劳动。

这是不公允的。因为社会主义教育就是上层建筑，那它和社会生产就不可能有直接的和密切的联系，它必然会脱离生产，脱离生产劳动，如果要它既为政治服务，又为生产服务，它必然会和经济基础及社会生产两者都有密切的和直接的联系，那它就不应该只是上层建筑。

只有关于教育（古代学校教育是一个例外）特别是现代教育既和社会生产有密切的和直接的联系，同时又和经济基础及其上层建筑也有密切的和直接的联系这一科学结论，即否定教育，特别是现代教育、社会主义现代教育就是上层建筑的结论，才能恢复教育的本来面目，才能摆脱上述矛盾，才能要求教育既为生产服务，又为政治服务，也为文化服务……

**参考文献：**

[1] 冲原丰.比较教育学［M］.刘树范，李永连，译.长春：吉林人民出版社，1984.

[2] 日本文部省调查局.日本的经济发展与教育［M］.长春：吉林人民出版社，1978：160-167.

[3] 邓小平.邓小平文选：第2卷［M］.北京：人民出版社，1994.

[4] 第三次国家自然科学奖一等奖项目简介［N］.光明日报，1989-02-16.

[5] 我国高校形成多学科技层次科技队伍［N］.光明日报，1990-07-20.

1994 年第 1 期

# 试论教育的负功能

蒋 凯*

在社会学理论中，功能泛指构成某一社会因素对系统的维持与发展所产生的一切作用或影响。教育功能（Education Function），又叫教育效应，《教育大辞典》上将其定义为："把人类积累的知识、经验传授给新一代，促进其身心发展，成为适合社会需要的人，保障和推动社会的发展。"[1] 教育理论界就教育功能问题有过不少讨论。比较统一的认识是教育既促进社会发展，又促进个体发展，不少学者还专门从教育的政治功能、经济功能、文化功能、个体社会化功能、影响人口因素等功能方面进行了探讨。[2-3]

教育的功能是否仅限于此？上述认识是否全面、科学？教育过程是否也产生负效应？越来越多的人对此提出了怀疑。

长期以来，我们把教育功能和教育职能等同看待，其英文译名也都是 Educational Function。而我们知道功能和职能这两个概念的含义是有区别的，职能一般倾向于期待效应，而功能更多倾向于实际效应。不妨举个例子来说明：我们在做某项工作时使用一台内燃机作动力。使用内燃机是为了提高工作效率，内燃机的职能理所当然是把热能转化为机械能以代替其他劳力劳动，提高工作效率。而我们知道，内燃机在工作时会不可避免地产生废气和噪声，造成环境污染，于是，从功能方面讲，内燃机除了产生提高工作效率这个主要效应之外还产生了其他效应，甚至包

---

* 作者简介：蒋凯，北京大学博雅特聘教授、教育学院博士生导师，教育部"长江学者"特聘教授，曾任香港大学博士后研究员、哈佛大学高级研究学者。

括有害的效应。"教育价值是能满足人们主体需要的而被人们肯定的教育功能"，教育结构的多样性决定了教育功能的多样性，"哪一种教育功能满足主体的需要，哪一种教育功能就是教育价值"。[4]由此可看出，只有经过选择的某种教育功能才是教育职能。所以对教育功能和教育职能不宜等而视之。

近些年来，教育中出现了一些传统的教育功能观所无法解释的问题，这些问题逐渐受到重视。有人开始着手研究教育中的负面现象，教育科学中也兴起一门新的学科"教育病理学"，其目的都是全面认识教育的作用，预防、诊断和治疗教育中出现的"病症"。

"任何事物发展都有一定条件，教育是一个复杂的动态系统，它的进化和发展服从系统进化的一般规律。系统内部结构的协调，系统内部各因素之间以及系统与环境之间的物质能量和信息的正常交换，是系统正常运行和功能发挥的必要条件。"[5]所以，教育功能的发挥是有限度的，也是有条件的。这个条件便是教育系统内部结构的协调，教育系统与外界子系统之间物质能量和信息交换处于正常状态。当系统内部结构失调，物质能量和信息交换受阻或失常时，教育功能的发挥便受到影响，出现教育与个体、与社会之间的失谐乃至冲突状态，这时，教育负功能便产生了。

在教育负功能研究方面可以说外国学者走在我们前面。20 世纪 50 年代，美国社会学家默顿（Robert K.Meton）把功能按性质和形态加以划分，得出正向—负向功能，显性—隐性功能两对重要概念。日本教育社会学家柴野昌山则把这两对概念引入教育领域，构想出关于学校教育功能的理论分析框架（见表 1）[6]。

表 1　学校教育功能的理论分析框架

| | | 社会意向 | |
|---|---|---|---|
| | | 显性 | 隐性 |
| 客观结果 | 正向 | A | B |
| | 负向 | C | D |

由于人们对教育价值追求和目标价值的期待，人们追求的常是外显

的、可控制的正向功能的期望，所以人们更多的是研究正向显性功能（表中 A）而忽略负向功能尤其是负向隐性功能（表中 D）的存在，但是，教育的功能表征不会严格按照人们的主观期望。构建了某种教育结构，并非必然出现理想的功能，在一定条件作用下，教育会产生多层次、多方面的作用。所以评价教育功能应看客观结果即实效功能，而不是理想状态下的期望功能。教育实效功能涵盖了负向功能，因而对负向功能的研究也不容忽视。

基于以上认识，这里把教育的负功能理解为教育实施所产生的期望效应之外的不良功能。从社会学角度来看，在教育子系统与社会母系统失谐的状态下，教育对社会发展和个体发展产生的不良影响。

近些年来，教育理论界就教育负功能问题陆续作了一些论述，但更多的是倾向于提出它的存在或者对其涵义进行界定，而对教育负功能的形成机制及限制等缺乏探讨，这些正是本文所试图议及的。

从理论分析和实际存在方面看，教育负功能的存在是一个普遍现象，其产生原因和表现形式又是错综复杂的，但是既然作为一个普遍现象，那么就有一定规律可循，教育负功能形成原因具体说来大致有哪些？负功能可分为哪几种类型？又具有哪些特点呢？

## 一、形成机制

从系统论、控制论角度看，机制指当处于工作状态的系统，由于受外界影响或自身某种因素变化影响，会导致整个系统工作离开原来正常状态而发生偏离。影响教育实效功能的因素是多方面的，错综复杂，包括内部和外部的多方面因素。当教育受到内在条件或外部关系的不良影响时，教育偏离预期轨道，教育负功能便由此而生。哪些不良内在条件或外部关系会影响以及怎样影响教育而导致负功能产生的呢？

（一）社会中不良因素的影响

教育作为一个子系统存在于社会大系统中，教育功能发挥与社会发展水平密切相关，受到外部条件的影响。社会上各种历史原因和现实原因、物质条件和精神因素、大气候和小环境等都会对教育产生影响。当不良外界因素侵袭时，教育负功能就可能产生。如"片面追求升学率"是教育价值的异化，也是教育中长期得不到解决的棘手问题之一，究其原因，不但在于学校中的不良竞争，教育质量评价标准的不准确，还有城乡差别、脑力和体力劳动差别、就业困难、功利主义思想等深刻的社会原因。又如学生辍学流失也是一个教育病症，原因除了来自学校内部外，更多的来自商品经济的冲击或家庭经济困难或对教育认识存在偏差等因素的影响。教育功能的正常发挥，必须具备相符合的外部条件。当外部条件不适合教育或阻碍教育时，教育也同时对社会发展产生不利影响，并因此形成恶性循环。

（二）管理体制和目标体制的影响

教育发展有其自身相对的独立性和规律性。一旦其规律受到干扰，教育中难免出现各种问题。

管理是教育活动得以顺利进行的保障，但如果体制上存在弊端，其结果却事与愿违，宏观上教育政策和实际措施脱离实际；中观上学校教育系统思想不准确，管理原则刻板、陈旧；微观上的班集体内部不协调等都会不同程度地限制教育者与受教育者的积极性、主动性，干扰正常的教育秩序，产生消极的影响。

教育的目的是促进个体发展和社会发展，这两方面作用是辩证统一的。教育的功能具有整体性质，任何一方的残缺都会造成另一方及整体的损失。所以我们在教育功能选择上要兼顾教育的社会功能和个体社会化功能。而实际教育活动中，不少学校、教师只强调教育对个体的作用，而且在人才培养目标上也存在偏见，片面强调学生智能发展而忽视品德和其他发展，或者只强调知识的传授而忽视能力的培养，这些都是不符合教育自身要求的，因而教育不仅收不到应有效果，还产生了负效应。

（三）教育实施过程中的影响

教育功能是通过具体教育活动的进行而发挥的，教育活动的成败是影响功能能否发挥的关键。教学内容、教学方法、教师素质和学生态度等都会影响功能的发挥，如果教学内容不科学、教育方法不合适以及师生关系出现障碍就会导致教育负功能的出现。所以，和谐的师生关系、科学的教学内容安排、合理的教学方法等是避免教育负功能产生的重要条件,至少可以起到降低负功能的作用。

上述三方面原因中任何一个环节出现问题时,教育的正常运行秩序受到破坏,负向功能随之而生。影响教育负功能产生的因素不是单一的,上述三方面不能概括出致使负功能产生的全部因素,而且即使是这三方面因素,也是往往交织在一起的,共同构成了负功能形成原因的复杂性与多样性。

## 二、教育负功能的分类

在分析了教育负功能形成机制后,可对其进行简单的分类:

(一)按作用时间分

划分为短期性负功能和长期性负功能。短期性负功能一般作用时间比较短暂,而且往往体现在具体的教育活动中,短期性负功能的例子经常可见。长期性负功能是作用时间较长的消极影响。如某校不良的竞争氛围使很多学生形成了争强好胜的心理,他们在学校毕业后直至在以后的社会生活中,都表现出过强的好胜心,不能正确对待挫折。

(二)按表现形式分

根据柴野昌山的"学校教育功能理论分析框架",可将教育负功能按表现形式划分为显性负功能和隐性负功能。显性负功能表现比较外在,易为人们所看到。隐性负功能又叫潜在负功能,由于其表现形态隐蔽而不易为人们所意识,往往受到忽视。如某校在"片面追求升学率"思想的影响下,长期重智轻德,结果虽然不少学生顺利通过了升学考试,学校升学率得到了保证,但是学生的思想道德品质、人格等方面没有得到健全发展。而我们的教育质量评估又往往过分强调智能和学业成绩,所以负功能产生了还不被发现。

(三)按强度分

按照负功能作用后果大小的程度可将教育负功能分为轻微型负功能和严重型负功能。轻微型负功能和严重型负功能是就其性质强度对照而言的,没有一个量化的标准。一般说来,轻微型负功能是难以避免的,而严重型负功能由于其影响恶劣需要努力加以预防和纠正。

## 三、教育负功能的特点

在进行了教育负功能形成机制初步探讨和上述分类后，不难归纳出它具有以下几方面特点：

（一）非期望性

教育负功能是人们期望之外的教育功能，是教育活动的"副产品"。

（二）滞后性、迟效性

系统论认为系统中某一变量发生变化时，出现其他相应的变化需要一定时间。同样地，即使当教育过程中出现决策失误或其他不良因素影响时，教育负功能的出现和作用往往相对落后，并且教育负功能的除去较困难，一经产生，其作用时间一般较长。

（三）隐蔽性

人们往往从期望角度上去考察教育的功能而不愿接受负向功能。因而教育负功能常潜在地影响教育本身和社会的发展，却不易被人们所发现。

（四）后果严重性

这是由以上三个特点衍生而来的，指教育负功能影响了教育功能的正常发挥，阻碍教育事业的发展，对个体发展和社会发展造成不利影响。

教育正功能与教育负功能共同存在于教育功能范畴之中。教育负功能是教育过程中产生的期望之外的不良效应，与我们的教育目标相悖，我们必须对它加以尽可能的限制甚至消除。限制教育负功能的目的是强化正功能；强化正功能的过程中负功能也就相应得到了限制。"限制"与"强化"两方面相互联系，相互制约，此消彼长。

限制教育负功能就是要减少或消除影响教育功能正常发挥的各种不利因素，为教育的正常进行创造有利条件，把教育负功能限制在一定范围之内，使教育期望功能向实效功能顺利转化，这一限制过程应该是一项系统工程，需要从以下三方面去努力：

（一）端正教育思想，改革教育体制

教育思想是指导教育活动的思想观念和意识倾向，不良的教育思想会错误地指导教育行动，产生负功能。端正教育思想，一方面要端正办学思想，树立正确的人才培养目标；另一方面要全面地考察教育功能，既不迷信"教育万能论"，也不悲观地接受"教育无用论"，要正确认识到教育功能的多样性和复杂性，看到教育负功能的存在并作积极的思想准备。

我们谈教育结构与教育功能关系时说，需要某种功能时可以建构某种结构。无疑，我们现行的教育体制是有弊端的，存在许多不遵循教育规律之处，影响教育功能的发挥，直至产生消极影响。体制改革上，首先是对教育进行整体的规划，使教育资源得到合理配置，充分发挥教育的效能；其次是实现学校实体化，促使学校能真正按社会需要培养人才，培养出能促进社会发展的人才；最后是深化教育改革，推动教育民主化，充分调动教育者和受教育者的积极性、主动性和创造性。

（二）学校、家庭、社会三者结合，优化育人环境

教育功能最终体现在影响人身心发展的实践中，个体身心健全发展需要一个良好的环境，所以优化育人环境成为限制教育负功能的重要一环，只有家庭、学校和社会三者紧密结合才能更好地、较全面地提供与优化学生成长的环境。三者的结合是现代教育有效化、综合化和开放化的必然要求。三者结合的目的在于弥补不足，更好地促使个体发展与社会发展同步，协助教育硬件建设和软件建设的进行，为学生发展提供一个良好的学校、家庭的环境和社会大背景，以抵制一些不良影响，促进教育活动顺利进行。

（三）积极弥补教育负功能

弥补是对教育的客观结果与社会意向之间存在的差距进行补救，从而达到限制教育负功能的目的。如定期进行"教育会诊"，对出现的消极影响进行弥补。严格实施教育、教学过程，及时发现问题，及时处理，以防止负功能的扩延。教育要为不确定性作准备，限制教育负功能，更重要的是要进行事前预测，超前弥补。预测教育负功能的产生、性质和后果，积极采取措施，把即将产生的负功能尽可能限制在"萌芽阶段"或最小范围之内。

**参考文献：**

［1］顾明远.教育大辞典：第1卷［M］.上海：上海教育出版社，1990：17.

［2］厉以贤.现代教育原理［M］.北京：北京师范大学出版社，1988.

［3］傅维利.教育功能论［M］.沈阳：辽宁教育出版社，1990.

［4］肖川.高教教学目标与教学改革［J］.高等师范教育研究，1992（增刊）：44.

［5］郑钢.论病理学方法与教育科学研究［J］.湖南师范大学学报，1991（3）：34.

［6］荣野昌山.学校四逆机能［J］.（日）教育社会学研究，1972（27）：51-64.

**1996 年第 1 期**

# 关于教育学"独立"的学科地位问题

陈桂生[*]

教育学算得上是一门"独立"的学科吗？不管人们如何议论，它已存在两个世纪，至今仍然存在，这似乎就是对这个问题的回答。惟其中往往夹杂较多其他学科知识，仿佛成为其他学科的"领地"，学术声誉不高，不免又使其"独立"的学科地位成为议论的话题，从而引起教育学研究者的不安与困惑。初踏此门槛者多所犹豫，登堂入室的学者有时也免不了迷惘。对这个问题的理性思考，不妨从问题的分解入手。

一

"教育学'独立'的学科地位"这一命题中，"独立"与"教育学"两个概念需加界定，即分清"教育学"的独立地位问题，所谓"独立"的含义是什么？

1. 世界各国师资教育专业训练课程有别，无论设置"教育学"或不设置"教育学"，都可以看成是从实践上对这个问题的回答。然而，即使有"教育学"课程的设置，如果其学术声誉不高，它的"独立"的学科地位依然成为问题。

2. 按照较严格的"学科"标准，任何一门学科，都须形成专门的研究对象与研究方法，才有独立存在的理由。固然，这个标准仍有值得斟酌之点，但以学科标准衡量教育学，确有不少问题存在。

---

[*] 作者简介：陈桂生，华东师范大学教育系教授、博士生导师，我国著名马克思主义教育思想研究者、教育学家，元教育学的开创者与持续探索者。

3. 教育学常常标榜为"科学"的教育学。但按"科学"标准检验它，其"独立"地位问题更多。

4. 在现代，已经形成教育研究学科群，"教育学"作为教育学科群的总称，与其他学科并驾齐驱，这种意义上的"教育学"，其独立地位无可争议，但它的学术声誉也会成为问题。

所以，教育学"独立"的学科地位问题，主要是同它的学术声誉相关的两个问题，即以"学科"标准与"科学"标准衡量教育学问题，而就迄今为止教育学发展的程度而论，这双重标准能够兼顾吗？这也许是一个更加令人困惑的问题，由此，人们遂从不同角度对教育学"独立"的学科地位提出问题。

## 二

教育学作为一门学科，其"独立"地位存在什么问题呢？

1. 按照以往的"学科"观念，任何一门学科，只有形成专门的研究对象与研究方法，才能获得别的学科代替不了的独立地位。唯在现代，根据多门学科研究的经验，同一门学科不一定只用一种专门的研究方法，而一种研究方法可以用于不同的学科。所以，一般说来，专门的研究方法已经不成为衡量学科独立地位的尺度。但具体而论，采取什么方法研究问题，却能影响学科的性质。如用实证—实验方法研究的成果，构建的是"科学"的教育学，而用"价值—规范"研究方法的成果，则构成"规范教育哲学""教育价值理论""实践教育学"之类学科。某种研究方法的运用，是否得当、是否有效，则影响到学科的学术声誉是否良好。从这个角度看来，研究方法的抉择与运用对学科地位的影响依然甚大。

由于教育活动既受社会—文化情境中多种因素的制约，又同受教育者身心发展状况直接相关，关于教育学研究方法的抉择，一直存在争议，这且不论：就我国教育学的状况而论，它往往标榜采用观察法、统计法和实验法等科学研究的方法，而它所提供的研究成果，即教育学的陈述本身表明，它的陈述并非科学研究的成果，而教育学研究者往往对这种空头支票现象熟视无睹。研究方法意识尚且如此朦胧，焉能不损害这门学科的学术声誉？

2. 教育学既以"教育"为研究对象，仿佛其"独立"地位问题自然解决了，其实不然。问题的症结不在于是否存在需要研究的对象，而在于作为一门学科怎样把握它的研究对象。

在教育学科分化以后，教育学（复数）作为教育学科群总称以教育为研究对象，不成为问题；教育学（单数）或以"教育现象及其规律"为研究对象，或以"教育行为及其规范"为研究对象，亦无不可。问题在于教育学往往标榜以"教育现象及其规律"为研究对象，事实上研究的却是"教育行为及其规范"，并把"规范"误认为"规律"。连研究对象都还未明确，其学术地位可想而知。

3. 以学科标准衡量一门学科的独立地位，其关键更在于它是否形成独特的概念系统和运用这些概念进行逻辑推理的命题，构成严密的理论体系。"假如教育学希望尽可能严格地保持自身的概念，并进而培植出独立的思想，从而可能成为研究范围的中心，而不再有这样的危险，像偏僻的、被占领的区域一样受到外人治理，那么情况可能要好得多。"①问题在于教育学形成了自身系列的概念吗？它培植出"独立的思想"吗？这似乎不成为问题，像"学制""课程""教学""德育"之类概念难道不属于教育学自身的概念吗？不过，乌申斯基对此早就存在疑问，"教育学本身没有相当于医学中的治疗学的专门术语"②，但他未指出可疑之点。

其实，"学制""课程"之类，属于教育实践中的概念，这类约定俗成的概念往往缺乏明确的界定，含义相近的概念之间外延重复、交叉之类的现象原属寻常之事。实践似有它自身的"逻辑"，这种"逻辑"以约定俗成的概念为基础，并且同特定的社会—文化情境中的价值观念、习俗规范胶着在一起，缺乏理论术语所必需的严密性与概括性，实际上按照约定俗成的概念内涵与实践"逻辑"很难构建严密的理论体系，而教育学又不能脱离约定俗成的概念与教育实践中业已形成的格局另外构建一套严密的概念体系，充其量只能对实践中的概念加以适当的梳理，对已经形成的实践加以解释、辩护或批判。

教育学中另外一些概念，如教育的社会性与历史性、教育的阶级性、儿童的个性、纪律、管理和教育职业道德等，或来源于教育以外的社会生活领域，也难以全然不顾这些概念原有的含义，从而增加了构建严密的理论体系的难度。例如赫尔巴特明知"管理"不是"教育"，不应是教育学讨论的问题，但又不能不从"管理"谈起。

迄今为止，教育学是否形成了"独立的思想"，似很难一概而论。有很多"思想"似乎是"教育学"的独立思想。其实，其中有些是同特定社会—文化情境相联系的教育实践观念，有些则是别的学科思想的演绎，只能算是教育学"用到"的思想：教育学上真正"独立"的思想，只是同"教育"与"教"的活动相联系的那些思想。

自然，是不是真正需要纯粹的"教育学理性思维"，也还是问题。假定形成了体系严密的教育学——赫尔巴特《普通教育学》堪称这种先例——那么，教育学是否就算有了"独立"的学科地位呢？这已经得到历史的肯定。至少，自从《普通教育学》问世以来，教育学作为一门学科的地位基本确立了。但赫尔巴特感染了德国学者偏好的"体系癖"，不仅早已受到批评（如乌申斯基[③]），就连他本人对此也不无感触[④]。不过，缺乏严密的理论体系，依然是现代教育学的缺陷。

## 三

其实，教育学是不是符合"学科"标准，尚属于研究水平问题，而真正使教育学的"独立"地位成为问题的，是它是否符合"科学"标准。

不过，在西方国家，所谓"科学"有两种含义。其中一种含义，指的是有系统的学问，也就是成为一门"学科"。而较为严格的含义，指的是用实证—实验方法进行研究的经验科学。它有别于狭隘的经验与超经验的思辨哲学。

18世纪80年代以后，人们一直谋求建立"科学"的教育学，但进展极慢。在这个历程中，值得注意的进展表现在以下几方面。

1. 19世纪兴起按照自然科学的先例构建人文科学的潮流，教育学领域率先进行了这方面的尝试。赫尔巴特及其同时代的教育学家（如特拉普、尼迈尔和贝内克等）设想的"科学"的教育学，是教育作为一种事实来解释的科学，是借助于心理学解释教育事实的科学，故称为"心理学的教育学"。它使人们能像了解好的行为及其影响那样了解坏的行为及其影响，由于它实际上不管对错之别，每个人就都能运用它。因此，心理学的教育学没有改革作用，仅提供信息。

对于这一抉择，在持"科学"的教育学取向的教育学家中，大致没有异议，问题只在于当时以及尔后很长时间里，较完善的心理学基本上不存在，"科学"的心理学尚在形成中，其研究成果距离恰当地解释教育事实尚远。所以，19世纪以赫尔巴特学派为代表的教育学，虽标榜为"科学"的教育学，但名不副实，实际上更近于"实践教育学"。

19世纪末20世纪初，德国教育学家梅伊曼和拉伊各有"实验教育学"建树，显示出实证—实验教育学的进展。不过，人们发现，它实际上近于儿童心理学、教育心理学。在尔后的教育学科分化格局中，儿童心理学、教育心理学都成为教育科学的分支学科，但"科学"的教育学（连同"实验教育学"）呢？它既是人们继续追逐的目标，又是长久萦绕于人们心间的疑问。

2. 在赫尔巴特《普通教育学》（1806）问世20年之际（1826），德国著名思想家施莱尔巴赫率先对自然科学先例构建教育科学的可能性进行质疑。他认为教育理论既作为研究教育的理论基础，又必须联系实际，因而凡是受教育者的现实情况与未来发展，都不能不加以研究。从这个角度看来，它是随时间、地点的变化而变化的。可见，普遍妥当（适用）的教育学（一般教育学）终究不能成立，德国教育学家第斯多惠对"科学"的教育学（一般教育学）也持保留态度。19世纪80年代德国著名学者狄尔泰接过施莱尔巴赫的话题，进一步质疑。疑点主要是：人生的最高目的常常受着历史的制约而异其内容，因而伦理学便不能构成一般妥当的概念，更无从启示教育学具有一般妥当的教育目的；从心理方面说，所谓"同情""幸福"或"完善"等抽象的概念，若一旦与实践生活结合起来，又必然成为多种多样的解释。所以，赫尔巴特以伦理学及心理学的基础而建设一般妥当的教育学的企图是不可能（实现）的。根据"人类的精神生活都有一定完整性"，即"在目的关联之中有所作用的许多过程及其结合的完成有同一的形式的规定", 似乎存在普遍妥当的教育目的。然而, 由于人类精神生活的内容受社会历史条件制约, 人们的理想因时间与空间条件的变化而变化, 所以普遍妥当的教育目的不能成立。

狄尔泰在施莱尔巴赫奠基的解释学的启发下, 建立所谓"精神科学", 致力于把精神生活(含价值观念)作为客观文化历史地加以研究。他的假设是: 人只能被人所"理解"。人理解人是根据人的所与物(表现)来理解的, 这种"理解"又以共同"体验"为前提。人在理解他人的人生过程中反过来发现自己的体验, 自己的体验中也包括共同体验的内容, 因而易于同他人交流体验。基于这种共同体验和相互理解, 使得社会的、历史的和文化的生活成为可能。这就是所谓"精神科学"的研究方法, 亦称为"解释学"的方法⑤。

狄尔泰的"精神科学"所包容的学科领域相当广泛, 但未列入"教育学", 不过, 他提出了构建"解释学"的教育学的设想。即将一个文化体系的教育作用, 从历史、社会学和心理学三方面加以分析与记述。包括考察教育起源与发展, 对各种教育形态加以分类和比较, 研究教育及学校同家庭、自治团体、国家和教会的关系, 并由此出发研究学校管理问题; 从心理学角度考察教师的教育能力及教师的教育能力对学生素质的影响; 从各种教育过程的分析中推导出种种普遍妥当的教育法则。

尔后, 出现既不同于实证—实验科学, 又有别于思辨哲学的"文化教育学""解释学的教育学", 统称"精神科学的教育学"。

当代德国教育学家布雷岑卡列举狄尔泰及其后继者关于教育学任务的表述(如狄尔泰认定教育学"从'是什么'的知识中获得'应当怎样做'的规则")断定: 对于所谓"精神科学的教育学", 人们不应当为他们的"科学"术语所迷惑。因为事实上"解释学的教育学"支持者并不关心"科学"一词的严格意义, 所关心的是"应该为生活提供指导"的实践理论, 所以, 它实际上是一种特殊形式的"实践教育学"。

布雷岑卡以其所持的经验—分析的研究取向评论"解释学的教育学", 把它归入"实践教育学", 不为其"科学"术语所迷惑, 确有见地; 惟"解释学的教育学"注重历史地考察教育事实, 注重现象同社会—文化背景的联系，注重特定社会—文化情境中的价值观念对教育的影响，虽然由于忽视社会客观文化的"物质"基础（生产关系—社会经济制度），所提供的还算不上"科学"的解释，它毕竟为教育研究开辟了一条新路：就它以关于"是什么"的知识为关于"应当怎样做"知识的根据，它有别于一般的"实践教育学"，就它不止于关于"是什么"的知识，而关注"应当怎样做"的知识，它不同于实证—实验科学的教育学。它以"解释学"在"是什么"知识与"应当怎样做"知识之间构建了桥梁（虽然是不牢固的桥梁），可算是介乎"科学"的教育学与"实践教育学"之间的教育学。

3.20 世纪初，法国社会学家迪尔凯姆认定教育学不同于教育科学，也有别于教育艺术与经验，它是介于科学与艺术之间的实用的教育理论，并与教育经验并行不悖，互相补充；教育学虽不是教育科学，但它应以教育科学为根据。关于"教育科学"，他主张把教育当作"社会事实"加以研究，即从历史的现实的教育事实中概括出规律。他的社会学奠定了现代教育社会学的理论基础。他所著《道德教育论》被认为是他的各种社会学著作中最足以显示其"社会学精粹"的著作。教育社会学在注重历史地研究教育事实方面，与德国的"解释学的教育学"有异曲同工之妙。如果说"解释学的教育学"偏重"实践教育学"，那么"教育社会学"似更近于"教育科学"，可算是为教育科学研究另辟了蹊径；惟教育社会学虽标榜教育科学研究的"客观性"，迪尔凯姆所谓"社会事实"，大抵指的是行为、思维、感觉和意向类型之类的"集体表象"，即社会意识，实际上同德国的"精神科学"一样，脱离社会经济基础解释社会意识、社会文化现象。

## 四

如上所述，在现代，教育科学研究的路子越来越宽，教育学能够从中获得更多的科学根据；然而，教育学由于吸收心理学、社会学、文化学和人类学之类学科的研究成果，它还不免要吸收规范教育哲学的研究成果，导致教育学成为"别的学科的领地"，它的"独立"的学科地位反而更成为问题。

那么，所谓"独立"的学科意味着什么？教育学能不能成为"独立"

的学科？或者更确切地说，应在什么意义上讨论教育学"独立"的学科地位问题？

教育学的学科地位问题同"教育"的特点相关。"教育"现象同物理现象、化学现象、生物现象、生理现象和心理现象有别，与比它更带根本性质的社会现象、精神现象也不同，它同工程现象、医疗现象有类似之处，属于由一定目的联系起来的一整套的实践活动。由于它涉及人生理想、意识形态，又比工程现象、医疗现象复杂。固然，从教育实践活动中积累的实践经验，可以丰富教育知识，但对这种经验的解释，又同其他学科的研究成果相关。

通常把教育学列入"基础学科"，其实，对这个问题需要进行具体分析：在教育学科群中，有各种各样的教育分支学科（教育边缘学科、教育子学科等），相对于这些教育分支学科，教育学可算是基础学科；但在学科分类中，很难说它属于"基础学科"，而属于自然科学（特别是其中的心理学）、社会科学、人文科学的"应用学科"。因为构成教育的基本要素同"人""社会""文化"相关，在考察教育现象或总结教育经验时，涉及"人""社会""文化"要素，不能不参照人类学、心理学、社会学、文化学和哲学等学科的研究成果，获得较为根本性质的解释。

如果认为教育学拒绝这些学科的研究成果，才算是"独立"学科，那么，这种肤浅的"独立"学科有何价值？问题在于教育学中可以见到的现象是：机械化移植其他学科的研究成果，代替这些学科去"论证"其结论（而这种"论证"大抵是抄袭），或者成为其他学科结论的演绎，这才丧失应有的"独立"地位。这类现象的存在，固然是由教育学研究者水平所致，更由于长期以来对教育学同其相关学科的关系缺乏清晰的认识有关。

社会学可以着重取"社会"视角考察教育问题（其结果为教育社会学），但教育等同于"社会"吗？心理学可以专门从"心理"的角度研究教育（形成"教育心理学"之类学科），而教育对象并非只具有心理属性。况且，社会学有自身的一套逻辑框架，其中的概念、命题同整个社会学体系联系起来，才有特殊的生命力。单从社会学中抽取若干概念、某些命题解释教育现象，且不论是否解决教育问题，实际上它已经阉割了社会学。

这同样适用于教育学同心理学、文化学等学科的关系。

社会学、心理学和文化学，对于教育学的意义，充其量只是提供关于"社会""心理""人""文化"之类科学的事实材料、分析框架与观念，不能直接提供关于"学校""学生""课程"之类事实材料、分析框架与观念；更正确地说，社会学提供的只是"社会"意义上的"学校""学生""课程"之类的观念，心理学、文化学则主要取"心理"或文化视角研究"学校""学生""课程"之类问题。即使把这些学科的研究成果加在一起，也不足以全面、系统地阐明"学校""学生""课程"之类问题。不能排除其他学科的研究者不尽力，因为其他学科的研究者无意代替教育学研究者去治"教育学"之学。自然，十个指头有长短。不能排除其他学科不入流的研究者反过来从"教育学"中挖取材料去填充他们的新学科。

在现代，除了实证—实验研究外，解释学的方法、社会学的先例，尤其是马克思主义历史科学的典范，已经为对教育事实进行历史的逻辑的分析提供可望而又可即的前景。这也就是差强人意的系统的比较科学的教育学的前景。

## 五

涉及教育学的"独立"地位问题，事实还有另一面。

1. 由于教育学广泛汲取其他学科研究成果，遂有教育是"应用心理学""应用伦理学""哲学的附庸"之谈。这类说法久已有之，而这类说法指称的现象，于今为烈。撇开"哲学的附庸"不谈，其他两种提法虽然似有贬低"教育学"之嫌，其实这种命题本有两重含义：一是借助于其他学科的研究成果，丰富教育学的根据；二是以在应用于"教育"过程中检验这些学科研究成果本身。

关于通过在"教育"理论上的应用检验其他学科研究成果，施莱尔巴赫早就有见及此。就是赫尔巴特也有这种意向："我希望通过教育来树立世界观，我还按照业已说明的教育原则对这种世界观作进一步说明，而我所要补充的，只能通过一种哲学来作出"⑥；正是这种见识，使教育对于许许多多思想家、哲学家产生颇大的吸引力，而最为自觉地以教育为哲学试验场所的，莫过于杜威："凭借教育的艺术，哲学可以创造按照严肃的和考虑周到的生活概念利用人力的方法。教育乃是使哲学上的分歧具体化并受到检验的实验室。"⑦话虽如此，杜威以及其他许多哲学家通过教育研究，"修正"的大抵是别的流派的哲学，未见从教育研究中检验出自己哲学中的纰漏。虽然别的流派的哲学家不难从教育艺术中查出这种纰漏。

当代英国教育哲学家彼得斯在《伦理学与教育》（1966）一书中，作出了通过教育研究检验伦理学中的经典结论的尝试；美国教育哲学家斯特赖克与索尔蒂斯在《教学伦理学》（1985）中，采取与彼得斯不同的分析框架，作了同样的尝试。他们的研究成果确实起到了检验伦理学的作用。自然，所修正的依然是别的流派的伦理学观点，这是消极的方面；从积极的方面说来，著名学者通过教育研究可以更加充分地证明自己的学说，或为自己的学说提供更加有力的辩护。如迪尔凯姆，据其弟子保罗·福科内称：在他的道德、宗教、法律和教育等各种极具卓见的学说中，唯从教育学最后窥见他的"社会学之精粹"⑧。

2. 教育实践有自身的"逻辑"，而"教育学"的逻辑不等于实践的逻辑。别的学科的研究成果只有化入教育学的逻辑中才能恰如其分地解释教育现象。问题在于迄今为止，教育学的框架充其量只是教育实践逻辑的极拟，而人们只埋怨自身的理论体系，而在抛弃狭隘的经验主义与短见的功利主义之前，很难抛弃关于教育学的成见。其实，这种成见亦有它的妙处，至少浅薄的教育学可以为外行提供教育学的敲门砖。更确切些，教育学如果连门槛也不装置，就连敲门砖也用不着。

发人深思的是，哲学家康德的《论教育学》（1803），罗素的《教育论》（原名《教育与美好生活》，1926），堪称教育理论的传世之作。这些著作表明，就连哲学家也不把教育理论作为自己哲学的演绎，倒相当尊重教育实践的"逻辑"，康德正是这样较早地构建了超脱具体实践的教育学逻辑。似乎一旦闯入教育理论天地，自己就已经不是哲学家了；同样地，标榜把教育作为"社会实事"进行客观研究的迪尔凯姆，在所著《道德教育论》中，仿佛多少有点忘记自己的实证科学取向，自觉或不自觉地涉及价值问题。

这些事实表明，就连并非专治"教育学"的学者都无意把自己在别的学术领域独到的见识塞进教育学，为提高教育学"独立"地位操心的教育学，焉能忽视教育学理论体系的建树？

**注：**

①赫尔巴特.普通教育学 教育学讲授纲要〔M〕.李其龙，译.北京：人民教育出版社，1989:10.

②乌申斯基.人是教育的对象〔M〕.北京：人民教育出版社，1989: 3.

③乌申斯基针对德国赫尔巴特学派，贝内克学派的教育学指出："德国的学术理论几乎是首尾一贯的，往往是一贯到显然荒谬和真正有害的地步。"参见乌申斯基.人是教育的对象〔M〕.北京：人民教育出版社，1989: 5.

④赫尔巴特在《普通教育学》"教学"理论部分，试图提供"概要"，旨在"使业已阐明的概念彼此更容易地联系起来"。但在"训育"理论部分，他放弃了再一次"编织各种概念来形成一个始终模糊不清的纲要"的尝试。参见赫尔巴特.普通教育学 教育学讲授纲要〔M〕.李其龙，译.北京：人民教育出版社，1989: 79, 170.

⑤刘放桐.现代西方哲学〔M〕.北京：人民出版社，1981: 189-190.

⑥赫尔巴特.普通教育学 教育学讲授纲要〔M〕.李其龙，译.北京：人民教育出版社，1989:144.

⑦杜威.民主主义与教育〔M〕.李其龙，译.北京：人民教育出版社，1990:366.

⑧张人杰.国外教育社会学基本文选〔M〕.上海：华东师范大学出版社，1989: 387.

1999 年第 4 期

# 从实践的观点看教育的超越性

冯建军[*]

人之为人，不同于动物，在于他具有超生命的价值生命，具有自我否定的超越性。教育作为人自身的发展建构活动，其发展建构体现在人对自身、对社会不断超越的否定性统一之中，是人的生命自我否定的辩证发展历程。所以，教育本质上具有超越性。

## 一、教育是促进人的自由发展的活动

教育是一种实践活动，它以人自身为活动的对象（客体），它面对的是人与自身的存在与发展的关系。教育首先应当考虑人与自身存在和发展的现实关系，促进人在自身发展中的自由状态，进而把人培养成自由发展的人，即成为自由发展的主体。

在人与自身的关系中，人的自由表现为自我否定、自我超越，人否定和超越"既定的我"，而生成"新的我"，这是一个没有终极的矛盾运动过程。人从一生下来处在社会关系中，就成为一个自在的存在，既定的生命体的自然属性和历史所积淀下来的社会文化、规范所赋予人的社会属性，都会在人的身上得到体现，人被动地接受自然的和社会历史的现实，构成其自身的现实存在。但人不只是被动的"自在存在"，"人双重地存在着，主观上作为他自身而存在着，客观上又存在于自己生存的这些自然无机条件之中"。马克思的这句话说明了人还是一个自为的存在。"自在"和"自

* 作者简介：冯建军，教育部人文社会科学重点研究基地南京师范大学道德教育研究所所长，教育科学学院教授、博士生导师，教育部"长江学者"特聘教授。

为"的世界构成人的生活的"二重化结构"。一方面，"人直接地是自然存在物"，是"社会历史的剧中人"；另一方面，人又具有自己内在的尺度，人无时无刻不为超越动物的地位、超越其生存的偶然性和受动性以及成为一个创造者的愿望所驱使，无时无刻不在内心激荡着一种趋向自由的力量、热情和憧憬，它要求在创造性活动中把自身提升出来，使自己成为真正的"人"，成为"社会历史的剧作者"。所以，自然性与超自然性、生命本性与超生命本性、自在性与自为性在充满张力的现实的人身上实现着否定性的统一。这种否定性统一的历史生成和实现，意味着人的自由发展。

马克思立足于人的"双重存在""二重化生活结构"，立足于人的实践活动，来分析人的自由发展。马克思认为，人的自由发展产生于实践，也实现于实践。实践作为变革世界（包括客观世界和人的主观世界）的活动，要体现人的目的性。在实践中，人不断地被超越、被定性，不断地向未来开辟可能性空间，不断地超越自身，丰富提升自身，从而走向自我实现、创造价值之路。

正确地理解"教育作为促进人自由发展的活动"，是指人按照自身"超生命"的自为的本质的要求去支配自身自在的发展，而不是被动地从属于外在的强制，使自身的发展偏离和压抑自己的内在本质。也就是说，把发展作为主体自身的应然要求，而不是被外在的、异化的力量所左右。

1. 人的自由发展存在于人的自由活动之中

活动是人的存在和发展的方式，人的发展只能是在活动之中并通过活动来进行。活动是人的活动，按照活动是否反映了人的意愿，可以分为两类：一类是自主自由的活动，另一类是不自由的活动。人的活动的两种状态，对人的发展有不同的影响。显然，人的自由发展只能存在于人的自由活动状态之中。作为能体现人的自由发展的自由活动，必须是自主性、自律性的活动，是在人与人之间充分的交往中进行的活动。

人的自由活动是具有主体自我目的，因而能自己决定自己的行动意向。否认人的活动自主性，也就根本上否认了自由活动的可能性。自由就体现在主体自己的自主活动中。但主体的自我目的不能违背客观世界的规律，当然也不等于随心所欲和任性。自由的人不是任性、高傲的人，而是自我立法、自我规范和自我服从的真实主体。自由的活动就在于把外在的限制变成"自身的律令",从而把自主性和自律性统一起来。

2. 人的自由发展是人的"双重特性"的否定性统一,体现了人的内在超越性

人与动物不同,他既是一个自然的生命体,又是一个超生命的生命体。人的生命具有双重的特性。这种双重的特性不是分裂的,二者在"自由自觉的活动"中建立起属于人的一体性关系。自由自觉的活动本性首先意味着人是一种"自由"的存在,他具有不断超越既定规定、追求价值生命的"乌托邦精神"。

立足于实践的观点来考察人的发展,它体现的不是先验的或上帝的外在超越,而是对自身"实然"状态的否定性的内在超越,它立足于当下可感的境界又超越当下现存的状况,体现着对"应然"价值的不懈追求。人在实践活动中,实现着"实然"与"应然"的否定性统一,正是这种实践活动,推动着人的自由发展。教育作为实践活动的一种,在促进人的自由发展中,有其独特的地位和作用。

3. 人的自由发展体现了人在建构自我中的主体性

人的发展存在两种状态,一种是自然自发状态下的发展,一种是自由状态下的发展。在自然自发状态下,人的发展为生物学的规律所支配,因此,发展就成为一个无主体的过程。但人的自由发展存在于人的自由、自主的活动之中,在这一活动中,人的"实然"与"应然"的两重性不断地进行着否定性统一,这种否定性统一,体现着人的主体性。因为人的自由发展的过程,是"主体通过自我意识将自己作为主体又作为客体,并不断发展这种存在于自我之中的主客体相互关系,在内在相互作用的改造活动中,构建新的主观世界"(鲁洁)。

人的自由发展,是人的发展的一种自由状态。在马克思看来,人的自由是相对于外在障碍、限制而言的,障碍的克服,也就是自由的实现。对于人的自由发展过程来说,人之"是其所不是"的自在规定,就是朝着"不是其所是"发展的障碍。障碍的克服,是人的自我的实现与主体的物化,而不应是主体自我的丧失与主体的异化。所以,人的自由发展的过

程，恰好表现为主体人的自我建构。

## 二、教育不在于"再现过去的社会状态"，而在于
## "预示某些新的社会状态"

教育是一种价值活动，教育之于社会，是被动地适应，还是主动地超越，这取决于什么样的教育和培养什么样的人。教育对社会发展具有两种可能，它"可能长时期地再现过去的社会状态，或者，相反地，教育也可以预示某些新的社会状态并加速它的变化"。着眼于"再现过去的社会状态"的教育，是适应性教育，它强调教育要与社会的政治、经济和文化相适应，从已有的社会现实出发，设计教育的目的、内容以及方式、方法，培养适应社会需要的"工具人"。着眼于"预示某些新的社会状态"的教育，是超越性教育，它强调教育不在于使人"接受""适应"已有的，而在于把已有的一切作为一种工具和手段，去改造和发展现存的世界、现存的社会以及现存的自我。教育对社会超越的核心就是要培养具有实践意识和实践能力，能超越现实世界、现实社会的"主体人"。

适应性教育是机械唯物主义的产物。从马克思主义实践的观点出发，教育作为培养人的实践活动，它必然具有超越的特征。

1. 从实践唯物主义的观点看

适应性教育符合通行唯物主义所阐发的"物质本体论的世界观和物质本体论的历史观"，强调社会发展的客观规律和人对客观规律的被动服从，而看不到人及其实践活动在社会发展中的作用。这是一种机械的唯物主义。作为现代唯物主义的马克思主义，是实践的唯物主义，它与机械的旧唯物主义的区别在于它把实践的观点作为首要的基本的观点。从实践唯物主义的观点审视教育，教育是人的一种价值创造活动，它不仅促进了人的自由发展，而且实现了人与世界、主体与客体双向的否定性的统一。

马克思在《关于费尔巴哈提纲》第三条明确批判了旧唯物主义"人是环境和教育的产物"的观点，他指出，"这种学说忘记了：环境正是由人来改变的，而教育者本人一定是受教育的"。他的结论是："环境的改变和人的活动的一致，只能被看作并合理地理解为革命的实践。"这句话应理

解为：在实践中，人创造了新的环境，创造了新的社会关系，也创造了新的认识思维能力和价值追求水平。人总是凭借实践的超越本性不断扬弃对象和自身的自在规定性，从而在超越自在的客观实在的同时，既不断地重构人的世界，也不断地重构自己的本质。

2. 从历史唯物主义的观点看

现行的唯物史观关于社会发展的通行认识是：生产力和生产关系、经济基础和上层建筑的矛盾运动是人类社会发展的根本动力。人类社会的发展从原始社会最终到共产主义社会，是不以人的意志为转移的规律，可以说，人类社会的发展是一个"自然历史过程"。显然，在社会发展这个"必然王国"中没有人的主体地位，人的发展只能由社会的发展来决定。由此，只能讲什么样的社会需要什么样的人，而不能讲什么样的人创造什么样的社会，甚至把后者与抽象的人性论、唯心主义相联系，加以批判。

人类社会是不是一个无主体的"自然历史过程"，如何认识人在社会历史中的地位？根据马克思主义唯物史观，我们认为，"自然历史过程"并非人类社会发展的永恒的和真正的状态，而是迄今为止异化的人类历史的写照。人类社会的进一步发展正是要超越这种人受制于盲目的经济必然性的异化状态。

现行唯物史观在理解马克思主义关于社会发展的规律时，误解了一个重要的概念，这就是把马克思所讲的"社会经济形态"等同于"人类社会发展的一般形态"。实际上，在马克思的经典著作中，这是两个不同的概念。"社会经济形态"是指西方到资本主义为止的社会形态，它是人类社会的一种异化形态。在这种异化形态下，人受制于外在的经济必然性。资本主义形态以后的共产主义社会，马克思称之为"自由人联合体"，它将使人摆脱受制于盲目经济必然性的异化状态，它的发展状况，马克思作了这样的揭示："社会化的人，联合起来的生产者，将合理地调节他们和自然之间的物质交换，把它置于他们的共同控制之下，而不让它作为一种盲目的力量来统治自己。"共产主义社会是这样一个联合体，"在那里，每个人的自由发展是一切人的自由发展的条件"。从马克思的这些经典论述中可以看出，在人类社会的真正形态——共产主义社会，个人的自由发展是社会发展的条件，而不是异化的"社会经济形态"下，个人为社会经济力量所决定，从而使社会的发展成为无主体的过程。因此，真正和自觉的人类历史是：人是历史的主体，实践是人的本质规定，历史是人类实践总体自身的运动，是人的活动本身。人在实践中改变着历史、创造着历史，而不是历史有着"似自然的发展规律"，人只能适应时代的要求和历史的"铁的必然性"。

由上可知，以实践的观点重构现代唯物主义的唯物史观，最后得到一个完全一致的结论，即人的发展不是现代社会的被动要求，人的发展要超越现实社会的规定，推动社会的发展。所以，教育以人的自由发展为核心，致力于主体人的培养，就必然要求教育由"再现过去的社会状态"转变为"预示某些新的社会状态"。

### 三、教育适应论之批判

适应论和超越论，是两种不同的教育观。我国目前通行的教育学教科书，大多还都持一种适应论的教育观，最突出地表现在对教育本质的认定上：教育是根据一定社会的要求和受教育者的身心发展特点，有目的、有计划地对受教育者施加影响，以把受教育者培养成一定社会所需要的人。教育要与一定社会的政治、经济相适应。

适应论的教育，一方面使教育成为社会的工具而丧失了教育的独立性；另一方面，把人培养成为适应社会需要的工具，而不是推动社会发展的主体。对教育的适应论，从认识的根源上来反思，它主要受两点影响：一是哲学上的旧唯物主义，二是心理学上的行为主义。

旧唯物主义对现实只从客体的或直观的形式去理解，因此，在认识论上，它是一种机械的直观的反映论，试图从客体的方面来理解事物。以这种思想来认识教育与社会的关系，教育对社会只能是亦步亦趋地反映，社会的发展机械地决定着教育，在这种意义上，只能说有什么样的政治经济，便有什么样的教育。教育沦为政治经济的附庸和工具，便失去了自己的存在价值，失去了自己的独立性。

旧唯物主义在历史观上也是一种僵化的历史决定论，它强调社会历史发展的绝对先验规律，以生产力发展的客观逻辑来阐释社会历史发展，而将人的活动外在地对立起来，人只不过是受其支配的工具。在这种历史观的支配下，人只能是社会历史发展的消极产物，教育只能根据社会的要求培养人，社会的要求是培养人的唯一根据，这种教育培养的人无疑是复制、再现社会的工具。

赫尔巴特在奠定教育学之始，就把教育学建立在实践哲学和心理学的基础上，认为前者说明教育的目的，后者说明教育的方法、手段。适应性教育"施加影响"的教育过程观，把学生作为客体来塑造，塑造成为社会需要的工具，这与行为主义创始人华生所宣扬的"给我一打健全的儿童，我可以把他们塑造成为任何一种我想要的人"这一思想十分吻合。

行为主义把个体看作一个"各种反应功能的联合体"，教学的目的就是使学生形成我们所期待的反应，于是，教学的过程就成了一个使刺激—反应之间联结加强的过程。不同的是，以华生为代表的经典行为主义强调反应之前的刺激，以斯金纳为代表的新行为主义强调反应之后的刺激，即强化。无论是华生还是斯金纳，行为主义在对人的认识上是一致的："人既没有自由意志，也没有自发的行为能力。"换句话说，在行为主义的视野里，人没有主体性，人等同于物，人的教育与动物的训练无异。适应性教育为培养"工具人"在教学过程中所显示的师生之间控制与被控制之间的关系，灌输以及外部惩罚的方法实际上是行为主义的心理学方法的延伸。适应论教育的心理学基础的缺陷，意味着必须寻求一种新的形态来取代它，这种新的形态必然是突出人的主体性的超越论教育。

2008 年第 9 期

# 教育学研究的价值重估

## ——从指导实践到解释实践

苏启敏[*]

**摘　要：**教育学研究存在着本体神话与科学神话，教育学者因而苦恼于教育学科性质的界定以及教育实践中隐藏的教育规律的探寻。随着对追寻确定性信念的质疑，教育学研究的固有价值取向日益凸显出与实践的疏离。教育学作为一门"实践之学"，其真正价值在于解释实践而非指导实践。解释力是评价教育学研究的基本价值尺度，而多样性的解释也隐含了不同的价值立场，需要包括教师、教育行政人员和教育学者在内的实践者根据实践逻辑作出相应的价值选择。

**关键词：**教育学研究；价值重估；指导实践；解释实践

教育学究竟是不是一门科学？教育学的学科性质到底是什么？教育学到底有什么用？这些问题，一直以来困扰着我国的教育学者，也使得不少人对教育学研究缺乏自信。随着教育学研究的自我反思意识逐渐增强，不少教育学者开始意识到以自然科学的研究范式为参照物来建构教育学，力图使教育学成为一门科学，通过寻找教育实践中的规律来指导教育实践的研究路径已陷入困境之中。科学神话和本体神话的打破，将促使教育学者进一步重估教育学研究的价值所在，从而寻找教育学研究新的生长点。

* 作者简介：苏启敏，广州大学教育学院副院长、教授、博士生导师，教育公平与质量评价研究中心主任。

## 一、教育学研究的神话

教育学研究的困惑主要源自教育学界的两个信念，这两个信念可以称为科学神话和本体神话。罗兰·巴特曾说过："一切有意义的综合体——一张照片和一篇报上的文章——都是一种言谈，即一种神话。"[1]在这里借用该词，主要指人们毫不怀疑并习以为常的信念，它拥有高度的合法性，但却缺乏能经受批判的合理性。按照海德格尔的解释学观点，一切解释必然产生于一种在先的理解，理解的结构以理解的"前结构"为前提。所以，理解不可能是客观的，理解是主观的，它受制于决定它的"前理解"（Vorverständnis）。在日常生活当中，信念正是这样一种"前理解"的化身，它支配着人们在行动中的方向与目的。在教育学研究领域，信念是教育学研究者（个人或研究共同体）在研究过程中对某种理论、原则、规范和知识所拥有的一种确信的态度，并且在研究活动中表现为某种稳定的倾向。通常，人们又把信念理解为"常识"（common sense）。然而，"常识"在实践中的有效性都是有一定条件、一定限度的。一旦超出了一定限度，或者条件发生了改变，常识往往会出现错误，而人们仍对其不加怀疑，这样的常识信念就有可能形成一种知识的霸权。科学神话与本体神话通常是指教育学研究中两种常见的常识信念。

（一）科学神话

教育学研究的科学神话源自古希腊学者对科学的钟爱。在古希腊，科学首先与知识密切联系起来。古希腊学术文化的根本目的就在于追求知识，希腊文当中"科学"一词原义就是"知识"。拉丁文中 Scientia 既指"知识"，也有"科学"之义。而在德文中 Wissenschaft 一词也将这两种意义都保存了下来。由此可见，西方的"知识"代表着"科学"，而"科学"往往又是"真"的同义语。亚里士多德的名言"吾爱吾师，吾尤爱真理"即是明证。所以，探究世界"是什么"是科学的应有之义。为此，科学必须求助于某种达到"真"的方法，例如逻辑的方法或实证的方法。

近代西方，培根首先在《学术的进展》（两卷本，1605）中，提出科学分类的原则与系统，后来在《智慧之球的描述》，特别是《论学术的价值和发展》（九卷本，1623）中，进一步加以阐释。他给"教育学"预留的位置是：科学—哲学—人类哲学—人类个体哲学—灵魂学—逻辑学—讲述与传授的艺术。[2]所谓讲述与传授的艺术，实则教育学的雏形，教育学开始进入科学的殿堂。随后，受赫尔巴特的感召，教育学者们确信"教育学是教育者自身所需要的一门科学"。[3]自赫尔巴特提出把教育学构建为一门科学至今，教育学研究长久以来一直保持着如古希腊学术一样的信念。教育学是一门科学，只有像自然科学一样严格保持自身的概念，并进而形成独立的思想，才不会像被占领的区域一样受到外人的治理。

把教育学视为一门"科学"暗含了两层含义。其中一种含义，指的是有系统的学问。也就是成为一门"学科"（discipline），赫尔巴特着力建立的就是作为一门"学科"的"教育科学"；"科学"一词的较为严格的含义，指的是用实证—实验方法进行研究的经验科学。例如布列钦卡，他把教育学理论分为三部分：教育科学、教育哲学和实践教育学。[4]这时的"教育科学"即作为一种经验科学来看待。这种信念导致研究者通常将教育学研究视为一种事实知识的生产。事实知识是一种客观的、价值中立的并具有普适性的知识类型，所以掌握关于教育的事实知识便可以得出必然的结论。从教育学的发展历程来看，无论是"单数的教育科学"还是"复数的教育科学"，由于教育学者普遍把教育学视为一门或多门科学的集合，在教育学研究中往往以追求学科独立性为己任，并以各自不同的学科方法来"型构"①教育实践。此时，教育学研究的价值在于规范人们的教育实践活动，使教育实践活动有序化、标准化。

（二）本体神话

教育学的本体神话同样可以追溯到古希腊人对世界的本源或本性问题的探讨，它通常被理解为一种对确定性的寻求，这种信念深深影响了西方各学科，包括近代西方教育学的发展。"确定性"（Certainty）通常被认为是从一定的确实可靠的前提（如柏拉图所说的"实体"）出发，运用正确的形式进行思维，通过逻辑的论证（如演绎推理）而得到的、具有普遍必然性结果的东西。自古希腊开始，西方思想家们就深信现象世界背后隐藏着一个理念世界，它支配着自然与社会的运动。柏拉图就号召哲学家们"永远酷爱那种能让他们看到永恒的不受产生与灭亡过程影响的实体的知识"。[5] 但古希腊人所谓"知识"代表的是永恒的、毋庸置疑的全部真理，而非局部真理，这种实体知识暗含着对"确定性"的不懈追求。杜威曾经一针见血地指出："确定性的寻求是寻求可靠的和平，是寻求一个没有危险，没有由动作所产生的恐惧阴影的对象。然而完全确定性的寻求只能在纯认知活动中才得实现，这就是我们最悠久的哲学传统的意见。"[6] 可见，本体神话乃是哲学家们寻求拒斥世界变化所带来的不确定性恐惧的产物。

本体神话在教育学研究中表现为一种信念上的预设：只要真正理解了事物的本性及其联系，就能够利用其来指导实践，这仿佛已是不言自明的真理。教育学研究的目的乃是透过现象寻找本质，或者说通过研究教育现象寻找教育规律，然后利用教育规律来指导教育实践。在这种信念的支配下，教育学研究极容易纠缠于教育学的性质，不懈地寻找教育学和教育规律"是什么"，而忽略了教育学的学科价值，即教育学"能够做什么"。本体神话的存在，一直影响着教育学的发展，尤其是教育学研究范式的发展。最典型的例子是长久以来存在于教育学研究中的关于人本主义研究范式与科学主义范式的冲突。它使得究竟人本主义研究范式还是科学主义研究范式才是教育学研究的本质范式的争论甚嚣尘上。由于本体神话的存在，使得教育学研究常常陷入主客二分的方法论窠臼，贬斥一切非客观、非事实描述的教育学研究为伪科学或非科学。由于神话的存在，彼此对立的研究范式常常对对方的合法性进行质疑，并试图加以解构。

然而，当实践者在教育实践中为各种问题所困扰时，当他们试图运用教育学理论指导实践时，却发现理论变得如此苍白无力，教育学理论成了"银样镴枪头"，无法为他们提供思想支援。随着对理论怀疑和不信任的加深，实践者普遍对教育学研究感到不满，对教育学研究缺乏实践感感到不满。

## 二、教育学研究的价值重估

教育学所面临的处境，预示着以往在科学神话与本体神话引领下的教育学研究需要再次重估自身的价值。为自己存在的合理性寻找依据。价值重估的起点就是对两种神话所代表的价值立场的批判性反思。

（一）从事实知识到价值知识

教育学研究到底是不是像经验科学那样的纯粹事实知识的生产，事实知识到底是不是必然的规律，20 世纪 80 年代兴起的复杂性理论为教育学研究提供了新的视角。正如普利高津在《确定性的终结》中所指出的："人类正处于一个转折点上，正处于一种新理性的开端。在这种新理性中，科学不再等同于确定性，概率不再等同于无知。"[7] 复杂性理论通过对"混沌"等现象的研究，证明一切事物的发展均具有内随机性。所谓内随机性，指的是事物发展的随机性（偶然性）不是来自外部干扰，而来自自身的确定性中。此种偶然性"是自生的，而不是内在必然性受到外界的干扰才变成的，虽然外在的干扰也能够导致偶然性。也就是说，存在着真正的偶然性，它们并不是'尚未被发现'的必然性"。[8]

这一发现所带来的启示在于，一直以来，由于科学神话的存在，学者们大都将教育学理论视为一种事实知识（客观知识）；又由于本体神话的存在，他们大多强调此种知识具有不容置疑的确定性。复杂性理论消解了关于事实知识的纯粹确定性信念，指出事实性知识实质是确定性与不确定性的统一，是一种"基于复杂教育的统计性教育规律"。[9] 不过，这种观点仍然只把目光停留在教育学研究作为一种事实知识的生产方面，而对隐藏在教育学研究中的一系列带有强烈价值取向的知识形态视而不见，或者干脆认为它们是理所当然的。基于不同的兴趣、利益和偏好，教育学研究者在处理相同的教育事实时，即使描述这一事实的知识具有统计学意义上的确定性，但根据这些事实知识所做的结论很可能还会是五花八门，甚至完全对立。教育学研究虽然建立在事实知识的基础之上，但最终的成果却是不断生成和变化的价值知识。

从事实知识到价值知识的转向并不意味着消解一切教育学理论的合法

性，而是要唤醒人们对教育学理论的反思批判意识，要告诉人们教育学理论需要根据现实需要不断予以修正。按照莫兰的理解，"学科（discipline）在起源时是指用以抽打自己的小鞭子，因此具有自我批评的含义"，而当一门学科出现退化的时候，这个词就变成了"抽打敢于擅入被专家视为他的产业的思想领域内的人的工具"。[10]教育学如果囿于追求学科独立性，单纯强调客观和确定，而忘记学科自身的价值和使命，便不免有退化的危险，甚至无法获得其他学科同行的认同。

为此，有学者提出了教育学研究的问题转向，试图为教育学研究寻找新的生长点。[11]作为一门"实践之学"，教育学研究的阿基米德点正是教育实践中的教育问题。通过这一转向，教育学研究的视角从主体和客体的二元对立，转向了理论与实践的互动互补。它消弭了科学主义研究范式与人本主义研究范式的对立，在面对教育问题（实践）时，无论何种研究范式（理论），都将被视为解释问题的工具，为加深人们对该问题的认识而存在。它们的合理性就在于能否有效地解释实践，而不在于是否符合教育的本体。解释意味着向无限的可能性开放，而不是去寻找关于问题的唯一答案。

（二）从指导实践到解释实践

由此看来，教育学无疑是一门"实践之学"，因为其起点是教育实践中的问题。可是"实践之学"并不能简单地等同于"指导实践之学"。因为，"指导实践之学"仍然没有摆脱科学神话与本体神话的束缚，仍然简单地把教育学理解为科学理论。有学者把教育学研究理解为一种实践性研究，把这种实践性研究的成果描述成一种实践性理论（practical theory），即"有关阐述和论证一系列实践活动的行动准则的理论"，这种理论的职能在于"对教育实践进行指导，强化教育技能，树立教育者的自我意识，并提供教育活动的内在保证"。[12]这种对教育学研究的认识，强调了研究应该对实践具有指导意义，从实践中来，到实践中去，致力于使教育学研究避免闭门造车，成为书斋教育学的指责。不过，由于过多地强调教育学研究对实践的指导意义，试图为教育实践者提供在具体教育情境中确定的行为准则，又使得教育学研究安上了"沉重的翅膀"，承载了自身不能承受之重。

这是因为，人们在教育实践中具有多种多样的价值诉求，面对复杂多变的教育情境，一种单一的规范准则往往难以奏效。"教育实践是一种复杂的过程，它的结果是多因素相互作用的结果，不完全是理论应用的结果，在一些特殊时期甚至主要不是理论应用的结果。像社会环境、办学经费、学校管理、教师情绪和学生情况等许多可知与不可知的因素都会对实践的结果产生影响。所以，合理的理论并不能保证实践的目的的达成。"[13] 因此，"教育学只能开拓人们的视野，而依据特殊情况做出具体的选择，那是实践者自己的事，教育学和教育学教师无法代替实践者做出选择"。[14]

所以，教育学研究的价值就在于：从教育问题出发，以事实知识为基础，根据不同的价值取向生产不同的价值知识，为教育实践提供可选择的解释路径，帮助教育实践者启迪智慧。这种理论的价值并不能单纯地与提供规则性、技术性知识等同起来，它的更深层目的在于"通过这种知识把自己的理想传达给读者或听众，在于加深或更新人们对教育—文化—人之间意义关系的理解，而不在于为教育活动提供一套实际的有效的工具"。[13] 换言之，教育学研究所生产的教育理论知识，其目的在于帮助实践者对教育问题背后涉及的诸种因素有更好的了解，使实践者能更好地做出价值判断。例如在教育目的问题上，就存在社会本位论与个人本位论，而且根据两种不同的价值立场，教育学研究引申出了一系列的课程设置与教学方法。实践者只有充分理解这些理论所蕴含的意义，才能在具体的情景中更好地做出自己的价值判断，选择相应的教育手段。可以说，教育学研究的价值就在于解释实践。

### 三、以解释实践为价值取向的教育学研究

作为解释实践的教育学研究，合规律性难以承担作为教育学研究的价值尺度，如何评价教育学研究的价值就成为人们必须要面对的问题。对某一教育问题是否具有足够的解释力，无疑是评价教育学研究价值大小的新尺度。

（一）教育学研究的价值尺度

由于教育学研究并不等同于科学研究，教育学研究中的知识生产带

有明显的"不确定性"，其目的在于对特定教育问题提出假设，通过发展出一套具有解释力的观点，用于解释该问题所隐含的意义及提出可能的解决途径。这一过程类似于卡尔·波普尔所主张的"批判理性主义"，这一理论认为，科学知识的增长"是指不断推翻一种科学理论、由另一种更好的或者更合乎要求的理论取而代之"。而科学知识的增长包含着"发现问题—提出假设—反驳假设—提出新的问题"四个步骤。而且，波普尔深信，他的论点"适用于一切人甚至动物获取关于世界的实际知识的一般方式"，人类的认识与实践，"用的基本上都是通过试探和错误学习的方法，也即从错误中学习的方法"。[15]

按照"批判理性主义"的观点，教育学研究实质上也可以看作一个试误的过程，教育理论知识正是在这一过程中产生并逐步增长的。所以判断教育学研究解释力的尺度可以由三个必要条件所限定：

（1）针对某一问题提出的假设 P（教育理论）逻辑上自恰

（2）在该问题上 P 不被证伪

（3）实践者 S 相信 P

因此，教育学研究提供的理论不再是确定无疑的真理，而是需要不断检验其解释力的假设。一旦提出假设，教育学研究者与教育实践者应该携手合作，通过教育实践检验假设，并不断修正已有的解释，形成新的解释。

（二）教育学研究的价值选择

教育学研究提供了各式各样的教育知识理论，不同的理论往往反映了教育学者的不同价值立场。既有政治的价值立场，也有经济的价值立场；既有社群的价值立场，也有个体的价值立场；既有科学的价值立场，也有人文的价值立场。乔治·克劳德对价值立场的多元进行了精辟的总结：

（1）至少有一些真正价值是普遍的，或者被所有人认为是对于良善生活有作用；

（2）真正价值，包括普遍和地方的价值，都是多元的；

（3）许多这样的价值彼此不可公度（Incommen surability），或者根本是截然不同的；

（4）按这种方式价值可能被想象为是多元且不可公度的，而且经常与其他价值相冲突。[16]

教育学者可以根据自己的研究旨趣，选择研究的对象，也可以根据自己的价值观，选择不同的方法、视野来生产教育学知识，建构教育学理论。

不过，在教育学研究中存在着"理论逻辑"和"实践逻辑"的分野。如若教育学研究的价值在于解释实践，那么教育学研究的边界即理论逻辑的边界。由于实践中存在不同的场域、不同的习性，因而也存在不同的实践逻辑。布迪厄写道："实践活动的原则不是一些能意识到的、不变的规则，而是一些实践图式，这些图式是自身模糊的，并常因情景逻辑及其规定的几乎总是不够全面的视点而异。"[17]教育学研究如果试图越过理论逻辑的边界去指导实践，就会构成对实践逻辑的僭越，极容易形成知识的霸权。所以，真正对教育学理论具有选择权的是依靠实践逻辑行事的实践者。

实践者，包括教师、教育行政管理人员，在面对不同的教育情境时，对教育学理论的评价并不一致。例如教育部门制定教育政策，进行日常的教育管理活动，教师提升自身的教育教学水准。基于不同的环境、不同的考虑，不同的实践者会产生不一样的价值判断，也就会作出不同的价值选择。教育学研究生产的教育学理论事实上构成了一个庞大的价值知识市场，不同的实践者总是会根据自己的现实需要，选择不同的理论来解释不同的教育问题，借助教育学理论来拓展自己的视野，为化解教育实践中遇到的困惑激发思想的火花，寻觅创造性解决问题的灵感。教育学研究所提供的理论知识，并不必然地能够指导实践，而是从不同的视角来解释实践，从而为人们提供尽可能多样的思考空间，启迪人们的教育智慧，这正是教育学研究的真正价值所在。

**注：**

①所谓"型构"，在哈耶克的论述中主要指人先天具有不受限制的理性，而此种理性能预先对社会制度进行理性设计，同时也表现为对社会进程做有意识的控制或指导的各种诉求。这里指教育学研究中运用特定方法而导致的教育事实被过滤、遮蔽的现象。见哈耶克.自由秩序原理［M］.北京：生活·读书·新知三联书店，1997：代译序.

**参考文献：**

[1] 巴特 R. 神话：大众文化诠释 [M]. 上海：上海人民出版社，1999：167.

[2] 培根. 学术的进展 [M]. 上海：上海人民出版社，2007：121-136.

[3] 赫尔巴特. 普通教育学　教育学讲授纲要 [M]. 杭州：浙江教育出版社，2002：13.

[4] 布列钦卡. 教育知识的哲学 [M]. 上海：华东师范大学出版社，2006：20.

[5] 柏拉图. 理想国 [M]. 郭斌和，张竹明，译. 北京：商务印书馆，1986：230.

[6] 杜威. 确定性的寻求：关于知行关系的研究 [M]. 上海：上海人民出版社，2004：5-6.

[7] 普利高津. 确定性的终结：时间、混沌与新自然法则 [M]. 上海：上海科技教育出版社，1998：6.

[8] 赵凯荣. 复杂性哲学 [M]. 北京：中国社会科学出版社，2001：235.

[9] 唐德海，李枭鹰. 论教育规律与似规律现象 [J]. 华东师范大学学报：教育科学版，2007（2）：8-13，52.

[10] 莫兰. 复杂性理论与教育问题 [M]. 北京：北京大学出版社，2004：197.

[11] 劳凯声. 中国教育学研究的问题转向——20 世纪 80 年代以来教育学发展的新生长点 [J]. 教育研究，2004（4）：17-21.

[12] 瞿葆奎. 教育学文集：第一卷　教育与教育学 [M]. 北京：人民教育出版社，1993：302，441.

[13] 石中英. 教育学的文化性格 [M]. 太原：山西教育出版社，2005：335-336，329.

[14] 陈桂生，范国睿，丁静. 教育理论的性质与研究取向 [M]. 上海：华东师范大学出版社，2006：代序.

[15] 波普尔. 猜想与反驳 [M]. 上海：上海译文出版社，1986：308-309.

[16] 克劳德. 自由主义与价值多元论 [M]. 南京：江苏人民出版社，2006：307-308.

[17] 布迪厄. 实践感 [M]. 南京：译林出版社，2003：19.

2014 年第 6 期

# 实践哲学场域内的教育学派之构建

## ——重审"理论与实践关系"的初步构架

**李政涛** *

**摘　要**：理论与实践关系问题是作者体验中的问题，也是教育学的基本问题，更是"生命·实践"教育学派建设要面对的问题。实践哲学视域下建构"生命·实践"教育学派有其可能性，这种可能建基于四项任务，而这任务又可综括为"生命·实践"教育学的使命：通过探寻"理论与实践"的教育学意蕴，"在中国"为"实践哲学"作出独属于教育学的贡献，在丰富和发展实践哲学过程中，也丰富和发展教育学自身。此使命使得研究的基本问题得以确立：以"新基础教育"与"生命·实践"教育学的关系为载体，探讨教育理论与实践如何基于转化逻辑，实现教育理论与实践之间双向转化中的交互生成。这是教育学和"生命·实践"教育学对理论与实践问题的独特贡献，而贡献的落实要实现两个转化：把其他学科对"理论与实践"的经典分析转换为"教育学"分析，以及从"理论与实践的关系是什么"转向"理论与实践之关系的意义是什么"。在转化与探索"意义"的过程中，整体呈现"理论与实践"的中国思想与中国经验也将渗透于其中。

**关键词**：实践哲学；理论与实践；"生命·实践"教育学；转化

**基金项目**：本文系全国教育科学"十二五"规划课题"当代中国教育

\* 作者简介：李政涛，中国教育学会副会长，教育部"长江学者"特聘教授，教育部中小学校长培训中心主任，教育部人文社会科学重点研究基地华东师范大学基础教育改革与发展研究所所长。

研究方法论的演变与发展趋势研究"（课题编号：BAA110010）研究成果。

任何问题的产生都有来源。究其源头，有助于廓清问题的性质及意义。

问题或从某一相对之物而来。如对"人文主义"的探讨，来自与其相对的"科学主义"，即使有交融二者的尝试，也必以二者的分歧相对为前提。同样，所谓"理论"，是相对于"实践"的理论，"实践"则是相对于"理论"的实践。①即使有所谓的"理论与实践合一"，也是以其差异相对为前提的合一。历史上许多学派都是相对而来的产物。如人类学中的传播论学派相对于早期进化论，新民族志学派相对于早期法国结构主义学派；历史学中的年鉴学派相对于兰克经典史学派。近些年在中国影响甚大的叙事研究，在研究及表达方式上，则是相对于传统的思辨研究等。

问题或从某一领域而来。可以是"学科领域"，也可以是"学派领域"，它们都是问题得以孕育产生的土壤和水源。如同茅台酒必产于茅台镇一样，若"背井离乡"，则此茅台已非彼茅台，此问题不再是彼问题。"生境"和"语境"的特性决定了问题的产生与性质。

问题或从亲历体验而来。典型代表如苹果落地之于牛顿，玛德莱娜点心之于普鲁斯特，前者催生了万有引力定律，后者引发了对逝水年华的绵绵追忆……

本文选题的生成，则是如上不同类型"因缘际会"共同引发的产物。首先来自自身的相关体验。作为以学术为志业的理论人，长年浸泡在各种理论的汪洋大海之中，时常为学术理想与坚硬现实的抵触所困。作为 20世纪 80 年代中国高校"思想政治教育"专业的大学生，在对必读之书马克思著作的研读过程中，时有困惑萦绕于心，只是当时懵懂不知，所有"迷惘"只能停留在外部表情状态，难以翔实清晰地彰显表达。二十多年后，一位马克思主义哲学的专业研究者，用他的方式表达了我始终未能显现于文字的困惑：[1]

"马克思主义所提供的人生和社会理想从理论上看是那样的完美，那样令人信服和让人向往，可社会主义实践，包括在中国的实践，特别是头一个时期严格按照理论原则来进行的实践，又是那么的坎坷，充满那么多意想不到的问题，这二者间为什么会有这么大的反差？"

进一步而言：[1]

"这个问题扩展开去，就是一个带有普遍性的基本哲学问题：理想人生和理想社会的理论设计和追求理想人生、建设理想社会的实践操作之间究竟该是什么关系？"

对我来说，这不只是"哲学"问题，几乎可以说是"生存问题"和"存在问题"了：如果我朝思暮想的理论创制，与实践有如此大的反差，甚至可能导致对理论本身的否定，那么，我作为理论人的存在究竟有多大意义？我此生的使命，难道就是在书堆中和电脑前日夜忙碌于对实践没有多大影响的理论炮制？这就是我的生活方式和生活意义？

这是具有普遍性的困惑和问题：一代代的理论人不懈追求理论创新，不断"生产"出早已是天文数字的论文和著作，然而，又有多少理论变成具体的实践，对日常生活产生了多少真实且积极的影响？

不管怎样，种种自我否定式的怀疑，并没有泯灭自我本身，作为个体之我的命运，和无数人一样，无非是人类命运的一部分，"一边哭泣，一边追求，一边怀疑，一边前行"。

在前行中，对"老问题""旧困惑"的新体验也不断萌发。尤其是亲身遭遇被实践人讥讽为"真空中的理论"之后带来的震动，在精神空间里引起的长久回响至今不绝。

最重要的体验生发于长年参与的"新基础教育"研究。一部"新基础教育"史，就是一部理论与实践的关系史。作为一项以改变与发展人为目标，且是在大中小学合作中进行的整体转型式学校教育改革，自始至终都在理论与实践的关系中进行。能否把理论者的新观念变成实践者的观念，进而变成他们的新行为，是衡量改革成效与否的基本尺度。这不是一个轻易可以达成的目标，其中的曲折艰难，只有置身其中者才会有透彻的感受。我如此回顾个人的这段历史：[2]

"最初走进课堂之时，我习惯的套路，是先准备好对某一专题的思考框架和已成观点，它们来自各种资料的搜集，作为研究者这并不难，随后就戴着这个框架造就的眼镜来观察和评判课堂，强行把课堂上发生的一切事情都塞入那个早已准备好的框架里，不符合的就轻易抛弃。我在鲜活的课堂生活中自动关闭了自己的感官，无视各种现场生成之事，所做之事无非就是捕捞和倾倒：把适合已有框架的事物捞起来，放在理论的篮子里熬煮，把早已准备好的理论倒进课堂里，倒进评课现场，在滔滔不绝中享受理论言说的快感。言者很痛快，听者很迷茫，我总是能够从老师们的眼里看到茫然的神色，从下一堂课中看到老师们的依然如故，我对他们教学的评说，甚至明确提出的意见没有被他们真正采纳，几乎成了耳边风，他们还是按照自己的逻辑和习惯该怎么想，还怎么想，该怎么做，还怎么做。"

真实遭遇产生了真实问题：

理论与实践，究竟是何种关系？"什么是"以及"如何"构建一种理想的理论与实践的关系？

如此，理论与实践的关系问题，从他人的问题变成我自身的问题，从隐匿于历史文献的问题变成了当下现实的问题，从书本中、黑板上的问题变成了日常生活中的问题，更重要的是，从言说中的问题变成了行动中的问题。"理论与实践"不仅需要在脑中"思考"、在唇边"言说"，更需要"动身实践"。即在实践中思考和践行"理论与实践的关系"，以具体而微的方式在实践中构建，而不只是语言描述和头脑思辨。归根到底，理论与实践的问题，不只是"理论问题"，更是"实践问题"。

本文主题的形成，直接来自自身对这一传统理论问题的"实践体验"。这是写作此文的私意所在：释解多年以来困扰于心的纠结，它来自理论与实践在自我生命成长中产生的种种矛盾，来自对作为问题的"理论与实践"的意义的体知。

只有实践体验，还不足以说明此选题的意义。"理论与实践"一直是教育学领域中的基本问题，被称为"嚼不烂的问题"。[3] 不同时代各家各派的研究者以不同立场、视角和方式进入其中，展示出迥异的思想风景。脱胎于"新基础教育"研究的"生命·实践"教育学，欲作为"学派"卓然而立，就需对这一绕不过去的"基本问题"表达自己的"基本立场"和"基本观点"，以此相对于其他已有和将有的学派。这里的"相对"并非指"对立""冲突"，而是基于"特色""差异"的"对话"。它或多或少具有冯友兰所倡导的"对着说"和"在内部接着说"之意，这是学术思想创造与发展的开端。

更重要的"相对面"，是实践哲学。无论是"作为学科"，还是"作为学派"，或者"作为课题"，[4]实践哲学都以"理论与实践"作为贯穿始终的核心问题。其核心概念"实践"的界定，是在理论与实践关系的背景之下界定的，不知"理论"，则无从知晓"实践"，反之亦然。

长久以来，教育学领域对理论与实践关系的探讨，理论资源主要集中于"实践哲学"，是在"仰视"中对实践哲学的"照着讲"，而不是"对着讲"，更难言"接着讲"。原因在于教育学是以"仰视"，而不是"平视"，更不是"对视"的态度对待实践哲学，把自身变成了对后者的演绎、验证和具体化，直至缩减为实践哲学领域中的一部分，且沦为边缘之地。

要把"仰视"变为"平视""对视"，需要有立场意识：同样是对实践哲学的汲取和探究，"教育学立场"何在？有立场才会有观点和方法。更需要有"贡献意识"：对于已成为公共领域的实践哲学，教育学是否以及如何才能作出只有"教育学"才可能作出的贡献？

"生命·实践"教育学的形成与发展，需要承担这样的任务，在目标明确的探索中开辟属于自己的"实践哲学"。作为学派的"生命·实践"教育学，不仅是教育学领域中的学派，同时也应是实践哲学场域内的学派。

接踵而来的问题是开创实践哲学场域中的教育学派，即"生命·实践"教育学派是否可能，如何可能？

其一，"生命·实践"教育学在酝酿形成过程中，基于"理论与实践关系"的研究和实践，已有了相应的基础性积累。

理论上的积累，以《在思维的断裂处穿行——教育理论与实践关系的再寻找》一文作为标志性的开端，叶澜与学派同仁先后在概念、问题和方法论等多个层面上，就"教育学立场""教育理论与实践的双向转化""理论人与实践人的交往与转化"及"转化逻辑"等加以探讨，相对于各领域已有观念，"生命·实践"的学派特性已是踪迹可循，且呈现由散点到逐渐合拢聚焦的趋势。在此过程中，"转化"逐渐成为学派标志性的概念。继叶澜用"转化"来解读"教育"的特质之后，随之又扩展到理论与实践关系的重构之中，并通过"新基础教育"进行了长期"转化实践"，[②]这一独特的实践样式表明：在"生命·实践"教育学那里，孜孜以求的是有关"理论与实践"的"真理与方法"——人类既需要理论的真理，也需要实践的方法，更需要将理论与实践双向转化的真理与方法。人类对理论与实践的关系问题，不能停留于纯粹"真理知识"的思辨研讨之中，还应在"实践方法论"的层面上进行"转化性"的"关系实践"，把原本属于"理论性"的理论与实践静态关系，变成一种"实践性"的理论与实践动态关系。[③]这恰恰是马克思当年所倡导的：[5]

"理论的对立本身的解决，只有通过实践方式，只有借助于人的实践力量，才是可能的；因此，这种对立的解决决不是认识的任务，而是一个现实生活的任务，而哲学未能解决这个任务，正因为哲学把这仅仅看作理论的任务。"

"生命·实践"教育学承担了这一任务，以"生命·实践"的方式，把"理论"形态的"理论与实践"变成了"实践"和"现实生活"形态的"理论与实践"。

如上关系实践，不只是个体意义上，更是在交互生成意义上的"关系实践"，即"自我"既要能够把理论转化为实践，也要能够有目的有意识地帮助他人实现这种转化。所谓"关系实践"，是在"自我教育"和"教育他人"双重意义上的转化实践。[④]它暗含了这样一种转换：把理论与实践的"关系"，从作为结果的"名词"转换为作为过程的"动词"，这其实是一种还原的过程：把理论与实践的关系，从"结果"还原为"过程"。

这种围绕着"交互生成""双向转化"而展开的理论积累与实践积累，为"生命·实践"教育学走出自己的道路进行了必要的酝酿准备，奠定了前所未有的特有基石。

其二，除"生命·实践"教育学之外，在日渐宏阔的教育学领域，之于"理论与实践"，也早有其他立场和视角的相关研究。代表性的研究如迪尔登、卡尔等，[6-8]他们虽然只是以"教育"中的理论与实践关系为例，但其论述过程、思维方式和结论却对普遍意义上的实践哲学有启示意义。这些探索以"教育学"的方式，表达了对理论与实践这一亘古有之的"公共问题"的思索,它们同样为"生命·实践"教育学可能在实践哲学领域发出自己的声音提供了基础性条件。遗憾在于,实践哲学界由于忽视教育实践,轻视教育理论,对之视而不见。

其三,从教育学和实践哲学的关联来看,两者的内在沟通与联系,共同促使"理论与实践"成为双方共同关注的核心问题。教育学与实践哲学的历史勾连表明,⑤实践哲学也具有教育意义。伦理学和政治学的教育意蕴,从亚里士多德开始,就内含于其中了:[9]

"借助于哲学的帮助,亚里士多德想使人成为品德高尚者。"

甚至,亚里士多德的伦理学和政治学被视为一种"教育学",⑥在他那里,"教育学":[10]

"不是以认识和建构教育概念与原理为目的的'理论教育学',也不是以把握教育技术原理和程式进而操控师生生命活动为目的的'技术教育学',而是始终以人的善的实践的实现为目的的'实践教育学'。"

这样的实践哲学理论,因为具有"帮助自我和他人思考并过一种美好的生活"的教育实践哲学意蕴,因而也被视为"教化哲学"。[11]

其四,来自我对实践哲学领域的了解和判断。历经几次沉浮之后,实践哲学在当代已经复兴成为显学之一,⑦其宏富且精微的理论大厦吸引着众多学科研究者的目光。在实践哲学的喧哗与躁动之外,若以教育学的眼光冷静审视,依然可以发现这一看似宏伟严密的大厦的漏洞和缺失:它是无"教育实践"的实践哲学。在如此宽大且"房间"众多的大厦内,竟然难以寻觅"教育实践"的空间,作为人类一种基本实践样式的"教育",⑧被亚里士多德以来的众多实践哲学家所轻视甚至忽略了,⑨他们或许会在闲暇之余如康德般谈谈教育,⑩也不会否定教育之于人的价值,但从不会将教育作为实践哲学的内在构成,更不会将教育实践赋予伦理实践、政治实践等在实践哲学领域中同等重要的位置,至多像亚里士多德等所作的那样,将教育行为附属于伦理行为和政治行为。教育实践或湮没或边缘的卑微地位,贯穿于实践哲学漫长的历史。与"教育实践"的被忽视相应,以实践之眼审视"生命",或以"生命"之尺度审视"实践"者同样稀少。代表性的方式,是在定义实践之时,遵循一种惯常的思路:将"人"

与"动物"加以区分，以说明只有"人"这种"生命"才会有实践，由此而触及了"生命"，但更多是抽象笼统的概述，没有以具体动态的方式将"生命"转化到教育实践领域来对待。狄尔泰也好，柏格森也好，他们先后掀起过的生命哲学浪潮，也有对教育和教育学的思考，[12] 但没有真正改变实践哲学"无教育实践"的整体格局，"生命哲学"与"实践哲学"虽偶有交集，但最终还是在各自轨道上运行。狄尔泰的"生命"只在实践哲学的存在主义热火中闪烁了些许微光而已。他的生命观并没有被置于实践哲学基本概念和基本范畴的层面上加以讨论。[13] "在中国"的实践哲学同样如此。[14] 实践哲学的"林中空地"，不是海德格尔意义上的美学意境，而是绿地中的荒漠，头顶上的斑秃……它恰恰为"生命·实践"教育学的努力带来了可能，这一试图赋予"生命"以"实践"之内涵与动力，以及赋予"实践"以"生命"取向与价值，从而打通生命与实践内在关联的教育学派，试图在此荒漠空地上植入"教育实践"的种子，长成"生命·实践"之树，形成森林新景，与已有之林形成相互辉映之势。这一切，取决于教育学能否与实践哲学进行基于彼此深入了解的"对话"。

要实现如上可能性的预期，至少需要完成四项任务：

第一，领会实践哲学发展脉络，把握其核心概念和核心命题（"理论与实践"的关系就是核心命题之一）。要形成实践哲学中的教育学派，与实践哲学进行平等对话是基本前提，如此则要进入该领域的"传统世界"，在了解传统、进入传统、把握传统的基础上，看出其传统核心概念的"所见"与"所不见"，从"已经说出"的外显之物看到"尚未说出"的隐匿空间，把久被遮蔽之物带到光明之地，细察深究。在此过程中，面临着一个重大任务：将实践哲学的思想传统与"生命·实践"教育学的命脉联系起来，看出这一教育学派与实践哲学传统的接续与转化。在这个意义上，本书所试图揭示的实践哲学史，显现出与早已汗牛充栋的实践哲学史考察不同的意义：这是教育学与实践哲学对话中的实践哲学史，是"生命·实践"教育学视野下的实践哲学史。

第二，了解教育学对"理论与实践"的相关探索，目的不局限于文献综述，而是综合为"教育学立场"，与"伦理学""政治学"等有所区分。

在实践哲学几乎等同于伦理哲学、政治哲学或所谓"社会哲学"的背景之下，具有"教育哲学"根底和基因的"生命·实践"教育学欲确立自身在实践哲学中的位置，与其他领域进行创造性对话，就必须明确相对于他者的自我形象。这种"教育学科的自我意识"恰恰是与实践哲学其他领域，甚至是与全部实践哲学进行平等对话的前提条件。

第三，形成"生命·实践"教育学对于实践哲学基本概念、基本范畴与基本问题的理解。除对老概念、老问题提出新内涵、新理解之外，还可以提出"新概念"和"新问题"，并尝试把新概念变为"基本概念"，把新问题变成"基本问题"。这表明，它肩负着通过对"理论与实践关系"的考察，为自身也为实践哲学创设基础性的"基本存在建构"的重任：[15]

"创建基本概念的先行研究无非就意味着：按存在者的基本存在建构来解释存在者。这种研究必须跑在实证科学前头；它也能够做到这一点。柏拉图和亚里士多德的工作也为此提供了证据。这样为科学奠定基础的工作原则上有别于跛足随行的'逻辑'。'逻辑'不过是按照一门科学的偶然状况来探索这门科学的'方法'而已。奠定基础的工作是生产性的逻辑，其意义是：它仿佛先行跳进某一畿域，率先展开这一畿域的存在建构，把畿域的结构交给诸门实证科学，使实证科学能够把这些结构作为透彻明晰的对发问的提示加以利用。"

这一"逻辑"既不是"理论逻辑"，也不是"实践逻辑"，而是"理论与实践"的"关系逻辑"，即我们尝试建构的"转化逻辑"，这一新概念和新问题必须在"基本存在建构"和"奠定基础"的意义上，才能够理解其价值和意义。

还应涉及对各种概念及观点所源自的理解方式、思考方式的再思与重构，概言之，构建出一种"方法论"。它将成为"生命·实践"教育学进入实践哲学领域且游弋其中的"发动机"。

基于如上认识，"生命·实践"教育学拟在如下问题上作出自己的回答：

是否有自己的"实践观"和"理论与实践"观？例如，能否对"实践"内涵展现出属于"生命·实践"教育学的独特理解？

甚至，能否形成学派对于人类存在、人类实践形态和类型的基本看法，如同亚里士多德、阿伦特、芬克[16]和本纳等人先后所做的那样。包括自身是否有对于实践哲学属性及其类型的独到理解，如同沃尔夫所进行的划分一样。这是一个极大的挑战：既借此提出并展现实践哲学世界中的教育学眼光及其具体运用的过程，也不局限于只是把"教育实践"作为实践哲学的特殊问题，而是进一步确立其在实践哲学中的"普遍问题"和"基本问题"。这是一种反向思路：从把实践哲学的"普遍"变为教育学的"特殊"，转为把教育学的"特殊"变为实践哲学的"普遍"。我深知，这一极富深远意义的任务需要几代人才能完成，但是，我所在的时代和这一代，提出这一使命和任务的时候，已经来临。

第四，系统反思和提炼各种已有基于理论与实践的"关系实践"，并将此实践的提炼与"生命·实践"教育学的整体理论构建结合起来，成为学派发展的内在源泉和动力。因此，对过往"关系实践"的持续反思与重建必不可少，它既与"生命·实践"教育学的过去和当下相连，也属于未来发展的一部分。

四项任务可统括为"生命·实践"教育学的如下使命：

通过探寻"理论与实践"的教育学意蕴，"在中国"为"实践哲学"作出独属于教育学的贡献，在丰富和发展实践哲学过程中，也丰富和发展教育学自身。

我们将从实践哲学出发，但不会以其为终点，它基于教育学，但又不拘泥于教育学。它的打算不过是以"理论与实践"关系的探讨为核心，在实践哲学与"生命·实践"教育学之间建立对话的渠道，并把这一"对话"变成具有理论生产性的力量源泉。

由使命而来，在与实践哲学的对话之中，我拟确立如下基本问题：

以"新基础教育"与"生命·实践"教育学的关系为载体，探讨教育理论与实践如何基于转化逻辑，实现教育理论与实践之间双向转化中的交互生成。

通过这一问题的探讨，将为理论与实践的理解与认识，作出只有教育学和"生命·实践"教育学才能作出的贡献。

这一贡献将从"生命·实践"教育学式的发问开始，也将以"生

命·实践"教育学式的回答作为暂时的终点。最重要的贡献方式，来自于
"生命·实践"教育学命名中的核心概念"生命·实践"，它可以有力且创
造性地回应其至解决实践哲学面临的挑战：[17]

"哲学今天所面临的挑战，从根本上说，不是理论的，而是实践的。
哲学要存在，就不能回避人类生存所面临的深层问题。这就是为什么实践
哲学在当代得到有力的复兴和迅速发展，也就是为什么即使是那些试图多
少对现代性有所维护的哲学家，若哈贝马斯，他们的思想也表现出强烈的
实践哲学的色彩与倾向。当然，实践哲学不可能改变人类存在的状况，但
可以影响人类的自我认识和行为。至少，它可以引导人们去思考与我们的
生存实践有关的问题。"

哲学面临的挑战，不在于"回避人类生存所面临的深层问题"。实践
哲学起源于"人类生存问题"，它的古希腊源头所缔造的传统之一，就是
把"实践"视为一种生活方式。从诞生之初，实践哲学从没有停止过直面
并深入到人类生存问题之中。实践哲学所面临挑战的根本，在于它没有体
现出"实践"的真谛，往往悬空在"理论"层面，变成理论的言说展演，
没有进入到实践中改变实践，更缺少对自身如何进入实践的反思与建构。
所以，这样的实践哲学不仅对"人类存在的状况改变"无关紧要，对"人
类自我认识和行为的影响"也远未达到理想状态。

这一缺失和对挑战的应答，为"生命·实践"教育学作出自己的贡献
提供了可能，它以自己的理论积累和实践底蕴，已经并且还将展现出对人
类生存深层问题的思考和对人类存在状况的改变和影响。

由此而来的贡献不一定表现为多么体系化，或多么具有深度和开拓
性，哪怕如果我们能够从中看到：因为有了"生命·实践"教育学的存在
及努力，实践哲学的世界中有了些许新问题、新方向，或者新开端，作为
一个教育学派的价值也会有所显现。

为使如上"使命意识""贡献意识"落至实处，我们试图实现两种
转换：

第一种转换，把之于"理论与实践"的经典"政治分析""伦理分析"
转换为"教育分析"，与此相应，把实践哲学界主流的"政治学分析""伦

理学分析"转换为"教育学"分析。无论是"教育分析",还是"教育学分析",都体现了我们探讨"理论与实践"这一"公共问题"的"教育尺度"⑪与"教育学立场",这一尺度和立场将全程蔓延渗透于我们的思考与写作之旅。

第二种转换,从"问题是什么"转换到"问题本身的意义",即从"理论与实践的关系是什么"转向"理论与实践之关系的意义是什么"。

我们将从"教育理论与实践"的问题性质及意义入手,展开"生命·实践"教育学的探索之旅。它试图借此把古老的"理论与实践"问题置于"问题本身具有何种意义"这一全新的基础之上。

作为发问的逻辑起点,这来自海德格尔的启发:他对存在的发问方式的转变来自不再像传统存在哲学那样,孜孜于对"存在是什么"的发问,而是转到对"存在有何意义"的追问,在他看来,不是"是什么"决定了"为什么",不是"存在内涵"决定了"存在意义",而是相反,"为什么"决定了"是什么",存在"有何意义"导致存在"有何内涵"。

这是已有"理论与实践"的理解与认识传统中最薄弱之处。津津乐道于"理论是什么""实践是什么",理论与实践的关系又是什么,或至多探问理论之于实践有何意义,实践之于理论又有什么价值,以及像杜威那样追问理论与实践的"划分"有何意义:[18]

"截然划分理论与实践,是什么原因,有何意义?为什么实践和物质与身体一道会受到人们的鄙视?对于行为所表现的各种方式:工业、政治和美术有什么影响……把理智和行为分开,对于认识论已经发生了什么影响?特别是对于哲学的概念和发展已经发生了什么影响?有什么力量正在发挥作用来消灭这种划分呢?如果我们取消了这种分隔而把认知和行动彼此内在地联系起来,这将会有怎样的结果?对于传统的有关心灵、思维和认识的理论将会有怎样的修正并对哲学职能的观念将要求有怎样的变化?而对于涉及人类活动的各个方面的各种学科又将会因此而发生怎样的变化呢?"

但甚少有人深究过"理论与实践的关系"问题究竟有何意义,充其量是从学科体系建构的意义上略加分析。⑫所谓"在教育学界,对'理论与实践'问题性质缺乏研究"的判断，[19]也与此有关，"问题性质"离不开"问题意义"，如果不对"理论与实践关系"的意义所在详加辨析，其性质也难以被洞悉。

"意义"问题其实就是"价值"问题，这恰恰是教育学理论的起点性问题，也是"生命·实践"教育学最为看重的核心问题，它将在笔者有关此问题域的整体构架中作为起点，并一直延续到终点：最终我仍将试图回到"理论与实践关系"的意义问题，并以在理论与实践双向转化中"人的生成与发展"，即"理论人与实践人之间的交互生成"作为意义归宿，它渗透了"生命·实践"教育学"关怀生命"的价值取向。

在以"意义"为起点，同时以"意义"为终点的旅途之中，我将以"理论与实践"关系史为基础，分别触及"实践哲学"和"教育学"两大领域内的已有研究基础。对于实践哲学，我拟以教育学立场和"生命·实践"教育学之眼光，审视清理其概念史与问题史背后的前提假设、思维方式及其遭遇的困境和障碍，在根源的挖掘中显现其缺失。对于教育学，我将尽可能展现多年来教育学研究者在"理论与实践"研究中作出的独特贡献，这些贡献尽管总是被实践哲学界所忽视或蔑视，但它们始终存在，从未消失。在梳理两大研究领域相关积淀的基础上，我视其为探讨教育理论与实践关系的"基石性"概念，并从其意义、内涵、可能性与现实性等多重层面加以论证。站在此根基之上，我将分别沿着"理论如何向实践转化""实践如何向理论转化"等双向路径，以"新基础教育"和"生命·实践"教育学的关系为个案，综合探讨"教育理论与实践"的双向转化机制，特别是转化过程机制，涉及转化的前提性认识、转化的基本条件、转化的方式和转化的过程等。这一机制是否形成也是"转化逻辑"是否存在和能否发挥作用的核心条件。这两大路径的研究，蕴含了本书中一再提及的任务：把"理论与实践"的关系，从"理论"还原为"实践"，从"名词"还原为"动词"，从"结果"还原为"过程"。

我自设的另一任务，是整体呈现"理论与实践"的中国思想与中国经验。但我无意做抽象的概括和演绎，转而将"中国特色"渗透于全部思考之中，尤其是通过"新基础教育"研究与"生命·实践"教育学之间的

"关系实践",来展现何谓"中国元素""中国制造"和"中国特色"。我确信,"中国特色"是实践出来的,而不是理论演绎出来的,更不是头脑中凭空臆造出来的。

上述各种使命、任务和构想都异常艰难,并非笔者一己之力能够完成,本文任务也只是一个尝试性起步。它不求对整个实践哲学和教育学领域的"理论与实践"关系的言说思考,作出面面俱到、十全大补式的全面回顾(这并不意味着不需要回顾历史),也不求体系化的严密建构,而是力求以某一概念为出发点("转化逻辑"),以"理论与实践的关系史"及其渗透其中的"生命·实践"之尺度和眼光,在单刀直入、孤军深入中走出一条新路,即使窄而小、粗而陋,也依然允许光亮涌入,照出原有之路上的新痕迹,或许,也是对新路标的显现。

这一路标蕴藏了"生命·实践"教育学对人类生命存在、人类命运与教育学使命的思考:教育学对生命的思考,最终应该走向实践。人类生命始终是由实践构建的,实践是人类的命运,是每一个体的命运,也是教育学的命运。如此,教育学的命运就与人类的命运联系在一起,并因此获得了本体性、根基性的价值。

**注:**

①这只是大致的"相对"。严格来说,与"实践"相对的应是"思辨理论"。而且,不同时代不同学者视野下"思辨理论"的表现形态有差异,例如,亚里士多德的"实践"相对的"思辨理论",主要是形而上学性的理论。康德的"实践"相对的"思辨理论",则主要是指各种具体科学。参见曹小荣.对亚里士多德和康德哲学中的"实践"概念的诠释和比较〔J〕.浙江社会科学,2006(3):133-138.

②"新基础教育"研究自1994年开始,迄今(2014年)已持续了近20年。

③李云星有类似观点:"以往关于教育理论与实践关系的研究主要是以静观的理论分析为思路,如逻辑分析、理论分层和哲学演绎……二者的关系问题不仅是'理论'问题,更是'实践'问题。"参见李云星.从理论分析到实践创生:教育理论与实践关系的中国经验〔J〕.教育发展研究,2012,32(9):15-19.

④长期以来,对理论与实践的关系的认识,常常窄化为个体自我的认识,所

谓"理论与实践相结合"往往是对自我告诫，即使针对他人，也是抽象和笼统的，尤其如何促进他人实现"理论与实践相结合"则付诸阙如。我认为，认识到这种转化实践的双重性，不仅对于认识教育、教育者的特性和任务，而且对于教育学和教育学研究者的使命和存在价值都有独特价值。"新基础教育"研究的独特探索和价值就在于此：它力图在大中小学合作过程中，既使研究者自我实现理论与实践的转化，也努力促进中小学教师实现这种转化。这就是一种双重意义上的"关系实践"。

⑤有关实践哲学与教育学的历史勾连，参见金生鈜.教育哲学是实践哲学〔J〕.教育研究，1995（1）：6.金生鈜.理解与教育：走向哲学解释学的教育哲学导论〔M〕.北京：教育科学出版社，1997.李长伟.实践哲学视野中的教育学演进〔M〕.武汉：湖北科学技术出版社，2012：5，14-15，20，24.

⑥该书针对亚里士多德式的"作为教育学的伦理学"相关阐述，参见赫塞.实践哲学：亚里士多德模式〔M〕.沈国琴，励洁丹，译.杭州：浙江大学出版社，2011：25-27.

⑦关于实践哲学的复兴，可参见李长伟.实践哲学视野中的教育学演进〔M〕.武汉：湖北科学技术出版社，2012：绪论.

⑧本纳曾经将人类实践划分为经济、政治、伦理、艺术、宗教和教育等多种形态。这一划分打破了传统，尤其是以芬克为代表的无教育的人类实践。但他的划分依然是在教育学领域内的划分，而并非实践哲学本身。参见本纳.普通教育学：教育思想和行动基本结构的系统和问题史的讨论〔M〕.彭正梅，徐小青，张可创，译.上海：华东师大出版社，2006：275.Eugen Fink.Grundphänomene des menschlichen Daseins.München：Verlag Karl Alber GmbH Freiburg，1979.

⑨亚里士多德先后在《尼各马可伦理学》和《政治学》中讨论教育问题，但在我看来，他是以伦理（学）和政治（学）的眼光和方式讨论教育问题。作为"实践"的"教育"没有赢得和伦理实践、政治实践一样的独立且重要的地位，即作为人类的基本行为或基本实践样式，"教育"只是作为后两者的附属：存在目的是"促进人之德性养成"，在亚里士多德那里，这是一种伦理（学）目的，而不是后人期望并阐发的教育（学）目的。对亚里士多德实践哲学的教育学式理解，是后人依据当下的"教育学视野"阐发的产物，而不是亚里士多德的本意。真正改变"教育实践"在实践哲学领域的卑下地位的，是杜威的经验哲学和教育哲学。从教育学的角度讨论亚里士多德哲学，可参见李长伟.实践哲学视野中的教育学演

进［M］.武汉：湖北科学技术出版社，2012：第一章.

⑩尽管康德讨论过教育，在康德全集中也容纳了《论教育》，但只是被纳入一个很小很靠后的位置。我曾经多次观察过柏林最大最著名的书店，这家书店的特点是：从摆放"什么"和"谁"的作品及其作品是否有专柜等细节，显示出其在德国传统与现代学术界的地位。在哲学专柜中，康德的作品处于极其显要的位置，但遗憾的是，无论是在哲学专柜，还是教育学专柜，都没有看到单行本的《论教育》。

⑪"教育尺度"这一概念最早由叶澜于 2011 年 5 月在一次小范围的学术会议上提出。对此，李政涛的解读是："'教育尺度'是一种基于教育立场的眼光、视角和参照系。这种尺度的形成和运用与教育的任务和使命有关，教育就是要有意识、有计划地促进人的生命健康、主动地成长和发展。因此'能否促进并实现人的生命成长和发展'，成为'教育尺度'衡量世间万事万物的基本参照系和标准。依据这一尺度，人们提出并回答两个问题：什么才有利于人的生命健康、主动发展？如何为人的生命健康、主动发展创造条件和基础？"参见李政涛.中国社会发展的"教育尺度"与教育基础［J］.教育研究，2012（3）：9.

⑫例如，认识到这一问题是"实践哲学"，尤其是"马克思实践哲学"的基本问题与核心问题。参见王南湜.理论与实践关系问题的再思考［J］.浙江学刊，2005（6）：10.

**参考文献：**

［1］徐长福.重新理解理论与实践的关系［J］.教学与研究，2005（5）：30-41.

［2］李政涛.一段精神之旅：从漂泊到扎根［G］// 叶澜，李政涛，等."新基础教育"研究史［M］.北京：教育科学出版社，2009：275.

［3］叶澜.思维在断裂处穿行——教育理论与实践关系的再寻找［J］.中国教育学刊，2001（4）：3-8.

［4］徐长福.何谓实践哲学［J］.理论与现代化，2007（4）：88-91.

［5］中共中央马克思恩格斯列宁斯大林著作编译局.马克思恩格斯全集：第42 卷［M］.北京：人民出版社，1979：127.

［6］迪尔登.教育领域中的理论与实践［G］// 瞿葆奎.教育学文集：第1 卷教育与教育学.北京：人民教育出版社，1993：532-556.

［7］卡尔.教育理论与教育实践的原理［G］// 瞿葆奎.教育学文集：第1卷 教育与教育学.北京：人民教育出版社，1993：557-575.

［8］瞿葆奎.教育学文集：第1卷 教育与教育学［C］.北京：人民教育出版社，1993.

［9］赫塞.实践哲学——亚里士多德模式［M］.沈国琴，励洁丹，译.杭州：浙江大学出版社社，2011：27.

［10］李长伟.实践哲学视野中的教育学演进［M］.武汉：湖北科学技术出版社，2012：25.

［11］罗蒂.哲学和自然之镜［M］.李幼蒸，译.北京：生活·读书·新知三联书店，1987：314-415.

［12］Wilhelm Dilthey. Gesmmelte Schriften IX. Band. Pädagogik Geschichte und Grundlinien des Systems. B. G. Teubner Verlagsgeselischaft Stutgart vandenhoeck & Götingen, 1986.

［13］Wilhelm Dilthey. Gesmmelte Schriften V. Band und VI Band. Die Geistige Welt Einleitungs in die Phlosophie des Lebens Erste Hälfte und Zweite Hälfte. B. G. Teubner Verlagsgeselischaft Stutgart vandenhoeck & Götingen, 1994.

［14］李政涛.论面向教育的实践［J］.南京社会科学，2012（4）：10.

［15］海德格尔.存在与时间［M］.陈嘉映，王庆节，译.北京：生活·读书·新知三联书店，1999：12-13.

［16］Eugen Fink. Grundphänomene des menschlichen Daseins. Verlag Karl Alber Freiburg/München. 2, unveränderte Auflage, 1995.

［17］张汝伦.实践哲学的意义［J］.读书，1997（5）：8.

［18］杜威.确定性的寻求：关于知行关系的研究［M］.傅统先，译.上海：上海人民出版社，2005：3.

［19］高伟.一个劳而无功的虚假命题——评"教育理念与实践关系"之争［J］.北京大学教育评论，2005，3（2）：59-64.

教育发展探索

1989 年第 6 期

# 中国近代女子教育的嬗变

黄新宪 *

　　肇始于晚清的女子教育同戒缠足一样，是近代女权运动的重要内容，也是反封建的一个重要方面。众所周知，女子是否接受一定程度的教育，是衡量妇女解放程度大小的一个天然尺度。有鉴于此，笔者认为，研究近代女子教育的嬗变过程，不但能够丰富和充实中国教育史的研究，而且能够加深对于妇女解放问题的重要性和复杂性的认识，从而正确理解妇女在中华文明史上的地位和作用。

　　中国传统的女子教育主要是以口耳相传的家庭教育的形式进行的，这种形式的局限性是显而易见的。清中叶以后，伴随着资本—帝国主义的入侵，资本主义的经济成分开始出现，西方教育思想和学校制度也传入中国，先进的知识分子不满于腐朽的政治、经济、文化、教育和道德观念，力图加以变革，兴女学成为这种变革的一项重要内容。

　　近代女子教育同一切事物一样，也有一个发生、发展的过程。长期以来，史家对这一过程的起点究竟在何时，意见不尽一致，各执一端，莫衷一是。笔者认为，在探讨这一问题时，应将兴女学的社会舆论出现的时间和女学在我国的基本确立这两个因素结合起来加以考虑，尤其不应忽视兴女学的社会舆论，因为这是女学赖以成立的不可缺少的重要前提。

　　兴女学的呼声的出现并不像有的著者所指出的，是在戊戌变法时期，而是出现在洋务运动发展时期。早在光绪二年（1876 年）教会人士即在当时颇有影响的《申报》上提出除教会女子学校外，还应在中国普遍设立专

---

* 作者简介：黄新宪，曾任福建省教育科学研究所所长、《教育评论》主编。

门的女子学校，对女子进行不同于传统的学校教育。这一主张有赞成者，为数却不多，没有引起广泛的反响。次年，有人以迪谨氏的名义在《益智新报》上发表《劝设女学》一文，对以往的国有学、党有庠、州有序、家有塾而独独缺少教育女子的专门机构的现象表示愤懑，提出"士固宜攻读，而女亦不可偏废"，要求设立女学，选择品行端正的夙儒对女子加以教育。教会控制的《万国公报》亦以《中国女学》为题指出，"按女子居万民之半，男女各半，均应受学。现因女学不设，故女子为人所轻，甚至前有溺女等事……女孩当学，学则有以养己之命，而成有用乎艺"，并希望由《申报》发起的这场关于女子教育问题的讨论能够最终导致女子学校的普遍设立。当时对兴女学抱有热切愿望的除教会中人（主要是传教士）外，还有一些受到西方影响的先进的中国知识分子，他们在著述中以资本主义国家女子教育的发展为依据，要求加以仿效，尽快兴办女学。宋恕在《变通篇·开化章第四》中指出："今宜取法日本，下教育令，民男女六岁至十三岁，皆须入学，不者罚其父母。"郑观应在《女教》中介绍道："泰西女学与男丁并重，人生八岁，无分男女，皆须入塾，训以书读、识字、算数等事，塾规与男塾略同。有学实学者，有学师道者，学成准在女塾教授女徒。"他要求清政府"道饬各省，广立女塾，使女子皆入塾读书，其美而才者，地方官吏赠物赠匾以奖荣之。各塾女师，如能教化贤才，卓有成效，咨请旌奖，以劝将来"。陈炽在《妇学》一文中也提出了与郑观应类似的意见，要求"令各省都县之间，就近筹捐，广增女塾，分门别类，延聘女师。女子自四岁以上，至十二岁为期，皆得就学"。这些意见虽然比较粗浅，缺乏系统性，且多套用西方女子教育的成例，但都在一定程度上要求改革中国传统的教育，提出了女子应与男子一样，受同等教育的要求，强调了尽快确立女子教育在整个大教育中的地位的紧迫性，这些都是具有时代进步意义的。由于当时封建传统势力十分强大，守旧派视女学为大逆不道，全力进行阻拦，加之清政府侧重于进行军事技艺、实业和交通等方面的"新政"建设，在教育方面除开办与洋务有直接关系的同文馆、广方言馆外，其他的就都暂付阙如，对女子教育自然也无暇顾及。又由于兴办女学只是少数人的意见，其呼声十分微弱，故没能引起社会各阶层的广泛响应。但这些先进知识分子在女子教育问题上的超前意识为此后资产阶级维新派人士对这一问题的讨论继续引向深入提供了十分有益的思路。

1894年的中日甲午战争之后，帝国主义列强纷纷在中国划分势力范围，瓜分惨祸迫在眉睫。康有为、梁启超等人对此痛心疾首，强烈要求变法维新，以拯救国家于危亡之中，与此同时，女子教育问题再次被提了出来。梁启超对于女子教育的重要性的认识十分深刻，他认为欲强国保种，就必须兴女学。他说："女学最盛者，其国强，不战而屈人之兵，美是也。女学次强者，其国次强，英、法、德、日本是也。女学衰，母教失，无业众，智民少，国文所存幸矣，印度、波斯、土耳其是也。"在《变法通义》中他提出著名的"女学论"，指出"居今日之中国，而与人言妇学，闻者必曰天下事其更急于此事者，不知凡几，百举未兴，而汲汲论此，非知本之言。然吾推极天下积弱之本，则必自妇人不学始"。他从以下几方面对这一论点进行了论证。

（1）他认为人类社会里存在着两种人，一种人通过劳动生产出物质财富，称之为"生利之人"，另一种是接受社会财富分配、消费物质的人，可称之为"分利之人"。他指出中国"女子二万万，全属分利，而无一生利者。惟其不能自养，而待养于他人也，故男子以犬马奴隶畜之，于是妇人极苦，性妇人待养而男子不能不养也，故终岁勤动之所入，不足以赡其妻孥，于是男子极苦"。妇既然不能"生利"，就只能依赖于男子，受男子的供养，国家也因此十分贫困。梁启超认为应让妇女接受教育，获得职业，变"分利之人"为"生利之人"，从而增进国家的强盛。

（2）梁启超强烈批判"女子无才便是德"的旧观念。他认为妇女接受教育不是为了批风抹月，拈花弄草，能为伤春惜别之语，而是获得实际的学问，开阔自身的视野。同其他维新派人士一样，他也认为女子是一种宝贵的人才资源，男女的智力和才能并没有悬殊的差别，拒绝让女子受教育、弃才不用是错误的。表达了希望通过兴办女学，培养更多的人才，以使中国早日富强起来的良好愿望。

（3）梁启超指出"西人分教学意之事为百课，而由母教者居七十焉。

孩提之童，母亲于父其性情嗜好，惟妇人能因势而利导之。以故母救善者，其子之或立也易；不者，其子之成立也难"。儿童教育的百分之七十是通过母亲进行的，如果母亲理解了学问的根本，懂得了教育的方法，儿童就可以得到学问的基础。他断言"蒙养之本，必自母教始，母教之本，必自妇学始，故妇学实天下存亡强弱之大也"。

（4）梁启超主张向西方学习，通过对妇女施以智力和体能教育，使所生育的儿童具有健康的体魄，以促进整个民族的进化。显然在这里他已经看到了女子自身教育和胎教之间的密切联系。但他又认为，为了保种，必须确立孔子儒教的地位，作为国民的精神纽带。梁启超的上述观点，经不少士人的阐发、推演，成为晚清推行女子教育的重要理论依据。

梁启超的老师康有为在《大同书》中指出，人类只有去国界、去家界、去身界、去级界、去形界、去产界、去种界、去类界、去乱界方可进入大同世界，其中去形界就是"无男女之异"，男女地位平等。他主张妇女应该有参政、受教育的权利，提出女子在与男子接受同等教育之后，应和男子一样，赐同等的出身，做一样的工作。为了向大同社会过渡，他提出"宜先设女学，章程皆与男子学校同，其女子卒业大学及专门学校者，皆得赐出身荣衔，如中国举人、进士，外国学士、博士之例"。又说妇女"学同有成，许选举、应考、为官、为师"，所以"但问才能，不加禁限"为用人的标准。这些见解带有资产阶级民主和平等的因素。不过，同梁启超相比，康有为在女子教育方面的论述不多，女子教育理论上的建树也不如梁启超。

资产阶级维新派对女子教育倾注了满腔热情，为之不遗余力、大声疾呼，感染了不少人的情绪，有识之士纷纷响应。郑观应赞曰："梁卓如孝廉所论中国积弱之本，由于妇人无教育开始，备陈四大义，深中肯綮，实获我心。"林纾则咏《兴女学》诗赞曰："兴女学，兴女学，群海上真先觉……母明大义念国仇，朝暮语儿怀心头，儿成便蓄报国志，四万万人同作气，女学之兴系匪轻，兴亚之事当其成……"倾向维新的经元善则身体力行，在上海创办了经正女学。

经元善，字莲珊，浙江上虞人，初继承父志，在上海经商，后任上海电报局总办，受梁启超影响，他深感办女学的重要性，将之视为"成就人材，以图自强之导源"。1897年10月，经元善同康广仁等人联名公禀南洋大臣刘坤一，请求批准开办女学堂，强调"我中国欲图自强，莫亟于广兴学校，而学校中本原之本原，尤莫或于创兴女学。自胚胎赋形，即禀母之胎教；自孩提成立，依恃母教，饭食教诲，触处皆关学问。在昔魁奇伟彦，得贤母之教，而显名于世者，史不胜书，是欲妇女通知大义，不得不先兴女学明矣"。在晚清的封疆大吏中，刘坤一素以重视教育著称，对经元善等人的兴学要求，他很感兴趣，称"该绅缔苦心孤诣创办女学堂，以为自强之图，具见关心时局，深堪嘉许"，并予以支持。同年属，梁启超在《时务报》上发表《创设女学堂启》和《上海新设中国女学堂章程》，支持兴办经正女学，并对女子学校的建设蓝图作出了规划，希望以此为起点，在各地办更多的女学堂。严复在《国闻报》上发表《论沪上创兴女学党》一文，称"中国四百兆人，然女居其半，妇女不识字者，又居十之八九。即偶有一二知书者，亦不过以其余力，粗解词章。物以罕而见珍，逆以通人自命。初不知所谓举问者，即人所以异于禽兽之处。名既为人，即当学问，不以男女而异也"。他充满信心地指出，"自中日议和之后，忧世之人，竟言学校，近更于沪上创兴女学堂。此后有志之女，若能努力，何患不能比迹于西人"。维新派人士试图通过创办这所学校，实施他们的教育理想，为中国近代女子教育提供一个样板，并以此为契机，制造舆论，积蓄力量，以教育变革来促进社会变革。

经正女学于1898年6月正式开学，校址设在上海城南高昌乡之桂墅里，校舍外盖华房，内用西式。学校共有三斋，设有教室、食堂、宿舍、会客室等，可容学生六十人。在学堂东隅，辟有草园区，凿池种树，为诸生游息之地。该校的教育教学活动与传统教育的区别在于：在教学方面实行班级授课制，"以天资相者六七人合为一班，同读一样书籍"；学生中、西文兼学，为此聘请了中文教习，还聘请了西文教习，"堂中功课，中文西文各半。皆先识字，次文法，次谈各门学问启藏粗浅之书，次读史志艺术治法性理之书"；每月进行一次考试，"由教习命题，评定甲、乙。每季设大课一次，课卷送通人评定，列等第，设奖赏"；实行严格管理，"凡常中执事，上自教习提调，下至服役人等，一切皆用妇人。严别内外，自堂门之内，永远不准男子闯入。其司事人同居，在门外别辟一院，不得与堂内毗连"。由于主办者摇摆于新思想与旧传统之间，这所学校的教育呈现出新旧杂糅、中西混合的趋向，如办学宗旨提出，"欲复三代妇学宏规，为大开民智张本；必使妇人各得自有之权，然后风气可开，名实相副"。在《创设女学常启》中则写道"上可相夫，下可教子，近可宜家，远可善种"，这里既有借复三代之名，力争使女子享受平等的教育权利的含义，也有套用儒家思想，把受过教育的妇女依然束缚在家里的倾向，反映了主办者思想上的深刻矛盾和认识上的含混。但这毕竟是中国近代较为正规的一所女子学校，其开先河的意义不言而喻，十分深远。梁启超评论说："区区一学，万不裨一，独掌堙河，吾亦知其难矣。然振二千年之颓风，拯二兆人之呼命，力虽孤微，乌可以已。"经正女学创办后，风气大开，闻风兴起女子教育者甚多，苏州、松江、广州、南洋等地都陆续设立了女学堂，一时女子弦诵，盈耳洋洋。戊戌变法失败后，经元善避祸出逃，加之经费缺乏，经正女学顿时陷入困境，到1900年底，该校被迫停办。这所由中国人经办的女子学校连一个毕业生也未培养出来就宣告关闭，这不能不说是那个时代的悲剧。

庚子事变后，清政府为了维持腐朽统治，下令颁行新政。在教育方面，扩大京师大学堂的规模，并命各省将书院改为学堂，省设高等学堂，府设中学堂，州县设小学堂。虽然没有正式提倡女子教育，但上述措施对女子教育的发展在客观上起了重要的推动作用。民间兴女学的舆论从沉寂趋向活跃，并日益强烈。1903年，陈撷芬在其创办的上海《女学报》上以"尽力"为题主张大兴女学，她说："现在我们兴女学，说起来都说是件难事，实在并不是兴女学难，就是没有肯尽力的人，要是我们二万万人（指女同胞），尽力要兴女学，莫有兴不起的理。"方君瑛在《江苏》杂志倡言《兴女学以复女权说》，她指出："中国女子之无权实由于无学，既以无学而无权，则欲倡女权，必先兴女学。……试观泰西诸国，女学大兴，女权盛，可以知矣。吾愿同胞之有志恢复女权者，必先以兴女学为事，而勿侈言女权也可。"《女界钟》的作者、著名女权主义者金天翮认为，20世纪的世界，是女权革命的时代，女子应恢复她一切应有的权利，包括入学、交友、营业、掌握财产、出入自由和婚姻自由等六种权利。金天翮指出："教育者，造国民之器被也，女子与男子各居国民之半部分是教育当将及，管未闻有偏枯之教育而国不受共费者也。身体亦然，其左部不仁，则右部亦随而废。教育者，又精神之库也，无精神之教育，是禁人之食谷安，而杂堆雀队以为粮者也。"他提出女子教育的八项宗旨："一、教成高尚纯洁，完全天赋之人。二、教成摆脱压制，自由自在之人。三、教成思想发达，具有男性之人。四、教成改造风气，女界先觉之人。五、教成体质强壮，诞育健儿之人。六、教成德性纯粹，模范国民之人。七、教成热心公德，悲悯众生之人。八、教成坚贞节烈，提倡革命之人。"《云南》杂志上发表的《论女学之关系》长文，以明晰的说理探讨女学对于种族、教育、家庭、生计、卫生、医事、风俗、婚姻和国家各方面的关系，认为受教育是天赋予女子的权利，谁剥夺它，谁就是违背公理。只有兴办女学，使女子受到良好教育，则每一家庭男女互相治家，互相讲学，互相爱国，如此可以导致国家的富强。与庚子事变前相比，这一时期的女学理论显然得到了比较大的发展，已突破了"相夫教学""强种保国"的框框，有识之士开始把兴办女学作为普及教育、实行男女平权的重要措施，并能运用资产阶级天赋人权的思想作为武器来论证兴办女学的必要性和重要性，从而使得女学理论开始具有一定的资产阶级理论色彩。但也必须指出，这一时期，仍然有不少人用托古改制的形式，以"复三代绅教"的名义来提倡女学。新兴资产阶级的软弱性、封建势力的强大都使得女子教育中民主精神没有得到大力倡导，妇女解放和个性解放在女子教育问题上的结合只有到五四时期才得到了较为充分的反映。

庚子事变后的数年间，鼓吹兴女学的言论左右了相当一部分社会舆论，产生了很大的影响，一批女子学校相继创办，如吴怀疚在上海创办的务本女学，蔡元培在上海接办的爱国女学，以及南京的旅宁第一女学，无锡的意志女学，常州的争存女子学堂等。这一时期的女学，多集中在江苏、上海等经济、文化和交通比较发达的地方，其中以爱国女学较为著名。

爱国女学是中国教育会于1902年创立的，蒋观云任经理（校长），不久由蔡元培接任。校址先在上海白克路登贤里,1903 年迁至泥城桥福源里。该校"不取贤妻良母主义",目的在于培养女革命者。数理化老师有王小徐、严练如、虞和钦等,文史教师有叶瀚、蒋维乔等,均尽义务。年幼学生学习普通知识,年长者学习法国革命史、俄国虚无党主义等,尤注重学习理化,以作研制炸弹的准备。1905 年暑假,蔡元培辞去总理职,该校逐渐成为一所普通女校。蔡元培曾手著校歌,有"特殊新教育,旧法新俄吾先觉"句,曾任该校教员的俞子夷认为"可以明确,这女学是为训练青年女子实行暗杀,以实现虚无主义的机构"。对该校实行的无政府主义教育,应如何看待呢?吴玉章曾有过一番很好的分析,他说:"而无政府主义思想,谁都知道对共产主义思想来说乃是一种反动的思潮。但在当时,它却鼓舞着人们去进行冒险的革命斗争,主要的方面还是积极的,不过也产生了一些崇拜英雄,轻视群众的消极作用。"这种分析的确是合情合理的,有助于我们理解在特定历史条件下实施这种教育的复杂背景。蔡元培于 1917 年回忆该校初办时的情景,也认为该校施行的教育含有革命性质。

戊戌变法期间,全国只有一所女学校,而在 1901—1903 年间,女学堂猛增到 17 所,仅上海便有 5 所。对此有人作了这样的比喻:"回溯丁酉、戊戌间,沪上提倡女学,是下第一粒粟之萌芽,迩闻八闽两粤,继起迭兴,是栽种一握稻子时代矣。"

面对民间女学勃兴的局面,1902 年 8 月 15 日,清政府颁布了《钦定学常章程》,其中无一字提及女子教育。1904 年 1 月 13 日,清政府又公布了由张之洞、荣庆、张百熙等人制定的《奏定学堂章程》,该章程仍无女学专章,仅"以家庭教育包括女学"。《奏定学堂章程》认为,"中国此时情形,若设女学,其间流弊甚多,断不相宜"。关于流弊,该章程进一步解释道:"唯中国男女之辨甚谨,少年女子断不宜令其结队入学,游行街市。且不宜多读西书,误习外国习俗,致开自行择配之渐,长蔑视父母夫婿之风。"办女学的结果必然冲击"三纲五常"的封建伦理道德,进而危及封建统治本身,这是清政府所不愿意看到的。在这种思想指导下,庚子事变后的数年间,官办女学少有出现,一些开明官僚想顺应潮流,开办女学,但大都遭遇不少阻碍。1903 年,湖南士绅龙璋察请巡抚赵尔巽设立女学，赵尔巽在这一问题上较为开明，立即同意所请，保守派极力加以反对，为此，赵以"女学堂之设，即古师氏保姆之进意"一语说服之。于是先后设立了淑慎女学、影珠女学、西路女学等，但毕竟湖南保守势力太大，各校旋遭顽固士绅反对，他们借口女学"流弊日多"，要求一律禁止，得到清政府的批准。湖南女学自出现至关闭，仅仅年余。后来有的地方官避开女学名义，而用宗祠女塾方式办学，只是到了1907年，女子教育的法律地位得到确立后，湖南原先被禁各校才次第恢复。

进入20世纪以后，革命的浪潮愈益高涨，资产阶级革命者对争取妇女的合法权益、发展女子教育十分重视，并将之列为资产阶级革命所要达到的重要目标之一。1905年，孙中山在日本组织同盟会，会章上就载有男女平权一条，号召全国四万万男女同胞共同奋起。1907年，秋瑾在上海创刊《中国女报》，提倡女学是办报宗旨之一。在该报的创刊号上，秋瑾大声疾呼："观四千年来，沉沉黑狱，女界之现象：曰三从四德也，培养奴隶之教育也；曰缠足也，摧残奴隶之酷刑也；曰女子无才便是德也，防范奴隶之苛律也。"她号召中国妇女迅速觉醒，努力学习，掌握自己的命运，从十八层地狱底下爬出来。资产阶级革命派还利用女学作从事革命活动的据点，如上面所提到的爱国女学，就是一个典型例子。这些都对清政府构成了极大的威胁，对此学部提出"若不预定章程，则实求是者既苦于无所率循，两徒离鹜虚名者或不免转滋流弊"。此外，日益增设的女学也使清政府在管理上感到力不从心，迫于形势，学部于1907年颁布了《奏定女子小学堂章程》和《奏定女子师范学堂章程》，企图借此抓过女子教育的旗帜，将女学纳入他们所能允许的轨道。

这两个章程的封建性质十分明显，在制定这两个章程的过程中，学部官员以"中学为体，西学为用"的思想为指导，对东西各国女学成法进行了取舍，"凡东西各国成法，有合符中国礼俗，裨于教育实际者则仿之；其于礼俗不相宜者则罢之。不能逐行者则如缓之"。所谓的中国礼俗，就是封建社会束缚女子的那些道德规范。在《奏定女子小学堂章程》中，学部强调"中国女德，历代景重，会教育女儿，首当注重于此，总期不悖中国懿妃之礼教，不染末俗放纵之僻习"。在《奏定女子师范学堂章程》中，强调对于女子师范学生"其一切放纵自由之僻说（如不谨男女之辨，及自行择配，或为政治上之集会演说等事），务须切屏除，以维风化（中国男子同有视女子太卑贱，或待之失平允者，此亦一弊风。但须于男子教育中注意矫正改良之。至于女子之对父母夫婿，总以服从为主）"。这些规定旨在维护封建的道德观念，表明清政府在承认女学合法地位的同时，又对之进行严密控制，使之不违背传统的女德。但也应该指出，这两个章程的颁布在客观上对发展女子教育有利，主要表现在使女学进入了现代学制系统，"女子无才便是德"的陈腐观念在实际上被摒除了。另外，这两个章程还对女子教育的宗旨，女子的修业年限，教科内容、目的及程度、时间、学校编制等都作了具体的规定，并正式承诺女子师范学堂除由官方设立外，还允许民间设立。《奏定女子小学堂章程》规定地方官有保护女子学校的责任，并随时帮助纠正学堂中存在的问题，这些都具有积极的意义。

这两个章程的公布，刺激了女子教育的发展，"通都大埠之间，女校相继成立。虽规模未备，甫具雏形，较诸女界，瞠乎其后，然就吾中国论之，不可谓非为吾女界开一新纪元也"。当年，各地女子学校的数量便达到了一个十分可观的程度，教职员数和学生数也有了很大的增加（见表1）。

表 1　1907 年全国女子学堂统计表[①]

| 所在地区 | 学堂数 | 职员数 | 教员数 | 学生数 |
|---|---|---|---|---|
| 京师 | 12 | 22 | 59 | 661 |
| 直隶 | 121 | 127 | 168 | 2523 |
| 奉天 | 12 | 17 | 60 | 694 |
| 吉林 | 0 | | | |
| 黑龙江 | 2 | 1 | 4 | 90 |
| 山东 | 1 | 5 | 6 | 54 |
| 山西 | 5 | 7 | 15 | 149 |

续表

| 所在地区 | 学堂数 | 职员数 | 教员数 | 学生数 |
|---|---|---|---|---|
| 陕西 | 10 | 10 | 20 | 154 |
| 河南 | 3 | 4 | 4 | 84 |
| 江宁 | 24 | 61 | 99 | 803 |
| 江苏 | 72 | 197 | 545 | 3395 |
| 安徽 | 2 | 8 | 12 | 86 |
| 浙江 | 33 | 64 | 138 | 995 |
| 江西 | 6 | 15 | 13 | 155 |
| 湖北 | 7 | 12 | 21 | 477 |
| 湖南 | 7 | 13 | 36 | 412 |
| 四川 | 7 | ? | 157 | 2246 |
| 广东 | 6 | 22 | 39 | 391 |
| 广西 | 17 | 9 | 26 | 589 |
| 云南 | 18 | 19 | 34 | 1027 |
| 贵州 | 5 | 5 | 24 | 267 |
| 福建 | 3 | 4 | 21 | 244 |
| 甘肃 | 0 | | | |
| 新疆 | 0 | | | |

通过对近代女子教育嬗变过程的考察，笔者认为，近代女子教育的产生是社会剧烈变革的结果，随着历史的发展及新思潮的迭起逐步得到了发展。其历史进步性主要表现在破除了"女子无才便是德"的传统观念，女子通过接受教育，她们的自我意识、社会意识开始从无到有、从淡到浓，其人生价值也得到了从未有过的承认与督促，女子获得教育权又促进了社会的变革，男女平等思想日益为世人所接受，社会时局也趋于进步，这与一批启蒙思想家具有较高层次的启蒙、教育是分不开的。必须指出，近代女子教育嬗变过程同近代中国文化的发展一样，是异化和同化的对立统

一。启蒙思想家们在向外国寻求新的女子教育思想以促进中国女子教育发展的同时，不愿意失掉传统，他们虽然能够超越自身所处的文化背景却无法脱离时代，这导致一批近代启蒙思想家在女子教育思想上呈现出传统与反传统的二律背反，既要革除女子教育方面的陈规陋习，又要从古老的文化教育传统中寻求"变革"的依据，这是近代女子教育变革不彻底、发展不平衡的一个重要原因，表明当时的中国人（即便是像康有为、梁启超这样先进的中国人）的认知结构还处于从旧到新的渐进式质变过程中，表明女子教育在主客体之间的相互适应方面也有一个平衡的过程。但是我们决不能因此将近代女子教育的嬗变过程视为圆圈的运动或视为传统女子教育的简单重复，而应将之视为前进的、上升的过程。虽然这一过程的进展并不很快，但它的确是在从旧质态向新质态转化，从简单到复杂、从低级到高级发展着。

　　以上所谈的只是对近代女子教育发展的一般过程的认识，至于近代女子教育的特点及意义，笔者将在另文中阐述。

**注：**

①清政府学部总务司所编《第一次教育统计图表》（光绪三十三年），转引自李又宁、张玉法《近代中国女权运动史料》下册，1165-1166 页，台湾传纪文学出版社 1975 年版。

2009 年第 1 期

# 创新型国家建设的教育发展战略选择

和学新　张利钧<sup>\*</sup>

**摘　要**：教育在创新型国家建设中居于首要的战略地位。它是创新人才培养的摇篮，是民族创新素质提高的基石；是知识创新的主体、技术创新的重要力量，还是推动科技成果向现实生产力转化的重要方面军；是传承、普及创新知识与科学知识的主体，还是营造创新文化环境的生力军。建设创新型国家，要构建国家教育创新体系，实施创新教育，培养创新人才，要造就创新型教师，大众教育与精英教育并重，营造创新的教育文化环境。

**关键词**：创新型国家；创新人才；教育发展；教育改革

　　建设创新型国家，是我们党审时度势、高瞻远瞩、立足国情、面向未来做出的事关社会主义现代化建设全局的重大战略决策。党的十七大报告指出，我国到 2020 年要进入创新型国家行列。只有努力建设并建成创新型国家，才能变"中国制造"为"中国创造"，才能把"制造大国"变为"制造强国"，才能使中华民族在日趋激烈的国际竞争中永远立于不败之地。教育在创新型国家建设中起着决定性、奠基性的作用，因此要努力通过教育的发展与改革促进创新型国家的形成。

\*　作者简介：和学新，天津师范大学课程与教学研究中心教授、博士生导师；张利钧，山西大同大学教育科学与技术学院副教授、硕士生导师。

## 一、教育在创新型国家建设中居于首要的战略地位

所谓创新型国家并没有一个十分严格的定义，而只是一种新型的国家发展模式。国际上一般把那些将科技创新作为基本战略、大幅度提高科技创新能力、形成日益强大竞争优势的国家称为创新型国家。一般来说，创新型国家应至少具备以下四个基本特征：第一，创新投入高，国家的研发投入占 GDP 的比例一般在 2% 以上；第二，科技进步贡献率高达 70% 以上；第三，自主创新能力强，国家的对外技术依存度通常在 30% 以下；第四，创新产出高。所以，创新型国家的核心标志是自主创新能力强。只有具有强大的自主创新能力并以这种自主创新能力来促进国家发展的国家才可以被称为是创新型国家。创新型国家建设依赖国家的自主创新能力的增强，国家自主创新能力的增强依赖于创新人才的培养和使用，创新人才的培养和使用要依靠教育。可见，教育在创新型国家建设中居于首要的奠基性战略地位。

（一）教育是创新人才培养的摇篮，是民族创新素质提高的基石

建设创新型国家需要大量的各级各类创新人才。创新是"人"的创新。人是创新的主体，创新的关键在人才。而教育是培养创新人才的摇篮，是培养创新人才的"母机"。可以这样说，教育培养了大量的潜在的创新人才，这些潜在的创新人才到了工作岗位，经过一段时间的历练，就会转变为真正的创新人才。就高等教育、职业教育等而言，他们还能直接培养出一定数量的创新人才。总之，创新人才培养成败的关键在于教育。

教育不仅是创新人才培养的摇篮，还是民族创新素质提高的基石。创新素质不是独立于人的一般素质之外的素质，而是人的综合素质的最高表现，它主要包括创新意识、创新精神、创新知识和创新能力。其中，创新能力尤为重要。早在 1995 年 5 月 26 日，江泽民在全国科学技术大会上就强调："创新是一个民族进步的灵魂，是国家兴旺发达的不竭动力。"教育是培养人才和增强民族创新能力的基础。如果没有民族创新能力、创新素质提高这一基础，创新型国家建设所需要的大量的创新人才的涌现就成了空中楼阁，创新型国家建设也就成了空中楼阁；如果没有民族创新

能力、创新素质提高这一土壤，创新型国家建设所需要的大量的创新人才的成长就成了无源之水、无本之木，创新型国家建设也就成了无源之水、无本之木。

（二）教育是知识创新的主体、技术创新的重要力量，还是推动科技成果向现实生产力转化的重要方面军

国家创新体系是建设创新型国家的基本载体。在我国国家创新体系中，教育是知识创新的主体、技术创新的重要力量，还是推动科技成果向现实生产力转化的重要方面军。知识创新着重于对自然界的研究并获得新发现，具有基础性特点，主要以大学和科研院所为主体；技术创新着重将基础科研成果转化为技术以服务于人类，强调成果的应用性，它以企业为主体。在社会主义市场经济条件下，企业作为投资主体、利益主体和风险主体，在技术创新中具有不可替代的作用。由于我国企业承担技术风险的能力极弱——约有 99% 的企业没有申请过专利，60% 的企业没有自己的商标，拥有自主知识产权的企业仅占企业总数的万分之三，[1] 所以党和国家明确提出要建立"企业为主体，市场为导向，产学研相结合的技术创新体系"，其中"产学研"中的"学"指的就是教育尤其是高等教育，之所以要建立"产学研相结合的技术创新体系"，是想在技术创新体系中用"学"这一"硬肋"来弥补甚至支撑"产"这一"软肋"，并且促使教育所生成的科技成果尽快向现实生产力转化。

据统计，全世界 2/3 的《自然》杂志（*Nature*）和《科学》杂志（*Science*）论文是大学发表的，3/4 的诺贝尔奖是大学获得的。我国也是如此。我国大学发表的科学引文索引（SCI）论文占到全国发表总数的 3/4。[2]"十五"期间，全国大学承担各类科研课题 61.9 万项，发表论文 146.3 万篇，其中国际三大检索论文 17.6 万篇。截至 2005 年底，全国高校专利拥有量达 3.5 万项，其中发明专利拥有量为 2 万项。且"十五"期间，全国高校累计获得国家自然科学奖 75 项，占全国授奖总数的 55.07%；技术发明奖 64 项，占全国授奖总数的 64.40%；科技进步奖 433 项，占全国授奖总数的 53.57%。[3] 由此可见，我国教育（主要是高等教育）不仅在承担的科研课题、发表的论文数量与质量以及拥有的专利方面，而且在获得的

国家各种科研奖项上都占有举足轻重的地位。根据国家整体规划，目前依托高校建设的国家重点实验室占总数的 61.7%，已经启动试点的国家实验室有一半也设在高校。[3]另外，高校科技企业也在蓬勃发展，许多重点大学创办了科学园或科技工业园，我国现已建成国家级大学科技园区 50 个。另据统计，2004 年，大学获国家自然科学奖、技术发明奖和科技进步奖分别占总数的 64.3%、60% 和 55.1%；2003 年，大学在国内发表论文 18.1 万篇，占总数的 66%；三大检索系统（美国 SCI、EI、ISTP）收录的论文数，大学占总数的 68.5%。[4]由此可见，教育尤其是高等教育不仅是知识创新的主体，也是技术创新的重要力量，还是推动科技成果向现实生产力转化的重要方面军。

（三）教育是传承、普及创新知识与科学知识的主体，是营造创新文化环境的生力军

一个没有创新能力的民族是没有希望的民族。创新能力对于一个国家、一个民族来说是至关重要的，它关系到国家、民族的兴衰存亡。而创新知识与科学知识是创新能力形成与提高的前提和基础，教育又是传承、普及创新知识与科学知识的主体。教育之所以是传承、普及创新知识与科学知识的主体，要从教育的文化功能说起。人类在相当长的历史时期内，科研、教育、生产分别承担着知识发现、知识传播、知识转化的功能，彼此分离了数千年。到现在，职能间的界限虽逐渐模糊，但这一局面还未根本改变。与此同时，教育在其中的作用更加凸显，不仅主要承担着知识传播的功能，还在知识发现、知识转化方面发挥重要作用。虽然在现代社会，信息化速度加快，各种社会媒体发展迅速，但教育仍是传承、普及知识（包括创新知识与科学知识）的主体。

所谓创新文化是指有利于创新活动的文化。创新文化是创新型国家建设的重要前提，也是创新型国家建设的文化动力。历史告诉我们，任何一个技术创新活跃、经济繁荣的时代，无不需要创新文化的长期累积和强力推进。正是由于有了先秦时期的"百花齐放，百家争鸣"，才有"文景之治"与两汉农业文明的成熟；正是由于有了魏晋时期的思想解放与自由，才有唐宋明时期经济的繁荣；正是由于有了宋明理学和人性学说的矛

盾冲撞所爆发的巨大思想力量，才有"康乾盛世"。[5] 因此，创新文化是构建创新型国家不可或缺的深层资源。而教育从古到今就是文化的主要传播者、重要营造者、有力改造者。在构建创新型国家的伟大进程中，教育也是营造创新文化环境的生力军。美国前总统小布什在《不让一个孩子掉队》的前言中指出："如果我们的国家不能承担起教育每个孩子的责任，我们就有可能在其他领域遭到挫折。但是，如果我们成功地教育了我们的年轻人，在全国和公民生活中将会有许多其他的成功接踵而来。"[6] 总之，教育是创新型国家建设的战略制高点，谁掌握了这个制高点，谁就把握了先机、占据了优势，谁就赢得发展和竞争的主动权。

## 二、促进创新型国家建设的教育发展战略选择

（一）构建国家教育创新体系

国家创新体系是建设创新型国家的基本载体。国家教育创新体系是国家创新体系在教育领域内的细化与具体化，国家创新体系统领、决定着国家教育创新体系，国家教育创新体系服从、服务于国家创新体系，二者是子系统与母系统的关系。

构建国家教育创新体系，旨在进一步明确教育在国家创新体系建设中的地位，以便最大限度地发挥其在创新型国家建设中的作用，使其更好地为创新型国家建设服务。同时，构建国家教育创新体系也是全面建设国家创新体系的必然要求与重要对策。

我们根据"国家创新体系的系统结构"，拟定了相应的国家教育创新体系的系统结构，如表 1 所示。

**国家教育创新体系系统结构**

| 名称 | 核心部分 | 其他部分 | 主要功能 |
|---|---|---|---|
| 知识传播系统 | 高等教育系统（普通高等教育系统和职业高等教育系统） | 其他教育系统（普通初等、中等教育系统及中等职业教育系统）及教育培训机构 | 传播创新知识、科学知识与培养创新人才 |
| 知识创新系统 | 研究型大学、教育研究型大学 | 其他高等教育机构、教育科研机构、基础设施 | 生产科学知识尤其是基础科学知识 |

续表

| 名称 | 核心部分 | 其他部分 | 主要功能 |
|---|---|---|---|
| 技术创新系统 | 高校、科技企业、大学科技园 | 教育科研机构、高等教育机构、基础设施等 | 创新创造技术 |
| 知识技术应用系统 | 高校、科技企业、大学科技园 | 教育领域及社会等 | 知识技术的实际应用 |

从表1中可以看出，教育创新体系包括四个基本系统：知识传播系统、知识创新系统、技术创新系统、知识技术应用系统。在知识传播系统中，高等教育系统是其核心部分，承担着传播创新知识、科学知识与培养创新人才等主要功能。在知识创新系统中，研究型大学与教育研究型大学是其核心部分，承担着生产科学知识尤其是基础科学知识的主要功能。在技术创新系统及知识技术应用系统中，高校、科技企业、大学科技园都是其核心部分，分别承担着创新创造技术、知识技术的实际应用等功能。当然，这里所谈的国家教育创新体系不是一个封闭体系，而是一个开放、复杂的体系，它与企业创新体系、区域创新体系有着密不可分的联系，并且共同服务于国家创新体系。

构建国家教育创新体系，旨在从制度上或从体制上使各级各类教育作为一个创新整体，各司其职，各尽所能，共同为建设创新型国家、为培养各级各类创新型人才形成一个有机系统。

（二）实施创新教育，培养创新人才

建设创新型国家，人才是第一要素。能否及时培养出大批创新人才是创新型国家建设成败的关键。而要培养大批创新人才，就必须实施创新教育。实施创新教育首先需要建立新的教育理念：

1. 个性自由全面和谐发展的创新人才培养目标观。创新人才成长需要多样化的环境与条件，他本身所必备的理想抱负、学识素养及创新能力等说明创新人才的培养规格是多元、复杂和高水平的，因而创新人才的培养需要全面而扎实的人才素质基础。现代人才观的研究结果也证明，现代人才是德智体美全面发展与个性健康发展相统一的人才。因此，着眼于创新人才的培养，不能只盯住创新人才成长的某一方面素质，而要树立素质全面发展的教育目的观。

2. 多类型、多层次的创新人才质量观。要求我们的教育、我们的社会要有宽容大度的人才质量观，要坚信创新是人的天赋，人人都有创新意识和能力，人人都会做出创新性的成果。要不唯学历、不唯文凭、不唯书、不唯上，要根据人的成就、成果、思想和意识等言行来判断，要不拘一格降人才。树立多层次、多类型的创新人才观，有助于我们建立宽松和谐的人才成长环境，使不同类型、不同特征的人的创造性得到更好的发展，更好地促进创新性人才的健康成长。

3. 基础性、均衡性、综合性、选择性相结合的课程结构观。基础性强调学生对基础性课程内容的掌握，它解决创新人才成长需要的宽厚素质基础。均衡性强调的是课程形态、课程门类、课程内容的统一、连续和稳定，强调各类、各门课程课时分配的合理以及各类、各门课程内部内容之间的比例恰当。基础教育阶段，均衡设置课程有利于为各级各类创新人才的未来成长提供全面发展的基础。综合性强调的是课程类型的多样化、课程内容的丰富性和综合性。这是当代科学技术发展和学生创新素质发展的需要。创新的方式是多样化的，而且随着时代的发展，创新越来越体现为综合集成创新。创新对人才的素质要求越来越体现为整体的综合素质。课程的综合性就是要为这样的目的服务。选择性解决的是学生的个性发展需求问题。面对不同地域、不同学校、不同个性的学生，需要设置多样化的课程供学生选择，就可能为多样化创新人才的成长奠定基础。

4. 适应创新人才差异发展的教育教学实施观。教育不是消除个别差异，而是尊重个别差异。教育是在学生已有性格、能力、兴趣和情感等方面差异的基础上，按照适合学生特点的方式来施教，促进人才的差异发展。创新是人的天性。创新也有个体差异。因此，创新人才的培养，也要适应学生的个别差异。一要树立学生个性发展观，二要认真研究和了解学生的个别差异，三要正确对待学生的个别差异，四要针对个别差异采取具体有效的教育教学措施，如多样化的教育教学模式和方法、个性化的课程设置、弹性学制等。

5.多元化发展性的教育教学评价制度观。一方面是在教育管理、招生考试、办学体制、教学水平等的评估方面针对各级各类教育和学校的特点和需求，确立多样化的评价标准和办法；另一方面就是在具体的评价过程中采取多元化发展性的评价办法。所谓多元化发展性就是指在教育教学评价的理念、目的、主体、标准、内容、方式、过程以及结果的解释与运用等方面以多样化发展的理念和方式来展开的评价。所谓多元化是指评价的标准要适合人才类型的特征，不能不同层次不同类型的人才用同一个标准来衡量，评价的标准、内容、方式、过程等方面要多元化。所谓发展性是指评价以评价对象的发展和提高为判断标准，以相对标准而不是以绝对标准开展评价。它注重评价的过程性和动态性。

（三）造就创新型教师

培养创新人才的前提是拥有一大批创新型教师，创新型教师是教育创新的主体。大量实践证明，教师在学生中的榜样示范作用是巨大的，又是全方位的。教师的言行举止、提问题的方式、处理问题的程序、待人接物的态度，乃至衣饰、姿态、表情等，都会在不知不觉中影响学生。同样地，教师的创造性品质对学生创造性品质的培养也具有潜移默化的作用。美国心理学家的研究表明，当学生认为自己的老师尽心尽力地工作时也就会把自己看作较有能力的，并认为自己的创造力也是受内驱力推动的，从而形成较强的创造动机。[7]创新型教师有利于培养创新型学生。所以，要积极创造条件，培养创新型教师。

造就创新型教师，需要在以下几个方面努力：

1.提高教师的社会地位和从业标准。只有尽快提高教师的社会地位和从业标准，才能真正吸引那些既具有创新品质又热爱教育事业的人才投身教育事业。

2.革新教师教育。当前的教师教育由于受传统师范教育、教师素质等因素的影响，在培育准创新型教师方面还存在诸多弊端，需要从理念、目标、体制、课程教材、方法策略以及评价考试等方面加以改革，以适应时代发展的需要。

3.加强教师培训。采用集中培训辅导与持续系统辅导相结合的方式，重点做好新教师的入职辅导、老教师的在职培训，使新教师尽快适应教师岗位，并尽快成长为创新型教师；使老教师能紧跟时代步伐，永葆创新活力。

4. 构建创新型教师成长的激励体制机制。这是源源不断地造就创新型教师的重要保障，这种体制机制旨在鼓励教师敢于探索、勇于创新、不断进取、不断超越。

5. 在全社会营造创新文化环境，形成创新氛围。创新型教师的成长与创新离不开家庭与社会的鼎力支持，因此必须在全社会营造一种关注创新、鼓励创新、支持创新、敢于创新以及宽容失败的创新文化环境。

（四）大众教育与精英教育并重

如果说大众教育是着力培养常规人才的教育，那么精英教育就是着力培养创新人才的教育；如果说大众教育是着力培养一般创新人才的教育，那么精英教育就是着力培养拔尖创新人才的教育。无论是培养一般创新人才，还是培养拔尖创新人才，都是创新型国家建设所必需的，尤其是培养拔尖创新人才。2006 年 1 月 9 日，胡锦涛同志在全国科学技术大会上的重要讲话中指出："要依托国家重大人才培养计划、重大科研和重大工程项目、重点学科和重点科研基地、国际学术交流和合作项目，积极推进创新团队建设，努力培养一批德才兼备、国际一流的科技尖子人才、国际级科学大师和科技领军人物，特别是要抓紧培养造就一批中青年高级专家。"[8]胡锦涛在这里所说的"国际一流的科技尖子人才、国际级科学大师和科技领军人物"就是指拔尖创新人才。

事实上，当今世界主要发达国家都很重视精英教育，都在着力培养拔尖创新人才。日本早在 20 世纪 50 年代就开始注重"英才教育"，为此还专门开设了"英才实验学校"；美国也于 1972 年成立"天才儿童教育局"，各州都有相应的专职人员和机构，拨专款用于这项开支。而且美国现在有137 所大学对天才学生进行专门培养；英国也于 1974 年成立了"天才儿童国家协会"，并在全国设立了 34 个分会；德国政府在 2005 年启动了"精英大学"计划，遴选出 10 所大学进行重点建设；俄罗斯也于 2006 年 3 月启动创新型大学申报和竞争评选工作，计划对 30 所一流大学给予强有力的支持。此外，韩国、法国、澳大利亚、以色列乃至印度、印度尼西亚等 40 多个国家都在发展超常教育，并设有相应的组织和学校。[9] 而我国虽然 1978 年在中国科大创办了少年班，但时至今日有人还在质疑这一做法。大众教育，我们做得还不够；精英教育，我们做得更不够。要知道，精英人才是创新型国家建设的领军人物。我们真正缺的正是这种领军人物，这种精英人才、杰出人才，这种大师，而并不是一般意义上的人才。据统计，目前，我国的科技人力资源达到 3850 万人，名列世界第一；研发人员 109 万人，名列世界第二。但与此形成鲜明对比且十分令人尴尬的是：到目前为止，我国科学家还没有在诺贝尔自然科学奖这项代表世界科技最高成就的奖项上实现"零的突破"。精英匮乏已经成为创新型国家建设的瓶颈与障碍，加快培养拔尖创新人才是国家重大战略。

（五）营造创新的教育文化环境

教育文化是指学校教育领域中部分成员甚至全体成员所具有的对学校教育教学产生直接影响的思想理念与行为方式，其核心是教育价值观。创新的教育文化即指那些有利于创新的教育文化。创新的教育文化对创新型国家建设意义重大，主要体现在：

1. 创新的教育文化有利于创新人才、创新型教师的培养与成长。人才的培养与成长离不开文化环境的支撑与保障，一种忽视学生个性、因循守旧、墨守成规的教育文化很难培养出创新人才与创新型教师，即使偶尔出现了几个甚至一些，那也只是"漏网之鱼"，恰恰是因为少受甚至没受这种教育文化影响的结果。

2. 创新的教育文化有助于创新知识与科学知识的传承与普及，有助于民族创新能力、民族创新素质的提高。创新的教育文化是一种崇尚创新、鼓励创新、支持创新、勇于创新的教育文化，在这种文化氛围下，人们因崇尚创新而重视学习掌握创新知识与科学知识，整个民族也因崇尚创新而注重自身创新能力、创新素质的提高。

3. 创新的教育文化有益于整个社会的知识创新、技术创新以及科研成果的转化。创新的教育文化由于自身的先导性、示范性、创新性等特征，可以通过人才流、知识流、传播流等途径在一定程度上辐射引领整个社会的创新文化发展，使社会创新环境得以改善，从而促进整个社会的知识创新、技术创新以及科研成果的转化。

营造创新的教育文化，可以从以下几个方面努力：

1. 以人为本，以师生为本

创新的前提是人，关键在人，人又是创新活动的根本出发点与归宿点，因此创新教育文化的营造要以人为本、以师生为本。要确立生命意识、权利意识、主体意识，为创新人才的涌现奠定基础。

2. 确立基于创新的教育价值取向

由教育价值观决定的教育价值取向决定引领教育文化的前进方向，是教育文化的核心之核心，因此营造创新教育文化就要以创新为基本的教育价值取向。

3. 培育师生的主体性

只有培育师生的主体性，才能最大限度地调动全体师生创新的积极性、主动性、能动性，充分挖掘全体师生的创新潜能，为建设创新型国家作贡献。

4. 张扬师生的个性

创新与个性有着高度密切的关联，一般来说，创新能力强、创新素质高的人都具有独特鲜明的个性特征，创新似乎总是与个性孪生。为了营造创新的教育文化，就要充分张扬师生的个性。张扬，不是炫耀，不是标新立异，而是生命的舒展、自然的升华。[10]

**参考文献：**

[1] 万兴亚 . 企业知识产权与创新型国家建设 [J] . 企业技术进步,2007( 3 ): 1.

[2] 刘念才，赵文华 . 提升高校科技创新能力服务创新型国家建设（上）[J] . 中国高校科技与产业化，2007（6）：12-15.

[3] 周济 . 我国大学科技创新亟待解决四大问题 [EB/OL] . https: //www.gov.cn/jrzg/2006-07/13/content_335140.htm.2006-07-13.

[4] 研究型大学如何增强自主创新能力 [EB/OL] .https: //www.gmw.cn/content/2006-02/21/content_372806.htm.2006-02-21.

［5］金吾伦.创新文化的内涵及其作用［J］.现代企业教育，2005（10）：63-64.

［6］吕达，周满生.当代外国教育改革著名文献：美国卷　第4册［M］.北京：人民教育出版社，2004：50.

［7］张武升.教育创新论［M］.上海：上海教育出版社，2000：378.

［8］胡锦涛.坚持走中国特色自主创新道路，为建设创新型国家而努力奋斗——在全国科学技术大会上的讲话［J］.求是，2006（2）：3-9.

［9］李世海.创新教育新探［M］.北京：社会科学文献出版社，2005：75-76.

［10］刘德海.从选秀活动看教育文化重构［J］.班主任之友，2007（4）：10-11.

2013 年第 12 期

# 在权利个人和国民之间

## ——我国教育研究的百余年求索

**严从根** *

**摘 要**：百余年来，我国教育研究取向一直在培养权利个人和培养国民之间变奏。培养国民和培养权利个人都是非常重要的，任何时期的教育研究不能顾此失彼。顾此失彼的结果只能使其中任何一种教育研究都不能深入下去，取得令人满意的效果。百余年的研究经验告诫我们有必要转变现今教育研究的思路，有必要在培养国民和培养权利个人之间求得平衡，有必要重视公民教育研究。

**关键词**：权利个人；国民；公民；教育研究

**基金项目**：2013 年度教育部人文社会科学青年专项课题"我国教师的公民道德教育能力及提升研究"的阶段性成果；2012 年度浙江省教育科学规划课题"教师公民教育能力的调查及培养模式研究"（立项号：SCG12）；2012 年度杭州市哲学社会科学规划青年课题"教师的公民教育能力及形成机制研究"（立项号：B12JY05Q）的阶段性成果。

古代中国没有近代意义上的"权利个人"和"国民"概念。在古代中国，人不是作为单独的权利"个人"（individual）而是作为伦理纲常之网中的一个角色出现的。个人可以扮演很多角色，诸如臣、子、夫、兄、弟等，但是在诸多身份扮演中，个体始终只能作为义务的承担者，却不可作

---

* 作者简介：严从根，杭州师范大学经亨颐教育学院院长、教授、博士生导师，教育部青年"长江学者"特聘教授。

为权利的主体。[1] 近现代意义上的"国家"是指拥有主权的共同体，对外捍卫主权独立和领土完整，对内实现主权在民。这种"国家"概念非中国传统观念所有。古代中国人往往以为中国就是天下，他国都是蛮夷；国家就是朝廷或皇室，皇权至上。"国民"是忠于和服务于国家共同体的民众。古代忠于朝廷的或皇室的民众自然不能称之为"国民"，只能称之为"臣民"。因此，古代中国也没有"国民"这个概念。鸦片战争以后，特别是戊戌变法以后，内忧外患促使先进的知识分子开始学习西方，西方近代意义上的"权利个人""国家"及其"国民"的概念开始被引入到中国。[2] 不过，权利个人和国民是两种不易调和的概念或角色，以至于百余年的中国教育研究都没有妥善处理好它们之间的关系。

## 一、新文化运动前："培养国民"压倒"培养权利个人"

鸦片战争失败后，洋务运动逐渐兴起。洋务派认为固守传统儒家提供的社会组织蓝图，中国就可能亡国，如要富国强邦，须学习西方。不过，洋务派只重视学习西方的技艺，没有充分意识到尊重和维护个人权利是西方学问的精髓之一。

甲午中日战争的失败宣告了洋务运动的破产。戊戌变法登上了历史舞台。推动戊戌变法的改革派认为，中国如要求存，不能仅仅学习西方的技艺，还要学习西方的制度；西方制度的根基是权利个人主义；在中国如要立宪，必须尊重个人的自主权利，国法及其教育都应该尊重和维护个人的权利。这些思想主要体现在改革派和洋务派的论战中。此时趋于保守的洋务派认为，强调个人权利说会导致"子不从父，弟不尊师，妇不从夫，贱不服贵，弱肉强食"，最终会导致社会解体。针对洋务派的这种论调，改革派思想家"大谈'自主之权，赋之于天，君相无所加，编氓亦无所损'；剥夺人的基本权利与杀死其人相去不远，'夺人自主之权者，比之杀戮其人，相去一间耳'"。[3] 因此，他们主张有必要引入西方盛行的自由、平等、博爱等能够维护个人权利的概念，提出要通过尊重个人权利的方式，培养具有权利义务意识和独立自由个性、"不受三纲之压制"、"不受古人之束缚"的权利个人。[4] 但是，在实际变法行动中，改革派的领袖人物却同洋务派一样，认为人人拥有自主权会导致社会混乱，在当时的情况下，首要考虑的还是如何使个人成为国民，忠于自己的国家和民族，最终使国家强大富强起来。恰如李泽厚在评论康有为时所说："个人应从家族制度中解放出来，这在康有为构思《大同书》时便已非常明确，但康却深恐先进的观念变而为实际的行动，所以秘而不宣。"[5]百日维新中的梁启超也放弃了他几年前主张的民权思想，主张开明专制，"故我中国今日最缺乏而最急需者，在有机之统一与用力之秩序，而自由平等直其次而。何也？必先铸部民使成国民，然后国民之幸福乃可得言也"。[6]他甚至认为尊重和保护个人权利会导致个人轻佻，动摇国是。[7]因此，鲁迅说："个人一语，入中国未三四年，号称识时之士，多引以为大诟，苟被其谥，与民贼同。"[8]

同戊戌变法一样，在辛亥革命中，"政治斗争始终是先进知识群兴奋的焦点。其他一切，包括启蒙和文化，很少有暇顾及。例如邹容《革命军》中的民主启蒙思想并没有得到重视和普及，完全淹没在呼号革命的军事斗争中。孙中山在辛亥后赠以'大将军'的美谥，倒正好是这样一个象征。宋恕《六斋卑议》中反宋明理学的突出的启蒙思想，更被挤到角落里面，几乎至今无人注意"。[9]正是由于启蒙一直没有受到应有重视，政治斗争凸显，所以与启蒙密切相关的培养权利个人的教育始终没有受到重视，与政治斗争密切相关的国民教育则受到了吹捧。例如，为了救亡图存，孙中山放弃其年轻时信奉的天赋人权说，强调革命如要成功，国家如要富强要的是"个人不能有自由，团体要有自由"。[10]

## 二、新文化运动前期："培养权利个人"压倒"培养国民"

辛亥革命只取得了短暂成功，革命成果很快就被保守顽固势力所侵吞。强大的保守顽固势力力图使局面恢复到"前清"时代去。"上一代革命者的热忱衰退了。除了一些仍然围绕在孙中山的身旁做些力不从心、效果不大的政治、军事斗争外，很大一批消沉下来。……连鲁迅本人也沉默了几乎十年，以读佛经拓碑刻抄嵇康来排遣时日。"[11]正是在这样一个"万马齐喑、闷得透不过气来的黑暗王国里，陈独秀率先喊出了民主与科学"。[11]此口号得到了先进知识分子的追随，攻击顽固守旧势力的新文化运动开始了。

陈独秀、胡适等人认为，"以前的洋务、变法、革命，最多也只是群众去实现反帝或反清朝的目的；结果'多数国民'并没有得到民主权利，也没有自觉的民主要求，自然让少数人主持宰割。民国号称'共和''立宪'，招牌虽异，实质仍同。人民仍然不过是盼望好皇帝和清官，仍不过是'希冀圣君贤相之施行仁政'而已。这怎么能谈得上政治进步国家富强呢？所以首要的问题便不是别的什么，而只能是唤起民众的觉悟，来自觉自动地争取民主"[12]；民众如能自觉自动地争取民主，民众需要具有新的文化精神，必须与儒家的道德伦理决裂，"转而接受自由、平等、独立之说"[12]。

与自由、平等、独立观念的盛行相应，教育研究开始注重阐释培养权利个人的重要性。这主要表现在如下方面。首先，明确提出了个人主义。在新文化运动初期，"陈独秀所崇尚的个人本位主义，李大钊对西方个性主义和自由主义精神的讴歌，胡适推崇的杜威的'智能的个性'，鲁迅对'独异'的个性人格的赞颂，皆以个人主义为价值取向，以独立自主的人格为国民性改造的目标"。[13]其次，对儒家教育进行了彻底批判。教育研究不仅明确提出了个人本位主义，而且以此为标准认为以群体为本位的儒家教育严重束缚个体个性的发展。在《敬告青年》中，陈独秀明确提出青年应该是"自主的而非奴隶的"。在《东西民族根本思想之差异》中，他进一步提出，家族本位的价值观会"损害个人独立自尊之人格""窒息个人意思之自由""剥夺个人法律上平等之权利""养成依赖性，戕贼个人之生产力"。[14]鲁迅和吴虞则揭示出封建礼教对人个性的扼杀。

在这个时期，教育研究史无前例地认为，"个人并不是为国家而存在，相反国家只是保护个人利益不受侵犯的工具"。[15]不过，尽管诸多研究者都主张个人本位，强调培养权利个人，但并不像西方自由主义那样，只追求独立人格，他们强调培养权利个人和追求独立人格最终还是为了救亡图存服务的。"扔弃传统（以儒学为代表的旧文化旧道德）、打碎偶像（孔子）、全盘西化、民主启蒙，都仍然是为了使中国富强起来，使中国社会进步起来，使中国不再受欺侮受压迫，使广大人民生活得更好一些……所有这些就并不是为了争个人的'天赋权利'。"[16]尽管如此，这个时期的教育研究仍然具有划时代意义，因为在教育研究价值的直接取向上，中国历史上首次出现了"培养权利个人"又压倒"培养国民"的现象，个人自由权利受到空前尊重。

### 三、新文化运动后期至新中国成立后："培养国民" 重新压倒"培养权利个人"

一战后，在巴黎和会上，开口闭口言谈权利的西方列强却公然践踏作为战胜国的中国人民的权利，无视中国人民的呼吁，把战前德国在我国山东的一切殖民权益强制性地移交给日本。西方列强的这种行径使先进的中国知识分子意识到，学习西方及其文明，追求权利，尊重权利，并不能图存，为了使民族强大，个人还是必须要成为国民，个人的首要品质应该是爱国、爱民族。反帝的五四运动开始兴起。五四运动激发的民族主义和爱国主义激情，为文化保守主义和社会主义占据中国思想理论的制高点提供了情感基础。[17] 文化保守主义和社会主义都强调民族利益重于个人利益，国家本位优于个人本位。不过，他们都不反对现代性追求，区别只在于二者对现代性追求的路径看法不一致。前者认为，西方国家的现代化追求会带来自由放任主义、道德虚无主义，为了避免重蹈覆辙，中国需要基于传统儒家文化的基础之上追求现代性——要挖掘有助于现代性追求的儒家文化，要发扬光大有助于解决现代化问题的儒家文化。社会主义则认为，现代性追求如要成功，个体有必要具有阶级斗争意识、平民主义精神。在当时，文化保守主义和社会主义都具有很大的影响力。不过，随着俄国"十月革命"的胜利，社会主义的影响逐渐超越了文化保守主义的影响。中国最先进的知识分子开始认为，只有依靠社会主义才能有效地激发人们的民族主义情绪、培养人们的集体主义精神，因此，只有社会主义才能救中国。他们还认为，个人独立和权利自由并不是破除旧道德的利器，而是有待进一步批判的负面东西。例如，"在《新青年》早期，陈独秀毫无保留地提倡个人主义。直到 1920 年他仍在为'个人主义'辩护：'我以为戕贼中国人公共心的不是个人主义，中国人底个人权利和社会公益，都做了家庭的牺牲品。'但是一年后，他对'个人主义'的看法来了个一百八十度大转弯，他斥责说：'中国人民简直是一盘散沙，一堆蠢物，人人都怀着狭隘的个人主义，完全没有公共心，坏的更是贪贿卖国，盗公肥私'"。[18]曾经信奉个人主义的蔡和森、毛泽东、周恩来等人的看法也发生了变化，他们认为反对一切权威、束缚，尊重个人权利的确很美好，但是这根本无法落实到现实社会中。他们迅速转向了马克思列宁主义，认为只有用俄国的无产阶级专政的办法才能救中国。与此相应，这些知识分子开始认为，教育的重任不是培养权利个人，而是培养具有民族精神和阶级情感的国民。

中华人民共和国成立以后，为了"救亡—革命—战争"的需要，党继承了建党一开始就坚持的理论主张：否定无政府主义和自由主义推崇的种种个人主义。

### 四、改革开放以来："培养权利个人"重新压倒"培养国民"

"'四人帮'倒台之后，'人的发现''人的觉醒''人的哲学'的呐喊又声震一时。'五四'的启蒙要求、科学与民主、人权和真理，似乎仍然具有那么大的吸引力量而重新被人发现和呼吁，拿来主义甚至'全盘西化'又一次被提出来。"[19]这种现象在教育研究上的表现也非常明显。有人通过文献梳理就明确得出，"30年来教育改革的价值取向，如果要用一个词来概括的话，这就是：'人的解放'"。[20]如此，在教育研究中，"培养权利个人"的呼声压倒了"培养国民"的呼声。这主要表现在如下几个方面。

首先，对无人教育的批判。20世纪70年代末期开始，国家纠正了以"阶级斗争为纲"的错误路线。先进的知识分子开始指出教育有自身的独特性，不能完全受制于政治经济制度。余立早在1979年《教育研究》创刊号上就指出"学校是传授知识、培养人才的场所"，不是"阶级斗争的前哨阵地"。[21]20世纪80年代，随着市场经济的展开，学者们对"教育是上层建筑说"给予了彻底的批判，"教育为以经济主导的社会主义建设服务的学说"开始频繁出现。不过，到20世纪80年代末期的时候，这种"教育为以经济主导的社会主义建设服务的学说"也逐渐为人所质疑。诸多学者开始反思教育的这种功利追求，指出"我们只知道教育为经济建设服务，不知道经济建设更要为人服务，要为人本身的发展服务。……人的价值本是高于一切的，但却化为乌有，教育的对象——人，被遗忘干净了。……因此需要确立人的问题（人的发展、人的价值）在教育学中的主体地位，教育学必须把研究人的发展、研究提高与扩充人的价值，当作核心问题。教育学理应首先是'人学'"；"纠正教育的价值取向之偏差，就是要让人的发展、个体的价值在理论和实践中获得应有的地位"。[22]20世纪90年代以后，特别是进入21世纪以后，"人是教育的出发点""教育的本体性功能是为了人的发展"，甚至已经成为诸多教育理论研究者的共识。

其次，主体性教育和主体间性教育的提出。伴随着对无人教育的批判和对有人教育的呼唤，主体性教育逐渐进入人们的视野。"主体性教育研究前期重在批判传统教育的无主体，树立主体教育的理念，探讨教育过程中学生主体性的表现，后期的研究重在探讨怎样培养学生的主体性，使主体性教育由认识论到本体论，由理论的探讨发展为教育改革与实验研究。在理论上，主体性教育具体到教育过程的各个环节，深入系统地探讨了主体性课程的设计，主体性教学的策略，主体性德育的模式和主体性教育管理等诸多方面，使主体教育成为90年代引人瞩目的教育思潮和蓬勃发展的教育改革实验。"[23]不过，人们逐渐认识到只强调主体性教育容易导致个人只强调个人的权利和利益，把他人都当作实现目的的工具；为了使彼此都把对方当作目的来看待，有必要强调主体间性教育。主体间性教育开始兴起。主体间性教育的提出并不是为了否定主体性及其道德教育的重要性，主体间性是以主体性为前提的，因此，主体性道德教育的落实是践行主体间性道德教育的前提。

最后，对具体人和具体教育方式的呼唤。主体性和主体间性只是现代人发展的形式特征，主体性教育和主体间性教育只能解决如何发展的问题，却无法解决主体性和主体间性的人应该成为什么样的人的问题，也无法解决如何使人成为主体性和主体间性的人的问题。为了解决这些问题，人们纷纷提出了新课改、新教育、新基础教育、生命教育、情感教育和生活教育等理论主张。

## 五、反思和展望

新文化运动前期，培养权利个人成为最强有力的研究呼声，可是不久就被培养国民的研究取向替代了。现今的教育研究普遍强调要培养权利个人，这种追求会不会再次被培养国民的追求替代呢？如果教育研究只注重个人权利自由和解放，那么这种替代势必发生。

单子式主体只重视个人权利，往往会忽视他人的需求和国家的独特诉求。具有主体间性品质的人会把他人当作目的来对待，但是，他们也不会充分尊重国家的独特需求。因此，无论是具有单子式主体性精神的人，还是具有主体间性精神的人，看重的都是个人的发展，都潜意识地认为国家是为人服务的。他们都希望去国家化、去政府化，政府管得越少越好。实际上，"国家虽然是由诸多个人组合而成的，但是国家并不是个人意志的简单集合，它具有明显的自主性，有自己独特的利益追求，例如维持秩序，在国际竞争中取得优势。根本不存在纯粹为个体或某个阶层服务的国家曾盛行的国家理论已经破产。在这种国家理论中，人们认为国家是为个人服务的，或者认为是统治阶级的代表，国家决策不过是个人利益的集体表达，或者至少是统治阶级利益的表达"[24]。但现今诸多研究已经表明，"国家是一个有着自己独立利益的实体；国家的目标不能等同于社会中某个群体的目标，它还有自己独特的目标；国家可以作为一个自主的行动者（actor）存在"[25]。"国家自主性集中体现在国家不会完全依附于任何个人或阶层，甚至不会依附于统治阶层，在必要时候，为了维护整个国家的整体利益，国家完全可以做出有损个人乃至统治阶层利益的行动。这主要体现在国家发生危机的时候。例如，为了维系社会稳定，资本主义国家很可能会通过各种有损统治阶层（资本家）利益的方式，抑制物价上涨。"[26]

国家相对自主性的理论启示我们：国家并不只是为个人服务的，当个人意志与国家意志相冲突的时候，国家及其政府总会力图维护自己的利益。正因为此，如果个人只注重个人权利，忽视国家诉求，为了维系社会稳定和促进国家发展，任何国家及其政府都会干涉个人权利，强制个人接受国家的意识形态，即使是声称要尊重个人权利的西方发达国家都不例外。在西方国家，并不像我们一般人所以为的那样，人们仅仅被"预设为典型的、纯粹的个人权利主体，预设为权利文化的代表者、个人自由的张扬者"。"实际上，他们有很强的家庭观念、社群观念和国家观念。充斥于日常生活的主要是社区活动、宗教活动；各式各样的法律把他们之间的社会联系制度化、程序化了，违法犯罪虽然千奇百怪，但并非常态，在某种意义上可以理解为对铁定秩序的反抗。权利是他们很少使用的物什，只是在制度上可以保证作为最后的诉诸手段。"[27]何况，在任何时代，无政府问题都是一个非常严重的问题。没有强大并具有权威的国家，对外而言，民众权利很容易遭到他国的侵犯和剥夺，对内而言，社会会趋于混乱，公民社会会"西西里化"，成为黑社会。因此，教育需要注重满足国家诉求，重视培养国民。无视或忽视国家需求，最终必然导致国家意志反过来压制个人意志。

当然，在此笔者并不认为教育不需要培养权利个人。只有尊重和维护个人权利，培养权利个人才能使人成为独立个体，成为自己的主人，才能有效激发人的创造精神、丰富人的精神生活。因此，需要重视"培养权利个人"。当然，也需要重视"培养国民"，只有如此，才有助于国家统一思想、凝聚个体力量、维系社会稳定以及促进社会发展。教育研究不能在二者之间只重视其一。只重视国家诉求，一段时间以后，培养权利个人的教育研究取向会发生反弹，从而居于培养国民的教育研究取向之上。同时，只重视个人权利自由解放，一段时间以后，培养国民的研究取向也会发生反弹，从而重新居于培养权利个人的研究取向之上。这就是百余年来我国教育研究为什么一直在培养权利个人和培养国民之间变奏的原因所在。顾此失彼的结果只能使每一种教育研究取向及其追求都不能持之以恒地深入下去，取得令人满意的效果。来回变奏还浪费了大量的教育研究资源，误导教育实践。百余年的经验告诫我们现今有必要转变教育研究的思路，不可非此即彼，有必要在"培养国民"和"培养权利个人"之间求得平衡。

如何才能在"培养国民"和"培养权利个人"之间求得一种平衡？公民教育研究能使其成为可能。现今，对于公民的理解虽然纷繁复杂，但逐渐有了最基本的共识：首先，公民不是臣民，公民是有个人自由权利的个人；其次，公民虽然是拥有自由权利的个人，但是它不是私民，它是近代社会的产物，是伴随民族国家的出现而出现的，它是忠于自己国家的合格的国民。[28]其实，即便异常强调"个人权利优先于共同体（特别是国家）"的自由主义也认为，公民有必要忠于自己的国家和民族，只不过他们力图使自己的国家和民族尊重个人权利。可见，公民是国民和私民的辩证统一，"公民资格是个人在一个民族国家中，在特定平等水平上，具有一定普遍性权利与义务的被动及主动的成员身份"[29]。相应之，公民教育研究既会关注权利个人的培养，也重视国民精神和素质的培养，并力图使二者协调统合起来。因此，笔者认为，公民教育研究是中国历史发展的必然和时代所需。

**参考文献：**

［1］梁漱溟.梁漱溟文集：第3卷［M］.济南：山东人民出版社，1990：92.

［2］梁漱溟.中国文化要义［M］.上海：上海人民出版社，2003：189.

［3］金观涛，刘青峰.观念史研究［M］.北京：法律出版社，2009：121-122.

［4］李华兴，吴嘉勋.梁启超选集［M］.上海：上海人民出版社，1984：227.

［5］李泽厚.启蒙与救亡的双重变奏［A］//许纪霖.二十世纪中国思想史论.上海：东方出版中心，2006：81.

［6］格里德尔.知识分子与现代中国［M］.桂林：广西师范大学出版社，2010：166.

［7］金观涛，刘青峰.观念史研究［M］.北京：法律出版社，2009：152.

［8］鲁迅.鲁迅全集：第1卷［M］.北京：人民文学出版社，2005：51.

［9］李泽厚.启蒙与救亡的双重变奏［A］//许纪霖.二十世纪中国思想史论.上海：东方出版中心，2006：72.

［10］曹锦清.民权与国族：孙中山文选［M］.上海：上海远东出版社，1994：290-299.

［11］李泽厚.启蒙与救亡的双重变奏［A］//许纪霖.二十世纪中国思想史论.上海：东方出版中心，2006：73.

［12］李泽厚.启蒙与救亡的双重变奏［A］//许纪霖.二十世纪中国思想史论.上海：东方出版中心，2006：73-74.

［13］黄书光.价值观念变迁中的中国德育改革［M］.南京：江苏教育出版社，2008：133.

［14］黄书光.价值观念变迁中的中国德育改革［M］.南京：江苏教育出版社，2008：122-124.

［15］陈少明，单世联，张永义.近代中国思想史略论［M］.广州：广东人民出版社，1998：273-274.

［16］李泽厚.启蒙与救亡的双重变奏［A］∥许纪霖.二十世纪中国思想史论.上海：东方出版中心，2006：75.

［17］黄书光.价值观念变迁中的中国德育改革［M］.南京：江苏教育出版社，2008：137.

［18］金观涛，刘青峰.观念史研究［M］.北京：法律出版社，2009：172.

［19］李泽厚.启蒙与救亡的双重变奏［A］∥许纪霖.二十世纪中国思想史论.上海：东方出版中心，2006：96.

［20］冯建军.向着人的解放迈进——改革开放 30 年我国教育价值取向的回顾［J］.高等教育研究，2009，30（1）：17-25.

［21］余立.根据实践是检验真理的唯一标准，探讨教育工作中的规律［J］.教育研究，1979（1）：4.

［22］冯建军.向着人的解放迈进——改革开放 30 年我国教育价值取向的回顾［J］.高等教育研究，2009，30（1）：20-21.

［23］冯建军.向着人的解放迈进——改革开放 30 年我国教育价值取向的回顾［J］.高等教育研究，2009，30（1）：21.

［24］严从根，冯建军.道德教育：在正当与有效之间寻求平衡［J］.华东师范大学学报：教育科学版，2011，29（3）：10-11.

［25］孙立平.重建社会：转型社会的秩序再造［M］.北京：社会科学文献出版社，2009：138-139.

［26］严从根，冯建军.道德教育：在正当与有效之间寻求平衡［J］.华东师范大学学报：教育科学版，2011，29（3）：11.

［27］夏勇.中国民权哲学［M］.北京：生活·读书·新知三联书店，2004：6.

［28］Ichilov O. Citizenship and Citizenship Education in a Changing World［M］.London：The Woburn Press，1998：1.

［29］雅诺斯基.公民与文明社会［M］.柯雄，译.沈阳：辽宁教育出版社，2000：11.

2014 年第 5 期

# 高职院校培养方式变革与毕业生就业能力培养

邓　峰　郭建如*

**摘　要：**高职院校近年来深入开展了一系列以就业为导向的培养方式变革，以满足社会和经济发展对应用型、技能型人才的需求。本研究将毕业生的就业能力作为衡量高职院校教育质量的产出指标，利用北京大学 2012 年开展的"全国高职院校教育与毕业生就业调查"数据，通过构建包含学校层次、院系层次以及个体层次的多层线性模型，系统考察高职院校的教育过程同毕业生就业力间的内在关系。研究结果表明，高职院校可以从组织模式转变和培养方式变革等多方面进行教学改革，从而有效促进毕业生就业能力的提升。

**关键词：**高职院校；就业能力；多层线性模型

**基金项目：**本文系教育部哲学社会科学重点研究基地北京大学教育经济研究所重大项目"高职院校组织转型、培养模式变革与毕业生就业力的多案例研究"（项目号：12JJD880003），教育部留学回国人员科研启动基金"校企合作与高职院校毕业生就业能力培养的研究"和教育部哲学社会科学重大攻关课题"中国现代职业教育质量保障体系研究"（项目号：13JZD047）成果。

　　我国高等教育大众化以来，高职院校承担了一半左右的高等教育扩张的重任，现已成为中国高等教育名副其实的"半壁江山"，但高职院校在

＊　作者简介：邓峰，北京理工大学人文学院副研究员；郭建如，北京大学教育学院教育管理与政策系、教育经济研究所教授，博士生导师。

扩招初期面临的就业难问题非常突出。教育部于 2006 年将高职院校毕业生的就业列为高校毕业生就业工作的重点和难点，并采取了一系列措施。至 2010 年，我国绝大多数省份高职院校毕业生的就业率已高于本省普通本科高校毕业生的就业率，这为高职院校将关注重点转向就业质量，以及更深层次的就业能力的培养提供了条件和基础。高职院校如果仍将目光局限在就业率上，可能会忽视引起高等教育人才供需矛盾的内在原因，致使高职院校毕业生就业能力不能很好地满足社会发展和产业升级的需要，从而无法从根本上解决毕业生就业问题。

本研究将高职院校毕业生的就业能力作为衡量高职院校教育质量的产出指标，在对不同类型、不同地区的 10 所高职院校进行系统的、跟踪式的调研的基础上，通过构建包括学校、院系和学生三个层级在内的多层线性模型，以实证研究的方法系统考察高职院校的组织转型、培养模式变革和毕业生就业力这三个环节之间的内在关系，探讨院校在师资队伍建设、课程体系与教学方式改革、实习实训基地建设、就业指导服务、校企合作等方面改进是否会对毕业生就业能力的培养产生直接影响。

## 一、文献综述

### 1. 就业能力与大学生就业问题

人力资本理论认为，高等教育可以提高个人的特定人力资本，从而提高劳动力市场的表现。但日益严重的大学生就业难问题也暴露出了该理论的局限性。传统人力资本理论的核心假设是"教育投资→较高生产率→较高收入"，问题在于"教育投资→较高生产率"的推论是以教育具有同质性为前提的，即受教育年限相同的个体所获得生产率提高的幅度也相同。实际上，对于等量的教育投资，有的学生可能获得了较高的生产率，有的学生获得了较低的生产率。随着我国市场经济体制的不断完善，雇主开始不再迷信文凭。当文凭与实际劳动生产率脱钩时，市场是按照实际能力对劳动者进行分流的。

"就业能力假说"认为，就业能力来源于高等教育价值的凝结，就业能力的大小是由高等教育价值在该生身上凝结多少来体现。高等教育本身有不同的类型和层次，高校间教育服务的数量、质量及被市场认可程度也有区别，再加上学生自身因素，接受相同年数的高等教育，不同大学生的就业能力却可能有很大的差异，这就打破了人力资本理论关于教育同质性的假定（黄敬宝，2007）。[1]"就业能力假说"提出了两个基本命题：从单个大学生的角度，就业结果取决于就业能力的大小；从大学生群体的角度，就业结果取决于相对就业能力的大小。李颖等（2005）通过对大学本科生的调查问卷进行分析后发现，就业能力会影响就业质量，具有较高就业能力的毕业生比就业能力低的毕业生更容易获得优良的工作环境，也更容易进入感兴趣的工作单位。[2]卿石松等（2009）比较了影响毕业生就业的诸因素边际效果的大小后发现，就业能力是促进毕业生就业的决定性因素。[3]就业能力在毕业生就业中的作用逐渐凸显，这符合就业市场的规律和效率要求，是中国从"统包统配"的计划就业制度向"自主择业、双向选择"的市场就业制度转型的必然结果。

目前，我国大学生就业市场存在用人单位"招聘难"与毕业生"就业难"并存的局面。综合不同学者的研究可以发现，大学毕业生自身综合素质和就业能力难以满足用人单位的要求是大学生就业难的重要原因。[4-5]多数用人单位表示，现在的应届毕业生所具备的知识、技能和素质与实际岗位需要的差距较大，许多毕业生需要较长时间的重新学习与磨合才能进入岗位角色；毕业生在敬业精神、社交能力、动手能力和创新能力等方面存在缺陷是用人单位对毕业生不满意的主要方面，而且表现出一定的普遍性。

2. 高等教育与大学生就业能力培养

高校扩招政策实施后大学生的就业形势日趋严峻，但大学生就业难的影响因素是多方面的，高校只负有限责任。首先，社会大环境方面的因素，包括我国经济面临的战略性结构调整、就业体制落后、就业市场不规范、就业服务不完善等，都会给大学生顺利就业带来困难。其次，在实行高等教育成本分担体制和自主择业的背景下，毕业生本人及其家庭过高的就业期望也会影响就业结果。最后，在高校招生规模急剧扩张的过程中，高等教育规模扩张与确保质量之间的矛盾日益凸显出来。扩招后教育资源投入不足以及生源结构的变化等因素都会对高等教育质量带来一定的负面影响。

对于大学生就业能力的缺失，高校则应作为提升大学生就业能力的第一责任方。人力资本理论认为人力资本主要通过投资教育来形成。高等教育服务是学校和教师利用教育设施以及运用教育方法向学生提供的一种教育劳务，这种劳务旨在改善和提高学生的人力资本价值。大学生通过缴纳学费，以牺牲提前就业的潜在收入（或边际成本）接受高等教育服务，就是希望以此作为一种人力资本投资，在竞争激烈的劳动力市场上取得优势。因此，评价高等教育质量的指标应是教育的产出，即受教育者在高等教育中究竟学到了什么，凝结于高校毕业生身上的人力资本有多少。中国人民大学劳动人事学院发布的《中国就业战略报告（2008—2010）》也指出，高等教育扩招后毕业生就业能力不足的问题更加明显，高校作为人才培养的专门机构，理应为此负责。

长期以来，我国的高职教育模式备受诟病。因为投入不足和封闭办学，高职教育在很大程度上被认为是本科院校的"压缩式饼干"，专业设置跟不上市场需求的步伐，课程的实用性不强，对于实践教学的重视程度不够，提供给学生的社会实践锻炼的机会也非常缺乏，所培养的人才与市场，特别是企业的需要有很大的距离，得不到企业的欢迎。为破解这样的困境，教育部、财政部于2006年启动实施"国家示范性高等职业院校建设计划"，以期提升我国高等职业教育的整体水平，引领全国高职院校的改革与发展方向。《国家中长期教育改革和发展规划纲要（2010—2020年）》要求高职院校以服务为宗旨，以就业为导向，创新高等职业教育办学体制机制，深化教育教学改革，全面提升服务经济社会发展的能力。经过各方面多年的努力，高职院校无论是组织形式，还是培养模式已发生和正在发生着较大的变化。

现有研究存在的一些不足主要体现在：对就业能力培养相关因素的研究不系统，局限于高职院校就业指导工作对个人就业能力的影响，没有能够将高职教育的组织转型、培养模式变革与毕业生的就业能力的提升联系起来进行考察；已有研究严重缺乏实证分析基础，提出的学校如何改进就业能力的很多建议都没有得到实证研究的验证。及时研究高职院校的组织转型、培养模式变革与毕业生就业能力培养具有重要的现实意义和理论价值。

## 二、数据与变量

本研究使用的数据来自北京大学教育经济研究所 2012 年 6 月开展的"全国高职院校教育与毕业生就业调查"。样本学校的选择综合考虑了高职院校的层次和地区间的分布。本研究最终的样本学校为 10 所,其中有 5 所国家示范性高职院校、3 所国家骨干高职院校以及 2 所普通高职院校。东部高职院校为 4 所,中部为 4 所,西部为 2 所。调查根据每所抽样高职院校的办学规模按比例发放 150—400 份问卷,每个抽样专业发放 50 份左右的学生问卷,5—10 份教师问卷。最终回收的有效学生问卷为 2188 份,有效教师问卷为 210 份。

目前学术界对就业能力这一概念还没有统一的定义。从人力资本理论的视角出发,本研究将就业能力定义为将高等教育服务转化为人力资本,并能实现这种人力资本价值的大学生的综合能力。具体而言,高等教育凝结在毕业生身上的人力资本可分为内在综合素质(包括责任意识、敬业精神、成就动机、团队意识、创新意识、情绪管理能力、学习能力和理性思维),工作相关知识和技能(组织与管理能力、专业知识与能力、常用工作技术),以及求职与自我营销能力。本研究所用的就业能力量表由 17 道题目组成,量表采用里克特五点计分法,1 代表完全不符合,5 代表完全符合,学生选择的分数越高,表明其认为自己该方面的能力越强。内在综合素质、工作相关知识和技能、求职与自我营销能力都由因子分析法获得,最终就业能力指标由三大构成维度的算数平均值经过标准化后获得。

高职院校的组织转型过程与培养模式改革过程的研究涉及如何解释目前在我国高职院校的组织转型过程,如何把国家的政策、指导意见以及相关的项目实施同学校层次的变化,进而同院系层面的培养模式变革以及教师个体的变化联系起来,这是一个重点,同时也是难点所在。本研究中高职院校层面的变量包括学校类型(国家示范性高职院校、国家骨干高职院校、普通高职院校），学校开展培养方式改革的年数以及学校所在地区（东部、中部、西部）。

对于院系层面人才培养模式的变革，本研究结合《高职高专教育精品专业评估指标体系结构（试行）》《全国高职高专人才培养工作水平评估指标体系》《2008 年度高职高专国家精品课程评审指标》以及其他研究者的研究成果，从教师队伍建设、实践教学、校企合作和顶岗实习以及就业指导四个方面来进行考察。首先，衡量院系教师队伍质量的变量包括教师中具有研究生学历的比例，"双师型"教师的占比，以及教师对企业技术的了解和企业人员联系的紧密程度。其次，实践教学相关的指标包括课程设置的针对性（学生对于校内课程与实际工作结合紧密程度的评价，采用里克特 5 分量表），教师采用"教学做合一"教学方式的百分比，以及校内实习和实训硬件条件（由教师对所在专业的硬件设施的充足程度，硬件设施与行业或企业中的相关设施相比的先进程度，校内实训的硬件条件，学生的校内实训机会的充足程度，授课中耗材等方面的支出经费的充足程度等评价经由因子分析法获得）。再次，校企合作质量的评价指标由教师所在专业校企结合的紧密程度、教师所在专业在校企合作中的主导权大小、教师所在专业校企结合的稳定性、企业对与学校开展校企合作的积极性经由因子分析法获得。学生对于院系顶岗实习实施质量的评价由里克特 5 分量表来测量。最后，就业能力所包含的多维度表明，就业能力的培养单单从课堂上无法完全解决，需要通过高职院校加强就业指导来培养。本研究中毕业生对于院系就业指导质量的评价由里克特 5 分量表来测量。院系层面变量还包括院系的学科分类（理工类院系或社科类院系）。

本研究还将影响高职毕业生就业能力的个体层面因素分为个体的受教育经历，包括所学专业是否是学校重点建设专业，顶岗实习与专业是否联系紧密，学校和企业对顶岗实习的指导是否到位；个体的人力资本指标，包括是否担任过学生干部，是否是党员；个体人口学特征，如性别；个体的家庭背景因素，包括兄弟姐妹数，生源地（省会或直辖市、地 / 县级市、农村地区）。

## 三、研究方法与模型

具有嵌套结构的数据在社会科学领域内很普遍。在本研究，毕业生嵌套于所在院系，院系又嵌套于所在高职院校。毕业生的就业能力既受所在院系的教学和实训等教育活动的影响，也受所在高校的办学目标和组织变革等因素的影响。对于本研究这样同时包含个体层面变量和组织层面变量的具有嵌套结构的高校毕业生就业数据，以往研究中常用的处理策略是使用 OLS 方法在个体层面对就业的影响因素进行分析。对于学校层面变量，OLS 方法将原本属于组织层面的变量处理为一层变量，造成学校特征在个体间被不恰当地重复，组织变量离散程度被高估，从而导致学校变量的系数有一个向下的偏误。对于毕业生个体而言，同一学校的学生不是互相独立的，他们受相同组织变量的影响，这就违反了观测的独立性假定。由于同一学校个体间的同质性要高于不同学校不同个体之间的同质性，在回归中由于有些变量不可观察而进入误差项，从而违背了 OLS 方法关于残差同分布和无序列相关的假设。

多层线性模型（Hierarchical Linear Models，HLM）可以很好地处理具有嵌套结构的数据。[6] 本研究主要目的是考察高校毕业生的就业能力如何受院系内部各种因素的影响，因此本研究建立了三层线性模型，高职毕业生看作第一层次，院系作为第二层次，学校为第三层次。多层线性模型的分析思路是将就业能力的总变异分解为院系内、院系间和学校间三个层次，然后在不同的层次上分别引入自变量来对组内变异和组间变异进行解释。具体模型为：

1.层一模型

$Y_{ijk} = \pi_{0jk} + \pi_{1jk}{}^* （受教育经历）_{ijk} + \pi_{2jk}{}^* （人力资本）_{ijk} + \pi_{3jk}{}^* （个体特征）_{ijk} + \pi_{4jk}{}^* （家庭背景）_{ijk} + e_{ijk}$

$Y_{ijk}$ 是学校 k 院系 j 中毕业生 i 的就业能力；

$\pi_{0jk}$ 是学校 k 院系 j 就业能力的期望值；

$\pi_{pjk}$ 是学校 k 院系 j 中毕业生特征对应的系数；

$e_{ijk}$ 是层一个体的随机效应，即毕业生 ijk 同学校 k 院系 j 平均值的离差。

2. 层二模型

$$\pi_{0jk} = \beta_{00k} + \beta_{01k}{}^{*}（教师素质）_{jk} + \beta_{02k}{}^{*}（实践教学）_{jk} + \beta_{03k}{}^{*}（校企合作）_{jk} + \beta_{04k}{}^{*}（就业指导）_{jk} + \beta_{05k}{}^{*}（学科类别）_{jk} + r_{0jk}$$

$$\pi_{pjk} = \beta_{p0k}$$

$\beta_{00k}$ 是学校 k 毕业生就业能力的均值；

$\beta_{0pk}$ 是学校 k 院系 j 特征对应的系数；

$r_{0jk}$ 是学校 k 院系 j 的随机效应，即院系 j 同其所在学校 k 就业能力均值的离差。

3. 层三模型

$$\beta_{00k} = \gamma_{000} + \gamma_{001}（院校类型）_{k} + \gamma_{002}（培养方式改革年数）_{k} + \gamma_{003}（院校所在地区）_{k} + u_{00k}$$

$$\beta_{0pk} = \gamma_{0q0}$$

$$\beta_{p0k} = \gamma_{q00}$$

$\gamma_{000}$ 是全国高职院校毕业生总体就业能力水平；

$\gamma_{00p}$ 是学校特征所对应的系数；

$u_{00k}$ 是学校 k 的随机效应，即学校 k 同总体平均就业能力的离差。

## 四、研究结果

对于总的就业能力指标而言，其影响因素是多方面的。在院校层面，国家示范性高职院校毕业生的就业能力显著高于普通高职院校 0.365 个标准差（$\gamma_{001} = 0.365^{*}$）；学校开展培养方式改革的年数每增加一年，其毕业生就业能力就增加 0.07 个标准差；东部高职院校（$\gamma_{004}=0.343^{***}$）和中部高职院校毕业生（$\gamma_{005}=0.187^{*}$）的就业能力也都显著高于西部高职院校的毕业生。

在院系层面，双师型教师的占比每增加 10%，其毕业生就业能力就增加 0.026 个标准差。实践教学的三个相关指标都对就业能力具有显著的正向作用，毕业生认为所在院系课程设置与实际工作联系比较紧密或者非常紧密的比例每提高 10%，其就业能力增加 0.11 个标准差；教师采用"教学做合一"教学方式的比例每提高 10%，其就业能力增加 0.04 个标准差；教师对于所在院系实习实训条件的评价每增加 1 个标准差，毕业生就业能力提高 0.119 个标准差。此外，学生对于院系开展顶岗实习活动的满意度每增加 1 个单位（5 分制），其就业能力就提高 0.501 个标准差。院系层面的其他变量，比如教师中具有研究生学历的比例，教师对于院系校企合作质量的评价，学生对于就业指导的评价，以及院系的学科类型都对毕业生就业能力水平没有显著影响。

在毕业生个体层面，重点专业毕业生的就业能力（$\pi_1=0.348^{**}$）显著高于非重点专业毕业生。顶岗实习岗位与专业对口的毕业生的就业能力（$\pi_2=0.253^{**}$）比非对口毕业生要高。学生干部的就业能力比非学生干部要高 0.209 个标准差。来自省会或直辖市（$\pi_9=0.171^{**}$）以及来自地县级市毕业生（$\pi_{10}=0.071^*$）的就业能力要显著高于来自镇村毕业生。本研究没有发现性别、兄弟姐妹数以及党员身份对于毕业生就业能力具有显著的影响。

由于以往研究从不同的视角切入，研究者的研究框架和对就业能力的定义呈现很大的多样性，但是大学生的就业能力由一系列核心能力组成，且具有不同的层次这一命题却得到了普遍的认同。本研究中就业能力包含内在综合素质、工作相关知识和技能以及求职与自我营销能力三个维度，不同维度就业能力所需的培养策略可能存在一定差异，因而表 1 中还包括就业能力三个构成维度影响因素的具体分析结果。

表 1　高职院校毕业生就业能力培养的多层线性模型分析结果

| 变量 | 就业能力 | 内在综合素质 | 工作相关知识和技能 | 求职与自我营销能力 |
|---|---|---|---|---|
| 截距，$\gamma_{000}$ | −0.011 | 0.011 | −0.017 | −0.023 |
| 示范性高职院校，$\gamma_{001}$ | $0.365^*$ | $0.389^*$ | $0.465^{**}$ | 0.284 |
| 骨干高职院校，$\gamma_{002}$ | 0.044 | −0.018 | 0.110 | 0.024 |
| 学校培养方式改革年数，$\gamma_{003}$ | $0.070^*$ | $0.081^*$ | $0.098^{***}$ | 0.036 |
| 东部院校，$\gamma_{004}$ | $0.343^{***}$ | $0.333^{***}$ | $0.431^{***}$ | $0.294^{**}$ |
| 中部院校，$\gamma_{005}$ | $0.187^*$ | $0.177^*$ | $0.222^*$ | $0.194^*$ |
| 教师研究生学历比，$\beta_{01}$ | −0.019 | −0.055 | 0.073 | 0.095 |

续表

| 变量 | 就业能力 | 内在综合素质 | 工作相关知识和技能 | 求职与自我营销能力 |
|---|---|---|---|---|
| 双师型教师比，$\beta_{02}$ | $0.264^{*}$ | $0.123$ | $0.253^{*}$ | $0.385^{**}$ |
| 教师了解和联系企业，$\beta_{03}$ | $0.073$ | $-0.035$ | $0.096$ | $-0.082$ |
| 课程设置与工作相关，$\beta_{04}$ | $1.077^{***}$ | $1.243^{***}$ | $1.197^{***}$ | $0.814^{***}$ |
| 教学方式采用教学做合一，$\beta_{05}$ | $0.403^{**}$ | $0.371^{*}$ | $0.419^{**}$ | $0.375^{*}$ |
| 校内实习实训条件，$\beta_{06}$ | $0.119^{**}$ | $0.076$ | $0.167^{***}$ | $0.141^{**}$ |
| 校企合作水平，$\beta_{07}$ | $0.007$ | $0.023$ | $0.034$ | $0.010$ |
| 顶岗实习评价，$\beta_{08}$ | $0.501^{*}$ | $0.716^{**}$ | $0.647^{**}$ | $0.398$ |
| 就业指导质量，$\beta_{09}$ | $0.211$ | $0.197$ | $0.191$ | $0.283^{*}$ |
| 理工类院系，$\beta_{10}$ | $0.035$ | $0.084$ | $0.009$ | $0.039$ |
| 重点专业，$\pi_{1}$ | $0.348^{**}$ | $0.427^{***}$ | $0.346^{**}$ | $0.369^{*}$ |
| 顶岗实习与专业对口，$\pi_{2}$ | $0.253^{**}$ | $0.229^{***}$ | $0.251^{***}$ | $0.269^{***}$ |
| 顶岗实习指导到位，$\pi_{3}$ | $0.071$ | $0.110^{**}$ | $0.089^{*}$ | $0.069$ |
| 党员，$\pi_{4}$ | $0.053$ | $0.123^{*}$ | $0.062$ | $0.002$ |
| 学生干部，$\pi_{5}$ | $0.209^{***}$ | $0.224^{***}$ | $0.188^{***}$ | $0.212^{**}$ |
| 男性，$\pi_{6}$ | $0.060$ | $0.091^{*}$ | $0.092^{*}$ | $-0.034$ |
| 有一个兄弟姐妹，$\pi_{7}$ | $0.029$ | $0.037$ | $0.041$ | $-0.020$ |
| 有两个或以上兄弟姐妹，$\pi_{8}$ | $0.027$ | $0.048$ | $0.008$ | $0.046$ |
| 生源地：省会直辖市，$\pi_{9}$ | $0.171^{**}$ | $0.161^{**}$ | $0.145^{*}$ | $0.251^{***}$ |
| 生源地：地县市，$\pi_{10}$ | $0.071^{*}$ | $0.093^{*}$ | $0.078^{*}$ | $0.103^{**}$ |

注：$^{*}p < 0.05$；$^{**}p < 0.01$；$^{***}p < 0.001$。

## 五、讨论及结论

国外有研究证明，高等教育与就业能力的关系是显著的，通过优质的高等教育服务来提高大学生的就业能力是高等教育的主要功能。[7]教育部、财政部于 2006 年遴选 100 所高职院校进行国家示范性高等职业院校的建设，以期在人才培养模式、实验实训基地建设、师资队伍建设、课程体系与教学内容改革等方面取得实质性突破。本研究发现，国家示范性高职院校毕业生的就业能力最高。这说明我国实行的高校分类办学制度，在高等教育资源有限的情况下，通过发挥办学资源配置政策的导向作用，可以最大限度地保证我国高等教育的基本质量。而国家骨干高职院校毕业生就业能力与普通高职院校间不存在显著差异，这可能与"国家骨干型高等职业院校建设计划"实施较晚（2010 年），政策效果尚未显现有关。本研究还发现，高职院校实施培养方式变革的年数越长，其毕业生就业能力越高。这说明高职院校只有切实落实高等职业教育改革的各项措施，才能全面提高人才培养质量和办学水平，从而更好地促进就业。

对于院系层面而言，高职院校的"双师型"教师以及从企业聘请的兼职教师，担负着指导学生参加实习、实训的责任，其技术水平和指导能力如何，直接影响着毕业生就业能力的发展。只有高职院校教师的能力和素质有了保障，高职院校学生就业能力的培养才具备坚实的基础条件。本研究发现"双师型"教师比对于就业能力的培养具有显著的作用。因此，高职院校在建设教师队伍的过程中应该坚持专职和兼职教师相结合，鼓励专业课程教师到企业中进行兼职，高职院校还应招聘和培养复合型的教学和技术骨干，满足高职院校理论教学和实践教学并重的需要。

高等职业教育的人才培养目标定位是高级技术应用型人才，因而高职教育的实践教学在培养学生职业能力和提高学生就业竞争力方面具有其他任何教学方式无法替代的作用。本研究发现，院系在课程设置方面做到校内课程同实际工作需求紧密相连，在教学实施过程中做到"教学做"合一，其毕业生就业能力就会更强。因此，高职院校在进行课程的设置和开发时，应该以市场的需求为导向，以企业工作岗位的职业能力为基础调整课程体系，不断优化专业结构和企业需求的契合度。对于课堂教学的实施和组织方式，高职院校还应在不同教学阶段安排相应的实践活动，保证学生具有较强的动手能力。而要实现高职毕业生具备较强实践动手能力的培养目标，还需要有良好条件的实训实习基地作为保障。本研究还发现校内实训条件的优劣也会影响毕业生就业能力水平。因此高职院校可以通过校企合作，共建多种形式的校内外实习实训基地，提供充足的实习实践机会以及全方位的技术指导，快速提升学生的实际操作能力，增强学生的就业能力。

就业能力的多维度也表明，提高大学生的就业能力不能只依赖课堂教学来实现。对于高职毕业生而言，从学校所学到的知识和技能与实际工作中需要的知识和技能出现不匹配现象是经常出现的。在实际的工作环境下，用人单位对毕业生的一些普遍技能，比如沟通与表达或者团队合作能力，感到不是非常满意，但这些普遍技能却很难从课堂学习中直接获得。顶岗实习是高职院校改革人才培养模式、促使学生将理论与实践有机结合、全面提高就业能力的重要途径。本研究发现，学生对院系顶岗实习开展满意度较高的院系，其毕业生就业能力也普遍较高。在具体实施顶岗实习的过程中，本研究还发现顶岗实习岗位同专业对口以及顶岗实习中指导到位也对促进就业能力的培养具有正向作用。因此，要保证顶岗实习的质量，这就要求高职院校首先要选择那些本领域内具备先进技术和科学管理制度的企业作为顶岗实习的合作企业，并选拔或培养一支工作能力强的实习指导老师队伍，在实习过程中提供现场辅导，发挥和企业联络沟通的桥梁作用。

校企合作基于市场，以社会需求为目标导向，是高职院校和企业双方共同培养高技能人才和高素质劳动者的方式。教育部在近几年颁布的文件中也多次强调校企合作在高职教育中的重要作用。但本研究并没有发现校企合作的水平同就业能力的培养间存在显著联系。这可能是由于高职院校和企业的合作，总体上还处于初级阶段。企业参与高职教育的主要途径还只是为学生提供实习实训岗位，参与专业学科建设、确定培养目标、制订教学计划、课程建设以及实践教学的程度还远远不够。研究者和教育工作者应就如何有效调动企业参加校企合作的积极性进行深入的研究和探讨。

高等职业教育的办学模式是以就业为导向的，高职院校与市场联系更加紧密。作为大学生从学习者转换为劳动者的重要中间环节，高职院校必须将提升毕业生的就业能力作为适应社会需求、提高人才培养质量的重要目标之一。本研究以高职院校为单位进行分析，用实证研究方法证明了高职院校的组织转型、培养模式变革对毕业生就业能力的培养具有显著的正向作用。作为毕业生就业能力培养的主体，高职院校应进一步解放思想，从院系组织模式和培养模式变革等多个角度、多方面进行教学改革，全面提高人才培养质量和办学水平，满足现代企业发展对人才综合素质的需要，为更好地适应我国走新型工业化道路，实现经济发展方式转变、产业结构优化升级，建设人力资源强国发展战略的需要服务。

**参考文献：**

［1］黄敬宝.就业能力假说——人力资本理论的一种发展［J］.工业技术经济，2007（10）：124-127.

［2］李颖，刘善仕，翁赛珠.大学生就业能力对就业质量的影响［J］.高教探索，2005（2）：91-93.

［3］卿石松，曾湘泉.就业能力、实习经历与高校毕业生就业——基于山东省2007届高校毕业生的实证检验［J］.中国人口科学，2009（6）：102-108，112.

［4］马陆亭.用人单位对高校毕业生的录用与评价［J］.高等教育研究，2002（1）：43-47.

［5］王远伟，谢宝国.用人单位聘用大学毕业生状况的调查报告［J］.青年研究，2004（1）：24-30，41.

［6］Raudenbush S W, Bryk A S. Hierarchical Linear Model：Applications and Data Analysis Methods［M］.CA：Sage Publications，2002.

［7］Stewart J, Knowles V. The Changing Nature of Graduate Careers［J］.Career Development International，1999（7）：370-383.

2016 年第 12 期

# 拔尖创新人才培养：理论、实践与挑战

王洪才 *

**摘　要：**"拔尖创新人才培养"作为一项国家人才发展战略出现，旨在解答"钱学森之问"。这一战略虽然得到人们广泛理解，但在理论上难以避免精英教育逻辑与大众高等教育理念之间的冲突，在实践中也无法摆脱消费主义与功利主义的侵扰，从而在"圈养"与"放养"之间犹豫不决。研究发现，拔尖创新人才成长亟须塑造一种自由研讨氛围，需要从教学模式改革寻求突破。为此，必须克制急功近利的冲动，着力培育自由研讨机制，使师生双方都能够充分享受学术探究的乐趣，这是拔尖创新人才培养计划能够成功的根本路径。

**关键词：**拔尖创新人才；精英教育；急功近利

**基金项目：**教育部人文社科重点研究基地重大项目"大学创新教学理论与实践机制建构"（15JJD880014）。

## 一、拔尖创新人才培养的观念基础

毋庸置疑，在我国，研究型大学所开展的本科"拔尖创新人才培养计划"是作为创新型国家建设中的人才发展战略出现的，[1] 因为人们相信，在知识经济时代，知识创新能力将决定着一个国家的科技发展潜力、经济发展能力和国家综合实力，一个国家和民族的竞争力最终取决于所拥有的创新人才的数量，[2] 只有拥有了大批的拔尖创新人才，一个国家的科技发

---

* 作者简介：王洪才，厦门大学高等教育发展研究中心教授，博士生导师。

展、社会发展和经济发展才具有强大的动力。因此，一个国家想要站在世界科技发展的领先水平，在全球化竞争中获得优势的地位，就必须培养出大批的拔尖创新人才。毫无疑问，这批拔尖创新人才应该主要由大学来培养，[3]特别那些是以知识创新为使命的研究型大学。这不仅成为一种学界共识，而且也转变成了一种国家战略决策。所以《国家中长期教育改革和发展纲要（2010—2020年）》中都提出了培养拔尖创新人才的设想。[4]目前本科拔尖创新人才培养计划的实施已经不局限于少数研究型大学，一批地方本科院校也加入了这个行列。[5]

虽然从表面上看，各个高校的拔尖创新人才培养计划提出和实施仅仅是一个行政决策的结果，但仔细分析后就会发现，这一计划确实经过了一系列的论证，[6]其中包括对一些著名科学家成长过程和成才经验的反思和总结。[7]可以说，拔尖创新人才培养计划的提出是对科学人才成长过程进行长期观察的结果，形成了人们对拔尖创新人才成长的基本认识，这些认识表现在以下十个观念上：

（1）人们普遍相信：并非所有的人都能够成长为拔尖创新人才，只有那些智力卓越且个性特长非常突出的一批人才适合作为拔尖创新人才培养的候选人。这些智力卓越和具有个性特长的一批人，首先表现在他们具有很强的科学探究兴趣，具有明确的成才目标，也具有坚强的意志品质，这些使得他们成为拔尖创新人才培养的最佳人选。显然，如果把这批人选拔出来进行集中培养，那么培养效果就会更突出。

（2）人们一般认为：对于拔尖创新人才的培养应该及早开始，特别是对自然科学的基础学科的人才培养应该从本科阶段开始，因为此时人的智力发展趋于成熟，知识积累已经达到一定程度，可以从事一些基础性的科学探究活动，而且这个时期创造性思维开始活跃起来，能够表现出个体所蕴藏的科学探究天赋来。如果起步比较早，学生就能够避免更多的社会事务干扰。所以理工科的拔尖创新人才培养从本科阶段开始较佳。

（3）人们也坚信：拔尖创新人才培养计划的候选人必须具有较强的综合素质，不仅在学业上取得了很好的成绩，而且也具有很强的交往能力和参与社会活动能力，特别是在耐力素质方面比较强，如此才能经得起科学难题的挑战。为此，在候选人选拔中不仅要考查学生的学业成绩，而且要考查学生的履历，特别是通过面试环节进行选拔，因为面试环节更能够考查一个人的综合素质。

（4）不少人都认为：对于那些智力卓越、综合素质强并专心于科学探究的学生应该给予更多的支持及更多的学习和深造机会，从而使他们能够安心于学术钻研，尽早地展现出科学探究的天赋。为此需要为这些学生提供名师进行指导，以便让他们尽早进入科研团队接受锻炼，从而获得一个快速成长的通道。这就是一种"优才优育"思想，因为这些致力于科学探究的人是国家的财富，应该得到重点扶持。

（5）人们普遍认为：研究型大学和一些重点学科专业在实施拔尖创新人才培养计划中具有更大优势，因为这里的学术氛围好，聚集了更多的名师，学科发展基础比较好，容易接触到科学发展前沿，从而学生成长发展的平台比较宽广。

（6）人们一般都相信：进行拔尖创新人才培养必须打破传统的灌输式的教学模式，实施互动性教学、个性化教学和小班化教学，从而能够给学生创设更多的自由探讨氛围和充分的师生互动机会，为此必须鼓励学生开展研究性学习并配以导师制加以辅助，以便于培养学生发现问题和解决问题能力，同时也能够使学生得到足够的督导和激励。

（7）许多人都相信：拔尖创新人才决非那些死钻牛角尖的人，而是具备宽广视野和深厚人文底蕴的人，他们都具有很强的社会责任感和使命感，这种责任感和使命感是他们从事科学探究的不竭的动力源泉。为此，在拔尖创新人才培养过程中不仅需要进行专业的科学研究训练，而且还应该进行广泛的人文素质熏陶，从而培养他们具有宽广的视野和勇于担当的精神，形成一种不断奋进的人格特质。

（8）不少人都认为：决定拔尖创新人才最终成功的往往是一些非智力品质，如坚韧不拔的意志和顽强拼搏的精神，换言之，许多人没有最终成功不是因为智力品质不优秀，而是因为非智力品质有缺憾。因此，在拔尖人才培养过程中不仅要重视激发学生的科学探究兴趣，而且要重视培养学生的意志品质，使他们具有挑战困难的勇气和耐力。

（9）人们大多都认为：在今天，拔尖创新人才应该是一种国际化人才，即他们必须具备与国际前沿对话的能力，为此，在拔尖创新人才的选拔过程中需要考查学生的外语基础和能力，在培养过程中也要注重学生在国际交往能力的提高。

（10）人们普遍相信：拔尖创新人才成长需要提供一个宽松的环境，必须给学生更大的学习自由，从而能够鼓励学生进行自由探索。但同时也需要采用淘汰制办法进行激励，从而避免那些缺乏进取精神的学生滥竽充数，影响积极向上的学习氛围形成。

以上十个基本观念，在学术界达成了基本共识，这些是开展拔尖人才培养计划的支持力量。但这些观念都仅仅是一些比较粗糙的认识，要转变为具体实施方案则需要更为精细的理论指导，而且必须能够回应人们关于这些观念的质疑。

## 二、拔尖创新人才培养的精英教育逻辑

从上述十个观念中可以看出，拔尖创新人才培养计划实施的基本思路就是：首先要选拔出智力卓越和学科特长突出的一批人，这些人表现出了良好的综合素质，从而具备了较好的智力素质和非智力素质；其次是实行专门的教学计划，包括教学方法改革，实行小班化教学和个性化教学，实行导师制进行指导，培养和强化学生的科学探究兴趣；[8]再次是组织学生参与课题研究和专项训练，从而为学生提供一个优越的成长环境；最后是提供适当的物质与精神激励加以保证。可以说，这个思路构成了研究型大学本科拔尖创新人才计划实施的基本模式。

我们知道，我国研究型大学的生源本身就是非常优秀的，如果再进一步选拔，就是一种"精中选优"策略，然后加以专门培养，这种策略就是一种"精工细作"，最后辅之优越的条件加以保障。很显然，这一思路的核心就是"优才优育"。

显而易见，推行拔尖创新人才培养计划的目的在于快出人才、出好人才。由于这种教育需要的投入非常大，无法进行大面积实验，只能把范围限定在智力品质和非智力品质都表现得非常卓越的一批人，尤其是对科学

探究具有浓厚兴趣并表现出具有学科特长的那批人。以"拔尖创新人才培养计划"的名称实施，目的也是赋予这批人以高度的责任感，使他们本身的科学探究兴趣与科学探究的使命结合在一起，从而将内外的驱动因素结合在一起，使他们尽早尽快地走向科学前沿，挑战科学高峰。可以说，这一设想是比较美好的，而要转变成现实则面临着理论和实践的挑战。

毋庸讳言，在拔尖创新人才培养计划的"优才优育"思想背后所潜藏的是"精英教育"理念。之所以作为隐性的精英教育出现，就是因为进入高等教育大众化之后，专门针对少数人施以优质教育有违教育公平原理，容易遭到人们的质疑。加之，人们也不十分清楚究竟对这批人该实行什么样的教育才最适宜，因而又不能大张旗鼓地展开，只能以试验的方式开始探索。我们知道，在研究型大学招生中，他们的生源素质普遍是优秀的，因为他们受到国家招生政策的保护，他们可以优先地录取优质的生源。在这些生源中再筛选出一批生源进行培养，显然就有违于公平对待思想。如果再集中优质资源进行，就更容易成为违背公平教育理念的口实。所以，为了缓和人们对精英教育的质疑，各个学校在对拔尖创新人才培养计划的候选人选拔中一般都实行"开放报名、公开选拔"的方式进行。可以说，拔尖创新人才培养计划是"精英教育"的一种隐性表达方式。

其实，精英教育思想在任何时代、任何国家都存在，只是表达的方式不同而已。在高等教育大众化之前，高等教育实质上就是一种精英教育。现在许多国家无论是大学还是中小学，都有办学层级的差别，都有一条轨道是通向社会精英阶层的。在非常强调教育民主化的美国，高等教育多样性是一个显著特色，既有为一般大众准备的社区学院和州立大学，也有为社会上层准备的精英学院、研究型大学和私立大学。所以，大学的定位不同，所招收的对象也不同。一个人要想在科学技术上获得很大的成功，接受精英型的高等教育是一个基础条件。虽然不能说教育水平必然决定一个人的成就水平，但接受优质的教育后其成功率显然会高许多。这也是今天人们要想尽一切办法进入重点大学的理由之一。

在教育史上很早就有一种精英教育的理论，即认为教育目的主要是为了培养那些天才人物。柏拉图的"哲学王"思想是精英教育论原型，而亚里士多德的博雅教育思想也具有很强的精英教育色彩。精英教育论者的思想核心是认为国家花重金培养这些人是全社会的福泽，因为这些人才是全社会的财富，整个社会都是这些人才的受惠者，因而国家对他们实行免费教育乃至奖学金制度是合理的。按照精英教育理论的说法，人口中极少数人才具有这种特质，所以要发现和选拔这些人颇不容易，为此就需要提供基础教育、大学教育进行选拔。可以看出，这种理论是与高等教育大众化趋势不相符的，与社会民主化进程也是不搭界的，因而必然是逐渐被冷落的，而高等教育大众化理论就是它的替代品。当高等教育大众化理论兴起之后，精英教育理论似乎就黯然退场了。

事实上，精英教育理论并未真正退场，而且一直是教育改革的重要动力之一。因为无论是在基础教育领域还是高等教育领域，人们一直在探索优质教育模式究竟是什么样的，优质教育的核心点无非是实行个性化教育，实行"优才优育"。人们一般都不接受平均主义教育模式，否认不同的学生应该接受完全同样的教育，也没有人认为不同的学生接受完全相同的教育才是公平的。相反，人们相信不同的学生获得与其天资相应的教育才是真正的公平。只不过人们很难真正辨别学生的天资究竟如何，也只能靠学业难度来测定个体的天资水平。如此，学生的个性差异就表现出来了，这是实施真正教育的基础。

因此，精英教育理论虽然在形式上退场了，而在现实中从未退场，因为它不仅仅是作为多样化高等教育的一个构成部分而存在，而且是作为高等教育的核心部分而存在。

### 三、拔尖创新人才培养的基本理论困惑

拔尖创新人才培养计划面临的第一个困惑，可能也是最大的困惑就是：人们并不真正清楚拔尖创新人才成长的理想环境是什么！具体而言，首先，人们不清楚拔尖创新人才究竟是"有意栽花"的结果还是"无意插柳"的结果；其次，人们不清楚采用什么样的教育方式才最为合适；再

次，人们也不清楚如何衡量教育的成功与否；最后，人们也不知道什么样的激励方式最有效。这一系列问题正是对拔尖创新人才培养计划实践的前提拷问。

拔尖创新人才是刻意栽培的结果吗？这是一个无法回避的问题，并且是一个两难问题。如果是有意栽培的结果的话，就意味着必须首先熟悉拔尖创新人才成长的基本模式是什么，否则培养就无法做到针对性和有效性。目前，几乎没有人承认存在这样的一个模式，如果承认它就意味着拔尖创新人才可以大批量复制了。既然不存在这样的一个模式，怎么来刻意地施加影响呢？反过来说，如果没有一个基本模式，那么应该根据什么来进行集中培养呢？或者说，集中培养对拔尖创新人才成长究竟是促进作用还是抑制作用？更进一步的疑问是：在拔尖创新人才成长过程中，究竟是以个性特色为主还是以共性特征为主？归纳起来就是一个问题：拔尖创新人才是自我发展而成还是外部塑造而成？

显然，这是拔尖创新人才培养计划实施中面临的基本理论困惑。人们虽然相信，优越的教育条件更有利于人才的成长，但拔尖创新人才的成长似乎并不遵循这些基本规律，因为人们更相信，拔尖创新人才往往是在逆境中成长起来的。虽然人才成长需要一些基本的条件，但并非条件越优越好。优越或安逸的环境可能会消磨人的奋斗意志，甚至会使人"恃宠而骄"。[5] 人的能力特别是意志品质的培养往往都是在有挑战的环境中成长起来的，这种挑战不仅使人的非智力素质得到训练，同时也促进了智力品质的提升。

在这一疑问的背后，实际上是对人的全面发展理论的理解。按照人的全面发展学说，人的发展实质上是一种整体性、综合性的发展过程，而非某一方面的分别发展；人只有在比较自由的环境下才能获得最大的发展，此时人的自主性才能获得最大程度发挥；在比较自由的环境下，人的任何一方面发展都能够带动整体的发展，而整体发展反过来能促进局部的发展。如果人的发展环境是不自由的，那么人的主动性就难以充分发挥，那时的发展就只能是机械训练的结果，而这不仅不能促进整体发展，甚至还会对整体发展起到抑制作用。因此，人在相对自然的环境下成长就会具有更大的发展潜力，而在温室环境下的成长可能仅仅是昙花一现。因为每个人的个性是不一样的，控制发展环境则会对人的天性产生抑制作用；而且每个人都必须学会独立面对未来，暂时的包办容易产生依赖心理。所以，学生必须学会应对各种挑战的能力，能够综合地思考问题和解决问题，而比较自然的环境才能使个体潜能充分发挥出来。如果建立一个优越的学习环境的话，可能会起到拔苗助长的效果。

可以看出，上述质疑是合理的，并非属于多余。我们知道，一个人的发展取决于一个人的主动性、能动性的发展水平，只有适宜的充分的刺激才能使一个人的智力潜能得到充分的开发，如果刺激不足或过度都不适宜个体的发展。对于参加拔尖创新人才培养实验的同学而言，优越的条件虽然能够起到一定的激励作用，但无法保证他们是否专心于学术探讨。但如果这种激励使他们失去正常的生活方式的话则未必是好事，因为这将使他们失去与环境有机互动的机会，从而为他们的未来学习生活带来困扰。最大的困扰莫过于荣誉光环带来的无形压力，容易使他们失去对自我的真正认知，从而就为其心理健康发展带来了障碍。

说到底，进行拔尖创新人才实验面临最大的难题就是人们不知道怎样来控制环境才是最佳的。把一批学业成绩最优秀的人集中在一起培训是否就是一件好事？如果单独编班的话该采用什么课程，课程难度怎么掌握，由谁来教授最为合适，采用什么方法最为合适？

目前比较普遍采用的办法是设置难度较大的课程，选择具有科研经验的教师授课，为每位学生配备导师，给学生组织专项的素质拓展训练，给他们以国外交流学习的机会，采用外语授课，有的甚至实行书院制进行住宿管理。同时，在教学中引入更多的互动环节，鼓励学生参与科研项目，培养学生科研兴趣与科研能力。当然，所采用的保障条件是学生获得奖学金的机会更高，有比较充分的国外交流学习机会，而且都能够得到不错的保研机会，甚至直接获得国外名牌大学的读研机会。[9]虽然也采用淘汰制，但总体淘汰率是非常低的，淘汰对象主要是那些缺乏自制能力的学生和那些最终发现自己缺乏学术兴趣的学生。

## 四、拔尖创新人才培养的实践挑战

开展拔尖创新人才实验，其出发点无非是想为那些具有科研兴趣的学生提供一个优越的学习环境，使他们可以摆脱生活琐事的烦恼，能够更加专心地钻研知识。然而这些设想可能是一厢情愿，因为这个设想是建立在学生具有浓厚的学术兴趣基础上的，如果不能选拔到合适的学生，那么这一设计就会全盘落空。

一般开展拔尖创新人才实验的高校都对参加者许诺以优厚的学习条件，这样就出现了一个问题：许多参加者并非真正对学术有兴趣，而是对这些优厚条件更有兴趣！然而目前尚无办法来鉴别哪些学生是真正对学术有兴趣。因为实验班一般是在新生入学后不久开展选拔，这个时候学生对科研或学术还缺乏真正认识，那么决定他们行为的主要因素是资源方面的诱惑。他们参与竞争的依据主要是高考的学科成绩。一旦他们被选拔进去，不仅意味着享受荣誉的光环和优厚的待遇，而且意味着必须在学业上的更多投入。这可能使不少学生感到迷茫，因为他们之前的学习方式主要是被动接受型的，而要参与更高难度的课程学习就必须具有更强的主动探索性，如何转变学习模式是一个不小的挑战。同时他们还面临自我成长的困惑，因为他们也渴望认识社会，增长自己的社会才干，而要专心读书求学的话则要求更大的定力。当他们不明确自己真正的成长定向之际，外在的一些优惠条件与真正专心投身学术之间就形成了强大的冲突，特别是在消费主义时代，他们能够抵御网络诱惑吗？他们能够抵御整个校园环境的享乐主义氛围影响吗？显然这些都是问题。

人们说今天的人才选拔制度仅仅是一种智力的选拔，这种说法其实是错误的，因为我们目前对于真智力辨别能力非常有限。如果说只是对学生的记忆能力的选拔，似乎也不尽然，因为对于一个人而言，说他仅仅记忆力好而智力差也很难成立。当然，人们诟病最多的是：目前选拔制度更多的是重视"死知识"而非"活知识"，重视智力而非道德品质，对体质方面和情感方面则更为忽视。各种说法似乎都有一些道理，但没有说清楚如何考试选拔才能达到一个理想境界。人们认为，真正的智力与品德是合一的，与情感及体力发展也是合一的，这也是全人教育思想的蕴意所在。遗憾的是，很难找到这样的实践载体，于是人们不得不陷入无休止的争论中。

在全球化时代，特别是处于社会发展转型期的中国，人们发现原创性的科技成果对经济发展的重要性越来越大了，认识到做出这样贡献的只能是少数出类拔萃的人，所以要注重这方面人才的选拔与培养，如此就出现了"拔尖创新人才培养计划"。这一计划的目的很明显，即要在本科阶段发现这样的人才，使他们获得一种特殊的成长环境，从而可以尽早地脱颖而出。[10]但如何实践就成了一个巨大问题。[11]因为人们只是隐隐约约地感觉到确实有这样的人才存在，但他们究竟是什么模样的却说不清楚。一般而言，这样的人才个性都比较强，但什么样的个性特质最符合拔尖创新人才特质呢？而一般化的选拔机制是按照固定的模式进行选拔，从而无法选拔那些具有特别潜质的人才。但人们又不得不采用一个固定模式进行选拔，因为必须兼顾公平。如此就在选拔特殊潜质人才与采用统一模式之间构成了一个很大的矛盾。由此，也产生了"圈养"与"放养"的矛盾。

为什么会出现"圈养"与"放养"的矛盾呢？因为要实行"圈养"的话，就必须首先能够选对对象，如果选错了对象则意味着一切努力都是徒劳的。很显然，要一下子就辨别出来谁是真正的苗子并不易。因为这不仅需要考核一个人当下所取得的成绩和是否具有很强的探索精神，而且需要考核他是否具有坚强的毅力，特别是一种为科学而献身的信念。实事求是地讲，目前还缺乏这种有效的选拔手段。现在所能够考核的仅仅是一个人的知识储备或知识基础如何，而对于个体的发展潜力的检测能力是严重不足的。因为缺乏这种可靠有效的手段，所以"圈养"不如"放养"。

但如果实行"放养"的话，怎么才能实行定点培养呢？培养的效果又如何显现呢？或者说，该采取什么样的方式进行培养呢？这又变成了未知数，结果人们只能用一些常规化手段进行培养。这样就不仅出现了运用常规化的考核机制来选拔特殊人才的矛盾，也出现了运用常规化培养方式来培养那些有可能是特殊人才的矛盾。[12]显然，完全放任的方式无法达到教育试验目的，而完全"圈养"似乎又不符合特殊人才成长之道。这就是

"圈养"与"放养"的矛盾根源所在。正如天才是无法复制的一样，试图通过某种方案来成批量生产某种人才，也是一种庸人之举。这就陷入了拔尖创新人才培养的悖论之中。

所以，拔尖创新人才培养实验最终将面临的一个难以解决的问题是如何衡量实验是否成功。因为目前普遍缺乏很好的评价手段，所以一般都以考研率（包括出国深造）作为衡量指标了。[13]但这样不可避免地助长了以考研升学为指向的教学设计。[14]如果不能跳出这种具有明显功利色彩的应试主义窠臼，那么拔尖创新人才培养计划的实施就是失败的。

## 五、拔尖创新人才培养亟须教学模式改革

目前，虽然人们对如何培养拔尖创新人才尚缺乏统一认识，但在一点上是高度认同的，即改变灌输式教学方式是当务之急！虽然人们普遍推崇探究式教学，但对探究式教学该如何实施，人们并无统一意见。人们比较赞赏的是采用研讨班方式进行教学，改变传统的以教师为中心、以知识传授为目标的教学方式。在研究生教学中，比较流行的是采用兴趣研讨班的形式进行教学，它可能是最适合于培养拔尖创新人才的教学方式。

所谓兴趣研讨班，即所有参加课程学习者都是凭兴趣进行选择而来，而非受到强迫或被某种利益诱惑而来，因而是完全出于内心的喜欢。研讨班不采用系统授课的方式进行，而是采用对问题探究的方式进行，也即以问题为主线组织课程，大家在课堂上主要是为了交流意见看法，而在课下采用自我研修的方式学习。通过在课堂上开放式交流探讨，激发所有参与者的头脑火花，从而促进各自对问题探究的深入。在研讨过程中，意见相近者可以结成兴趣小组进行深入探究，这样有可能尽早地成为科学前沿的探索者。

可以看出，这种课堂教学比知识系统传授更具有挑战性，也更能够激发学生兴趣和考验学生的智力耐性，从而可能是拔尖创新人才培养的最佳训练。当然，这样的研讨班需要由名师主持，因为他不仅是研讨的发起者、调节者，更是研究进程的指导者，从而整个课堂都能够在宽松

而有序的氛围中进行，这样每个人的思维空间都得到有效拓展，无论老师还是学生。在其中，参与者的地位是平等的、相互尊重的，从而探讨是自由的理性的。也只有这种方式，才适于激发创造性思维。这种研讨班的原型正是德国大学创造的 seminar，它也是德国大学实现教学与科研统一并促进大学从教学型向研究型转变的关键。

常常有一种论断，认为一个人如果不先系统地接受知识，就不可能在科学前沿进行探索，理由是"只有站在巨人的肩膀上才能有所创新"。这个论断其实是荒谬的，因为它误解了科学发展的基本规律，因为它把科学发展看成是直线型的，似乎每个人只有沿着前人的道路才能前进而不能另辟蹊径。事实上，科学发展是一种证伪的逻辑，而且受历史环境影响，绝非一种直线发展的逻辑。认为"必须先接受前人的经验才能够继续发展"的认识是假定科学发展路径和科学思维方式是唯一的，这显然是荒谬的。事实上，每个人的思维方式都是不一样的，都受到成长环境的影响，无论是科学家之间还是科学家与一般人之间都如此。科学研究的关键是指向问题本身，而非接受某种结论。所以，如果不打破这种传统的理论教条，就不可能培养出真正的创新人才。可以肯定的是，靠灌输是绝对培养不出创新人才的。因为灌输的第一大功能就是把人的思想固化，让人臣服于权威的论断，这样的话非但不能培养创新人才，相反却是在抑制创新人才的成长。

可以对前人的理论不管不顾吗？当然不可以。关键是怎么对待前人的理论。对前人的理论需要进行质疑，而非作为经典加以接受甚至膜拜。所以，拔尖创新人才的典型特质就是具有一种永无止境的探索精神。这种人格特质正是他们自我奋斗的动力。然而，如果缺乏一个宽容的社会氛围，缺乏一个自由探讨环境，这种人格特质就难以培养起来。一句话，创新人才成长需要宽容的、自由的环境，无须为名利所束缚，只有这样他们才能成为真正的科学探究者，而非简单的文凭获得者。换言之，创新人才对纯粹知识的兴趣远胜于任何外在利益的诱惑。

不得不说，在当下功利主义弥漫的时代，要培养这样的人格越来越难，因为各种外在的利益诱惑越来越多了，从而人们越来越难以安心于求学了。拔尖创新人才的培养就面临这样的环境氛围的挑战。

## 六、拔尖创新人才培养必须克服急功近利冲动

大学一贯有"青春理想家园"的美誉。大学中潜藏着不少真心求知的种子，他们渴望为科学发展贡献自己的聪明才智。因此，大学要进行拔尖创新人才培养，首先要能够发现这些种子，然后是小心地呵护，给他们以适宜的成长环境，避免急功近利的侵扰。为此，大学在拔尖创新人才培养过程中必须放弃那些急功近利的做法，使他们能够进行自由探索，从而能够把他们的科学理想转化为现实。[15] 相反，如果以考研率和获奖等硬性指标来衡量拔尖创新人才培养的效果，则容易引导年轻人走进急功近利的死胡同。

故而，大学拔尖创新人才培养是否成功的关键就在于能否创设一种自由成长的机制，鼓励那些具有科学兴趣的年轻人展开自由探索，让他们可以凭自己的兴趣选修任何课程，参与任何形式的研讨，不必拘泥于各种外在形式。当然，获得这种特殊待遇者必须表现出某种独特专长，具有很强的科学探究兴趣，而且具有坚韧不拔的意志，否则就不能获得这种特殊待遇。因此，赋予学生学习自由才是拔尖创新人才实验的最关键环节。

对于获得学习自由的同学，应鼓励他们尽早地参与到科研项目中来，因为只有真正参与科学研究才能发现知识的真正价值，才能坚定其科学探究的意志。在参与科学研究过程中，个体素质能够全方位地训练和提升，因为这能够使他们能够认识到什么是真问题，什么是团队协作，什么是科学原创。考核方式可偏重导师的认定与推荐。对于那些无法承受科学研究挑战者实行退出机制，即准许他们随时申请退出。这种宽容的进退机制就可以避免部分人忘记初心。因为人一旦为外物所累，就容易产生一种应试主义心理，这样就不能培养出拔尖创新人才。

**参考文献：**

[1]卢铁城.为建设创新型国家培养造就拔尖创新人才〔J〕.中国高教研究，2006（10）：10-13.

［2］林崇德，罗良.建设创新型国家与创新人才的培养［J］.北京师范大学学报：社会科学版，2007（1）：29-34.

［3］郝克明.造就拔尖创新人才与高等教育改革［J］.中国高教研究，2003，2（2）：7-12.

［4］国家中长期教育改革和发展规划纲要（2010—2020年）［EB/OL］.（2010-07-29）［2016-08-18］.https：//www.gov.cn/jrzg/2010-07/29/content_1667143.htm.

［5］于海琴，方雨果，李婧.本科拔尖创新人才"试验区"建设的现状与展望［J］.江苏高教，2014（1）：79-82.

［6］林崇德，胡卫平.创造性人才的成长规律和培养模式［J］；北京师范大学学报：社会科学版，2012（1）：36-42.

［7］瞿振元，韩晓燕，韩振海，等.高校如何成为拔尖创新人才培养的基地——从年轻院士当年的高等教育经历谈起［J］.中国高教研究，2008（2）：7-11.

［8］孙燕君，卢晓东.小班研讨课教学：本科精英教育的核心元素——以北京大学为例［J］.中国大学教学，2012（8）：16-19.

［9］肖地生.精英教育的弊端［J］.江苏高教，2009（4）：1-6.

［10］杨兴林.拔尖创新人才培养主要依靠研究生教育？——与叶赋桂、罗燕商榷［J］.复旦教育论坛，2013（4）：12-17.

［11］叶赋桂，罗燕.拔尖创新人才培养的新思维［J］.复旦教育论坛，2011，9（4）：19-23.

［12］中国高校"拔尖计划"首批毕业500人95%继续深造［EB/OL］.（2014-02-24）［2016-08-18］.http：//edu.people.com.cn/n/2014/0224/c1053-24447812.html.

［13］李硕豪，李文平.我国"基础学科拔尖学生培养试验计划"实施效果评价——基于对该计划首届500名毕业生去向的分析［J］.高等教育研究，2014，35（7）：51-61.

［14］卢晓东.超越因材施教［J］.教育学术月刊，2014（10）：3-17.

［15］陈初升，蒋家平，刘斌.个性化　长周期　三结合　致力于拔尖创新人才培养［J］.中国高等教育，2010（21）：17-19.

2017 年第 3 期

# 城乡教育共生：一项教育哲学探索

刘远杰 *

**摘　要：** 反思长期以来关于我国"城乡教育"问题的认识论与价值论局限，共生哲学、共生价值观成为新时期的必要选择，根本就是要从哲学或方法论意义上建构起一种中国城乡教育共生观，即强调乡村教育与城乡教育作为具有不同"性格"的教育类型之间"异质共存"、互哺发展，或"各美其美、美人之美、美美与共"的关系构建。城乡教育共生实践的可能性关键在于：确立平等正义·承认正义的哲学前提，重建乡村教育，拾掘与建构乡土知识，正视"逆城市化"现象与"新乡土主义"思潮及可能出现的"教育互转"。

**关键词：** 城乡教育共生；农村教育；城市教育；乡土文化；教育改革

**基金项目：** 广西教育科学"十三五"规划 2016 年度广西教育科学重点研究基地重大课题"民族地区乡村教师教学学术能力提升研究"（项目编号：2016JD207）。

　　"城乡教育"问题的深刻性、复杂性和长久性促逼我们不能也不应满足于当下理论与实践之构筑，诸多问题仍待进一步追问、探究与解答，比如，农村教育果真是落后或"差"教育的象征吗？现代城市教育一定是"好"的且远优于农村教育，并且农村教育一定要"城市化"吗？又如，"我"只能接受乡村教育或城市教育吗？城乡教育是"平等"的吗？对这

---

*　作者简介：刘远杰，广西师范大学教育学部副部长、副教授、博士生导师，广西高校人文社会科学重点研究基地广西民族教育发展研究中心常务副主任。

一系列问题的解答，不仅需要我们对惯有的思维、观念与价值判断加以反省，更需建构新的问题意识、认识思路、价值或哲学立场；既需理性之思，亦需勇于想象；不仅是教育问题，又是文化、文明的问题。"共生"作为一种生命与价值哲学、关系性思维方式，为我们回答这些问题提供了重要视角。"城乡教育共生"观力图以人的人文与社会性发展为根本进而推进城乡教育、文化、文明的共生发展，虽具有一定程度的"乌托邦"色彩，但并不妨碍其作为一种抵达教育与文明之"彼岸"的哲学假设。

## 一、反思与改进：我国"城乡教育"问题的认识论、价值论局限

中华人民共和国成立后，尤其是改革开放以来，我国城乡关系发生的剧烈演变深刻地表现为城乡之间教育、文化、文明的拉锯战和分离史，又可谓之为一种城市中心主义导向下的中国急速现代化构建史和传统乡土社会没落史。以此为背景，我国学界不断涌起关于乡村生存与发展、城市化问题和中国文化传承复兴的忧思浪潮。对于教育，其作为文化创新、文明演进、国家发展和人类进步的基本动因和同构机制，在此历史过程中的衰落与兴起似乎有着决定性的意义，乡村教育复兴更成了乡村存亡乃至城乡文明共同发展的重要基石。从而，"乡村教育"不免成为此浪潮的中心话语，可以说，"现代教育的问题是与整个乡村问题扣连在一起的"。同时，如若在一个宏观的横向文化空间视野上审视当前我国教育整体发展样态，其"问题性"就可能统括到一个"城—乡"文化空间的分析与解释框架之中：不但要独立看待"城"或"乡"文化空间下的教育问题，更要从"城乡"整体性文化空间中窥探教育问题及其成因的整体性与深层互联性。于是，让各种想象力、行为和实践来重构城乡相互哺育的政治、经济、文化、教育的良性关系就成了当下我国教育改革发展的关键所在。

在此过程中，一方面，我们在认识论上逐渐突破了狭隘的"二元对立"思维，不再孤立地看待城市的或乡村的教育，开始转向从城乡教育的关系性、整体性的视角看待"城乡教育"问题；另一方面，在价值论上我们立足于教育公平与教育均衡发展，在处理"城乡教育"问题上构建起针对农村教育落后局面的价值偏向模式或"帮扶"战略。从而不仅在学术研

究层面取得了重大突破，更在实践层面不断推进着我国城乡教育改革与发展。应该说，"城乡教育一体化"理论及其实践，正是此浪潮中涌现而出的最佳产物——一种认识论范式和实践模式，对促进我国城乡教育公平与发展发挥了巨大现实意义。这种意义可以概括为三个方面：一是普遍将城乡教育一体化的实质视为教育管理制度的一体化，打破了过去长期实行的用两种制度管理城乡教育的做法；[1] 二是立足社会转型、文化转型的"进化"取向，把城乡教育一体化视为一个"双化"（城市化和现代化）进程，从而加速了现代农村教育发展，城乡教育现代化水平的差距逐渐缩小；三是坚持实行资源优化配置（这里的"资源"集中体现为师资与办学物质基础），推进实现教师互流的体制机制和城乡学校办学条件标准的"一体化"，从而促进了城乡教育均衡发展（指经济学意义上的资源分配更加均衡）。

然而，即便如此，当前我们依然面临着这样一个基本现实：我国农村教育依旧深陷困境，城乡教育实质公平问题长期存在。在城镇化与社会转型、文化转型加速背景下我国农村学校快速大量消失，其伴随着家庭教育缺失与社会教育断裂等问题，加之支撑农村教育的乡村文化逐渐瓦解，使得农村教育成了"悬浮的孤岛"，[2] 失去了文化根基，"村庄逐渐失去生命力与活力，沦为不闻童子声的'寂静的村庄'"，[3] 面临巨大的复活困境，甚至有人因此而断言"农村将走向终结"（基于现代与传统、机械团结与有机团结、礼治社会与法治社会等发展的二分法视角）。农村留守儿童教育问题日益突出，农村教育处于应试水平低下和素质教育无望的双重矛盾之中，何谈教育质量？而反观具有先进"现代教育"形象的城市教育，难道一切都那么美好吗？并非如此。"教育拥挤""改革疲惫""人文渐失""传统消逝""个人主义""理性僭越""资源攀比""学业负担""道德滑坡""技术规训""知识理性"和"共同价值消解"等问题正日益积累、滋生着一种城市教育病或消极现代性绑架——成为中国现代教育面临的棘手难题。这些无疑正在给我们发出重要警示：难道我们就可满足于已有理论及其成绩而坐享"功劳簿"吗？恐怕不能如此。我们不能停下追问与探索的步伐，甚至不得不审慎地反思当前我国"城乡教育"问题的既有认识方式、价值判断及改革实践。

现实中，当我们客观而公正地审视既有的理论视野和研究习惯时，也不能说是没有局限的。比如，我们总习惯性立足于管理学、政治学和经济学等的范畴或分析框架去研究城乡教育问题，虽然诸多关于制度、体制、机制、策略和模型等理论成果颇丰，却极少触及如生命、尊严、人文、意义、道德和人格等教育的本体性问题。如李政涛教授所说，实际上我们正需要一种"教育尺度"和"教育内立场"，而未能"基于教育立场的眼光、视角和参照系"或者说未能根据"能否促进并实现人的生命成长和发展"的基本参照系和标准来衡量城乡教育问题，都不能称之为真正的教育研究。同时，在这些年的教育改革实践进程中，现实是"教育的价值与角色缩减为只是为社会转型与发展服务，在对时代挑战和社会需求的应答中，成为社会变迁的附庸和'应声虫'"。[4]而反过来，关于教育改革是否能成为社会转型、文化变迁的导向性力量或内推力这一问题，却很少引起学界重视。更需承认的是，出于我国农村教育整体落后于城市教育的基本现实，我们对农村教育不断投之以人道主义关怀与支持的同时，却忽略了从尊严、价值、传统与权力等重要维度对农村教育进行积极审视，在看待城乡教育时我们总是缺少一种"平等的眼光"。而当反观城市教育本身的时候，又不难发现，我们所一贯秉持的"城市教育优势论"及其背后的"傲慢"正使我们失去对城市教育自身的批判精神与反思能力，而更多的是一种"纵容"或"溺爱"，其结果是城市教育"义无反顾"地向"前"迈进，急速走向现代化、西方化，逐渐失去应有的节奏、品质与精神。由此种种，概而思之，目前对于我国"城乡教育"问题的认识，至少有以下几个问题是需要我们引起反思的：第一，往往局限于"自上而下"的思路、经济学视角和现代城市教育的眼光，从而致使对城乡教育问题的研究难以取得新突破；第二，研究中普遍存在着农村教育"问题化"或"弱势化"的先入观念和思维定式，这并不利于对城乡教育关系形成公正合理的认识；第三，研究中城市本位的价值立场占据主导，即习惯从城市的角度并以城市的标准去衡量农村教育，容易将教育现代化的必然趋势夸大曲解为教育城镇化的必然本质，甚至在潜在意识上存在以城镇教育取代农村教育之嫌，从而消解农村教育发展的合法性与特有逻辑；第四，我们关于教育、文化、文明之间的同构关系的探究非常匮乏，实际上，教育本身作为一种文化和社会机制，又作为文化传承发展和社会进步的基本方法，教育改革必然密切关联着文化与文明问题。

我们似乎很少去思考这样一个问题：今后的"农村教育"是否应该并且能够作为一种教育类型，拥有其自身的独特内涵、价值、文化性格和表现形式，且与"城市教育"平等共生、平衡互动，二者"各美其美，美美与共"，相互吸收，共同成为人的发展和社会进步的摇篮？于是，我们是否应该换一种"眼光"与思路来重新审视"城乡教育"问题呢？想来，这是很有必要的。实际上，我们可以从"城乡互哺"的视角来看待城乡教育关系问题，这不仅要求对单纯的"农村教育研究范式"加以反思批判，也要对那种一味地遵循一种从"城镇"到"乡村"的单向的、"自上而下"的"帮扶—规范"性思维与价值判断进行理性审视——或许更需要一种双向的，而非单向的视角；不仅是"人道主义"的，而是"道德平等"的价值取向；不仅是管理学、政治学和经济学等的学科视野，更需回归一种教育学立场的"城乡教育"研究。本质上，就是要实现从"一元""二元"乃至"一体"的认识论模式和"单向帮扶"与"价值规范"的价值论倾向转向一种共生哲学或共生价值。

所谓"共生"（symbiosis），从词源来看，最先出现于生物科学领域，由德国真菌学奠基人 De Bary（1831—1888）所创，用以描述一种客观的生物现象，即"两个物种生活在一起，相互因对方存在而受益的现象。最典型的共生为互利共生（mutualism），指因共同生存而双方皆受益者"。[5]但作为一种"思想"或"哲学"，"共生"早已有之。日本学者黑川纪章在《新共生思想》一书中说："共生思想源于佛教，同时与日本的文化（特别是江户时代的文化）特质有重叠，但是，共生思想是以我的视角对佛教和日本文化进行探讨和再发现，绝不只是照搬佛教思想本身"。[6]我国传统文化中的"天人合一""和而不同"等思想也是一种"共生"思想的体现，如《庄子·齐物论》云："天地与我并生，而万物与我为一。"即"人的生命本质和特征决定，人类的生存和发展与天地自然，与万物生命是融为一体的，是绝对不可分的"；[7]《周易·乾卦》云："夫大人者与天地合其德，与日月合其期，与四时合其序"等。"共生"思想并非先验存在，而是源自人类对自然现象、自身与社会发展规律的认识，如黑川纪章在把 21 世纪的世界新秩序称为"共生的秩序"或是"共生的时代"之时，就特别解释道："这是我仔细地观察和思考发生在各个领域中的变化之后所得出的结论，我非常自信地把这种世界新秩序，称之为'共生的秩序'或'共生的时代'"。[8]无独有偶，日本宗教学家池田大作也对 21 世纪作出过预言，他认为 21 世纪是生命的世纪——"必须是一个更尊重人类生命，并为人类幸福提供更大机会的时代"，"'人的生命'本身就是一种目的，绝不可能将之变成手段。正是树立了这样一种生命的尊严观，因此才可能作为面向 21 世纪的最重要命题"，[9]这与黑川纪章所谓"21 世纪将是生命原理的时代"的时代认识几乎一致。[10]由此看，共生哲学或应成为 21 世纪人类发展之重要取向之一。

在通俗意义上，"共生"指的是"共同生存"。[11]日本共生哲学专家尾关周二称之为一种"共同性共生的理念"，"就是以来源于人类最本源性的共同价值为基础，同时又积极承认人们在现代获得的个性价值的一个共生理念，这一理念具备了人学的基础和人类史学的背景"。[12]鲁洁教授将之确认为"异质者'共存'基础上，承认不同生活方式的人们之间通过相互开放而建立起来的积极关系"。[13]"'共生'作为一种关系性思维方式，不但承认'自我'，还要肯定'他者'的独立价值，以及'自我'与'他者'之间不容忽视的相互依存关系。"[14]所谓"他者"与"自我"，指的是生物界和人类社会的一切存在物，其中，生物界是以生存斗争为媒介的共生，而在人类社会则是"'文化的、社会的、思想的、体质各异的个人或集团'的'共生共存的关系'"。[15]人类社会共生体不同于生物界共生体之处还在于其存在的价值维度，"人类的共生体乃是一个基于现实而又具有理想的价值建构，它还涉及公平、正义、自由和平等等基本价值，也因此作为人类社会的'共生体'范畴超越了'群体''集体''共同体'而又并不否定这些范畴"。[16]人类共生体几乎涵盖了整个文化世界，包括"艺术、文化、政治、经济、科学和技术等领域，而且共生概念还涉及人与自然的共生、艺术与科学的共生、理性与感性的共生、传统与尖端技术的共生、地域性与全球性的共生、历史与未来的共生、不同年代的共生、城市与乡村的共生、保守与革新的共生……"[17]

总的来讲，共生强调存在与存在之间共生发展，强调关联物之间的依存关系，强调异质关联物基于共生价值的互补进化；"共生"是一种生命哲学，其以生命立场为基本出发点，主张尊重生命多元价值、生命权利平等和生命的相互紧密依存关系，一切共生关系、共生系统的内部运动机制即为一种生命原理。基于对"共生"的认识与解释，我们认为，"共生"为我们研究城乡教育问题提供了一个重要视角。"共生"可以作为"进入"我国城乡教育问题内部的一条"通道"，通过"共生"，或许我们能更深层地认识和揭示城乡教育问题；同时又可以从关系的角度，建构起一种共生性的城乡教育格局；更为重要的是，"共生"哲学与价值可以在根本上导向一种城乡教育关系，使之更趋近于教育本质和人性生长，因为它关注"生命""异质共存""相互依赖"。

## 二、探索与建构：一种中国"城乡教育共生"观

所谓城乡教育，指的是一种城市教育与农村教育（乡村教育）的关联性或整体性存在。所谓农村教育（乡村教育），有两个所指：一是指行政区划意义上或地域—文化空间意义上的"农村的教育"，简单讲就是生长、发生并实践于农村地缘、文化与社会土壤中的教育现象，属于泛农村教育形态；二是指作为一种教育理念类型的农村教育，是农村教育文化范式的表征，它建立于前指，即为地理—自然与文化—社会空间意义上的农村教育实践的理论提升或抽象化，具有自身独特的发展逻辑和教育意义。"城市教育"也是在上述两方面意义上的理解。这种农村教育或城市教育，既是客观的文化性、社会性存在，同时又是我们不断建构的价值图景与文化向往。"客观性"意味着城乡教育基于人、文化、历史传统、社会、物质基础、自然条件等差异基础上的现实差异，"建构性"意味着我们从自身价值与方法出发并基于现实理解、反思与批判而展开的理性判断与期望，当然，这里所谓"自身价值"并不是我们单独个体的纯粹主观、私我的价值愿望，而是包含了人类、国家、民族与个体的价值内涵及其合理性。要

强调的是，这里所讲的"客观性"与"建构性"并非对立存在，它们构成相互塑形的实践关系，"客观"含有主观的认识韵味，而"建构"则以"客观"为基础。

于是，我们则根据"客观现实"与"主观建构"的意义，赋予"农村教育"和"城市教育"以各自的整体实践性格。在差异意义上，我们倡导"农村教育"作为一种"自然—人文—灵活—小规模"教育类型而存在，"城市教育"则作为一种"知识—工具—标准—大规模"教育类型而存在；在共性意义上，知识、人文与理性都共同作为"成人"和培育现代合格公民的介质。不论是哪一种类型，城乡教育都将在具体的历史—实践中以"自身"整体性格消解任何一方极化的可能，形成互动、平衡与统一。同时我们又须认识到，"知识"抑或"人文"在现实的介质、制度、经济基础之上拥有"自身"的扩散性、聚合性和发展性，很大程度上不以人的意志为转移。由此，所谓的"建构性"仍然是在强调一种整体性格的塑造，而非是在具体方面人为制造区隔。我们不能忽略个体教育与成长的多种可能性，以及教育制度（如考试制度、课程体制等）与教育目的对教育实践本身的制约性。因此，"城乡教育"之间一方面可以是具有差异性的存在，另一方面又不断互通、相互影响和共同发展，在此意义上，我们可以称之为一种"共生样态"。

"建构"的实质是基于反思与批判的"乌托邦"。所谓"乌托邦"，并非人们所批评的那种空洞幻想，而是在对现实的理性批判之上的对人类实践与生活的价值与意义的积极精神，"正是这种精神，推动着人类对自身生存现状永不停止的反省和批判态度，并向其敞开另一种'更值得生活'的希望空间，不断呼唤和引导人们追求和创造更加美好的生活"。[18]其实质是一种"现实超越"，即一种"'实际地改变和反对现存事物'的超越精神"，如"马克思哲学'关注现实'不是为了让现存世界永恒化，而是要宣告现存世界的'有限性'和'过时性'，从而去寻求和创造一种新的人的生存样式"。[19]比如，在"现代性"急速笼罩人类生活并日益暴露其弊端的现时代，我们所要批判的可能正是这种弊端，即人们不断诟病的"知识理性""工具理性""绝对主义""原子主义""二元思维"和"虚无主义"等给人类精神与灵魂造成的伤害，以及工业化以来机器世界、科学世界对人类"生活世界"的消解。也正是在这个意义上，我们看到城市教育在现代化进程中所一路裹挟而染成的"工具性""科学化""标准化"和"效率化"性格，及其日渐丢失的人文意蕴与文化品质。如果说这是在批判城市现代化教育的深层病理，那么在实践形式上现代城市教育所表现出来的"匆忙拥挤"、恶性竞争、机器奴役、空间权力争斗和远离自然等现象则恰与这种深层病症互为表里。究其原因，这与日渐膨胀的城市人口与城市有限资源之间所形成的巨大矛盾分不开，也与人们观念上对所谓"优质教育资源"的错误认识与盲目追捧有着密切关联。与此同时，我们又可以看到，我国农村"空心化"问题不断加重，农村学校急速消亡，农村教育土崩瓦解，农村文化弥散殆尽。关于农村教育，除去个别作为现象的教学点，所剩之物恐怕就是"农村教育"这个范畴了。

如此一来，一个重大问题便显露在我们面前：既要"拯救"农村教育，又要"医治"城市教育，换言之就是要消解城乡教育所日渐深重的"现代病"，同时又要复苏农村教育，使二者相得益彰、共生互哺，这似乎正是我们倡导"城乡教育共生"的旨趣所在。因此，所谓"城乡教育共生观"，实际上就是指消解现代城市教育问题和创设新农村教育这两种价值与实践的辩证统一过程，其核心是针对以"知识—工具—效率—功利"为基本"性格"的城市现代教育模式而塑造一种以"人文—自然—生命—灵动"为基本"性格"的农村教育文化范式，这便构成了我们所谓基于理性批判之上的积极精神。为在总体上便于与"知识"形成对应，我们又可将这种农村教育文化范式视为文化教育。可以说，近二十年来我国逐渐兴盛的"生命·实践"教育、新基础教育和人文价值教育，无疑正与我们所倡导的"农村教育文化范式"具有极大相通性。它们既是一种"新生"，也是一种"重生"——中国文化土壤中的教育基因在现代潮流下的重生；它们产生于现代中国学人的文化自觉、实践批判精神及对教育终极意义的叩问，更源自我国现代教育发展历史实践在"教育本真"问题上不断生成的自我矛盾运动。然而，由于"知识"总冠名以真理性、客观性、逻辑性、专业性与科学性，而"文化"或"人文"总显得"软弱"、模糊、感性、复杂而不可捉摸，这就使得对"知识"的追求总是"有理有据"和切实可用，加之"知识更多地以一种显在的方式教学，文化的影响则更多的是一种悄无声息的浸润"，[20]故知识教育在一个日趋标准化、功利化的社会中比起文化教育更容易被接受，当然，这种"接受"根本上则源自知识型社会对人类发展所需之"显在知识"的催逼。相反，"人文"则不能在一个瞬息万变和工具理性无不渗透的社会表现出实用功效，而一贯只能作为一种文人的呐喊与思潮，在实践中无法准确操作并带来显见效益。但"文化"却又因其自身的这种"无用性"而更加贴近教育本真，其扎根于"知识"之下而与教育有着更为亲密的、内在丰富复杂的关联性和相互型塑关系，从而在反叛消极性知识教育范式的意义上，文化教育无疑有着更为强大的内在生命力和深厚的价值内涵。

文化教育即"一种以文化为导向的教育：它将吸纳人类文化中一切有利于人的成长和文化创新的所有元素，并将教育的过程变成文化育人的过程"，其"蕴含的目的论和方法论是'以人化文'和'以文化人'的有机统一，也就是既用'人化'推进'文化'，同时又用'文化'达成'化人'"。[21]文化教育秉持"教育即人文化的过程"的核心思想，将个体生命视为在美好文化世界中经由文化浸润而养成真、善、美的生长过程，认为"教育的过程与文化的过程同构，教育的过程就是把人类文化中所蕴含的对美好事物的欲求转化成正在成长中的青少年个体内心之中对美好事物的生动欲求"。[20]在目的意义上，文化教育可理解为"人文"教育。中国文化哲学语境里，"人文"即为人之道，即关于人与人之关系的道理，表达了一种生活方式、伦理与道德规范。钱穆认为："人文"之本义当指由父子、夫妻、兄弟、朋友、君臣构成的人伦关系，即人与人所结成的各种花样。可见，中国"人文"表示价值规范、道德律令和伦理准则的文化显现，其精神实质则是强调个体修养的内向式超越以达至全社会人伦和谐为主要价值目标的"人道"。[22]我国传统教育的基本精神即"修己以善群"，[23]通过"修己"而学会"处人"，学会在群体中求生活，此"修己"就是心灵与人性的真、善、美的启发与养成，李泽厚说："21世纪是教育学的世纪"，"教育"的根本旨趣即在于"返回到'学为人''德行优于知识'以塑造人性为根本之古典的道"。[24]此所谓"德性",其最高形式即为"仁",唐君毅说:"中国式之道德精神之本,在信人性之仁,即天道之仁。而天道之仁,即表现于自然","自然之生物与无生物,亦将可谓其有类于我心之仁德者。人之仁,表现于人之以其情与万物感通,而成己成物之际。仁为人与他人精神之感通,人与他人之间之浑然一体之情,此乃一切德之始。礼为人对他人精神之尊重与肯定。义为人我之各得其正"。[25]由此看,人道源自天道,最初即人与自然的相处之道,这也可以从马克思的文化观中得到进一步理解,马克思将文化看成是自然人化和人自然化的统一,认为劳动作为人的本质,人只有通过劳动与自然发生联系,并在劳动中实现人的自然化与自然的人化。自然的人化,即"人认识自然、改造自然、化自然为人力的活动",人的自然化,即"人借助转化而来的自然力,认识和改造世界,推动文化进步的历史过程"。[26]因此,教育的"人文目的"的达成实际讲的就是两方面:一是人与人之关系的德性问题,可说成是人的社会化即"成人";二是人与自然关系之能力问题,即将"德性"建立在人与自然之关系上,强调"人之以其情与万物感通",人与万物之共生。

在教育介质和教育过程意义上,文化教育强调教育实践与人文世界广泛而深刻的关联性、整体性和共生性。此"文化"即"文化世界",它更体现为一种广义或"大文化"内涵,指向一切"人化物"——"是人改造自然的劳动对象化中产生的,是以人化为基础,以人的本质或本质理论的对象化为实质,它包括物质文化、精神文化、制度文化等因素"。[27]钱穆将其归结为"物世界""人世界"和"心世界"的整体,[28]或言之为"机器世界、道义世界和艺术世界"。[29]实际上,就文化存在本性而言,它是"唯物"和"唯心"的统一体,表现为显在和隐性的"一体两面"性,而长期以来学界关于文化本质的争论,其对象正是此"二面"孰更为本原(essence)或二者为同一本原的问题。根据马克思主义关于文化是人的本质对象化的观点,显在人化物或文化表象是人根据需求、价值和能动性借助劳动形式而创造的产物。由此看,在创造客体人化物之前,主体已经首先形成了自我的内在文化建构,即"身内自然人化"——"人作为主体将自身的本质力量对象化在客体及身内自然之中，在通过劳动创造的方式满足本能欲求、生理需求的基础上，超越身内自然的物欲性、个体性和直接功利性，使其获得文化性，使人成为身内自然的自觉主体"。[30] 这种"文化性"或许指的就是人类学家泰勒所说的"包含知识、艺术、信仰、道德、法律、习俗和个人作为社会成员所必需的其他能力和习惯"，[31] 属于隐蔽的"形而上"层面。如果"本原"或"本质"即形而上，那么也难怪学界普遍将文化的本质视为"观念形态"。但作为教育生长与生存的"文化世界"，此"文化"乃是现象及其背后的精神的统一，而文化表里的统一性亦是一种必然实然的存在，这种"统一"不但是文化符号及其意义之统一，也是人文与人的统一。

于是，作为文化教育场域的文化世界便是一个富有生命力的文化场，此"文化"不是僵死的、固定不变的，而是生长变化于人类不断的劳动实践进程中的，也与自然有着密切的生命关联。真正的文化教育即生长、发生与发展于活生生的文化场，在这里，主体与文化世界发生最为直接、亲密的接触，得以更为充分的人文熏陶和生命教化，进而实现文化教育场域对固有知识教育场域的转换，这种转换即"返回生活世界教育学"——"自在地发生在生活世界之中的，对人的生成与发展起着包容、促进的各种原初性的教育活动方式和方法"。在教育过程、介质与目的统一的意义上，教育目的正于这种生活世界或文化世界中生成，个体生命整体性逐渐获得孕育，因为"早期教育（实际上就是在孕育个体生命成长的内在精神结构）的意义就是要尽可能地拓展个体的生命体验，拓展个体与周遭世界的丰富而生动的精神联系"。[32] 它意味着儿童的想象力、个体意识、心灵空间、生命完整性将得到最大的呵护和化育。这或许就是我们所欲建构的"农村教育"文化性格。

### 三、可能的关键："城乡教育共生"观何以走向实践

（一）平等正义·承认正义：城乡教育共生发展的认识论前提

城乡教育共生的实践构建过程中，我们不得不面对的现实性问题至少有三个：第一，这种"活生生的教育实践"无疑建立于现实的经济基础之

上，我们必须认识到并承认教育存在与发展的经济—社会决定论，在根本上，"人的存在主要是由他在经济的、社会的和政治的状况中的生存所构成。其他一切事物均依赖于这些状况的现实性。也许，甚至只有通过这些状况的现实性，其他一切事物才成为现实的"。[33] 第二，我们如何摒弃惯有的城市价值主导立场和农村教育"问题化"的思维习惯，进而确立农村教育自身的尊严、权力与合法性。第三，无论如何，我们所主张的教育理念与教育实践，其目的都是为了教育实践的发展，根本上是人的发展，所以"城乡教育共生"所强调的农村教育重建并非复古，而是基于传统与现实的发展。面对这三个现实问题，我们认为首先需要在"城乡教育"之间建构一种正义观，以作为价值与理念的前提。

城乡教育共生理念体现的是一种教育公平发展观，亦即教育发展正义观，"公平的内在本质是指正义"[34]。此"公平"首先将"城"与"乡"分别视为不同"发展个体"或"生命个体"，根据正义基本原则即"差异性正义原则与同一性正义原则"①，城乡教育公平发展指的就是统一于城乡教育之差异性与同一性的正义实践所作用的结果。此公平发展有两层意义，第一层是差异性发展，即"个体"的独立价值的实现；第二层是同一性发展，即根据"二者"的类属性所获得的平等发展。也就是说，城乡教育公平发展观所表达的是基于"城市教育"与"乡村教育"之差异性的独立发展和基于"教育"作为类属性的城乡教育平等发展的统一进程。其中蕴含的正义类型在一般意义上属于"分配正义"，分配主体是国家，方式是制度，表现在教育系统中其核心即教育机会、资源的分配正义——对于类属性的"教育"而言实现普遍平等与均衡，对于差异性的"教育"而言则应根据二者各自的不同禀赋与条件而差别对待，尤其是对一定标准判断下的物质资源条件弱势的一方给以"优先对待"。在作为"平等主义"的正义意义上，可以说未来我国城乡教育发展实践应成为城乡教育平等得到不断生成与发展的实践，而这个实践也就是我国城乡教育在"教育"类属性同一性上不断显现、认同和扩展的实践。

这里要特别强调的是这种基于"优先"的分配正义，它是一种优先关注弱势一方的分配策略，其实质体现为社会通过正义的制度和政策来分配机会和各种资源，以帮助那些迫切需要帮助的一方，即弱势的一方。它遵循的是"社会安排应该把弱势一方的利益放在第一位、以最大限度地提高成员福利"的正义原则。[35]所谓"弱势"，主要指代物质层面的落后性，其在形式上体现为先天自然差异与后来发展落后的统一，在内容上是同一可分配资源与机会或"标准"上处于劣势或落后的一方。从城乡教育对比来看，教育硬性资源、软性文化资源与机会等所呈现的"弱势性"都不是永恒、同一和固定的，只有在一个相对的历史、时空条件和主体价值期待心理下，才存在某一类资源或机会的所谓"弱势"一方，离不开"一定历史条件下差异性正义原则与同一性正义原则的内在作用机制"，也就是说，"现实的正义并不是只讲平等或只讲差等，并不是平等永恒地优先或自由永恒地优先，一个社会某个时期应实行公平的正义还是自由的正义，要视具体情况而定。脱离现实条件抽象地强调某一原则优先，必将失去其规范现实的合理基础"，这里，"公平的正义"对应"同一性原则"，"自由的正义"对应"差异性原则"。[36]显然，从改革开放以来尤其是我国近年快速发展的城镇化背景下来看，在制度变迁成本（指称制度变迁过程中社会所付出的代价）担当或代价付出的意义上，乡村教育无疑是弱势一方，即"在权力、知识、经济三种资源占有与分配方面能力均较弱的社会性资源短缺"的一方。从而，分配正义的"优先原则"似乎又可称之为"补偿原则"，它从政治正义立场出发，"一方面认为关照弱势群体制度变迁成本担当的问题，是在关照我们自己的现实生活世界结构；另一方面认为弱势群体在制度变迁过程中亦可以自己的特殊方式为制度变迁、为改革开放作出了贡献"，所以要对"弱势群体"进行"认可与补偿，使弱势群体公平地享有与其承担的制度变迁成本基本相当的制度变迁效益"。[37]

不过，就目前来看，城乡教育发展还需要一种尚未被我们引起重视的"承认正义"，即正当性承认。城乡教育共生观认为"城市教育"与"乡村教育"应当首先在认识论和价值论层面上被认同为"平等的存在"，赋予同等尊重和价值判断，排斥偏倚和歧视。这意味着，城乡教育对比之下的"优势"与"劣势"都被视为一种相对的存在，包括内容相对性、标准相对性和条件相对性。从这个意义上说，城乡教育发展正义的深层实质即承认正义，它是对城乡教育各自存在及其价值的承认、认同与尊重，以及对城乡教育差异，优劣判断的内容、标准和历史条件客观性、相对性的承认。根据霍耐特的承认正义观，"由于教育的分配正义解决的是'应得'的问题，教育的承认正义解决的是'应当'的问题，而主体'应得'只是主体间'应当如何'的具体措施，因此，教育的承认正义比教育的分配正义更为基础"，[38]其核心"不是消除不平等，而是避免羞辱或蔑视代表着的规范目标；不是分配平等或物品平等，而是尊严或尊敬构成了核心范畴"。[39]以这种承认正义成为城乡教育改革与实践的基本原则，意味着城乡教育将在一种"平等的对话"中构建起相互借鉴的教育大格局，彼此在一种"相对标准"和"相对条件"下显示着自身的价值性、独立性和局限性。

（二）"乡村教育"重建："中国"城乡教育共生实践的首要使命

目前我国乡村教育面临的不仅是发展问题，更是"生存"问题，根本上又是乡村教育所依存的乡村文化文明如何"繁衍"的问题，乡村学校重建任重而紧迫。不过，目前我国乡村学校重建必须避免三个惯有误区，即"弱者教育不等于'弱质'教育；底层教育绝不等同于'底端'教育；穷人教育绝不等同于'贫穷'教育"。如果说乡村学校重建是"拯救"乡村教育又是促发乡村教育的现代重生的话，那么这种重建事业本质上就在于重获乡村教育的价值独立性、权利独立性和教育尊严。这种"拯救"，意味着要"从根本上改变'同情话语'与'帮扶思路'下的发展模式"；意味着乡村学校将再次"成为乡土社会中的文化'故宫'和'子宫'"；[40]意味着"乡村教育"这个范畴将被注入新的积极价值与文化内涵。不仅如此，更为根本的是，这将意味着农村教育作为中国教育文化命脉之根基将重新回到历史舞台，继续成为滋育中国文化与中华儿女的有机沃土。梁漱溟在"乡村建设运动"中就强调，"教育即乡村建设"，"一点一滴地教育就是一点一滴地建设"，他认为"中国的乡村和中国的'民族精神'是中国社会和文化的根本"，进而主张"通过乡农学校、乡学村学，尽量用'情意教育''道德教育'去进行'精神陶冶'，建立'情谊化'的乡村组织，以便恢复固有的中华'民族精神'而保持'乡村文明'"。[41]

就学校教育而言，我们亟须恢复与发展乡村学校，打造新农村、新教育。乡村学校是村庄的灵魂，如果说乡村的精神寄托在于乡村学校，乡村文化的传承在于乡村学校，那么，"没有文化精神寄托的乡村一定没有未来"。[42]学校的复苏很大程度上就意味着整个乡村生命力的复苏，意味着"乡村教育"重新找回文化载体，意味着乡村生活、乡村精神获得了一个通往新生的大道。学校复苏并非"复古"，而是一种基于现在与未来的经济基础、新农村建设理念之下的重建。

从教育公平角度看，"所谓教育公平，最浅显的概念，就是优先改善处于社会最不利地位的生存状态"。[43]就此而言，目前乡村学校重建应被置于"优先"地位，乡村学校重建则需国家与社会给予更多的支持与关心。首先是国家政策层面要在制度、人才、财政上给予优先而合理的安排和配置，这里"优先论是一种比平等主义更合理的平等观念"；[44]其次是教育界、政府层面要广泛征集社会各方力量的支持，从而把乡村学校重建运动推向一种充满"人性善"的社会事业。

乡村学校重建的核心在于留住人，人是文化之根，亦是乡村之根。"留住人"有两大要务：一是留住学生，很大意义上就是要给"留守儿童""流动儿童"建筑起温馨的校园（可融合中国文化元素、乡村自然与人文环境和现代科学技术，打造独特的校园文化），留住其"身"的同时，更重要的是留住其"心"，这是农村"留守儿童"教育的关键。二是留住教师，一方面大量培育本土教师，另一方面留住已有的外籍教师，这里的关键在于：首先要提高教师个体待遇，提升教师生活水平；其次是不断创造教师专业发展机会，开辟教师发展的多元空间，想方设法激励教师对教育事业的追求；再次是强化教师的地域认同、文化认同与身份认同，培育其教育奉献精神和"新乡村教育"的教师品质。留住学生与留住教师是辩证统一的实践，培养与留住好教师是留住学生的重要条件之一，留住学生又能增强教师的职业认同和社会责任感。这里所谓的"好教师"，首先必须是对教育、对学生充满着爱的，如雅斯贝尔斯所说"爱是教育的原动力"，并且"爱在彼此存在中实现"，[45]教师的爱必定会换来学生的尊敬与爱戴。实际上，留守儿童最需要的正是"爱"，乡村教育的发展也最需要"爱"。

　　根本上，乡村学校重建须依托乡土文化、社会与自然，实现"因地制宜"与"因文制宜"。怀特海说："人在世界中，世界在人中。"[46]乡土学校必须与乡土世界形成一种"物我为一"的整体状态，其"本质就是构建一个人类自身的生长同它的外部世界的良性发展的共生互补系统"。[47]在课程意义上，就是实现本土课程文化的创生，以作为培育乡土文化认知能力、文化自觉性、文化认同感和文化自信的教育基础。从教学的角度来讲，即把广大的乡村世界作为教学场域，以乡村人文与自然为课程生命之根，构建一种生命性、灵动性和共生性的教学关系，根据村庄特定历史、环境与人口背景，可以采取多样化的教学组织形式，如小班化、师徒制等。

　　这种乡土教育与城市教育的一个重要差异就在于，乡土教育的根本旨趣是促使学生"如何在人与自然、人与社会、人与自我的重重关系中形成正确的判断与观念，奠定人的稳定的心灵秩序"，培植人性与自然朴实之道德，培养学生"大地赤子之心"——对生命的尊重和热爱——他们再次成为乡村世界的"精灵"。如雅斯贝尔斯指出："使教育的文化功能和对灵魂的铸造功能融合起来，成为人们对人的教育反思的本源所在。"[48]"教育的原则，是通过现存世界的全部文化导向人的灵魂觉醒之本源和根基"，"教育是人的灵魂的教育"，[48]乡村教育重建的目的即定位于这种"灵魂的教育"。于是，则不妨把乡村教育称之为人文教育类型，如果说"在现代性境遇中人文教育边缘化导致了受教育者德性缺失、心灵枯竭，从而丧失反思自我、达致美好生活的能力"，"随着现代性的深入，心灵逐步被自然科学化与物质化，最终致使教育只能培养'无灵魂的专家'和'无心的享乐人'"。[49]那么，乡村教育作为人文教育的一种复苏，意味着它将要在教育理念与实践上对"现代性"发起挑战，即便在"现代性背景下对人文教育进行申辩是一项冒险的事业"。[48]

　　（三）挖掘与建构"乡土知识"：塑造新农村教育性格的基本介质

　　乡土知识作为一种乡村教育载体与基本支撑，是塑造乡村教育性格的基本介质。然而，在这个不断将"农村"视为"问题、病症"且城市中心主义霸权盛行的当下，我们普遍缺乏对"乡土知识"合法性与合理性的深刻洞识与承认，甚至不加思量地将其视为落后成分或文化糟粕。更为可怕的是潜藏于这种思维、观念和行为背后的"知识无意识"和"文化不自觉"，这只会将人们引入一种虚假的"人道主义""唯科学知识主义"或"现代知识中心论"。如果我们的学校教育将"乡土知识"一味排斥在外，试想，无论多么冠冕堂皇的"城乡教育"研究或实践，恐怕皆难以在教育与知识的本质关系层面上实现"教育改革"，城乡文化和教育同质化问题只能日趋加重。即便采用"城乡教育一体化"研究范式，如果不能充分认识到知识差异、知识尊严和知识与教育的深层关联性对于"城乡教育"共生共荣的重要意义，那么其充其量也只能是一如既往地为教育实践做外衣，无法从教育本真和教育立场层面来化解城乡教育问题。

"本土知识"在20世纪70年代末80年代初逐渐引起人们（国际性）的重视，"20世纪90年代以来，它不仅引起了学术组织和民间组织的浓厚兴趣，而且引起了联合国有关部门的高度重视。20世纪末，'本土知识'已经成为一种新的、独特的知识类型"。[50]乡土知识作为一种乡村本土知识，指"由本土人民在自己长期的生活和发展过程中所自主生产、享用和传递的知识体系，与本土人民的生存和发展环境（既包括自然环境也包括社会和人文环境）及其历史密不可分，是本土人民的共生精神财富，是一度被忽略或压迫的本土人民实现独立自主和可持续发展的智力基础和力量源泉"，其关键特征表现为：它是一种"地方性知识""整体性知识""被压迫的知识"和"授权的知识"。[51]这种知识又是"超越具体知识形态的知识观念，是包容知识价值立场、知识具体形态在内的多层次结构体并与普遍性知识具有通约性"。[52]

石中英教授认为："离开了知识，教育就会成为无米之炊，各种各样的教育目标也无法达成。因此，教育自然应该承担本土知识的保存、传递和发展的重任。同时，教育的目的、内容、方法乃至教师的素质也都应该从本土知识的视角加以重新认识或阐述。"[53]如果这是从基本原理的意义上强调教育与知识的关系及教育对于"知识"的功能与责任的话，那么在"城乡教育"研究视域中，至少还需要进一步认识清楚或阐释几个问题：

其一，乡村是否具备"本土知识"的合法性？如果具备，是否就是所谓的"乡土知识"？是否就是"乡土文化"的"科学化"表达？其二，如果上述三问或前二问的答案是肯定的，那么在当前我国城镇化急速发展进程中，如何看待"乡土知识"与"城市—现代知识"的关系，如何判定二者之间的界限，它们是否有并存的必要性？进一步，它们又将如何并存？其三，我们知道，"本土知识"的产生一定程度地源自一种对"实践与知识"关系的认识——实践与知识的相互塑造与相互规约性，那么作为社会实践或文化活动之一的"教育"是否也与知识处于这种关系之下，换言之这是否意味着存在本土知识，也就存在本土教育，既有本土教育，则必有本土知识？如果答案是肯定的，那么这将会在认识论意义上为"乡土教育"的科学性、尊严及其重拾提供动力支持。

同时，由于"知识生产是人类最基础、最重要的活动，由之衍生出了人类文明的各种具体形式"[54]，这就意味着本土知识也必然生产出本土文明，乡村知识也就存在相应的农村文明，乡村知识、乡村教育、乡村文明之间必然有着天然的内在紧密关联性与整体性。正如梁漱溟、钱穆、季羡林、张岱年和费孝通等前辈所共同认为的那样，中国几千年的文明发展史，其文化根基就在乡村。"乡村文明是城市文明的基础"，[55]乡村又是城市的源流。在此意义上，一切否定、抛弃乡村文明的行为都不利于中华文明的传承发展，甚至等同于在割裂中华文明的脉络；一切想撇开乡村文明来搞城市文明建设的行为都将悖逆于中国特色社会主义建设的根本要求。对乡村教育的问题化或否定，实质就是对乡村文明的问题化与否定，因为乡村教育本身就是乡村文明的主要内容与表征，同时它又是乡村文明传承发展的基本方式。

（四）"逆城市化"现象与"新乡村主义"思潮：走向城乡教育共生的现实动力

当城镇化作为现代社会发展的关键步骤在世界范围内愈演愈烈之时，一种具有全球性的"乡土情怀"被逐渐激发、唤醒。来自不同国家、地域关于"新乡村主义""反城市中心主义"和"逆城镇化思考"的声音接连荡起涟漪。这种声音不是别的，正是以一种回溯人类古典价值和回归人类本性的姿态对"现代性"所裹挟的现代城市文明的一种内省式叩问。人们开始反思"城市中心主义"，并呼吁："要让国家放弃城市中心主义，推动新乡土主义。"[56]虽然传统的"农村文明已经走上穷途末路"，但"在这个时代里面农村文明可能得到重生"。[55]如梁漱溟先生认为，乡村社会的复兴，就是中国社会的复兴，中华民族要实现伟大复兴就不可能建立在乡村社会的废墟上。[57]

当人们以一种"眷念"或"乡愁"的姿态去呼吁保护乡土文化、回归传统和反思现代性的时候，或许显得有些"保守"，但当人们以一种文化自觉和叩问人之本质与价值的姿态放声呐喊之时，其中的内蕴无疑更多是一种危机感、正义感和使命感。而在事实上，正如某研究所指出："全球化下的乡村并非只有衰朽宿命……20世纪90年代以来发达国家一直在反思大规模城市化的发展模式，试图重新定义乡村存在的意义以及乡村的未来，对于中国这样的后现代化国家而言，这已经不是什么未雨绸缪的问题。"[58]同时，从"乡土逻辑"立场看，"乡土社会并不是国家手中的'提线木偶'，它的一些最基本的价值原则，只是在革命风暴中隐伏起来，一旦稍微风平浪静，它们又都重新浮现出来。国家政权应更加关注如何适应乡土社会，提升国家对乡土社会的回应能力，对乡土社会的内在逻辑心存必要的敬畏"。"真正调整国家对乡土社会的'战略性'姿态，对乡土社会采取必要的敬畏和尊重，建立一个真正扎根于乡土社会、具有一定'乡土性'的现代国家，是我们亟须解决的时代课题。"[59]"在中国，城市和乡村是一个相互哺育的过程……城市和乡村不是一个断裂的过程……通过血缘和地缘的动力，构建出城乡互相哺育的纽带，是中国传统的城市与乡村融合一体的关键……但这种城乡互相哺育的关系，在20世纪初就开始断裂，这就是中国现代化、现代性的开始。"由此出发，"对中国来讲，首先，新的乡土主义在今天的历史条件下，应重新建立城乡互动的、相互哺育的良性关系"，"在今天，在我们还没有滑向拉美式的贫民化、都市化的情境下，我们也许还有唯一的历史机遇，来重建一个城市和乡村互相哺育的体系。一旦错过，也许就是永劫。所以，我们需要开放出各种各样的想象力、创造力和实践力，来建构多样的、多模式的城乡互动体系，并把这样的发展设定为国家发展和社会发展的目标"。[56]

同时，"我们必须培养出一种'城市化反思'的思维，我们不仅需要重新考量中国城乡关系的发展历程、动力机制与价值取向，而且必须把'城市'和'乡村'作为一个发展整体……最终形成'各美其美，美人之美，美美与共，天下大同'的城乡和谐发展的局面"。[60]韩俊认为"中国不可能完全搞出一个城镇化的国家，像新加坡那样，中国的现代化程度无论多么高，将来一定会有一部分人是住在农村的，而且到了一定阶段，一定会出现逆城镇化"，从而"一方面要讲推进城镇化，另一方面人口在大中小城市之间、城乡之间怎么布局"就成了顶层设计层面必须考虑的问题。[61]所以，逆城市化潮流亦将成为关于未来我国乡村社会及乡村学校发展的必然考虑因素之一。而这一切似乎都在为一个"大迁移时代""新型游牧流动生活方式"或"动民社会""流动时代""共生时代"的到来做注解。

"逆城市化"现象和"新乡村主义"思潮无疑为一种"城乡教育共生"景象埋下了深刻伏笔，似乎这就是预示和召唤。当"城乡"不再以一种"二元"或"割裂"的姿态进入历史进程之时，当现代新农村得以建立之时，中国大地将是一幅多么生动、活泼与繁荣的景象！如约翰·杜威指出："教育是社会进步和社会改革的基本方法。"[62]城乡教育共生或许意味着教育的阶层固化现象逐渐被打破，急速膨胀的现代城市教育得以舒缓，知识、工具与理智不再是教育的主宰，新农村教育将成为未来教育的主要形态之一……如马克思主义空间哲学所认为，"在经济全球化浪潮下，人类生活的空间在急剧地拓展，而生存体验空间和心灵空间却日益被压缩。人类的本性是爱自由，生存空间越大，自由度越高。这决定了人类并不会止步于既定的社会空间"，[63]甚至可能出现"城乡教育互转"的社会现象，即个体可以在城乡之间实现平等的教育选择，城乡文化与文明会因"教育流动"而实现积极对话与融合互补。在此过程中，由于"社会生活各个方面都以其独特的方式再生产空间，形成自身存在的空间格局，具体而实际地改变人与人、社会与自然的空间关系，生成互有特定的社会化空间"；[64]"空间影响人们思想文化观念的社会心理机制，揭示了心灵—文化空间与物理的社会交往空间的某些对应关系，尤其是关于交往空间距离之远近，与交往策略、思维方式之感性、理性建构的互关律说明"；[65] 城乡不同的社会—文化空间为人们提供了两种迥异的"生存空间、活动环境和交往方式"。如齐美尔所揭示，这不同的生存空间中的社会—文化方面将对人的主观世界具有培育和规定作用，人与环境形成双向互动的机制。[65]

通过这种"互转"，一种可能的积极影响是促使个体在更为广阔的文化周遭中建构起深刻的文化认知和丰富的文化精神结构，推动人生命整体的自我教化与生成；又可能通过人与人、人与文化、人与自然、人与社会的多元、直接的互动，从而在"人生命"中涵养城乡文明和自然情怀，促进文明发展和自然、人、社会之共生。其教育意蕴在于：人浸润于乡村文化和城市文明，这将在主体内部植入差异性文化与社会记忆，建构完善的文化认知结构和文化情感，养成个体对中华文化、异域文明的价值判断和认同感。如果说，城市现代性教育所积极实现的是个体的知识增长与理智发展，那么新农村教育可以填补人的灵魂与心灵的自然生长之维度，"我们的教育不仅要追求个体智慧发展的必要速度，而且要保持个体灵魂生长的缓慢性，以此来孕育个体生命质地的丰富性，夯实个体的生命根基"，教育必须在知识、理智与人文、自然之间保持必要张力与平衡。我们要知道，"一旦个体生命发展过早地理智化，个体生命发展就难免置于过度人为设计之中，个体生命发展的自由与自在就会极大缩减，个体生命发展所能达至的创造品质也会大大降低"。而"个体生命的早期内涵就是世界的""完整的个体意识正是奠基于先行的、个体与其周遭世界的全面的混沌性联系，其后，理智的生长乃是个体先行与其周遭世界的丰富联系的秩序化，以及由此而来的个体与世界互动交往关系的进一步建构"。[32] 如已有研究指出，"乡村教育肩负起拯救患有'大自然缺失症'的儿童、重塑儿童'消失的经历'的使命，并将生物圈变成学习环境"，[66] 儿童可以在"乡村世界里，去寻找那懂得天地之广大、明白人类之有限的智慧——这才是人的智慧，才是可以用来创造新的城市生活的资源"；[67] 又如特级教师池昌斌所描述："我一直认为，最好的教育要充满自然气息。一个儿童只有在广泛接触自然中才能实现立体、有温度的成长，因为大自然是最好的老师之一"，"懂得欣赏最荒凉、辽阔、壮丽、神秘的大美，一个孩子的内心会变得更加宽广、坚毅而柔软"。"当城市文明教化恐怕不能提供给城市儿童以刻苦、专一、忠诚与正义感"等品质的时候，或许农村教育能够做到。[55]反过来，乡村儿童也可以在中国急速城镇化背景下提前体验现代城市社会与文明，经历以"知识—理智"为主要范型的城市现代教育，进而使个体发展早期获得必要的对城市现代文明的认知与建构，发展知识与知能，实现真正的"人的城镇化"。

基于"互转"和"平等的眼光"，我们以往关于"流动儿童"与"留守儿童"的"问题化"命名方式及其背后的"问题化"价值判断也应得到逐步消解。根据心理学研究，对于"留守儿童"和"流动儿童"，我们应该充分关注他们的心理韧性和心理弹性的正功能性。如张清例等人研究指出，"个体尽管遭遇逆境，但最终能克服逆境带来的种种消极影响，并得到了良好的发展结果——'增益其所不能'"；"传统视角均关注流动及歧视等相关危险因素给儿童带来的不利影响，聚焦在流动儿童的焦虑、抑郁等消极适应结果之上。而心理弹性视角关注流动儿童身上积极正向的资源，并通过干预活动来促进这些积极正向资源的发展，进而提高儿童心理健康和城市适应水平"。[68]所谓心理弹性，即"在遭遇逆境时，有助于个体良好适应的保护性因素"；[69]心理韧性是指"在显著不利的背景中积极适应的过程，它是由于人类基本适应系统运行而产生的一种普遍现象"，心理韧性研究的一个重要观点就是："不利环境不必然导致儿童的发展不良，在一些保护性因素的影响下，儿童仍有机会保持正常的发展，其中一个重要的保护性因素就是社会支持。"[70]国外相关研究也证明了这种社会支持对儿童发展的重要作用，"它既可以提高个体的自我评价水平，增强其应对不良环境的心理能力，也可以直接缓冲外在压力事件的消极影响，对心理和行为的适应具有一定的保护性作用"。[71]

## 四、结语

对于"城乡教育共生"，不可否认，它是我们在哲学意义上所进行的一种反思与建构，故称之为"一项教育哲学探索"。这种探索并非"不现实"的"乌托邦"，而是一种基于现实的批判性建构，这或许正是"哲学"的本性所在——以"理解"与"批判"为方式的"现实情怀"，它"所体现的是哲学作为一种特殊的意识形态和人文向度的特殊本性。正是在这种对于'现实性'的理解和关注方式中，哲学才显示了它的特殊功能和作用，即通过对现存世界的超越和否定和对一种'更高的现实'的想象，去批判现存世界，规范和引导人们的生活，开拓未来社会"。而一旦"离开这一点，哲学就将成为现存世界的'乡愿之学'，或者成为纠缠和沉溺于事实的'实证之学'"。[19]所以，当我们未从诸多具体细节、数据、技术与事物等"现实性"去讨论"城乡教育"问题时，无疑，这正是在遵循着"哲学研究"的本性之维。陆有铨先生认为，"教育哲学学科的最大价值，就是引发问题。它更多的不是回答问题，而是提出问题，让人不断思考"，[72]或许，我们只是提出了一个"城乡教育"的宏观问题罢了，诸多具体问题还有待进一步讨论，而一些实践操作的课题更待科学的、"实证主义"的探究和解答。但在实践的形成与发展意义上，我们又认为，随着我国社会主义社会的逐步发展与完善，"城乡一体"制度与物质格局得以确立，人们的物质生活水平极大提升，加之"逆城市化"现象与城市人口的饱和、人类环境意识的不断觉醒和新农村面貌的铸造，"城乡教育共生"可能会成为一个未来的社会景观和实践样态。于是说，城乡教育共生观既作为价值观，又作为实践观；它不仅表达对现实城乡教育的理解，根本旨趣还在于对现实的城乡教育进行改造与创建。

**注：**

①人类历史上的各种正义理论，大都可以从差异性正义原则与同一性正义原则两个方面进行归纳和理解，这两种正义原则之间的张力成为推动人类文明不断发展的"内在"动力。见：易小明.分配正义的两个基本原则［J］.中国社会科学，2015（3）：4-21，205.

**参考文献：**

［1］张旺.城乡教育一体化：教育公平的时代诉求［J］.教育研究，2012，

33（8）：13-18.

［2］刘云杉."悬浮的孤岛"及其突围——再认识中国乡村教育〔J〕.苏州大学学报：教育科学版，2014，2（1）：14-19.

［3］张黎.学校消失给村庄带来的变化〔J〕.中国乡村发现，2015（2）：163-166.

［4］李政涛.中国社会发展的"教育尺度"与教育基础〔J〕.教育研究，2012，33（3）：4-11，34.

［5］《环境科学大辞典》委员会.环境科学大辞典〔M〕.北京：中国环境科学出版社，1991：225.

［6］黑川纪章.新共生思想〔M〕.覃力，杨熹微，慕春暖，等，译.北京：中国建筑工业出版社，2009：19.

［7］任起顺.和谐共生：中华思想原典笺评〔M〕.上海：百家出版社，2009：8.

［8］黑川纪章.新共生思想〔M〕.覃力，杨熹微，慕春暖，等，译.北京：中国建筑工业出版社，2009：1.

［9］黄富峰.池田大作教育伦理思想研究〔M〕.北京：中国社会科学出版社，2010：117-119.

［10］黑川纪章.新共生思想〔M〕.覃力，杨熹微，慕春暖，等，译.北京：中国建筑工业出版社，2009：7.

［11］李燕.共生教育论纲〔D〕.山东师范大学，2005：57.

［12］尾关周二.共生的理念和现代〔J〕.哲学动态，2003（6）：5.

［13］鲁洁.转型期中国道德教育面临的选择〔J〕.高等教育研究，2000，21（5）：5.

［14］孙杰远.论自然与人文共生教育〔J〕.教育研究，2010，31（12）：51-55.

［15］岩佐茂，李欣荣.人与自然共生的价值观〔C〕∥中日价值哲学新探，2004：332-333.

［16］张斌峰，郭金林.共生思想研讨会综述〔J〕.哲学动态，1999（10）：3.

［17］黑川纪章.新共生思想〔M〕.覃力，杨熹微，慕春暖，等，译.北京：中国建筑工业出版社，2009：Ⅵ.

［18］贺来.乌托邦精神与哲学合法性辩护〔J〕.中国社会科学，2013（7）：40-58，205.

［19］贺来.超越"现实"的"现实关怀"——马克思哲学如何理解和关注现

实？〔J〕.哲学研究，2008（10）：12-17，128.

〔20〕刘铁芳.教育，就是人文化的过程〔J〕.基础教育论坛，2015（11Z）：2.

〔21〕孟建伟.教育与文化——关于文化教育的哲学思考〔J〕.教育研究，2013（3）：9.

〔22〕唐劭廉，周敏.人文·人文主义·人文精神〔J〕.四川师范学院学报：哲学社会科学版，2002（6）：3.

〔23〕贾馥茗.教育的本质——什么是真正的教育：第2版〔M〕.北京：世界图书出版公司北京公司，2006：1.

〔24〕李泽厚，刘再复.关于教育的两次对话〔J〕.东吴学术，2010（3）：17-22.

〔25〕唐君毅.中国文化之精神价值〔M〕.桂林：广西师范大学出版社，2005：82-83.

〔26〕张茂泽.论马克思的文化观〔J〕.理论导刊，2012（8）：5.

〔27〕王仲士.马克思的文化概念〔J〕.清华大学学报：哲学社会科学版，1997（1）：7.

〔28〕钱穆.文化学大义〔M〕.北京：九州出版社，2011：5-9.

〔29〕钱穆.中华文化十二讲〔M〕.北京：九州出版社，2011：72.

〔30〕张建云.自然人化：马克思主义文化本质观及其当代意义〔J〕.学术论坛，2015，38（6）：6.

〔31〕泰勒.原始文化〔M〕.上海：上海文艺出版社，1992（1）.

〔32〕刘铁芳.返回生活世界教育学：教育何以面对个体生命成长的复杂性〔J〕.教育研究，2012（1）：8.

〔33〕雅斯贝斯.时代的精神状况〔M〕.王德峰，译.上海：上海译文出版社，2008：20.

〔34〕易小明，曹晓鲜.正义的效率之维及其限度〔J〕哲学研究，2011（12）：105-108.

〔35〕姚大志.分配正义：从弱势群体的观点看〔J〕.哲学研究，2011（3）：8.

〔36〕易小明.分配正义的两个基本原则〔J〕.中国社会科学，2015（3）：18.

〔37〕高兆明."分配正义"三题〔J〕.社会科学，2010（1）：8.

〔38〕肖绍明，扈中平.教育人性化的承认正义原则〔J〕.教育理论与实践，2014（1）：4.

〔39〕霍耐特.承认与正义——多元正义理论纲要〔J〕.学海，2009（3）：9.

〔40〕李涛.农村教育何日重获话语权〔J〕.教育文汇，2015.

〔41〕中国大百科全书出版编辑部.中国大百科全书：教育〔M〕.北京：中国大百科全书出版社，1985：224.

〔42〕庄孔韶，赵旭东，贺雪峰，等.中国乡村研究三十年〔J〕.开放时代，2008（6）：5-21.

〔43〕杨东平.农村教育需要"底部攻坚"〔J〕.教育发展研究，2014，33（24）：3.

〔44〕段忠桥.优先论是一种比平等主义更合理的平等观念吗？——与姚大志教授商榷〔J〕.中国人民大学学报，2015，29（1）：10.

〔45〕雅斯贝尔斯.什么是教育〔M〕.邹进，译.北京：生活·读书·新知三联书店，1991：92.

〔46〕怀特海.过程与实在〔M〕.北京：商务印书馆，2011：173.

〔47〕张诗亚.共生教育论：西部农村贫困地区教育发展的新思路〔J〕.当代教育与文化，2009（1）：3.

〔48〕雅斯贝尔斯.什么是教育〔M〕.邹进，译.北京：生活·读书·新知三联书店，1991：3.

〔49〕吴元发.人文教育的心灵之维——现代性境遇中对人文教育的一次申辩〔J〕.教育学术月刊，2015（5）：7.

〔50〕石中英.知识转型与教育改革〔M〕.北京：教育科学出版社，2001：322-323.

〔51〕石中英.知识转型与教育改革〔M〕.北京：教育科学出版社，2001：327.

〔52〕么加利."地方性知识"析——地方课程开发中知识选择的思考〔J〕.教育学报，2012（4）：8.

〔53〕石中英.知识转型与教育改革〔M〕.北京：教育科学出版社，2001：347-348.

〔54〕邓曦泽.中华文明的断裂与赓续——基于知识生产的视角〔J〕.江海学刊，2014（6）：5-13，238.

〔55〕石中英.失落的农村文明与农村教育〔J〕.青年教师，2010（1）：3.

〔56〕吕新雨.新乡土主义，还是城市贫民窟？〔J〕.开放时代，2010（4）：117-137.

〔57〕梁漱溟.乡村建设理论〔M〕.上海：上海人民出版社，2011：165-169.

〔58〕毛丹，王萍.英语学术界的乡村转型研究〔J〕.社会学研究，2014（1）：23.

〔59〕焦长权.乡土社会与现代国家〔J〕.文化纵横，2016（10）.

〔60〕文军，沈东.当代中国城乡关系的演变逻辑与城市中心主义的兴起——基于国家、社会与个体的三维透视〔J〕.探索与争鸣，2015（7）：7.

〔61〕韩俊.中国城镇化最大的问题是不公平〔EB/OL〕.https：// www. zgxcfx. com/samongzixun/72719. html. 2015-08-24.

〔62〕杜威.学校与社会：明日之学校〔M〕.赵祥磷，任仲印，吴志宏，译.北京：人民教育出版社，2005：13.

〔63〕黎庶乐.唯物史观与当代空间问题〔N〕.光明日报，2016-11-30（14）.

〔64〕胡潇.空间的社会逻辑——关于马克思恩格斯空间理论的思考〔J〕.中国社会科学，2013（1）：19.

〔65〕胡潇.空间现象的文化解读——基于马克思恩格斯空间理论的思考〔J〕.学术研究，2014（9）：1-10.

〔66〕邬志辉.乡村教育现代化三问〔J〕.教育发展研究，2015（1）：4.

〔67〕将乡村重新引入城市：重建我们与"故乡"的关系〔EB/OL〕.https：// www. sohu. com/a/206685434_488785. 2017-11-26.

〔68〕张清例.心理弹性研究关注人类发展"正能量"〔N〕.中国社会科学报，2014-02-12（A01）.

〔69〕李永鑫，骆鹏程，谭亚梅.农村留守儿童心理弹性研究〔J〕.河南大学学报：社会科学版，2008，48（1）：13-18.

〔70〕刘霞，胡心怡，申继亮.不同来源社会支持对农村留守儿童孤独感的影响〔J〕.河南大学学报：社会科学版，2008，48（1）：18-22.

〔71〕Marianne Helsen M, Vollebergh W, Meeus W.Social Support from Parents and Friends and Emotional Problems in Adolescence〔J〕. Journal of Youth and Adolescence, 2000（29）: 319-335.

〔72〕陆有铨.躁动的百年：20世纪的教育历程〔M〕.北京：北京大学出版社，2012：512.

2022 年第 4 期

# "双一流"背景下地方高校创新发展的路径探索

## ——基于南昌航空大学的实践

谢黎智 罗嗣海*

**摘 要：**"双一流"背景下地方高校面临新的困境，在资金投入差距拉大、同轨道竞争持续的现状之下，地方高校需要以创新引领学校发展。南昌航空大学创新发展的实践取得了一定的成效，从实证案例中提炼地方高校创新发展的一般性规律，有利于更好优化地方高校未来的发展路径。地方高校创新发展的路径包括：学科建设突破依附式、师资队伍变革输血式、科学研究打破脱域式、人才培养革新陈旧式、社会服务打破禁锢式和评价方式改变一元式。

**关键词：**"双一流"建设；地方高校；创新发展

**基金项目：**江西省社会科学规划项目"治理视野下的研究生科研行为异化与矫正"（编号：15GL09）；江西省学位与研究生教育教学改革研究项目"研究生学术不端行为治理对策及管理制度研究（编号：JXYJG-2016-137）。

建设世界一流大学和一流学科是继"985 工程"和"211 工程"之后的国家重大战略决策。2015 年 11 月，国务院正式印发《统筹推进世界一流大学和一流学科建设总体方案》[1]，拉开了"双一流"建设的序幕。

---

* 作者简介：谢黎智，南昌航空大学经济管理学院讲师，博士；罗嗣海，南昌大学党委书记、教授、博士生导师，江西省新世纪"百千万人才工程"第一、第二层次人才，江西省"赣鄱英才 555 工程"领军人才。

2017年，教育部、财政部、国家发展改革委联合印发《统筹推进世界一流大学和一流学科建设实施办法（暂行）》[2]，标志着"双一流"建设进入正式实施阶段。《统筹推进世界一流大学和一流学科建设总体方案》指出之前的高校重点建设方案存在身份固化、竞争缺失、重复交叉等问题，《统筹推进世界一流大学和一流学科建设实施办法（暂行）》提出打破身份固化原则。地方高校迎来了前所未有的发展机遇，纷纷出台建设实施方案，通过培育一流学科的发展带动学校整体实力的提升。2022年，第二轮"双一流"建设名单公布，这一轮名单不区分一流大学建设高校和一流学科建设高校。这一变化的目的在于继续淡化身份色彩，鼓励各高校在各具特色的优势领域和方向创建一流[3]。在学界，也掀起了对"双一流"背景下地方高校发展的大讨论。研究者们从"双一流"的提出与形成的政策演进分析，到"双一流"的基本内涵、建设要素、要素之间的关系，再到不同类型院校建设路径均进行了阐述，认为地方高校应实行差异化发展战略。从政策到理论研究，都指向一个方向，那就是支持每个高校进行分类发展。但是，随着理论和实践的深入，办学者们和学者们越来越注意到"双一流"建设"梯度发展"[4]的策略效果并不明显，甚至某种程度上产生了"虹吸效应"[5]。地方高校仍处于历史标签和地区发展差异的影响之中，其发展面临的困境依旧不容忽视。本研究建立在已有的研究基础之上，分析地方高校办学的困境和经验做法。以南昌航空大学为例，从实证案例中提炼地方高校创新发展的一般性规律，探索更有利于地方高校发展的路径。

## 一、"双一流"背景下地方高校面临的困境

"双一流"国家高等教育政策给处于边缘化的地方高校提供了难得的发展机会。同时，高校是地区经济转型发展的发动机，通过培养和集聚优秀人才，产出和转换高水平科技成果，为地区经济发展提供重要引擎[6]。当前，地区经济的转型和创新型发展战略使地区经济活力显著增强，更加需要地方高校与产业、行业、企业有机契合与深度融合。这些都给地方高校的发展带来了新机遇。

虽然地方高校呈现出千帆竞发、百舸争流的态势，但是其在人才培养、科学研究和社会服务等内涵式要素发展方面依然处于"边缘化"的位置。具体来说，"双一流"背景下，资源投入差距拉大，人力资源持续匮乏，同轨道竞争依然持续。这些问题进一步导致了地方高校的振兴任重道远。

（一）资金投入差距拉大

虽然"双一流"建设总体增加了对高校的经费投入，但在建设过程中，高校资源投入差距客观上有所拉大，特别是入选"双一流"的部属高校与经济欠发达地方高校之间的差距。笔者收集了 2016 年和 2021 年一些高校公开的预算经费数据（见图 1），对比显示，教育部直属高校与地方高校、经济发达地区与欠发达地区高校的经费差距逐渐拉大。2016 年，教育部直属高校只有 3 所预算超 100 亿元，但在此后短短的几年时间，截至 2021 年已达 13 所[①]。与此同时，许多地方高校的年度经费增长缓慢，只有部属高校年度经费的"零头"。可以看出高校之间的经费差距在逐步拉大。

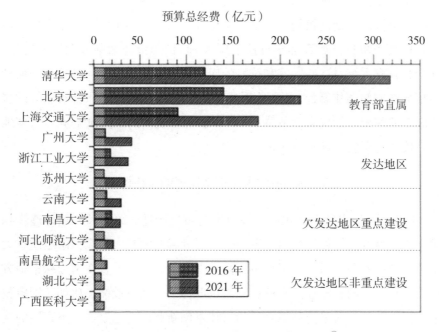

图 1　2016 年及 2021 年高校预算经费对比[②]

（二）人力资源持续匮乏

除了经费之外，人才是另一个优质资源，高层次人才更是一种战略资源[7]，他们是拥有强大科技创造力的，具有国家乃至国际影响力的稀缺资源。而地方高校的人才资源，同样匮乏。在师资队伍方面以杰出青年基金项目为例，2019 年仅有 24 位候选人来自地方高校，占总数的 8%，与地方高校庞大的数量相比，"杰青"人数微乎其微③。除高层次师资人才以外，高层次学生也是高校人力资源的重要部分，全国一百多所部属高校拥有的研究生数量与两千五百多所地方高校拥有的研究生数量基本持平④。可见具体到单个地方高校，高层次学生资源与部属高校的差距巨大。

（三）同轨道竞争依然持续

一个健全的现代高等教育体系，应该呈现出多样化和异质性的特征，由不同层次和不同特征的高等学校组成。国家"双一流"建设不仅仅指向建设一流高校和一流学科，也指向建成一流的现代高等教育体系，呈现分层次、分特色的发展格局。然而，地方高校肩负着省级高等教育竞争的压力，需要对标对表进入国家层面或者省级层面"双一流"建设对象。现有的学位审核制度把高校划分为学士学位授予单位、硕士学位授予单位、博士学位授予单位。教育部学科评估用 A—C 的等级作为细分学科的符号。社会和教育系统对这些标签和符号的应用使各高校无论是何种特点、何种类型均在同轨道中赛跑，"由此形成了一个围绕学科建设和科研绩效的多层嵌套的院校办学层次竞争体系"[8]。资源匮乏下的"同轨竞争"[9]使地方高校特色模糊并且处处落后。

## 二、南昌航空大学创新发展的实践探索

"双一流"背景下，获得优势地位的高校通过资源的循环累计逐步积累优势，地方高校如何跳出强者恒强、弱者越弱的马太效应？南昌航空大学具有较长的办学历史，正积极向高水平大学迈进，一直在努力探索地方高校创新发展的新路径。学校近年来也取得了一些好成绩，比如获国家技术发明二等奖、何梁何利基金科学与技术创新奖，自主培养"杰青"的突破，学校综合实力进入 ESI 中国大学 200 强等，奋力实现了"投入之弱，

却提升了办学质量"的不易局面。

（一）基于特殊校情分层分类建设优势学科群

南昌航空大学是 1952 年成立的新中国首批航空类高等院校之一，在航空和无损检测两个领域特色鲜明，同时围绕地区环境治理取得了一些突破。学校在历史发展过程中形成了环境、航空和仪器的优势地位。在学科建设过程中，学校依然坚持以环境科学与工程、仪器科学与技术、航空宇航科学与技术 3 个一级学科为主导，以材料科学与工程、光学工程等 14 个一级学科为支撑，推动学科交叉，形成了"环境科学""仪器科学"和"航空宇航"三大优势学科群，带动整体学科实力的发展。做法上把学科按照维度进行划分，纵向维度遵循世界一流学科（目标）、国家一流学科（个别）、省一流学科（部分）进行分层，横向维度遵循优势学科、特色学科、支撑学科进行分类。通过立足优势特色，走独立道路的布局，在"十三五"期间学科发展成效较显著，在全省一流学科验收中，仪器科学与技术学科为全省唯一由"培育学科"[⑤]成长为"优秀学科"[⑥]的学科。多个学科入选 ESI[⑦]前 1%，为全省第二。

（二）立足人才资源推出以引带培三大举措

南昌航空大学提出高端人才引进计划、拔尖人才托举工程和青年人才成名方案三大举措。做好选材、立志、助力和反馈四个环节，形成人才引育活血的完整闭环。高端人才引进计划创新引进方式，建立学校、学院、团队等多层次柔性引进渠道，形成校聘、院聘、项目组聘等多种柔性引进人才方式。拔尖人才托举工程明确人才名单，对入选国家"杰青"的现有人才，按照院士标准进行对标重点培养；对已入选国家"优青"的人选，按照国家"杰青"标准进行对标重点培养。在此工程下，学校实现了自主培养 2 位"杰青"，并力争实现自主培养中国工程院院士。青年人才成名方案实施"一师一方案"，建立人才跟踪服务和沟通反馈机制，定期了解其发展需求、成长状况和学术进展，根据青年教师的个人基础条件，订制不同的培养计划，形成个性化的培养方案。在此方案中，2021 年度成功培育了 1 位青年学者入选"中国高被引学者"。

（三）契合地区需求进行有组织接地气的科研

2021年南昌航空大学发布《科技创新能力提升攻坚行动方案》，确定了未来实施基础研究水平提升、关键技术突破和平台整合提升三大工程。首先是推动基础研究与应用研究融合。在科研方向上，鼓励航空、材料、环境、检测、信息、控制等领域的应用基础研究。定期组织和筛选基础研究重大科技项目，积极寻求合作单位。其次是改变科研组织方式，抓系统布局。面对国家、地区急需的关键核心技术，在优势科研领域明确重点攻关任务、协同做好交叉研究、把学校各方面力量拧成一股绳，持续解决一批真问题。最后是对科研平台进行优化。围绕已有的4个综合科研基地，确定1个龙头牵引1个平台，强化统一运营模式。将综合基地建设成人才梯队培养、基础科学研究、技术转化转移、科研成果推广"四位一体"的综合平台。学校通过提升组织力，以国家重大需求和地区行业需求为导向，把科研从注重发表域外论文转向解决接地气的实际问题，孵化了一批优秀科研成果，其中一项获得国家技术发明二等奖。

（四）坚持产业引导全力培养拔尖创新人才

南昌航空大学面向创新人才能力提升出台了一系列做法。首先，多渠道落实OBE理念⑧，从工程知识、问题分析、研究、环境和可持续发展等方面细化课程目标，以课程目标为导向设计教学内容、教学方式和考核办法。其次，创新实施"三制三化"人才培养育人模式，即导师制、联合制、完全学分制，小班化、卓越化、实践化，优化人才培养过程。同时完善人才培养政策保障，特别是增加教育教学投入。最后，探索产学研深度融合的双创人才培养新模式，实施一个专业对接一个产品，让学生接触区域产业需求问题，实施工学结合、校企结合、顶岗实习的人才共同培养模式。这些做法也取得了相应的成效，培养了航空航发主机厂/所80%的无损检测室负责人，约42%的毕业生扎根于江西洪都、昌飞等中西部地区航空企业。

（五）服务社会发展打造地方创新引擎

南昌航空大学利用自身的学科、专业、科技、人才、信息和文化优势，服务经济社会发展，以贡献求支持，在服务中获取资源以缓解办学经费投入不足。主要举措是推出"1+1+N"行动方案，一个学院对接省内一个产业 N 个企业。一是对接产业行业，围绕航空、环保、有色金属、电子信息和智能制造等地区主导产业开展成果培育。解决了比如环鄱阳湖生态治理、美丽中国江西样板和江西航空技术难题等一系列地区行业发展方面的问题。二是对接企业，因地制宜紧密对接南昌航空城、景德镇航空小镇，协同洪都、昌飞、航材院等多家航空企事业单位，建设江西省航空制造业协同创新研究院，解决航空企业技术的"卡脖子"难题。三是完善机制，建立成果转移转化管理平台，通过市场聘任、委托、合作等方式建立成果转化职业经理人队伍。

（六）分类分型构建多维度评价体系

构建多维度评价体系的目的是紧扣高校分层分类发展理念，激发高校创新发展的内在驱动力。南昌航空大学一直在探索如何破解以帽子、学历、资历、论文、项目数等易于量化的"硬性指标"体系，构建以创新能力、质量、实效、贡献、综合能力素质为导向的立体式多维评价体系。2021 年开始推行"四型分类"和"多维协同"的评价方式，合理设置考核评价周期。把教师岗位分成教学为主型、教学科研并重型、科研为主型和社会服务型，不同类型对应不同的职称评审条件。提出多维协同，分别是立德树人成效、教学成果成效、学术创新贡献、社会服务贡献等维度。淡化成果数量要求，推行代表性成果评价，把项目、论文、科研奖励等仅作为学术创新贡献评价的参考条件。对承担区域需求相关核心技术攻关任务的教师，引进贡献评价。在多维协同评价措施之下，学校教学、党建、学生获奖方面均取得了成效，突破了国家级教学成果奖。

## 三、地方高校"双一流"建设创新发展的路径与策略

南昌航空大学目前属于省级一流学科建设高校，身处省内第二梯队，是全国经济欠发达地区、非重点建设地方高校的一个缩影，其在创新发展过程中的探索实践和已取得的一系列成绩，对其他类似处境的地方高校具有一定的启示作用。

地方高校创新发展不是一个混沌的发展过程，可以将其进行分解。竞

争战略之父迈克尔·波特于 1985 年提出"价值链"这一概念，指企业的活动可以用价值传递的方式进行分解，企业的竞争是内部多项活动竞争之和[10]。并非所有的活动都同等重要，真正创造价值的某些特定活动就是价值链上的"战略环节"[10]。高校与企业都存在发展与竞争的压力。地方高校创新发展的全过程就是一条完整的价值链，"战略环节"可以称之为关键要素，通过关键要素的创新形成整体创新。基于南昌航空大学的办学经验，可以提炼出地方高校发展的价值链六大关键要素，包括学科建设、师资队伍、科学研究、人才培养、社会服务和评价方式。其中以学科建设为领衔，根据学科需求确定师资队伍，围绕师资队伍谋划科研项目，依托科研项目开展人才培养，提供人才支撑和智力支持等社会服务，最后对成效进行评价。这六大关键要素的创新路径是地方高校创新发展的主要组成部分（如图 2 所示）。

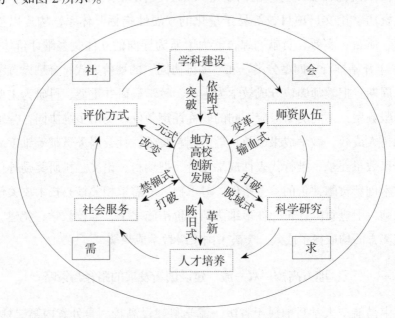

**图 2 地方高校创新发展内在机理图**

（一）从"依附式"[11]转向"独立式"，形成学科特色

一个高水平的大学是由一个个高水平的学科支撑起来的，学科的发展水平决定了学校的发展高度，由此可见，学科发展在整个高校的办学中不

仅起龙头作用还起到支撑作用。在"双一流"背景下，学科只有形成独立的差异化发展战略才能在竞争中保持优势地位。当代高等教育研究者阿特巴赫提出"高等教育中心与边缘理论"。他指出："中心"大学与"边缘"大学之间的关系是一个支配与被支配的关系，是一种向心的依附关系[12]。事实上，我国部属高校与地方高校也存在"中心—边缘"的结构特征，且作为边缘的地方高校对处于中心的部属高校的学科发展呈现路径依附式特征，地方高校的学科布局、学科方向、学科目标会有意或无意地以部属院校为标杆。毫不夸张地说，地方高校学科处于处处跟跑、处处落后的依附式时代。地方高校学科发展想要取得重大突破，需要摸清学科历史、找准学科定位、形成学科特色，切忌盲目追随其他高校的学科布局和学科方向。从南昌航空大学形成的高峰学科经验来看，独立式学科发展可以沿着三个路径而来，一是做强基于学校传统的已有优势学科。已经形成"气候"的学科是首要扶持的对象，优势学科具有高投入、高产出特征。二是做优基于和地区产业经济深度融合的特色学科。与地区产业经济深度融合的学科最具潜力，容易实现弯道超车。三是做大基于学校战略发展需要的培育学科。从战略长远的角度，与学校战略定位完全吻合的学科需要进行优先培育。当然，这三条路径并不是割裂的而是交织起来的，沿着这三个路径，学科可以跳出依附式框架，以凸显特色优势。

（二）从"输血式"[13]转向"造血式"，激发师资队伍活力

高层次人才的竞争日渐进入白热化状态，地方高校在这场竞争中往往需要花巨资才能胜出。引进人才，依赖人力资源的输入投射出外延式发展轨迹，仅仅是输血作用。假设只从人才称号来看，很多地方高校引进的人才并不少，但普遍缺乏创新驱动的"人才造血"。应既重视引进具有学术地位的高端人才，也要精心培育有发展潜力的拔尖青年人才。与单纯依赖"外引"相比，以"引"带"培"是地方高校加强人才队伍建设性价比更高的一种方式。南昌航空大学师资队伍建设的经验启示，引才固然重要，但如何发挥好现有人才的作用，是目前提升创新能力的重要抓手。"造血式"可以遵循几种方式。首先是创新人才引进理念。作为资源匮乏的地方高校应更新人才引进理念，要"跳出人才资源争夺'零和博弈'的窠臼，

淡化地域界别壁垒，打破'党组织隶属关系、企业所有制关系'，形成'不求所有，但求所用'的大人才观"[14]。其次是立足培育进行引才。不能仅仅评估人才与发展规划的契合度，还要全面评估引进人才与现有师资队伍的契合度，能有效避免高端人才引进后普遍存在的水土不服问题。再次是立足实情精准培育。摸清现有人才梯队的布局和走势，培育方向和目标精确到个人。最后是立足全局进行助力。利用学校的大平台对教师进行助力，尤其是针对青年教师，在发展的关键时期为其提升影响力，促使青年优秀人才脱颖而出。

（三）从"脱域式"转向"回归式"，促进科研创新

科研发展有一条经纬线，经线是顶天立地服务需求，纬线是学科专业协同交叉。经线实打实对接国家重大需求和地区行业需求，做出能服务的科研。纬线聚合所有能整合的资源，打破学院甚至是学校壁垒，实现资源聚集。但是目前"散兵游勇"式的科研方式在地方高校普遍存在，科研力量分散，不易形成合力。分散的个人容易陷入盲目追求域外学术期刊的批量式发表，而缺乏"立足本土地区需求协作型"的科研合作[15]。扭转脱域式科学研究，转而做地区真问题的研究，是地方高校创新发展价值链上的关键环节。地方高校要为现有人才营造"顶天""立地"做科研的良好环境，引导大家以国家重大战略、行业技术难题及地方经济社会发展需求为导向，围绕产业发展做有效的回归式科研。地方高校要做好回归式，首先学校顶层要提升组织力。用组织力把分散的个人集合成团队，把微小团队集合成大团队。其次，科研带头人要加强战略思维。在选取项目上有战略眼光瞄准重大需求，善于发现那些目前难度大，但是未来回报高的战略项目。最后，科研方向要以问题为导向。地方高校更应突出的是应用研究，如何聚焦有效资源解决实际问题是地方高校科研的出发点，以此出发才能形成回归式科研。

（四）从"陈旧式"转向"创新式"，培养创新人才

无论高校被赋予多少光环和职能，人才培养一直处于中心主体地位，高校承担着立德树人根本任务。受到固化观念影响，地方高校学生培养体现了一种惯性依赖。陈旧的理念使课程、教学、考试等依然沿着旧式轨道

惯性滑行。作为输入端和过程链，执行陈旧的课程体系、教学方式和培养模式，最后的结果是输出端和社会产业需求不相匹配，导致人才培养的主体作用被架空。在创新模式之下，要求地方高校发起对陈旧式人才培养的变革转向创新式以培养创新人才。近年来，全国在创新人才培养方面积累了很多经验。比如"让学生直接接触产学研的前沿问题，鼓励学生大胆探索前沿未知领域，在此过程中导师改变以往师傅的身份，取而代之的是顾问和研究伙伴的身份"[16]，建立中长周期评价，弱化考试检验等。从南昌航空大学的实践来看，可以在推进课程建设和产教融合上源源不断地持续发力。课程方面引入最新和最前沿的技术，不断实现知识的迭代更新。在教育的过程中对接地区产业链，地方高校以贡献求支持，其中最大的贡献就是培养地区产业需要的人才，避免培养的人才因无法适应产业需求而失去立足之本。

（五）从"禁锢式"转向"解放式"，彰显服务贡献

地方高校与地区有天然的紧密联系，但是问题在于服务能力，尤其是重大服务能力的短缺，没有形成接地气、扎根区域的创新服务趋势。原因在于很多大学教师的活动仅仅诉求于创造高深知识、实现自我学术价值和获得相应学术资源，体现了大学"象牙塔"的价值型禁锢。在创新变革下，发展应致力于为社会需求和地区发展厚植知识资本和人力资本，地方高校发展的终极追求不仅仅在于学科知识内涵的提升，而在于经济社会发展过程中学科知识的实际效用，体现"服务导向"[17]。从南昌航空大学实践中来看，一是做好体系的对接。用专业链对接产业链，分学院、分学科与企业产业进行对接。地方高校以更开放的姿态，将独有的人才智力优势资源与地方市场、资金、产业资源深度融合，以项目为载体，以技术或产品创新为着力点，不断推进高校与企业双方创新要素高效结合，实现与企业、地方的共建共享、合作共赢。二是做实平台。近年来，地方高校与区域经济社会发展的结合问题有过很多政策，但是效果不佳，其中一个原因在于平台不实。所以需要建立长期可持续的合作平台，积极鼓励引导在读博士生、硕士生、本科生进入企业。三是完善相应的机制。引导建立一批第三方成果转移转化服务机构，进一步完善科技成果转移转化路径。将成

果转化的大部分效益用于教师。这三条做好了，大学教师才能走出"象牙塔"，解放知识和自我价值，成为当地产业行业企业发展的重要推动者和合作者。

（六）从"一元化"转向"立体化"，创新评价方式

新时代教育评价改革的重点在于"破五唯"和"立多维"。从唯一的"唯"到维度的"维"，体现了评价改革的关键转向，要求改变唯某项指标的单一评价，形成多维的立体评价。很多地方高校只把科研能力作为极端唯一的"元"，内化成学校师生心中的价值尺度，使具有"底部沉重"[18]特性的高校在创新变革中举步维艰。创新模式提出自上而下打破对本校师生的一元化评价，构建立体评价体系，形成立体导向作用。对基础研究人才，宜以同行学术评价为主，强化国际同行评价；对应用研究和技术开发人才，宜突出市场评价，着重评价其技术创新与集成能力等；对从事社会公益研究、科技管理服务和实验技术的人才，宜强化用户和社会评价。同时，对各类人才还需要突出学术道德评价，加强对科研人员科学精神、科学伦理、职业道德的评价考核。

综上所述，地方高校应当通过立足本校特色和优势，结合地区需求，走出学科建设的特色发展之路；通过创新人才引进理念，立足现有资源实现以引带培，提升师资队伍水平；重视以国家需求和地区需求问题为导向，把科研从虚无的域外拉回来，做好接地气的科研服务；从课程建设和产教融合方面持续发力，不断培养创新人才；做好体系的对接，完善相应机制，推动成果转化，更好服务区域；改革评价方式，用科学的评价形成正确的导向。在机遇与困境并存的现状之下，在国家政策和地方政府财政支持下，地方高校应抓住关键环节的创新发展，推动学校高质量跨越式发展。

注：

①②③数据来源于青塔科技有限公司。

④数据来源于教育部公开数据。

⑤"十三五"江西省省一流学科申报第三层次类别名称。

⑥"十三五"江西省省一流学科申报第一层次类别名称。

⑦ESI（基本可信指标数据库）是世界范围内用于衡量科研绩效、跟踪学科发展趋势的指标工具。

⑧基于学科产出的教育模式（Outcomes-based Education，缩写为OBE）。

**参考文献：**

［1］国务院关于印发统筹推进世界一流大学和一流学科建设总体方案的通知［EB/OL］.https：//www.gov.cn/zhengce/content/2015-11/05/content_10269.htm.2015-11-05.

［2］教育部　财政部　国家发展改革委关于印发《统筹推进世界一流大学和一流学科建设实施办法（暂行）》的通知［EB/OL］.http：//www. moe.gov.cn/srcsite/A22/moe_843/201701/t20170125_295701.html.2017-01-25.

［3］教育部有关负责人就第二轮"双一流"建设有关情况答记者问［EB/OL］.https：//news.cctv.com/2022/02/14/ARTIOTzDkgFM67Um5A0giiK8220214.shtml.2022-02-14.

［4］陈伟，吴世勇.从科教兴国到教育强国——论邓小平影响下的广东高等教育［J］.复旦教育论坛，2014，12（04）：19.

［5］刘尧飞."双一流"建设热背后的冷思考［J］.江西科技师范大学学报，2018（1）：89.

［6］毛才盛.推进地方高校产教融合服务城市发展［J］.教育家，2021（9）：32.

［7］任初明.战略性资源：大学竞争力构建的根基——基于资源基础理论的视角［J］.现代教育管理，2012（8）：35.

［8］张应强，周钦."双一流"建设背景下的高校分类分层建设和特色发展［J］.大学教育科学，2020（1）：17.

［9］张应强.从高等教育现代化看高校分层建设和特色发展［J］.中国现代教育装备，2020（1）：2.

［10］波特.竞争优势［M］.北京：华夏出版社，1997：35.

［11］陈春梅，平和光.我国高等教育学学科建设的路径探析［J］.现代教育科学，2017（8）：125.

［12］阿特巴赫.比较高等教育：知识、大学与发展［M］.人民教育出版社教

育室，译.北京：人民教育出版社，2001：28.

〔13〕包水梅.全面振兴西部高等教育：困境、根源及其突破〔J〕.中国高教研究，2020（12）：46.

〔14〕朱碧波.人才聚集：边疆跨越式发展的关键议题与行进路径〔J〕.湖北民族学院学报：哲学社会科学版，2019，37（5）：69.

〔15〕张继平.以中国特色学科评估推进"双一流"建设——本质追求、现存问题与根本出路〔J〕.北京社会科学，2021（1）：13-21.

〔16〕郑泉水，徐芦平，白峰杉，等.从星星之火到燎原之势——拔尖创新人才培养的范式探索〔J〕.中国科学院院刊，2021，36（5）：584.

〔17〕郝广龙，李盛聪，李宜芯.一流学科创新发展：机遇、困境及其突破〔J〕.中国教育科学（中英文），2021，4（4）：122.

〔18〕克拉克.高等教育新论：多学科的研究〔M〕.王承绪，译.杭州：浙江教育出版社，2001：124.

政策与管理

2013 年第 1 期

# "三权分立"与"多中心制衡"

## ——试论学前教育公共服务多元供给主体间的关系

王海英[*]

**摘　要**：学前教育公共服务供给主体是多元的，主要包括政府、市场和公民社会三个方面。从理想类型的角度来看，学前教育公共服务供给主体之间存在着四种关系："单中心"权力导向、"多中心"权力导向、"单中心"需求导向、"多中心"需求导向。为了更好地建构符合中国现实国情的学前教育公共服务体系，我们需要建立起"权、责、效合一"的制度机制和建立在公共服务联合体基础上的协调机制。

**关键词**：学前教育；公共服务；政府；市场；公民社会

**基金项目**：本文是 2010 年教育部哲学社会科学重大课题攻关项目"学前教育体制机制改革研究"（课题批准号：21010zdz0035）和国家社科基金教育学一般项目"学前教育成本分担研究"（课题批准号：BHA110041）的中期成果。

　　《国务院关于当前发展学前教育的若干意见》中明确提出，要"努力构建覆盖城乡、布局合理的学前教育公共服务体系"。自此，学前教育作为公共服务体系的一部分开始进入政策制定者与政策研究者的视野。有官员将"学前教育公共服务"的内涵解析为四个方面：大多数幼儿园是普惠性幼儿园、大多数适龄儿童都能进入普惠性幼儿园、普惠性幼儿园大多数成本是由公共财政承担、大多数家庭困难儿童都能得到政府资助。[①]从我国

---

\*　作者简介：王海英，南京师范大学学前教育政策研究中心主任、教授，博士生导师。

学前教育发展的现实来看，真正实现这四点内涵还有很长一段路要走。而且，绝不能单纯依靠政府一方，必须结合政府、市场、公民社会的集体力量，形成一个多元化的公共服务供给体系，建立起一种责任分担机制，借助各方的优势实现学前教育利益最大化。本文尝试探讨的是：学前教育公共服务多元化供给主体应该包括哪些，它们的关系如何，以及如何建立起学前教育公共服务多元主体的制度机制与协调机制。

## 一、学前教育公共服务多元供给主体

所谓学前教育公共服务供给主体多元化，是指在政府主导下，吸引个人、民营企业和社会组织共同参与学前教育公共服务的生产和提供。具体而言，指政府通过制定公共政策，确定学前教育公共服务的供给数量和质量标准，以市场机制为杠杆，以公众需求为导向，通过多种方式调动公共部门、私人部门、社会组织的参与，在竞争中完成公共服务的供给。[1]由此我们看到，公共服务的多元化主体包括政府部门、市场中的企业、私人部门、个人以及公民社会中的非营利性组织、慈善团体、第三部门等。

（一）政府部门

各级政府是提供学前教育公共服务的核心主体。根据社会对学前教育公共服务需求的不同，可以将公共服务区分为：核心公共服务、基础性公共服务、支持性公共服务。[2]政府的责任重心在于为社会成员提供"基本公共服务"。同时，实践和理论也证明，政府作为一个非竞争性的公共选择主体，其提供公共服务和公共产品的数量与质量可能与社会公共需要不一致。既可能供给不足而无法满足社会需求，也可能因供给数量过多导致过高的预算支出，还可能因缺少约束导致供给成本超过实际所需成本而造成社会资源的浪费等，即出现"政府失灵"。因此，政府应该清晰地界定自己的职责，在公共服务中动态地扮演安排者、生产者、培育者、监督协调者等多重角色。[3]

首先，政府应当是学前教育公共服务的安排者，统筹决定什么服务应该提供、为谁提供、提供多少以及由谁付费等，这是政府主导公共服务的具体体现。同时，政府还得划分不同层级政府在提供学前教育公共服务中的职能权限，着重做好中央、省（自治区、直辖市）和基层三级政府的任务分工。一般而言，中央政府的职能是政策规划、转移支付和整体协调工作；省级政府负责公共服务质量标准、服务方式的选择以及公共服务行为的监督工作；基层政府（主要是县级政府）应该具体负责公共服务的提供和保障工作。[4]

其次，政府应当是学前教育基本公共服务的生产者，办好一批"广覆盖、保基本、有质量"的普惠性幼儿园，保障弱势阶层儿童接受学前教育的权利。

再次，政府应当是学前教育公共服务多元主体的培育者。在我国当下的学前教育公共服务供给实践中，社会力量、私人部门是重要的供给主体，其最大的优势是能够实现资源的有效配置，防止政府失灵。然而，市场部门也有其劣势，很难消除外部效应和保证社会公平。因此，作为公共服务多元主体的培育者，政府需要制定一些竞争机制与激励机制，既调动市场私人部门参与供给学前教育公共服务的积极性，提高他们的社会美誉度，又激发民间社会组织、慈善机构、第三部门的社会责任感，为他们参与学前教育公共服务创造条件。

最后，政府还应当是学前教育公共服务的监督者。在多元化公共服务供给模式下，多元主体的参与、竞争机制的引入，打破了政府对公共服务的垄断与包揽，提高了公共服务的效率。但同时，政府也必须警惕民办园的虚假宣传，建立良好的市场秩序，为私人部门和第三部门参与学前教育公共服务的竞争性供给创造一个公平、透明的环境。

（二）市场

在学前教育公共服务的多元供给中，市场所发挥的作用与政府完全不同。如果说政府的政策目标是促进社会公平的话，那么，市场的行动目标则是提高效率、促进竞争、阻断垄断。与政府相比，市场具有显在的优越性，它可以在很多方面补充政府行政的不足。

首先，市场强调竞争机制。学前教育公共服务的市场化供给不是靠政府的强制性权力，而是基于各市场主体提供公共服务的质量、效益、特色和多样化服务。如果企业机构、社会力量、私人部门所提供的学前教育公共服务不具备竞争性，不能在服务成本、顾客偏好、灵活性方面表现优势的话，就会被市场淘汰。

市场遵循的是优胜劣汰、适者生存的原则，谁能获得更丰富、更多元的竞争资本，谁就能赢得顾客、占领市场。学前教育公共服务与一般的商品不同，它影响到儿童的可持续发展以及家庭育儿观念的变化，尤其需要各市场主体具有社会责任意识、儿童中心取向，不要以单纯的营利驱动祸害儿童的一生。因此，从这个意义上说，学前教育公共服务中的竞争机制不是一种以效率为核心取向的竞争，而是以效益为取向的竞争。

其次，市场具有激励效应。与政府提供的公共服务的稳定性、持续性相比，市场中存在更多的风险与未知数，摸透了市场的脾气、遵守了市场的规则、具备了市场素养，各市场主体就可以在市场竞争中获得更大收益。

再次，市场能在一定程度上分散与限制专断权力。在公共服务的提供上之所以出现政府失灵，很重要的一点是政府公共服务存在太多的垄断和暴力，公众没有选择权，也没有监督权。与政府的权力约束不同，市场具有权力分散性，在权力的获得、权力的运作及权力的效果上都比较透明。市场更多是借助市场化的资源配置方式、透明化的竞争手段来分配市场资本，实现公共服务的竞争性供给。

在市场主宰下，各市场主体的资本不再成为衡量公共服务供给质量和供给效果的标准，而是更多地借助于其所提供服务的公众满意度和认可度。在市场运作中，公众用其裁判权、选择权分享了政府独断时的强制性权力。[5]

最后，市场本质上就是一种协调分工的制度，[6]它勾连起与政府、公民社会之间的有效互动。作为一种制度，市场本身不能脱离政府的政策框架，也不能无视公民社会的公共需求，它需要对公共政策与民众呼求做出及时而敏感的反应。在社会发展的任何阶段，市场都深深嵌入某一特定社会之中，感受社会的脉搏，提供多样化的公共服务，满足不同群体的需要。

但是，市场在学前教育公共服务供给中的优越性能否真正发挥作用，还取决于两个方面的因素：一是决策者们对市场双重属性的尊重，二是所有卷入者的市场素养的培育。只有做到这两点，市场在提供学前教育公共服务中的正向意义才能更大地发挥出来。

第一，市场具有双重属性，即自发演进惯性与权力依赖特性。在自由主义者看来，市场的自我调节与自发演进是市场能够实现资源分配和社会富裕的重要原因。波兰尼则认为，"自我调节市场"的支配原则是"图利"，而逐利动机太强的时候极容易走向"脱嵌"，[7]违背市场在提供学前教育公共服务中应该履行的社会责任。因此，自由放任的市场社会内含着一种走向分裂、道德危机和自我毁灭的趋势，任由自由市场机制成为公共服务提供的优先价值，会使幼儿教育体系彻底颠覆。[8]

除了自发演进惯性外，市场还具有权力依赖特性。一方面，市场的生成需要政治权力为其提供保护；另一方面，市场生成后功能的发挥也离不开政治权力的支撑。市场的权力依赖特性表明，政府干预市场具有先在的合理性与充分的合法性。同时，市场具有的自发演进惯性，也提醒政府行政干预的有限性。在学前教育的公共服务供给中，政府需要尊重市场的双重属性，既创造条件发挥市场的资源配置功能，又警惕政府过多干预对市场造成更大的权力依赖。

第二，市场素养需要培育。市场既是有规律的，又是捉摸不定的，参与市场竞争的各方主体需要必备的市场素养，从而掌握市场的个性，轻松运用市场的优缺点。在我国当下公共资源相对不足的情况下，市场是提供学前教育公共服务的一个有力补充。然而，从历史来看，我国在20世纪末和21世纪初曾出现过一个市场至上的时期，政府一方面过多依赖市场提供学前教育公共服务，另一方面对市场的双重属性认识不足，导致了学前教育发展的严重倒退。

在当前我国明确"政府主导"的背景下，所有市场参与者必须具备的市场素养是如何利用市场的优越性和避免市场的破坏性。当市场主体能驾驭市场时，市场的优越性机制就能很好地服务于学前教育的社会实践。

（三）公民社会

从三分法的意义来看，社会指的是独立于国家政府领域和市场经济领域之外的领域，主要包括各种社会团体、事业单位、社会中介机构、行业协会和群众性自治组织等。在建立学前教育公共服务体系方面，我国政府主张"社会参与"，充分运用各种社会力量发展学前教育。但整体而言，我国的公民社会发育比较迟缓，人们的契约意识、参与意识与责任意识还处于发展中，公民社会参与学前教育公共服务还没有成为一种实践层面的共识。

在中国的语境中，公民社会参与学前教育公共服务供给只意味着家庭、事业单位、社区组织的参与，很少有非营利机构、慈善团体、社团组织、行业协会等机构的参与。而在参与提供公共服务的主体中，家庭又发挥着举足轻重的作用。与中国明显不同的是，在西方很多国家，各类非营利组织在学前公共事务中承担着政府不可替代的重要作用，是社会治理结构中的重要力量。

从变迁的角度来看，社会是人类发展到一定历史阶段，交往行为和交往关系越来越深入和广泛的产物。在我国，传统社会中国家与社会的力量强弱悬殊，公民社会处于严重的发育不良状态。中华人民共和国成立后，与国家相抗衡的社会力量极其弱小，形成的是一种总体性社会格局，此时的社会是单向度的。而在当下的转型社会，社会力量虽然日趋多元，但总体而言，还不能在学前教育公共服务中占据相应的位置。

从社会治理的角度来看，虚弱的社会不是政府所追求的，学前教育中的"社会参与"机制的建立也不只是需要社会的自组织反应，更需要一个健全社会的理性滋养。随着社会的发展和文明的进步，人们越来越有愿望和能力组织起来做一些事情，这些事情恰恰是政府和市场在提供公共服务时难以顾及和不易解决的，例如关注弱势群体、自愿捐助和志愿服务等方面，而公民社会中的第三部门往往有着公益、自愿、专业的特点，也因此成为极具竞争力的公共服务的提供者。

基于此，政府在设计学前教育公共服务体系时，既要加大政府投入，履行政府职责，也要规范好市场秩序，组织好民间力量，尤其是第三部门的培育，通过多中心的制度供给和资源扶持来促进学前教育正常有序地发展。在转型社会，任何事业的发展都不能借重一维的力量，必须建立起政府、社会、市场的多元治理模式，提高社会的组织化程度。

## 二、学前教育公共服务供给主体间的关系类型

在学前教育公共服务供给中，政府、市场、公民社会各主体基于一定的法律、制度和行为规则，在职责分配、工作方式、作用发挥等多方面进行积极互动，形成了公共服务多元化供给的不同关系格局。从"理想类型"[9]的角度看，运用米尔斯的"双维主客法"，[10]我国的学前教育公共服务的关系格局可分为两个层面、四种类型。第一个层面是学前教育公共服务多元供给主体的结构状态：单中心或多中心。第二个层面是学前教育公共服务供给的价值导向：权力导向还是需求导向。以此为基础，组合形成四种关系类型："单中心"权力导向、"多中心"权力导向、"单中心"需求导向、"多中心"需求导向。很明显，前两者遵循的是政府治理逻辑，后两者承诺的是公共服务逻辑（见表1）。

**表 1 学前教育公共服务四种关系类型**

|  | 单中心 | 多中心 |
|---|---|---|
| 权力导向 | "单中心"权力导向（控制、调节） | "多中心"权力导向（竞争、制衡） |
| 需求导向 | "单中心"需求导向（反应、配合） | "多中心"需求导向（合作、互补） |

（一）"单中心"权力导向

所谓"单中心"权力导向是指在学前教育公共服务供给中，以政府、市场、社会三者中的一方为核心、以其中一方的权力执行为导向，也就是通常所说的"一主多元"型[11]公共服务关系模式。在中国的现实语境中，"单中心"权力导向特指以各级政府为主导，充分运用市场的竞争、激励与调节机制，调动私人部门和公民社会共同参与，以政府的强制性权力执行为保障的学前教育公共服务关系模式。

该模式的基本理念在于：首先，单纯依靠政府、市场、社会任何一方均不是公共服务供给的有效解困之道；其次，政府继续"垄断"学前教育公共服务产品的供给既是不现实的也是不明智的，市场和社会具有政府无法替代的优越性；再次，该模式的成功运作依赖于政府的强制性权力的执行，即政府实施的是政府意志，带有某种独断性。一旦政府方向把握

失误，就可能对学前教育公共服务体系的建构造成巨大的冲击；最后，市场、社会扮演的是辅助性角色，它们的参与是为了政府更好地履行其主导职能。

很明显，"单中心"权力导向型关系格局是政府治理的产物，它与传统的公共服务供给过程有太多的相似性。在"单中心"权力导向关系格局中，政府把对权力的掌握和行使作为首要职责，存在着或多或少的政府垄断。其实，在当代社会中，社会的复杂性和公共事务所涵盖范围的广泛性早已使得政府没有能力包揽一切公共服务，政府的一意孤行很容易走向集权与极端。因此，"单中心"权力导向型公共服务供给模式要得以有效开展，还需要科学定位政府角色，关切社会对公共服务的基本需求，保证基本公共服务的有效供给。

（二）"多中心"权力导向

"多中心"权力导向是"多中心"治理理论的产物，是针对政府、市场相继失灵的一种政策选择，强调公共服务的供给不过分倚重某一机制，而是多机制共生。文森特·奥斯特罗姆等人在《大城市地区的政府组织》中认为，"多中心"意味着许多决策中心，它们在形式上是相互独立的。它们相互之间通过竞争性的关系考虑对方，开展多种契约性和合作性的事务，或者利用中央的机制来解决冲突。[12]

在"多中心"权力导向中，每个主体在发挥核心作用时，其所运用的权力是不一样的，政府采取的是强制性权力，市场运作的是竞争性权力，社会贡献的则是志愿性权力。如果这些权力都贡献于公共服务的供给，并且展开有序竞争，那么不管是强制性权力、竞争性权力，还是志愿性权力都会整合为公共权力。学前教育公共服务中的公共权力既是在公共服务的提供过程中生产与再生产的，也是在公共服务提供过程中通过竞争而不断透明化的。

在学前教育的公共服务中，首先，"多中心"权力导向意味着政府、市场、公民社会皆有可能在某种类型的公共服务供给方面扮演重要乃至主导性角色，发挥着支配者与协调者的作用。如在乡镇中心园建设方面，政府部门必须发挥核心作用，运用强制性权力来保障农村地区学前教育公共服务的供给；在普惠性民办园建设方面，市场必须发挥核心作用，运用其竞争性优势和激励机制来调动各方参与的积极性；而在为农民工子女提供普惠性幼儿教育服务方面，社区组织、民间团体、家庭必须发挥核心作用，利用熟人优势更好地提供公共服务。

其次，"多中心"权力导向还需要政府、市场、公民社会在共同提供某种学前教育公共服务时展开积极的竞争与合作，充分利用各自的优势提高并完善公共服务的质量。如在公办园建设方面，既可以利用政府的强制性权力加大对学前教育的投入，保障学前教育经费的供给，又可以利用市场的竞争性权力来强化公办园的服务意识，提升公办园的危机意识和市场竞争力，还可以利用公民社会的志愿性权力来扩大公办园的社会基础，提升家长的科学育儿能力和社区辐射力。同样，在普惠性民办园建设方面，政府可运用自己的强制性权力规范民办园的质量，强化民办园的管理，进行引导性投入；市场可运用竞争性权力规范民办园管理，提升民办园品牌竞争力；公民社会可运用志愿性权力强化对民办园的监督，提升其社会责任感。

最后，"多中心"权力导向还意味着三种权力的相互监督。因为，公共权力既具有公共性、服务性，又具有膨胀性、强制性。当公共服务多元化主体的公共权力被合理运用和有序竞争时，便会产生有效的学前教育公共服务体系。倘若三者竞争不当，或政府强制性权力太过嚣张而出现压制其他两者的情况时，学前教育公共服务体系就会从内部产生毁灭的可能。无论如何，"多中心"权力导向还是一种以权力实践为核心的治理取向，它不可避免地带有暴力倾向，因而必须被规范在合理的范围内。

（三）"单中心"需求导向

如果说权力导向强调的是治理观念的话，需求导向主张的则是权利保护，是一种自下而上的视角。在本文中，所谓"单中心"需求导向是指以政府的责任履行为中心，以公众的学前教育需求为导向，政府、市场与公民社会在提供学前教育公共服务时形成的关系格局，其核心词是反应与配合。在这种关系格局下，政府责任是核心，社会公众对学前教育的多元需求是关键。

为了建立起学前教育的公共服务体系，政府要摸清社会各界对学前教育的现实需求，并利用各种渠道加大科学育儿宣传力度，使全社会形成重视早期教育、科学保育儿童的氛围。"单中心"需求导向是社会发展到一定阶段的产物，不仅经济发达、政治民主，而且，民众有强烈的社会参与意识和责任意识。我国当前还处于社会治理格局下，政府的服务意识才刚刚觉醒，要完全做到以需求为导向还有很长的路要走。

（四）"多中心"需求导向

所谓"多中心"需求导向是指政府、市场与公民社会在学前教育公共服务体系的建构中，以社会公众对学前教育的多元需求为关切点，充分运用各自的优势在各类幼儿园建设上相互合作，扬长避短。如政府的首要责任是政策制定、财政投入、布局规划，其优势是资源丰富、社会动员能力强；而市场的首要责任则是资源的有效配置和竞争秩序的确立，其优势是运用"看不见的手"进行自发调节；相比政府、市场，公民社会的最大优势是社会基础雄厚、参与意识强。

"多中心"需求导向彰显的是各主体之间的互补合作，这里没有唯一的中心，没有霸权，公众的学前教育需求是政府、市场与公民社会的唯一关切。当今北欧地区的学前教育公共服务体系关系格局便是如此，各方在学前教育公共服务的提供上是亲密的盟友，儿童利益最大化是其始终不变的追求。

### 三、学前教育公共服务主体多元化的制度机制与协调机制

我国当下的学前教育公共服务体系关系格局基本上处于从"单中心"权力导向向"多中心"权力导向过渡，政府的治理理念在发生着变化。为了更好地构建符合中国现实国情的学前教育公共服务体系，我们需要建立起学前教育公共服务主体多元化的制度机制与协调机制，使三类主体更好地合作，最大限度地实现公共利益。有学者认为，公共服务供给主体间的协同与制衡，是指从权力、责任、程序、绩效等方面建立一种分工制衡机制，使各权力间保持一种既互相配合，又互相制约的平衡状态。[13]这里尝试从公共服务主体多元化的制度机制和协调机制两方面展开论述。

（一）权、责、效合一：公共服务主体多元化的制度机制

从政治哲学的角度来看，公共服务供给主体多元化就是对公共权力的分解及公共责任的分工，即从公共利益出发，通过合理配置权力和责任来制约政府、市场与公民社会对公共权力的行使，减少权力的垄断与暴力。在学前教育公共服务体系构建过程中，为了整合各主体的优势，需要在制度上确定各主体的权力和责任，以实现公共效益最大化。

1. 公共权力的分解

作为公共服务的一部分，学前教育公共服务体系的构建需要公共权力的保障。所谓公共权力是指在公共服务过程中，由政府、市场和公民社会等各类公共组织掌握并行使的、用以处理学前教育公共事务、维护学前教育公共秩序、增进学前教育公共利益的权力。各类组织提供公共服务的过程就是其获得并行使公共权力的过程。

在多元供给关系下，各供给主体的公共权力必须通过法定框架下的竞争而获得。这就要求首先从法律的角度明确各主体的权力范围与责任范围。同时，确定竞争的标准为公众满意度与公共服务效益。只有这样，才能避免"单中心"权力格局下的权力独揽与权力暴力。

从现实来看，我国当下各级政府的公共权力均由其职位赋予，是先在的，而市场、公民社会的公共权力一部分来自其担负的职能，另一部分则来自政府转移的权力。这说明，我国当下学前教育公共服务中的公共权力还严重地缺乏权力的合法性和权力的竞争性，霸权与强权的色彩还较浓。这必然会影响学前教育公共服务的民主化进程，也会影响学前教育公共服务的社会效益。

因此，有必要建立权力分解和权力竞争基础上公共权力获得、执行、效果的博弈机制，使政府的强制性权力、市场的竞争性权力、公民社会的志愿性权力真正实现"三权分立""多中心制衡"。无数事实证明，任何权力都具有双面性，即便是政府拥有的传统性权力，也不意味着政府会自觉地为实现公众利益最大化而持续努力。政府具有多重目标函数，政府成员不只是脱离经济欲求的纯政治人，政府政策也通常是各利益集团多次和长期博弈的最终结果。

因此，政府权力本身也需要被规制，否则，政府有可能不按公民意志办事，甚至损害公众利益。至于市场和公民社会，其权力运作过程更需要建立在职能基础上的约束与制衡机制，防止公共权力被某个主体所垄断和滥用。

2. 公共责任的分工

公共权力的获得应该建立在公共责任的履行上。在我国当下阶段，建立学前教育公共服务体系的责任巨大，"入园难"问题比较突出，政府、市场和公民社会面临着提供"广覆盖、保基本、有质量"的学前教育公共服务体系的严峻挑战。这种状况要求各主体要明确自己的职责范围，各有侧重，互补共生。

对于政府而言，其主要责任是制定政策与维护公平。一方面制定促进学前教育公共服务体系建立的各种政策法规，另一方面要履行政府提供基本公共服务的责任，加大学前教育投入，保障社会弱势人群接受早期教育的权利，实现学前教育公平。

对于市场而言，其主要责任是建立、维护并推广契约意识、竞争意识、服务意识。如果政府承担的是基本的学前教育公共服务，那么市场承担的则是多样化的学前教育公共服务，与政府形成一种相互补充的局面。此外，市场还要通过竞争机制、协调机制与激励机制来建立学前教育公共服务秩序。

对于公民社会而言，它既是学前教育公共服务体系的社会基础，也是承担学前教育公共服务体系的重要力量，其志愿主义倾向最适合承担普及、宣传、监督与动员的责任。作为政府部门、市场主体提供学前教育公共服务的社会基础，作为政府部门与市场主体之间的黏合剂，公民社会可以发挥自身优势，为公众提供"无缝隙"的学前教育公共服务。

3. 公共效益的提升

公共服务供给主体的多元化有利于提升公共服务的有效性、公平性和可选择性。根据公共选择学派的理论，政府和非政府组织都具有"经济人"的特性。作为公共权力的行使者，他们有可能偏离公共权力的轨道，使公共权力的运行背离公共性质，损害公共利益。

无论政府、市场还是非政府组织，在行使公共权力的过程中一旦出现了背离公共利益的情况，就一定会降低公众对学前教育公共服务的满意度，影响公共服务供给的效能，损害各供给主体在公众心目中的形象。鉴于此，在公共服务供给主体多元化的进程中，既要对公共权力的运作实行严格的限制，防止其"为非作歹"，又要鼓励和引导公共权力在法定范围内充分发挥其功能，防止其"消极怠工"。

（二）公共服务联合体：公共服务主体多元化的协调机制

从提升学前教育公共服务效益的角度来说，各供给主体之间的关系不仅是基于权力分解和责任分工的竞争性关系，还应该是以公共利益为核心的合作关系、伙伴关系，应成为公共服务联合体。这种联合体不仅包括权力的联合、责任的联合，也包括利益的联合。

1. 权力的联合

在学前教育公共服务供给主体多元化的制度机制中，我们强调以立法为基础，清晰界定各责任主体的权力范围和作用边界，强化对政府的强制性权力、市场的竞争性权力和公民社会的竞争性权力的约束与监督。然而，正如多中心治理理论所强调的，各供给主体的权力只能在一定范围内发挥作用，还必然存在权力的盲区。同时，各供给主体的权力又是有限度的，并不能独自承担学前教育公共服务的重任。各供给主体之间必须进行权力竞争基础上的权力联合，以相互补充、相互激励，达成公共权力的联合效应。

从现实来看，权力的联合是需要以各种协调机制作为前提的。毕竟，各供给主体的权力属性、作用方式不同，而权力的联合又不能是简单意义上的松散结合，它需要以权力的最大化沟通、竞争为前提。如果各权力主体之间缺少对话、协商，权力的联合与分享只能是暂时的，且不能发挥实质性作用。

2. 责任的联合

在学前教育公共服务中，从责任分工的意义上来看，政府、市场和公民社会的责任各不相同，各主体只有明晰了自己的责任边界，才能很好地履行各自的义务。但多中心治理强调的是各中心责任清晰基础上的责任共担与联合，并不强调各自为政、单兵作战。

在学前教育公共服务体系建立这一总体社会责任中，如果各方只是局限于自身个体性责任的达成，无视责任之间的关联、渗透与辐射，忽略相互之间的影响、连带与干扰。那么，有可能会实现局部利益而牺牲整体利益，最终有损学前教育公共服务体系的建构。责任联合需要各主体间求同存异，需要以儿童利益最大化作为其行动的指南。

3. 利益的联合

从根本上讲，不仅政府具有某种意义上的"经济人"属性，参与公共服务供给的私人部门和第三部门的各类社会组织或多或少都具有"经济人"特征。它们参与公共服务的行为动机都有"利益驱动"的成分，有些组织"营利"的特征还十分明显。因此，在构建学前教育公共服务体系时，一方面，要从制度设计上保证它们在追求部门利益与实现公共利益之间找到一个平衡点，为私人部门和第三部门参与公共服务，追求公共利益提供正向激励，如为私人办园者直接提供经济补偿或提高社会美誉度，对非营利组织办园进行挂牌授权、提供资金支持等；另一方面，要充分尊重各供给主体的利益诉求，建立个人利益与公共利益协调一致的公共服务联合体。

学前教育公共服务体系的建立问题在当下中国还是一块有待进一步开垦的处女地，无论是理论研究还是实践探索，都经验不足。从我国的政府治理领域来看，公共服务的探索已具备了一定基础，可以作为学前教育公共服务体系建立的参照。从可行的意义上来看，"多中心"权力取向是目前正在形成的关涉政府、市场与公民社会各方的关系格局，它切合当下的政府改革步伐，其必需的制度机制与协调机制也在逐渐酝酿成型。在为提供学前教育公共服务所建立起来的公共服务联合体中，如果各类主体能够通过对话与协商不断增进理解与相互信任，并在共同提供公共服务的过程中，实现权力分享、对话合作与行动协调。那么，以需求为导向、以公众受教育权利保障为目的的学前教育公共服务关系格局的形成就指日可待了。

**注：**

①引自教育部基教司二司李天顺先生观点。

**参考文献：**

［1］郑晓燕.中国公共服务供给主体多元发展的动力要素探析〔J〕.科学发展，2011（9）：78-89.

［2］陈娟."双向互动"：公共服务供给主体的角色定位与路径选择〔J〕.中共福建省委党校学报，2012（2）：53-59.

［3］周义程.公共服务供给主体选择的悖论及其消解策略〔J〕.行政与法，2005（11）：24-26.

［4］樊炳有.我国体育公共服务供给制度及实践路径选择探讨〔J〕.体育与科学，2009，30（4）：27-31，26.

［5］句华.公共服务中的市场机制：理论、方式与技术〔M〕.北京：北京大学出版社，2006：54-55.

［6］汪丁丁.市场经济与道德基础〔M〕.上海：上海人民出版社，2007：1.

［7］波兰尼.大转型——我们时代的政治和经济起源〔M〕.冯钢，刘阳，译.杭州：浙江人民出版社，2007：234.

［8］王海英.常识的颠覆：学前教育市场化改革的社会学研究〔M〕.桂林：广西师范大学出版社，2010：2.

［9］韦伯.社会科学方法论〔M〕.韩水法，莫茜，译.北京：中央编译出版社，2002：16.

［10］米尔斯.社会学的想象力〔M〕.陈强，张永强，译.北京：生活·读书·新知三联书店出版，2005：232.

［11］尹华，朱明仕.论我国公共服务供给主体多元化协调机制的构建〔J〕.经济问题探索，2011（7）：13-17.

［12］麦金尼斯.多中心体制与地方公共经济〔M〕.毛寿龙，李梅，译.上海：上海三联书店，2000：42.

［13］磨玉峰，黄斌.公共服务供给主体多元化进程中的制衡与规制〔J〕.桂海论丛，2006（6）：43-45.

2013 年第 7 期

# 高职教育质量标准及其开发策略

高文杰 *

**摘　要**：高职教育质量标准是由质量预设标准、培育标准与输出标准构成。高职教育质量标准的开发策略包括：选择合适的开发形态；整合多维价值诉求；综合运用质的分析方法与量的分析方法。

**关键词**：高职；教育质量标准；系统；开发策略

**基金项目**：本文为天津市教育科学"十二五"规划课题"面向国家职业教育改革创新示范区的高职教育社会评价体系的创新研究与实践"（课题编号：VE4041）阶段性成果。

加强高职教育内涵建设提高教育质量已被提到国家、社会与教育领域重要的议事日程，成为当前与今后一个时期的重要任务。高职教育内涵建设如何发展，向何处发展与发展测度则成为亟待解决的问题，所有问题都有一个共同的指向，那就是需要制定制度性的、政策性的高职教育质量标准体系。

## 一、高职教育质量标准系统解构

关于高职教育质量与标准的界定，学界众说纷纭。借鉴学界关于高职教育质量与标准的研究成果，试作如下定义：高职教育质量是指高职教育的固有特性满足其"教育利益相关者"需求与程度的状态。具体讲，高职

---

* 作者简介：高文杰，男，天津职业大学教授，天津市三方现代职业教育发展研究院理事、理论研究部主任。

教育质量是指高职教育满足社会需要、人的发展需要及其程度的状态。高职教育质量标准是用以衡量高职教育达到某种程度或水平的质量或数量要求的规定。因此高职教育质量与标准取决于高职教育客体属性与利益相关者主体的价值偏好。

（一）高职教育质量标准的系统构成

人类的教育是以一定的目的为出发点，对教育对象实施的有控制的影响，以期使其发生趋近施教主体目标的社会活动。因此，教育质量的构成就应包括目标、过程和结果。基于这种理念，借鉴有关学者的观点，[1]笔者提出高职教育质量的形成是一个系统过程，这个过程总体上可分为相互联系的三个阶段（或子系统），即高职教育质量的预设阶段、培育阶段与输出阶段。在教育质量形成的每一个阶段，都有相应的价值取向、基本规律与条件要求，这些成为其质量标准的有机成分。在这个意义上说，高职教育质量标准是由教育质量预设标准、教育质量培育标准和教育质量输出标准三个子标准构成。

（二）高职教育质量标准系统分析

1.教育质量预设标准。它是教育利益相关者教育需求的集中表现，是教育兴办主体协调整合各类教育需求做出的蓝图设计。教育需求共性特征与特性要求，决定了教育目标是其普遍性与特殊性的统一。由此，高职教育质量预设就由三个相互联系的层次构成，即教育质量标准选择的价值观依据，教育质量一般预设标准和教育质量具体预设标准。关于教育质量标准选择的价值取向从历史上看有众多观点，其核心围绕在个人本位论、社会本位论和三位一体论来展开。一般认为，英国分析派教育哲学的代表人物怀特提出的教育目的三位一体论体现了教育的内适性取向、外适性取向和个适性取向的综合与均衡，更具合理性，因此认为它可以成为高职教育质量标准选择的价值观的依据基础。[2]这也正如《国家中长期教育改革和发展规划纲要（2010—2020年）》提出的"树立科学的质量观，把促进人的全面发展、适应社会需要作为衡量教育质量的根本标准"[3]。高职教育质量一般标准制定的依据是国家教育的总目标，就我国当前而言，1995年颁布的《中华人民共和国教育法》中教育总目标的表述最为权威，即"教育必须为社会主义现代化建设服务，必须与生产劳动相结合，培养德、智、体等方面全面发展的社会主义事业的建设者与接班人"[4]。关于高职教育质量具体预设标准内容主要来自学术界与政府教育管理部门。就后者而言，教育部多次以文件的形式提出高职教育目标，2011年教育部印发的《国家教育事业发展第十二个五年规划》中表述为：高等职业教育重点培养产业转型升级和企业技术创新需要的发展型、复合型和创新型的技术技能人才。[5]

2.高职教育质量培育标准。教育质量培育是教育质量实质性形成的实践，是教育质量预设的现实化过程。在这个阶段，教育质量的形成主要依赖于教育活动与教育保障条件，同时，作为教育客体的学生自身基质与内在自塑能力也是质量培育的有机成分。这样，教育质量培育质量标准就由三个方面构成，即教育活动质量标准、教育保障条件标准和学生自塑质量标准。教育活动质量标准可划分为教学质量标准和教育管理质量标准。高职教育教学活动涉及专业设置、课程内容、教学过程、教学环境、师资队伍、校园文化、实习实践和质量评价等方面，对此都要有基本的质量要求。我国高职教育的管理组织架构，上至中央政府，下至省市教育委员会或教育厅局，及至高职院校内部层级管理，是一个复杂的网络结构。其运行的方式与维持无疑需要一个制度性的规范与质量标准。教学活动保障包括物质保障与精神保障两个方面。物质保障涵盖了维系与提升教学活动的各种资源，并且其运行涉及了众多环节；精神保障主要涉及师生的心理、意识、认知和学校文化等因素，如价值观、教育观、教学观、态度、情感、师德与教风学风等。教育对象并不是一块"白板"，其在教育质量形成中表现为一定的主动性和能动性，这种特质在教育科学领域称为自塑。[1]学生的自塑质量也需要一定的标准加以测量与导引，这样才能使自塑在教育质量形成中更有效。

3.高职教育质量输出标准。它主要是指教育产品（主要指学生）满足其外部即教育利益相关者（教育消费者）需求的质量设定。教育利益相关者主要包括学生、家长、关联学校、政府与社会（行业、企事业单位）各类相关组织群体。由此，对教育产品学生质量的关照主体可分为教育系统、社会系统和个人系统，相应的则有教育标准、社会标准和个体标准。教育标准是用来判断教育质量结果能否达成教育系统内部要求的规定，主要表现为学生的质量是否符合教育系统的要求，其标志性显现是学生的"毕业"或"肄业"。社会标准是用来判别教育质量结果是否能够满足社会需求的规定。由于教育系统与社会系统的不同，因此符合教育标准质量要求的培养结果，未必就一定契合社会的现实需求。社会标准的评判维度主要包括毕业生的社会接受程度、就业状态、职业适应性与环境变迁的适应性等。个体标准（或称受教育者标准）是指教育质量结果满足教育对象自身的需求，表现为教育质量结果与教育对象期望的契合程度。

## 二、高职教育质量标准开发策略

这里的开发策略是指在制定高职教育质量标准过程中的理念取向、形态选择与方法等。教育质量形成的过程性、结果性、规律性、复杂性、协同性、主客观性和经济性特征决定了质量标准的体系性、多元性的属性，也决定了其设计的多向度性。因此就有一个策略组合与选择问题，就此以为下面论及的几点是值得重视的。

（一）开发高职教育质量标准的价值维度

由于高职教育系统构成与功能的多元性，决定了高职教育质量高低，也必然处在多维视角或多维价值取向的评价体系中，好的高职教育质量应该是多维视角或多维价值取向下的绩效最优。由此，在开发高职教育质量标准过程中提倡整合的思维，将相关的价值诉求合理融入其中。下面几个价值维度是应该特别关注的。

其一，职业维度。高职教育所培养的学生无疑有着明确的职业指向性，其专业课程体系、专业培养目标必须契合具体的行业、岗位或工种的职业方向要求。因而，高职教育质量标准必须体现这种职业指向性，并以适当的方式融入质量标准体系的相关部分。

其二，技术知识维度。根据现代知识论观点，现代知识分为两类：以认识世界为目标的"科学知识"和以改造世界为目标的"技术知识"。技术知识是导向实践的、程序性的、规范性的认知与建构活动。技术知识表现形态具有二元化的特征：一类是规范化的显性知识，即"技术的知识"；另一类是不可言明的、经验的和本土文化的隐性知识，即"实践的知识"。[6]与现代知识的分类相对应，高等教育也可分成两大类：主要传授科学知识的普通高等教育（包括学术教育和工程教育）和主要传授技术知识的高等职业教育。因此，技术知识论应为高职教育质量标准，特别是学生智能标准制定的方法论基础，而应该摒弃传统高职教育质量标准的设计过程中的"脱胎于普通高等教育的樊篱"。

其三，管理维度。这可以从两方面得以说明：一方面，质量的生成基于有效的管理，没有管理的介入就不会有高职教育质量的生成；另一方面，高职教育质量标准不仅具有"规格作用"，还具有测量评价、导向功能等，因此它本身就具有一定的管理属性。因此，高职教育质量标准应体现一定的"管理意蕴"，如教学管理、专业管理等。

其四，效能维度。效能是指做出有效反应的能力，高职教育的效能是指其对于社会发展所需的相关各类人才的事实，所能做出有效、及时和充分反应的性能及其潜力。[7]高职教育保持对社会需求的敏锐有效反应是其应该具有的本质特征之一。在高职教育质量标准体系中要在相关部分体现效能理念或指标规格，如管理结构的社会效能、专业结构的社会效能等。

其五，效率维度。教育经济效率（简称效率）是指教育投入（包括物化劳动、活劳动）与教育产出（成果）的比例关系。[7]高职教育的经济属性、利益相关性与教育投资的多元性等规定了我们在审视高职教育质量时也必须关照其经济效益这类标准。

其六，ISO维度。ISO9000族标准集成了先进的管理思想、模式与方法，是质量管理体系通用的要求和指南，被广泛运用于各种类型和规模的组织。联合国教科文组织早在1972年发布的《学会生存》的报告中就明确指出学校教育管理引入ISO9000族标准的精髓具有可行性。[8]在设计高职教育质量标准过程中，ISO族标准提出的著名的八项管理原则如以顾客为中心、领导作用、全员参与、过程方法、管理的系统方法、持续改进、基于事实的决策方法以及与供方互利关系是非常值得借鉴的。[9]

其七，社会满意维度。高职教育的产品要输入社会，其教育质量优劣的价值判断终究要源于教育消费者，其满意的标准很大程度上在于高职教育提供的毕业生、社会各类服务和社会形象等能否带给人们更大的收益。在高职教育质量标准中，要充分关照"社会标准"，体现"办好人民满意的教育"的宗旨追求。

其八，系统维度。所谓系统维度是指以系统思维与方法把控与认知高职教育质量标准。可体现这样几个方面：第一，高职教育质量标准是职业教育质量标准的组成部分，而后者又蕴含于教育质量标准体系中；高职教育质量标准从层级上看又属高等教育质量标准范畴。第二，从思维逻辑看，高职教育质量标准是由观念层、指标体系层与指标标准层等组成，它们相互关联、相互制约，共同确定了标准体系，同时也是一个从观念的抽象到指标标准的具象的层级结构。

其九，国际化维度。20 世纪 90 年代以来，以欧美发达国家为代表的教育改革的共同特点之一是走向"以提高质量为基准的时代"，制定标准已成为推动教育改革的重要策略。[10] 教育国际化的另一个重要趋势是搭建共同质量标准平台促进国际学历互认。课程的国际化、跨国的教育服务和人员的跨国流动等已成为教育国际化的重要标志。综上得出，在高职教育质量标准的设置过程中，要充分考虑到教育质量标准的国际化的现象，兼顾自主与借鉴、融入的平衡。

（二）开发高职教育质量标准的形态选择

考虑到高职教育管理权属布局，高职教育区域性与发展的不均衡性，以及高职教育尚处在发展阶段等特点，高职教育质量标准不宜"全国划一"，宜采取渐进的、有梯度的和有区别的形式，以适应高职教育的现实并引领其健康发展。从高职教育质量标准开发主体构成来看，有不同的形态可供选择。

形态一，由国家组织设计，出台国家层面的高职教育质量标准，用于评价全国高职院校或教育组织，并选用适当形式公布评估结果，以期对教育组织起到参照、借鉴和学习的效应。

形态二，由政府协同或者委托非政府组织构建国家层面的高职教育质量标准体系。在评价实施层面，国家不介入具体的评估工作，而由"第三方"独立机构组织实施评估，政府起监督、协调作用。

形态三，由地方政府根据所辖区域的高职教育发展水平与社会发展需要，组织设计适合本区域的高职教育质量标准，即所谓地方或区域标准。这里的区域一般是省、自治区与直辖市，或者是具有独立需求的经济特区、工业园区等。这种形式的优势在于能够充分激活分级管理的体制，发挥地方加强管理高职教育的积极性；同时也能够避免"一刀切"的现象。

形态四，将国家层面的标准与地区层面标准相结合，设计既兼顾中央的控制特征又与地方实际相结合的高职教育质量标准。

形态五，由国家教育行政部门协同相关部委，制定既体现国家标准的基本内涵又突出行业特殊要求的高职教育质量标准，即行业高职教育质量国家标准。这个过程中，质量标准体系的相关部分可以最大限度地结合职业资格与技术等级的相关条件，以及行业的相关规范等。

（三）开发高职教育质量标准的方法

所谓方法是指在制定高等职业教育质量标准工作中所使用技术路线、工作过程与手段等。鉴于高职教育的职业教育的属性、人才的技术技能型要求，就高职学生"微格"的教学质量标准分析而言，任务分析法和功能分析法是其主要的定性方法。另外，在提炼指标、确定层级与数量规定方面量化方法、定量方法等也是有效的方法。

1. 质的分析方法。主要包括任务分析法与功能分析法。任务分析法起源于二战期间工业心理学在工业培训及军事中的应用，迄今已广泛应用于程序教学与教育目标分类理论之中。任务分析法在职业教育质量制定的早期运用来自英国1985年开发的"青少年培训计划"，后来在加拿大、澳大利亚与美国等国家流行，并成为一种常用的职业能力解析法。其具体过程可分两步：第一步是在确定职业领域后，针对该职业进行工作分析，即将一个职业工作划分为若干个职责（duty）的基础上，再将每一职责划分为若干任务（task），从而确定对应于各职责的综合能力和对应于各任务的专项能力；第二步是进行任务分析，即确定各专项能力的内容，并通过文字表述使其成为可实现的要求，其中包括：所涉及的实践活动、所需要的相关知识、所需要的工具和材料、涉及的工作态度、安全问题与行为标准等。[11]需要指出，任务方法适用于程序性较强的、关联领域较窄的职业或技术能力。对于变化较大的职业内涵或范围较广泛的职业领域而言，人们移植了社会科学中功能分析法。功能分析法作为社会科学中的一种方法，在职业教育领域中的最早应用是英国与澳大利亚等国。功能分析法的具体步骤为：第一，廓清职业领域的关键目标（key purpose）；第二，分解这些关键目标的主要功能（primary functions），然后再将其分解为次级功能（sub-functions），直至不能再继续分解，次级功能也被称为标准中的能力要素（element of competence）；第三，设计能力要素的操作标准（performance）和适用范围（range of application）。在结构上，能力标准包括五个要素：能力单元、能力要素、操作标准、适用范围与考核证据要求[11]。不难发现，任务分析法与功能分析法的最大区别是前者针对可分解为程序化的任务职业能力更有效，属行为结构分析；而后者针对较为综合需要横向功能组合的职业能力更合适，属功能结构分析。

2.量的分析方法。主要包括量化方法与定量方法。量化方法是通过对高职教育的现象数据的分析判断或数学处理探寻质量标准构成因子及其性状的方法。具体地说，在构建高职教育质量标准过程中，主体在没有把握质量构成的核心要素或不能确定要素重要程度的情形下，通过对不同现象数据之间关系的探索来发现或确定指标的过程和方法称为量化方法。其中具体的方法包括统计推断、因子分析、数据挖掘、粗糙集方法、结构方程与回归分析等。需要指出，由于量化方法一般是在缺乏明确的价值标准参照体系前提下寻求影响高职教育质量关键因素的方法，因此收集资料的范围与手段都带有一定的未知性与不确定性，同时也由于使用的具体方法不同，使得用这种量化方法确定的高职教育质量标准指标与品质带有一定的主观色彩。定量方法是利用结构化数据对高职教育质量进行价值判断的过程，是设计主体运用业已存在的具有数学模型的价值结构模式，去判断高职教育质量指标合理性或修订方向，以及指标的程度划分。运用这种方法设计高职教育质量标准，核心目的是通过数学方法从定量的角度得到质量指标的价值标准。其常用的数学方法主要有聚类分析、投入产出分析、相关分析和神经网络等智能算法。比较来看，定量方法与量化方法的共同之处是都需要运用数学方法与技术，很多情况下量化方法的结果常被用作定量方法的前提，即定量方法依照量化方法所建立的价值结构相对应的数学模型进行分析。

3. 移植方法。科学研究的移植法是将某个学科领域中的方法、原理与技术等，应用或渗透到其他学科领域中，而为解决某些问题提供启迪的创新思维方法。这里的移植方法是指在制定高职教育质量标准时借鉴或移植业已存在的其他教育类型或国外境外高职教育质量标准的思维方法。高职教育对我国来讲还是一个较为新生的事物，成熟的经验并不多，而世界上一些职业教育发达的国家都有着丰富的关于教育质量标准的经验与成果，有些经验十分适应我国的教育环境和发展阶段，因此借鉴其先进的成果与方法为我所用不失为一种高效经济的路径。

最后还需指出，上述这些方法在具体运用中其适用范围与指标不尽相同，方法的优势也不尽相同，因此在实际使用中要综合分析指标特性，选择合适的一个或多个方法的整合。

**参考文献：**

［1］谢延龙.教育质量标准：一个动态的复杂系统［J］.中国教育政策评论，2010：34-44.

［2］怀特.再论教育目的［M］.北京：教育科学出版社，1997.

［3］国家中长期教育改革和发展规划纲要（2010—2020年）［EB/OL］.https：//www. gov.cn/jrzg/2010-07/29/content_1667143.htm.2010-07-29.

［4］全国人大常委会.中华人民共和国教育法［M］.北京：中国法治出版社，1995.

［5］中华人民共和国教育部.国家教育事业发展第十二个五年规划［M］.北京：教育科学出版社，2012.

〔6〕邓波，贺凯.试论科学知识、技术知识与工程知识〔J〕.自然辩证法研究，2007（10）：41-46.

〔7〕顾明远.教育大辞典：第7卷〔M〕.上海：上海教育出版社，1990.

〔8〕联合国教科文组织国际教育发展委员会.学会生存〔M〕.北京：人民教育出版社，1996.

〔9〕周明圣.教育系统质量管理体系〔M〕.北京：中国计划出版社，2003.

〔10〕王素，王小飞.国际教育质量及教育质量标准发展研究〔J〕.中国教育政策评论，2010（1）：219-238.

〔11〕肖化移.高等职业教育质量标准研究〔D〕.华东师范大学，2004.

**2014 年第 3 期**

# 家长参与的力量

## ——家庭资本、家园校合作与儿童成长

吴重涵　张　俊　王梅雾*

**摘　要：**为研究家庭资本、家校合作与儿童成长间的规律性联系，根据"江西省中小学幼儿园家校合作跟踪研究"的大样本数据，从家庭视角，提出了家庭经济资本、人力资本、社会资本、社区环境和家校合作对儿童成长作用的 5 个研究假设和 1 个推论，采用定序因变量回归模型和 F 联合检验的方法，发现在控制儿童智力水平、性别等变量的情况下，家庭所在的社区环境对儿童成长作用不显著，家庭经济资本中的"家庭所在地"、人力资本中的"父母学历"、社会资本中"联系频率"，以及家校合作中的"当好家长""相互交流""在家学习"等变量对儿童成长有显著的正向影响，且"家校合作减弱家庭资本与儿童成长间的相关性"在中国同样存在。研究指出，弱势家庭可通过加强与学校的合作，促进儿童成功，这种促进就是"家长参与的力量"。

**关键词：**社会资本；人力资本；经济资本；家校合作；教育获得

**项目基金：**本文是江西省教育科学规划政策专项课题"现代学校制度建设：中小学幼儿园家校合作的国际经验与本土实践跟踪研究"（12ZCZX004）阶段成果，以及江西省教育体制改革重点项目"创新中小学幼儿园家校合作教育机制"（11021001）阶段成果。

---

* 作者简介：吴重涵，江西师范大学教授、博士生导师，曾任江西省教育科学研究所所长、《教育学术月刊》主编；张俊，首都师范大学副教授、博士后；王梅雾，江西省教育评估监测研究院副研究员。

从世界范围看，家庭出身与儿童教育获得间的联系普遍存在。教育不平等使阶级地位在代际之间传递，成为社会不平等再生产的工具（布尔迪约，2002）。20世纪以来，尽管许多国家进行教育改革的目标之一就是要弱化这种联系，但几乎毫无例外地，这种联系仍然存在（李春玲，2003）。改革开放以来，我国教育事业取得了巨大成就，家庭经济条件有显著改善，然而教育资源分布不均衡和家庭禀赋差异在相当程度上影响了儿童的教育获得和成就，如果"寒门难出学子"，则是从本质上关系到教育公平的问题之一。

另一方面，在发达国家和地区，以研究为基础的中小学幼儿园家校合作（本研究中的"家校合作"，皆是指中小学幼儿园的家校合作、家园合作），被证实对教育公平有重大意义。家庭、学校的主动、积极合作，在一定程度上改善家庭决定出身的被动宿命，减弱家庭差异对儿童成长造成的影响，促进儿童成长，并对改善家庭与学校关系、促进学校教学等作用显著（Epstein，2008；Becker，1987；Epstein，1986；Sewell，1967）。在我国，中小学幼儿园的家校合作尚处于起步阶段，本土理论还没有系统建立，相关研究还停留在工作总结、政策诠释和对国外经验的介绍上，停留在家长教育、德育功能等单项研究上，尚难有效解决现实问题。每个人都认为家校合作有用，但作用的方面，结果如何测量，有多大作用，作用机制如何产生等，没人说得清楚，甚至也没人说得清国外的研究和实践结论是否适用我国（吴重涵，2013）。

中小学幼儿园的家校合作是一个有着巨大前景的教育改革领域，从一定意义上讲，谁抢占了这个制高点，谁就获得了基础教育改革和发展的先机（吴重涵，2013）。在这样的背景下，以江西省教育科学研究所、江西省家校合作研究中心为主，启动了"现代学校制度建设：中小学幼儿园家校合作的国际经验与本土实践跟踪研究"科研项目和江西省教育体制改革重点项目"创新中小学幼儿园家校合作教育机制"，旨在对家校合作进行跟踪研究和制度化的实践推动，在理论上探索家庭背景、家校合作与儿童成长间的规律性联系，分析我国家校合作的现状和特征，概括总结适合中国国情的中小学幼儿园家校合作理论和行动原则，以敷指导实践和研究之用。

家校合作具有家庭和学校两种视角，本文基于家庭视角，根据"跟踪研究"的大样本数据，采用实证研究方法，探讨家庭资本和家校合作对儿童成长的影响，分析家校合作的具体方面对儿童成长的作用，并验证我国的家校合作是否同样可以"减弱家庭出身差异对儿童成长造成的影响"。

## 一、理论背景与文献回顾

### （一）家庭资本与儿童成长

教育是现代社会个人实现价值和取得成就的主要手段，也是社会流动的重要通道。教育研究中资本概念的引入，确立了以投入产出为主流的解释逻辑，即家庭当前对教育的投入能带来未来收益（Schultz，1970），家庭资本是解释儿童成长差异的重要变量，它向人们提供了透视儿童成长的结构视角。

家庭资本是关于家庭收入、教育、职业、社会关系等指标的综合衡量，对儿童来说，它是一种先赋资本，为儿童提供各种有用的资源，与儿童身体、心理及认知发展有着广泛的联系（贝克，2002）。国内外学者从不同的角度对影响儿童成长的家庭背景、物质资本、人力资本、社会资本、文化资本、政治资本等因素进行了大量研究。

布劳和邓肯在《美国的职业结构》一书中，从社会分层角度来研究教育获得，指出教育获得与家庭资本，特别是父母的职业和学历有着极为显著的联系（Blau，1967）。威斯康星学派的休厄尔（Sewell）等人扩展了布劳—邓肯的研究模型，在他们对 10318 名学生近 7 年的跟踪研究中，加入了个人努力、父母鼓励、家长参与等中介变量，发现这些中介变量会降低家庭背景对儿童成长的影响，并对儿童成长有直接作用（Sewell，1966；Sewell，1967；Sewell，1968a；Sewell，1968b）。

舒尔茨开创了教育与人力资本（Human Capital）的研究，父母较高的受教育水平不但意味着更高的劳动技能和产出率、更好的学习和迁移能力（Schultz，1970），其人力资本的外部收益还包括更优秀的家庭育儿观念、更科学的教养方式、更亲密的亲子环境，在儿童成长中起着重要作用，并使其终身受益（伍尔夫，2000）。布迪厄在《再生产：一种教育系统理论的要点》中，将家庭的社会资本（Social Capital）纳入分析框架，指出教育是社会再生产的一个重要而又隐秘的渠道，社会资本、经济资本（Material Capital）与文化资本（Cultural Capital）一起在子代的教育获得中扮演了重要角色（布尔迪约，2002）。佩纳的研究指出美国非裔学生比白人学生上大学的概率小得多，很大程度上可用他们家庭在经济、文化和社会资本上的劣势来解释（Perna，2005）。就大学生本身人力资本（如学习成绩、实习经历、担任学生干部等）对初次就业的作用来说，比家庭社会资本的作用更大一些（岳昌君，2013），但马莉萍和丁小浩指出，随着工作年限的增加，社会资本的相对重要程度在日益凸显（马莉萍，2010）。赖德胜认为在获取就业机会和决定起薪方面，社会家庭资本和人力资本存在替代关系，在决定能否进入国有部门工作方面，二者具有较强的互补关系（赖德胜，2012）。

布朗进一步修订了布迪厄的框架（Brown，1998）：

学业成就 = 经济资本 × 人力资本 × 社会资本

按布朗的公式，学业成就是指儿童所内化的知识、态度及技能；经济资本指儿童得以使用的学习工具及经济条件等；人力资本指家长的技能，例如担任义务导师的能力；而社会资本则是社会成员的互相支持、订立的规范和承担的责任。布朗认为学校若能有效地调动这三种资本，便能增强儿童的学习效能及改善整体学校质素（何瑞珠，1999）。

Turner 在儿童成长的研究中加入社区环境（Neighborhood Context）变量，当同时控制家庭和儿童智力水平时，社区环境对男生和女生教育抱负的相关系数分别为 +0.16 和 +0.12（Turner，1964）；休厄尔等人发现在不同等级的社区中，儿童成长虽然有显著差异，但当加入性别、家庭社会经济地位、家长参与和智力水平等变量时，社区环境的影响变得非常小，由此他们指出，人们可能过分高估了社区环境对儿童成长的重要性（Sewell，1966）。

（二）家校合作与儿童成长

家庭资本越丰裕的儿童，越有可能在教育中取得成功，而那些贫困家庭的孩子，或许他们的天赋不错，但要有好的学习成绩和职业成就也是难事。通常的研究似乎就到此而止了，有关静态的家庭资本的研究和带有宿命性的结论告诉我们，家庭背景和教育不平等是社会不平等及再生产的根源，但是他们却无法解释那些贫困家庭儿童在教育中取得的成功。

教育社会学家科尔曼从功能角度，把家长对子女教育的参与纳入社会资本变量中考察，注重社会闭合（Social Closure）的作用。他认为父母对子女成长的关注和时间、精力投入是儿童成长过程中至关重要的社会资本，家庭构建的网络闭合性越高，子女就会得到越丰富的社会资本（Coleman，1987）。《科尔曼报告》发现，造成儿童教育获得差异的主要原因不是学校的物资和师资的差异，而是不平等的家庭背景及所构建的社会闭合，即教育不平等的根源首先在家庭及其家长对教育的参与，其次才是学校（Coleman，1966）。后来的研究者将社会闭合分为家长参与（Parental Involvement）和代际闭合（Intergenerational Closure），前者指家庭内部家长与子女的关系，包括监督和学习指导等，后者指家长与老师、其他学生的家长形成一个可以闭合的人际交往圈（赵延东，2013；洪岩璧，2012）。

约翰·霍普金斯大学的全美合作伙伴学校联盟（NNPS）研究中心主任兼首席科学家爱普斯坦（Joyce L. Epstein）团队发展了科尔曼社会资本中社会闭合的概念，将其提升到"学校、家庭和社区合作伙伴"（School, Family and Community Partnerships）的层次（在国内，我们称为家校合作、家园合作）（爱普斯坦，2013）。她的"交叠影响域"（Overlapping Spheres of Influence）理论指出，家庭、学校和社区对儿童，以及三者的状况和关系发生了交互叠加的影响，即学校、家庭和社区的活动单独或共同地影响着儿童的学习和发展（爱普斯坦，2013；Epstein，2008）。交叠影响域理论以关爱儿童成长为核心，突破以往社会资本只考察家庭的单一视角，将影响儿童成长的学校、家庭和社区作为一种制度性合作的整体，置于更宏观，更便于操作的背景下（吴重涵，2014）。

不同于社会资本中父母参与和代际闭合的划分，爱普斯坦将中小学幼儿园家校合作划分为六种类型，即当好家长（Parenting）、相互交流（Communicating）、志愿服务（Volunteering）、在家学习（Learning at home）、参与决策（Decision making）与社区合作（Collaborating with community）（爱普斯坦，2013）。爱普斯坦认为，这六种类型的划分，可以指导发展平衡的、全面的合作伙伴计划。自20世纪70年代末以来，她带领她的团队进行了大量的实践探索和实证研究，反复验证了这种分类的合理性，指出开展这六种类型的家校合作，可以提升学校教育质量，改进学校气氛，提供家庭服务和支持，提高家长的家庭教育水平，协助教师完成工作，最重要的是，可以普遍提高儿童的学业成绩，促进儿童成长，并在今后生活中获得成功。当家长、教师、学生以及其他人能将彼此视为教育合作伙伴时，那么一个围绕儿童的爱心组织就形成并开始发挥作用。（Epstein，2010；Sanders，2008；Epstein，2008；Sheldon，2005；Steven，2005；Sheldon，2002；Dodd，2002；Becker，2000；Sanders，1996；Iver，1993）

总之，从布劳和邓肯"地位获得模型"中对家庭背景的分析，到布迪厄、科尔曼的"社会资本"中对"代际闭合""家长参与"的研究，再到爱普斯坦的"学校、家庭和社区合作伙伴"，家校合作越来越成为一种独立的制度性视角，用来考察家庭与儿童成长间的规律性联系。

## 二、研究假设

本研究根据以往研究者的贡献，围绕儿童成长，从家庭视角将各类家庭资本分为家庭经济资本、人力资本、社会资本和社区环境（Brown，1998；Sewell，1966；李春玲，2003），与家校合作一起，在控制儿童智力水平、性别等情况下，分析他们与儿童成长的关系。由此提出家庭经济资本、人力资本、社会资本、社区环境和家校合作作用的5个研究假设和1个推论，这些假设和推论分别侧重于某一方面，以验证影响儿童成长的具体作用及大小。

（一）家庭经济资本作用假设

在我国城乡二元经济背景下，研究者认为，家庭所在地标志家庭经济地位的高低。从某种程度上说，它充当了社会福利的分配工具，家庭所在地的性质不同，则所享受的待遇就不同（厉以宁，2008）。从儿童成长来看，在我国按学区入学的制度背景下，家庭所在地的差异意味着教育资源分布差距、区域政策保护和对子女入学的限制等，严重影响了教育公平。相当多的研究已经指出，家庭财产和收入越高，意味着充足的营养、安全的社会化环境和丰裕的学习支持，儿童亦能享受更高层次的教育和引导（Guinagh，1971；Ireton，1970；Sewell，1968a；贝克，2002）。由此我们假设，在家庭经济资本上，家庭所在地越接近城市、家庭收入和财产越多，儿童的成长状况越好。由这个自变量，我们提出：

假设 1：家庭经济资本越高，越有利于儿童成长。

假设 1.1：家庭所在地越接近城市，越有利于儿童成长；

假设 1.2：家庭现有财产和收入越多，越有利于儿童成长。

（二）家庭人力资本作用假设

研究表明，父母受过高等教育、职业为白领，儿童的学习成绩普遍比较高，同时，他们的教育抱负、职业成就也更高（Sewell，1967）。父母学历低、职业地位低的家庭，除可能缺乏必要的学习支持外，父母对自己工作和生活的不满，可能导致家庭危机，也可能发泄到孩子身上，缺乏亲子互动和学习指导，导致打骂甚至虐待（哈里楠，2004；贝克，2002）。同时，儿童成长中，父亲和母亲的作用可能是不同的，如 Furnham 等人对美国、英国和日本儿童成长的比较研究中发现，父亲对子女数理逻辑能力的影响更大，而母亲可以帮助提高子女的文法水平（Furnham，2002）。

假设 2：父母人力资本越高，越有利于儿童成长。

假设 2.1：父亲学历越高，越有利于儿童成长；

假设 2.2：母亲学历越高，越有利于儿童成长；

假设 2.3：父亲职业地位越高，越有利于儿童成长；

假设 2.4：母亲职业地位越高，越有利于儿童成长。

（三）家庭社会资本作用假设

家庭社会资本的大小代表父母能够提供给孩子的社会资源和网络，它们通过基于人际网络的责任与期望、资讯渠道及社会规范传递到子代身上（科尔曼，1999）。从这一点来看，家庭社会资本拥有与经济资本、人力资本相同的性质，即具有代际迁移性。拥有较高社会资本的家庭，在代际闭合和家长参与方面较高，从而形成一种支持性社群（functional community），有利于各种有关孩子学习与生活信息的交流和传递，从而可以监督、鼓励和促进学生更加有效地学习（科尔曼，1999）。另外，研究发现，有显赫社会地位的父母与学校人员磋商，或为子女择校时，往往掌握了重要的资料而占据有利地位（何瑞珠，2002），从而影响子女的入学机会和教育获得（金久仁，2009；赵延东，2013）。社会资本缺乏的家庭，父母在面对家庭之外的关系时，常感到无能为力和缺乏影响力（Sui-Chu，1996）。

假设3：家庭社会资本越高，越有利于儿童成长。

假设3.1：父母与亲朋的联系频率越高，越有利于儿童成长；

假设3.2：父母在社会网络中的位置越向上，越有利于儿童成长；

假设3.3：父母社会关系的激活程度越高，越有利于儿童成长。

（四）社区环境作用假设

家庭所在的社区环境代表儿童的同伴、社会化过程中的角色模仿和学习条件、职业期望。教育社会学家发现，儿童成长不但与个人天赋、努力程度相关，而且与家庭及所在的社区环境相关。Wilson曾对旧金山地区的高中男生进行研究，指出居住隔离与教育抱负呈正相关（Wilson，1959）。Conant在其著作《贫民窟与富人区》中，描述了在富人区和贫民窟中社区居民等级与学生职业抱负的一致性（Conant，1961）。社区硬件设施被有效利用，如学校和社区商业组织等建立合作伙伴关系，可为学校提供设备、资源以及教育儿童的技术援助和支持（Decker，2003；Epstein，2002）。在社区氛围方面，社区的课后辅导项目对儿童成绩、出勤率和就业机会产生显著积极影响（Cooper，1999），也能显著改善儿童行为（Newman，2004）。根据社区主要居民、社区硬件和社区氛围，我们提出如下假设：

假设4：儿童家庭所在的社区环境越好，越有利于儿童成长。

假设4.1：社区主要居民的等级越高，越有利于儿童成长；

假设4.2：社区硬件越好，越有利于儿童成长；

假设4.3：社区氛围越好，越有利于儿童成长。

（五）家校合作作用假设

爱普斯坦将社会资本中的"代际闭合"和"家长参与"提升到"学校、家庭和社区合作伙伴"的层面，她所构建的六种参与类型的研究和实践已经证实，学校、家庭和社区通过建立有效的合作伙伴关系，可以促进家庭社会经济地位低下、处于贫困社区或距离学校较远的家庭参与到子女的学习中来，提高家长教育子女的技能，亦能显著地改善学生的出勤、辍学行为，提升儿童的学习成绩，特别是对低年级的学生来说（爱普斯坦，2013）。根据爱普斯坦所构建的六种参与类型及本项目的本土化改造，提出如下假设和推论：

假设 5：家长在家校合作中的参与程度越高，越有利于儿童成长。

假设 5.1：家长在"当好家长"中的参与程度越高，越有利于儿童成长；

假设 5.2：家长在"相互交流"中的参与程度越高，越有利于儿童成长；

假设 5.3：家长在"志愿服务"中的参与程度越高，越有利于儿童成长；

假设 5.4：家长在"在家学习"中的参与程度越高，越有利于儿童成长；

假设 5.5：家长在"参与决策"中的参与程度越高，越有利于儿童成长；

假设 5.6：家长在"与社区合作"中的参与程度越高，越有利于儿童成长。

推论 1：家校合作减弱家庭资本与儿童成长间的相关性。

## 三、数据、变量与模型

（一）数据

本研究所使用的数据来自"家校合作跟踪研究"的第一次数据采集。根据规划，项目拟用 7—10 年，在引进和本土化改造爱普斯坦家校合作实践框架的同时，通过大样本调查、跟踪研究和实践指导，探索家校合作与儿童成长的规律性联系，进而推动家校合作政策和实践的持续改进。

本轮数据采集于 2012 年 12 月至 2013 年 1 月，以问卷调查为主，辅之以实地访谈、观察等方法。其中，问卷调查了江西省 11 个设区市的 59 所试点中小学幼儿园，每所试点园（校）每个年级随机抽取 1—3 个班级参测（共 774 个班级）。发放各类问卷近 6 万份，调查了试点园（校）的领导、教师、学生及家长。经录入、校验，共得到有效问卷 36729 份。其中，学生与家长问卷可配对 10324 对（本研究的数据）。需要说明的是，试点园（校）根据江西省教育厅《关于开展中小学幼儿园家校合作教育试点工作的通知》遴选而来。从学校分布看，以城镇居多，农村较少，但基本涵盖了从幼儿园到高中、从城市到农村、从公办到民办的代表。虽然这种工作方法上的抽样没有遵循概率意义上的随机性和代表性，但也尽可能地考虑到学校、家庭和地域的特征，并在研究中注重他们间的比较。因而，我们有理由谨慎地推断，数据基本代表了当前我国中小学幼儿园家校合作的现实状况。

（二）变量

1. 因变量

休厄尔用学习成绩和教育抱负测量儿童成长（Sewell，1968a）。爱普斯坦认为儿童成长应包括学习进步、行为改善以及儿童成长环境的改善（吴重涵，2013；吴重涵，2012；爱普斯坦，2013）。因此，在本研究中因变量"儿童成长"被定义为对儿童成长状况的综合测量，包括学习成绩、行为改善和教育抱负三项。

在学生问卷中，我们根据学生对自己近两个学期在班上的学习成绩作出评估，从最差的 20% 到最好的 20%，共分为 5 个等级，来测量学习成绩；对行为改善的测量，我们通过询问学生奖项和证书、社会活动与实践次数、担任学生干部情况，将数量和等级加权得到；对教育抱负，我们询问儿童"对读重点中学 / 大学"的态度，共分三个等级。然后，我们将这三个指标进行综合加权（学习成绩 0.4，行为改善 0.3，教育抱负 0.3），得到儿童成长的综合指数，并将其划分为高、中、低三个等级。

2. 自变量

本研究的自变量包括家庭经济资本、人力资本、社会资本、社区环境和家校合作五大类，数据主要来自与儿童问卷相对应的家长问卷，并根据分析模型的要求进行了转换（见表 1）。在已有的研究中，当经济资本、人力资本、社会资本、文化资本、政治资本等概念同时出现时，对他们的测量往往相互焦灼、难以区分，一方面是因为这些概念本身的模糊，另一方面，正如科尔曼所说，"资本"的划分不是以其结构，而是以功能来测量（科尔曼，1999）。本研究也没有对这些概念作严格区分，而是围绕影响儿童成长的实际发生，如将"父母的职业"划入"人力资本"而不是"社会资本"中，并不表示父母的职业不属于社会资本范畴，而是认为职业等级具有更多的人力资本属性。

表 1  各变量描述性统计及与儿童成长的显著性检验（$n$=10324）

| 变量类别 | 变量名称 | 参照 | 分布情况（%） | P 值 |
|---|---|---|---|---|
| 经济资本 | 家庭所在地 | 镇乡 | 市区：44.2，县城：29.7，镇乡：26.0 | 0.00 |
| | 家庭财产与收入 | 低 | 高：54.0，低：46.0 | 0.00 |
| 人力资本 | 父亲的学历 | 低 | 高：56.3，低：43.7 | 0.00 |
| | 母亲的学历 | 低 | 高：44.6，低：55.4 | 0.00 |
| | 父亲的职业等级 | 低 | 高：55.0，低：45.0 | 0.00 |
| | 母亲的职业等级 | 低 | 高：39.5，低：60.5 | 0.00 |
| 社会资本 | 联系频率 | 低 | 高：64.9，低：35.1 | 0.00 |
| | 交往方向 | 负 | 上：11.4，等：84.4，下：4.1 | 0.51 |
| | 激活程度 | 低 | 高：39.2，中：57.7，低：3.1 | 0.00 |
| 社区环境 | 社区主要居民 | 低 | 高：57.8，低：42.2 | 0.64 |
| | 社区硬件设施 | 低 | 高：48.0，低：52.0 | 0.00 |
| | 社区氛围 | 低 | 高：69.5，低：30.5 | 0.00 |
| 家校合作 | 当好家长 | 低 | 高：88.1，低：11.9 | 0.00 |
| | 相互交流 | 低 | 高：94.1，低：5.9 | 0.00 |
| | 志愿服务 | 低 | 高：56.9，低：43.1 | 0.01 |
| | 在家学习 | 低 | 高：95.7，低：4.3 | 0.01 |
| | 参与决策 | 低 | 高：56.2，低：43.8 | 0.05 |
| | 与社区合作 | 低 | 高：53.0，低：47.0 | 0.70 |

续表

| 变量类别 | 变量名称 | 参照 | 分布情况（%） | P值 |
|---|---|---|---|---|
| 控制变量 | 儿童智力水平 | 定距 | 取值：0—100，均值：73.33，标准差：29.51 | 0.04 |
| | 儿童性别 | 女 | 女：46.2，男：53.8 | 0.00 |
| | 独生子女 | 否 | 否：55.4，是：44.6 | 0.00 |
| | 留守儿童 | 否 | 否：56.0，是：44.0 | 0.00 |
| 因变量 | 儿童成长 | / | 低：22.8，中：52.2，高：25.0 | / |

注："P值"表示自变量与儿童成长的显著性检验值，定类—定类数据检验方法为卡方检验，定距—定类数据（智力水平与儿童成长）检验方法为方差分析；"参照"指回归模型中自变量的参照组。

数据来源：江西省中小学幼儿园家校合作跟踪调查数据库。

经济资本中，基于我国城市化和人口流动的背景，我们认为"家庭所在地"比"户籍"更能精确地描述家庭经济地位，因此，我们将其划分为"市区""县城"和"镇乡"三个等级；对"家庭财产和收入"的测量，由于资产和收入问题非常隐晦，容易造成测量失真。我们通过询问家庭"标志性"资产和收入的方法来获得数据。我们还通过题目间的逻辑关联来验证受访者回答的可靠性，并综合加权得到所有样本家庭的"财产和收入"得分，将其划分为"高"和"低"两个等级。

人力资本中，我们主要测量儿童父母的"学历"和"职业等级"。根据数据的分布情况，在操作中将初中及以下定为"低"等级，将高中及以上定为"高"等级；"职业等级"由于缺乏职业隔离数据，本研究参考劳动分工、权威等级、生产关系和制度分割等四个维度（陆学艺，2004），综合加权后，将父母职业划分为"高"和"低"两个等级。

参考赖德胜等人的研究思路，本研究将社会资本操作化为"联系频率""交往方向"和"激活程度"三个维度（赖德胜，2012）。我们通过询问家长"与亲朋好友最近三月的联系频率"得到"联系频率"，并将其划分为"高"和"低"两个等级；通过题目"亲戚朋友们的社会地位与学生父母的相比较"来得到"交往方向"数据;通过询问"亲戚朋友所提供帮助的满意程度"来调查"激活程度",并将其划分为"高""中"和"低"。

社区环境根据休厄尔和爱普斯坦等人的研究思路,划分为"社区主要居民""社区硬件设施"和"社区氛围"三个变量(Sewell,1966;爱普斯坦,2013)。本研究中,我们让受访者选择家庭所在社区主要居民的群体类型,将5个群体的居民分别赋值1到5,以此求得该社区居民的加权得分,再根据得分分布,将其划分为"高"和"低"两个等级。"社区硬件设施"和"社区氛围"通过询问社区中的硬件、软件设施情况,共计10个问题,综合加权后将其划分为"高"和"低"两个等级。

根据"家校合作"六种类型和相应的活动,爱普斯坦团队设计了一套指标,来测量家庭、学校和社区在各种活动或行为上的参与程度。这套指标现已上升为美国家校合作国家标准(National PTA,1997;何瑞珠,2002)。这套指标既可以用于评估学校的实践,也可以用于研究测量(吴重涵,2013)。本项目团队对该指标进行了本土化改编。我们广泛收集本土家校合作的活动和行为,经过多次讨论,最终形成共87项(其中14项为自由扩展项目),每个项目为一种活动,构成一道题目。这些指标改变视角后,在校领导问卷、家长和教师问卷中同时出现,一一对应。在家长问卷中每个题目提供③做得好、②做得一般、①做得差,三个选项,在操作中,我们将代表不同程度的选项等级分别赋值1、2、3,加权汇总后得到六种类型的综合得分,根据得分分布及数值所代表的含义(家长参与的程度),将其划分为"高"和"低"两个等级。

3. 控制变量

任何情况下对儿童成长的研究,都不应忽视智力水平的影响,否则有可能夸大其他变量的解释力度,导致结论不可靠。在威斯康星学派对家庭社会经济地位、社区环境、父母鼓励和儿童教育抱负与成就的关系的著名研究中,智力水平是控制变量(Sewell,1968a;Sewell,1968b;Sewell,1967;Sewell,1966)。由于没有现存数据,我们选用"瑞文标准推理测验"在参测学生中开展智力测验,将儿童智力水平作为控制变量加入研究中。

这项工作浩大，增加了项目实施难度，但无疑能提高研究的科学性。测量由调查员（通常是班主任）和巡视员（学校项目组负责人）共同实施，以班级为单位，以考试的形式，通常在一节课内完成。项目组为此专门开发了一套程序，对录入的答案进行评分、标准化换算和有效性校验。

此外，控制变量还包括儿童性别、是否独生子女、是否留守儿童等。

本文研究变量的描述性统计如表 1 所示。"P 值"表示自变量与儿童成长的显著性检验值。从检验结果来看，除社区主要居民、交往方向、与社区合作这三个变量外，其他变量的 P 值都小于 0.05，亦即儿童成长在这些变量不同等级的分布上，存在显著差异。

（三）研究方法与模型

对假设 1 至假设 5 的检验，本研究的因变量有三个等级，为定序变量，由此我们采用定序因变量回归（ordinal regression）模型，它是二元累积概率（probit）模型的广义形式。其基本原理是依次将因变量按不同的取值水平分割成两个等级，对这两个等级建立因变量为二分类的回归模型，模型中各自变量的系数都保持不变，所改变的只是常数项（张文彤，2004）。在实际模型中，我们需要将因变量的累加概率转换为一个函数后再加以预测，这个函数称为联结函数。定序因变量回归模型的基本公式为：

$$\text{link}\left[y_{ij}\right]=\theta_j-\Sigma\beta_m\chi_{im}$$

式中 link 是联结函数，对自变量与因变量的相互关系，SPSS 共提供 5 种连接函数；$y_{ij}$（$i=1$，2，3，…，10324，即样本量；$j=1$，2，3，即因变量的三个等级）代表第 $i$ 个变量在第 $j$ 等级上的累积概率；$\theta_j$ 是第 $j$ 个等级的阈值，即截距；$\chi_{im}$（$i=1$，2，3，…，10324；$m=1$，2，…，22，即自变量个数）是第 $i$ 个样本的预测变量即自变量；$\beta_m$ 表示第 $m$ 个自变量的回归系数，此时求出的系数值是自变量某一水平转换到对照组水平的发生比率（优势比，odds ratio）的对数，因此我们可以计算回归系数的幂指数值，即 $c_m=\exp\left(\beta_m\right)$，表示自变量从某一水平转换到对照组水平（如当好家长的等级由低转换到高），儿童成长为 $j$ 级的发生比是为（$j-1$）级发生比的 $c_m$ 倍，如果 $c_m$ 大于 1，则表示对儿童成长有正向作用，反之则反。

对推论 1 的检验，我们采用联合检验的思路，首先将上式所建立的回归模型称为无条件回归模型（UR），它包含了所有研究变量（$m=1$，2，…，22）。然后将家校合作 6 个变量从回归方程中去除，得到有条件回归模型（$R$），即：

$$\text{link}\left[y_{ij}\right]=\theta_j-\Sigma\beta_m\chi_{im}\ (m=1,\ 2,\ \cdots,\ 16)$$

进一步地，如果从模型中去掉家校合作变量对回归方程没有影响的话，那么两个回归方程的残差平方和是相等的，$R^2$ 也不会发生变化，即验证原假设：$\beta_{17}=\beta_{18}=\cdots=\beta_{22}=0$。

为检验原假设，我们根据以上两个回归方程构造 $F$ 联合检验统计量（平狄克，1999），即：

$$F\ (q,\ n-q)=\frac{(R^2_{UnR}-R^2_R)\ /q}{(1-R^2_{UR})\ /\ (n-q)},\ (q=6,\ n=10324)$$

最后，检验家校合作 6 个变量的回归系数是否为 0，如果拒绝原假设，则推论 1 成立。

本研究的主要分析工具为 SPSS 20。

## 四、结果与分析

为了更好地说明家庭资本、家校合作等变量如何影响儿童成长，我们采用逐步回归的形式，分别引入上述 5 组变量，建立 5 个回归模型。总体来看，随着变量的增加，Cox and Snell $R^2$ 和 Negelkerke $R^2$（伪决定系数）越来越大，说明模型解释能力越来越强。模型 1 中只有家庭经济资本变量，Negelkerke $R^2$ 为 0.026，表明儿童成长中的 0.26% 可以被家庭经济资本解释；模型 2 中加入人力资本变量后，$R^2$ 增加 0.007；模型 3 加入社会资本变量后，$R^2$ 增加了 0.006；模型 4 加入了社区环境变量，$R^2$ 减少 0.001；模型 5 加入家校合作变量，$R^2$ 增加到 0.042，增加了 0.004。从 Nagelkerke $R^2$ 的变化可见，人力资本变量最能解释儿童成长的差异，其次为社会资本变量和家校合作变量，社区环境变量的作用不显著。

表 2　儿童成长影响因素的定序因变量回归结果

| | | 模型 1 | | | 模型 2 | | | 模型 3 | | | 模型 4 | | | 模型 5 | | |
|---|---|---|---|---|---|---|---|---|---|---|---|---|---|---|---|---|
| | | 系数 | $p$ | 幂指数 | 系数 | $p$ | 幂指数 | 系数 | $p$ | 幂指数 | 系数 | $p$ | 幂指数 | 系数 | $p$ | 幂指数 |
| 经济资本 | 家庭所在地＝市区 | 0.36 | 0.00 | 1.43 | 0.20 | 0.01 | 1.23 | 0.16 | 0.05 | 1.18 | 0.16 | 0.06 | 1.18 | 0.16 | 0.07 | 1.17 |
| | 家庭所在地＝县城 | 0.27 | 0.00 | 1.31 | 0.20 | 0.01 | 1.22 | 0.16 | 0.04 | 1.18 | 0.18 | 0.03 | 1.20 | 0.17 | 0.05 | 1.19 |
| | 财产和收入＝高 | -0.03 | 0.64 | 0.97 | -0.09 | 0.17 | 0.92 | -0.11 | 0.10 | 0.89 | 0.13 | 0.06 | 0.88 | -0.16 | 0.03 | 0.86 |
| 人力资本 | 父亲学历＝高 | | | | 0.14 | 0.04 | 1.15 | 0.15 | 0.04 | 1.16 | 0.15 | 0.05 | 1.17 | 0.16 | 0.04 | 1.18 |
| | 母亲学历＝高 | | | | 0.26 | 0.00 | 1.30 | 0.26 | 0.00 | 1.30 | 0.24 | 0.00 | 1.28 | 0.24 | 0.00 | 1.27 |
| | 父亲职业＝高 | | | | 0.07 | 0.35 | 1.07 | 0.06 | 0.43 | 1.06 | 0.10 | 0.19 | 1.11 | 0.11 | 0.16 | 1.12 |
| | 母亲职业＝高 | | | | -0.01 | 0.92 | 0.99 | -0.04 | 0.54 | 0.96 | -0.05 | 0.50 | 0.95 | -0.06 | 0.41 | 0.94 |
| 社会资本 | 联系频率＝高 | | | | | | | 0.16 | 0.01 | 1.17 | 0.14 | 0.03 | 1.15 | 0.13 | 0.05 | 1.14 |
| | 交往方向＝上 | | | | | | | 0.10 | 0.54 | 1.11 | 0.15 | 0.38 | 1.16 | 0.16 | 0.36 | 1.17 |
| | 交往方向＝等 | | | | | | | -0.08 | 0.57 | 0.92 | -0.06 | 0.68 | 0.94 | -0.04 | 0.77 | 0.96 |
| | 激活程度＝高 | | | | | | | 0.04 | 0.83 | 1.04 | 0.10 | 0.57 | 1.11 | 0.04 | 0.82 | 1.04 |
| | 激活程度＝中 | | | | | | | -0.13 | 0.41 | 0.87 | -0.08 | 0.66 | 0.92 | -0.14 | 0.43 | 0.87 |

续表

| | | 模型 1 | | | 模型 2 | | | 模型 3 | | | 模型 4 | | | 模型 5 | | |
|---|---|---|---|---|---|---|---|---|---|---|---|---|---|---|---|---|
| | | 系数 | p | 幂指数 | 系数 | p | 幂指数 | 系数 | p | 幂指数 | 系数 | p | 幂指数 | 系数 | p | 幂指数 |
| 社区环境 | 社区居民=高 | | | | | | | | | | -0.04 | 0.47 | 0.96 | -0.03 | 0.61 | 0.97 |
| | 社区硬件=高 | | | | | | | | | | 0.06 | 0.32 | 1.07 | 0.06 | 0.40 | 1.06 |
| | 社区氛围=高 | | | | | | | | | | 0.07 | 0.34 | 1.07 | 0.08 | 0.25 | 1.09 |
| 家校合作 | 当好家长=高 | | | | | | | | | | | | | 0.05 | 0.06 | 1.05 |
| | 相互交流=高 | | | | | | | | | | | | | 0.18 | 0.02 | 1.20 |
| | 志愿服务=高 | | | | | | | | | | | | | 0.06 | 0.40 | 1.07 |
| | 在家学习=高 | | | | | | | | | | | | | 0.07 | 0.06 | 1.07 |
| | 参与决策=高 | | | | | | | | | | | | | 0.08 | 0.27 | 1.08 |
| | 与社区合作=高 | | | | | | | | | | | | | -0.15 | 0.04 | 0.86 |
| 控制变量 | 智力水平 | 0.00 | 0.00 | 1.00 | 0.00 | 0.00 | 1.00 | 0.00 | 0.00 | 1.00 | 0.00 | 0.01 | 1.00 | 0.00 | 0.01 | 1.007 |
| | 儿童性别=男 | -0.27 | 0.00 | 0.76 | -0.26 | 0.00 | 0.77 | -0.26 | 0.00 | 0.77 | -0.25 | 0.00 | 0.78 | -0.26 | 0.00 | 0.77 |
| | 独生子女=是 | 0.24 | 0.00 | 1.27 | 0.16 | 0.01 | 1.17 | 0.16 | 0.01 | 1.17 | 0.12 | 0.06 | 1.13 | 0.12 | 0.06 | 1.13 |
| | 留守儿童=是 | -0.15 | 0.01 | 0.86 | -0.07 | 0.27 | 0.93 | -0.09 | 0.16 | 0.91 | -0.06 | 0.38 | 0.94 | -0.08 | 0.29 | 0.93 |
| 常数 | 儿童成长=低 | -0.90 | 0.00 | 0.41 | -0.83 | 0.00 | 0.44 | -0.93 | 0.00 | 0.39 | -0.80 | 0.00 | 0.45 | -0.58 | 0.05 | 0.56 |
| | 儿童成长=中 | 1.46 | 0.00 | 4.29 | 1.53 | 0.00 | 4.64 | 1.46 | 0.00 | 4.29 | 1.60 | 0.00 | 4.93 | 1.81 | 0.00 | 6.13 |

续表

| | 模型 1 | | | 模型 2 | | | 模型 3 | | | 模型 4 | | | 模型 5 | | |
|---|---|---|---|---|---|---|---|---|---|---|---|---|---|---|---|
| | 系数 | $p$ | 幂指数 | 系数 | $p$ | 幂指数 | 系数 | $p$ | 幂指数 | 系数 | $p$ | 幂指数 | 系数 | $p$ | 幂指数 |
| 模型拟合卡方 $p$ | 0.000 | | | 0.000 | | | 0.000 | | | 0.000 | | | 0.000 | | |
| Cox and Snell $R^2$ | 0.023 | | | 0.029 | | | 0.034 | | | 0.033 | | | 0.037 | | |
| Negelkerke $R^2$ | 0.026 | | | 0.033 | | | 0.039 | | | 0.038 | | | 0.042 | | |
| 平行线检验卡方 $p$ | 0.021 | | | 0.034 | | | 0.044 | | | 0.390 | | | 0.545 | | |

注：联结函数为 logit；各变量参照组见表 1。

在模型 1 中，仅加入经济资本变量，家庭所在地为"市区"和"县城"两个变量通过了显著性检验，表明对儿童成长的作用显著；家庭财产和收入变量没有通过显著性检验，说明对儿童成长没有影响。从回归系数的幂指数来看，家庭所在地为县城和市区两个变量对儿童成长有正向作用，且市区大于县城，即市区、县城儿童获得较高成长等级的概率是家庭在乡镇的儿童的 1.43 倍和 1.31 倍；家庭财产和收入的作用为负。因此，假设 1.1 和 1.2 得到验证，假设 1.3 被拒绝。

模型 2 中加入了父母人力资本变量，父亲和母亲的学历两个变量对儿童成长的作用为正向，分别为 1.15 和 1.30，即母亲的作用大于父亲的作用，且通过了显著性检验，因此假设 2.1 和 2.2 得到验证；父亲的职业作用方向为正向，母亲的职业作用方向为负，但没有通过统计检验，即拒绝了2.3 和 2.4 的原假设。

模型 3 加入社会资本变量，从作用方向来看，联系频率、交往方向（上）、激活程度（高）对儿童成长有正向作用，而交往方向（等）、激活程度（中）作用为负；从显著性检验来看，只有联系频率变量 P 值小于0.05，对儿童成长有显著的正向影响，即相对于参照组，父母与亲朋经常联系的儿童获得较好成长状况的概率要大一些，是参照组的 1.17 倍。由此可以认为模型验证了假设 3.1，拒绝了假设 3.2 和 3.3。

在模型 4 中，将社区环境纳入分析，社区居民等级、社区硬件和氛围都没有通过显著性检验，说明他们对儿童成长的作用不大；从系数大小来看，社区硬件和氛围对儿童有正向作用，而社区居民的发生比稍小于 1。因此，假设 4.1、4.2 和 4.3 均被拒绝，社区环境对儿童成长的作用不显著。

模型 5 中加入了家校合作变量，使整个模型的解释力达到最高。从统计检验来看，当好家长、相互交流、在家学习和与社区合作均通过检验性显著，表明他们对儿童成长的作用显著。从期望值来看，当好家长为 1.05，即父母在当好家长活动中参与程度高的儿童，比那些父母参与程度低的儿童，获得更好成长状况的发生比要高 0.05 倍；相互交流期望值最大，为 1.20，即通过有效的亲子、亲师和家长间交流，可使儿童成长等级提高的发生比提高 0.2 倍；在家学习对儿童成长的作用为正，即父母经常督促、辅导儿童学习，是那些没有得到家长督促、辅导的儿童获得较高成长等级的发生比的 1.07 倍；与社区合作的期望值小于 1，且通过了显著性检验，是否是父母、学校与社区合作阻碍了儿童发展，我们将在下一节中讨论。另外，志愿服务和参与决策 P 值大于 0.05，表明对儿童成长的作用不显著，但从作用方向看，他们均对儿童成长有正向作用。根据以上分析可以得出，假设 5.1、5.2、5.4 均得到验证，假设 5.3、5.5 被拒绝，而假设 5.6 被证反。

在控制变量中，儿童智力水平是成长的显著性影响因素。期望值显示，儿童智力水平每提高一个百分点，其提高成长等级的发生比为 1.007 倍；女性儿童的成长状况要显著高于男性；相对于非独生子女家庭的儿童，独生子女家庭的儿童取得较好成长状况的发生比要多 0.13 倍；而留守儿童的成长状况要低于非留守儿童，不过作用并不显著。

为验证"家校合作减弱家庭资本与儿童成长间的相关性"是否成立的推论，我们根据构造的 $F$ 统计量，计算 $F$ 值并查表：

$$F(6, 10318) = \frac{(0.042 - 0.038)}{(1 - 0.042)/10318} = 7.180 > 1.57$$

表明拒绝家校合作 6 个变量回归系数为 0 的原假设，即推论 1 成立。

## 五、主要研究发现

从布劳和邓肯"地位获得模型"中对家庭背景的分析，到布迪厄、科尔曼的"社会资本"中对"代际闭合""家长参与"的研究，再到爱普斯坦的"学校、家庭和社区合作伙伴"，家校合作越来越成为一种独立的制度性视角，用来考察家庭与儿童成长间的规律性联系。本研究正是将家庭的各类资本、家校合作纳入到同一个研究框架中，探讨他们对儿童成长的作用。根据"江西省中小学幼儿园家校合作跟踪研究"的大样本数据，从家庭视角提出了家庭经济资本、人力资本、社会资本、社区环境和家校合作对儿童成长作用的 5 个研究假设和 1 个推论。采用定序因变量回归模型和 F 联合检验的方法，发现在控制儿童智力水平、性别等变量的情况下，家庭所在的社区环境对儿童成长的作用不显著，家庭经济资本中的"家庭所在地"、人力资本中的"父母学历"、社会资本中"联系频率"，以及家校合作中的"当好家长""相互交流""在家学习"等变量对儿童成长有显著的正向影响，且"家校合作减弱家庭资本与儿童成长间的相关性"在中国同样存在。由此我们认为，弱势家庭可通过加强与学校的合作，在一定程度上提升儿童成长等级，促进儿童成功，这种促进就是"家长参与的力量"。

（一）家庭经济资本在一定程度上影响儿童成长

家庭所在地越接近城市的儿童，越可能获得较好的成长等级；而家庭财产和收入并不对儿童成长有显著作用。通过分析，我们得到了一些有益的启发。一是显示了我国城乡二元分割、教育资源不均衡的现状，从儿童成长角度验证了厉以宁的结论（厉以宁，2008）。城市儿童可获取更多的学习资源和社会化支持，可就读更好的学校，而农村儿童在学校等级、师资、社会化条件等方面均处于劣势，且到城市就读没有制度空间，是强烈的教育不公，这种不公将会导致儿童成长状况的巨大差异，从而固化社会分层和流动。二是在我国义务教育背景下，基础教育阶段的儿童对家庭经济的要求并不大，常规的支出一般家庭都能满足，即家庭的收入和财产对儿童成长没有显著影响。这个结论与 Guinagh、休厄尔等人的研究形成对比（Guinagh，1971；Ireton，1970；Sewell，1968a；贝克，2002）。三是如果家庭财产和收入与子女参加课外补习、特长、兴趣等辅导项目的数量正相关的话，那么这些辅导对儿童成长的作用值得商榷。另外，本项目的另一研究成果显示，无论家庭经济条件如何，近 90% 的父母都表示会"砸锅卖铁支持子女读书"，这种中华民族重教尊师的传统，也可作为解释之一（吴重涵，2014）。

（二）父母的学历对儿童成长有显著的正向影响，且母亲的作用大于父亲

家庭人力资本中，父母的学历比职业地位更能解释儿童成长，且母亲的作用大于父亲，这证实了休厄尔等人的研究结论（Sewell，1968b；Sewell，1967）。我们推测，一是表明学历的外部收益比职业对儿童成长作用更大，如更科学的教养方式、更有效的时间安排、对子女更高的教育期望等；二是未成年子女在成长过程中并不要求父母有很高的职业地位，而是需要父母花更多的时间和精力来陪伴，但父母的职业地位越高，可能越缺乏精力来陪家人（Sui-Chu，1996）。三是中国有"男主外，女主内"的家庭传统，儿童教养通常由母亲承担，因此，母亲的学历越高，越能促进子女成长。有关大学生就业的研究通常指出，父母的职业地位越高，越能帮助子女获得较高的就业概率和初职地位（赖德胜，2012；岳昌君，2013；马莉萍，2010）。结合本研究的发现，似乎可以得到这样的结论：父母的职业地位可以促进子女就业（结果），但并不一定能促进儿童成长（过程）。

（三）家庭与社会网络的沟通频率对儿童成长有显著的正向作用

社会资本中，父母与亲朋的联络频率对儿童成长有显著的正向作用，而交往方向、激活程度两个变量作用不显著。通过分析我们推测，一是科尔曼模式的社会资本遵循社会闭合的通路，考察代际闭合和家长参与对儿童发展的作用（张文宏，2003）。在本研究中，根据爱普斯坦的研究框架，我们对社会资本的考察视角更宏观，而代际闭合和家长参与被提升到家校合作层次，融入当好家长、相互交流、在家学习等变量中，这些变量已被证实对儿童成长有显著的正向作用。二是社会资本只有在稳定、封闭的社会网络中，通过长期共同遵守的规划、规范和认知才能获得（波普诺，

2007），且通常只为结构内部的个人提供便利。本研究所测量的是家长的社会资本，与子女成长不直接相关，子女是间接受益者，因此对子女的成长可能没有直接作用。赵延东等人的研究亦指出，无论在中学还是小学，家长的网络资源主要起到保证子女进入条件更好的学校中学习的作用，并不能直接提高子女的学习成绩（赵延东，2013）。而家庭社会资本与子女入学机会（就读学校的等级）的关系，值得进一步研究。

（四）社区环境对儿童成长作用不显著

研究显示，社区居民、社区硬件和社区氛围对儿童成长没有显著作用，这个结果证实了休厄尔等人的结论：社区环境作为单独变量考察儿童成长时作用显著，但将其还原到家庭资本中，与其他变量共同分析时，它的作用不显著（Sewell，1966）。我们认为作用不显著还有与国情相关的三个原因，一是我国的社区环境没有充分利用，绝大多数社区都没有放学后照看、志愿者服务、图书室等项目，农村家庭更甚，社区建设也重在环境美化而不是功能利用；二是我国普遍存在以家庭为单位的"居住隔离"，邻里交往少，更无从参与社区活动（张万录，2013），而国外（如美国，尤其是富人区）社区资源利用高，交往频繁，社区间的差异（如种族、宗教、职业等）明显，一定程度影响了儿童教育抱负（Conant，1961）；三是我国的社区还有一层含义——学区，它对儿童入学机会的作用大于教育获得过程。我国教育资源不均衡及就近入学政策，在某社区拥有户籍意味着子女就读某所学校的资格（朱敏，2011）。为使子女享受更好的教育资源，许多家庭不得不花高价购买学区房，哪怕社区环境差。中国家长对子女教育的重视和付出意愿无可厚非，但这种只在乎学校条件、忽视社区环境的做法是否真的有益，值得我们思考和研究。

（五）家长对家校合作的参与对儿童成长有显著作用

家校合作的六种类型中，当好家长、相互交流、在家学习对儿童成长有显著的正向作用；志愿服务和参与决策作用不显著；与社区合作对儿童成长呈负向关系，这部分支持了爱普斯坦等人的研究结论（爱普斯坦，2013）。从类型性质来看，前三项与儿童成长直接相关，变量的等级分布（见表1）显示，家长有参与积极性，参与率较高。这个结论支持了何瑞珠、林明地等人的研究，在中华传统文化背景下，家长参与偏好在家中且与自己子女学习相关的参与（何瑞珠，2002；林明地，2002）。从回归系数上看，相互交流的作用大于当好家长和在家学习，我们认为并不是其他类型的作用不大，而是作用没有充分发挥。相互交流不需要过多技巧，但当好家长和在家学习除要花费时间和精力外，还要求家长学习教子技能、掌握辅导方法，某些家长即便对子女学习的参与很高，但因方法不当，亦无助于子女成长。有研究指出父母教孩子功课、改正错题、检查作业等直接干预孩子学习的行为参与越多，对子女成绩越表现出消极作用，老师也无法从家庭作业中发现儿童的弱项（赵延东，2013）。

就志愿服务、参与决策和与社区合作而言，直接地与学校和社区工作相关，但我国的家校合作处于起步阶段，中小学幼儿园的家长参与限于家长会、家访、与教师联系（通常是学生犯错误时）等传统活动上（何瑞珠，2002）。学校、社区提供给家长参与的正式渠道有限，需要学校引导并以开放的态度推动家长的参与，也需要跟踪变量的动态变化；他们不与儿童成长直接相关，但对儿童成长的间接作用，以及与当好家长、相互交流等变量的交互作用值得我们进一步探讨。

另外，与社区合作期望小于1，是否意味着家庭、学校与社区合作的程度越高，越不利于儿童成长呢？在此，我们借鉴 Sun 的"负向选择"来推测，越是那些学习成绩差、行为习惯差的儿童，越可能更多地在社区，而不是家中，从而使得父母、学校与社区的联系频率增加（Sun，1998），并不是与社区合作阻碍了儿童发展。当然，这个推测还需要更多的事实支持。

对推论1的检验证实家校合作减弱家庭资本与儿童成长的相关性，对儿童成长有显著的促进作用，我们称之为"家长参与的力量"。它为弱势家庭通过家校合作弥补家庭条件的不足提供了信心，也增强了我们研究和实践推进家校合作的动力。

## 六、研究展望

作为"江西省中小学幼儿园家校合作跟踪研究"成果之一，回顾整个研究框架及本文，我们认为本研究存在以下不足，希望能在后续的研究中得到改进。

1. 作为第一轮数据采集，在调查设计上存在缺陷，特别是学生智力水平测验中以班级为单位的测试导致很多学生问卷雷同，无效问卷多，家长问卷和学生问卷的配对损失很大。在第二轮数据采集中，我们将努力改进此缺陷，并提升有效性和可靠性。我们的调查范围为江西，以城市家庭居多，如果有更广泛的数据，将会进一步增强结论的适用性。

2. 结论分析主要根据数据结果，与质性方法结合度不够，归因分析的提炼和准确性还有待提高。

3. 定序因变量回归模型中，家庭资本和家校合作对儿童成长的解释量较低，除改进分析方法外，还需要进一步改进对指标测量的精准度。

4. 本文是从大样本大致描述和验证了"家校合作减弱家庭资本与儿童成长的相关性"，是对复杂事物的简化描述，而家长对家校合作的参与是与家长所在阶级优势紧密联系在一起的事实（Lareau，2000），家校合作是否能超越、到底能在多大程度上可以超越阶级优势，对教育获得公平的促进作用有多大，在本文的研究框架中无法得到重视和讨论。但这是一个重要的问题。

同时，我们认为在"家庭资本和家校合作与儿童成长的规律性联系"的整个研究中，还需要进一步探讨的问题主要有：我国中小学幼儿园家校合作中的结构性差异、特征和影响因素，以及教师和家长期望中与现实中的家校合作是否在一个层面，还需要分析；社会资本中的"代际闭合"和"家长参与"，将其作为"家校合作"，提升到与家庭资本并列的层次，在理论上还需梳理和提炼；家庭资本与家校合作，以及家校合作本身变量间，对儿童成长的交互作用和中介效应还有待于检验。同时，作为一项跟踪研究，我们希望在制度化推进家校合作的实践中，通过多次数据采集，动态测量和比较家校合作对儿童成长的影响，建立国际比较，概括总结适合中国国情的中小学幼儿园家校合作理论和行动原则，从而为政策和实践提供决策参考，这也是我们开展家校合作的根本目的和动力。

**参考文献：**

[ 1 ] Becker Henry Jay. The Importance of a Methodology That Maximizes Falsifiability: Its Applicability to Research about Logo [ J ] . Educational Researcher, 1987, 16 ( 5 ): 11-16.

[ 2 ] Becker Henry Jay. Who's Wired and Who's Not: Children's Access to and Use of Computer Technology [ J ] . The Future of Children, 2000, 10 ( 2 ): 44-75.

[ 3 ] Blau P M, Duncan O D, Tyree A. The American Occupational Structure [ M ] . Free Press, 1967.

[ 4 ] Brown D J. Schools with Heart: Voluntarism And Public Education [ M ] . Westview Press, 1998.

[ 5 ] Coleman James S. Families and Schools [ J ] . Educational Researcher, 1987, 16 ( 6 ): 32-38.

[ 6 ] Coleman James S, Campbell Ernest Q, Hobson Carol F, et al. Equality of Educational Opportunity [ M ] . Washington, DC: U.S. Dept. of Health, Education, and Welfare, Office of Education, 1966.

[ 7 ] Conant J B. Slums and Suburbs: A Commentary on Schools in Metropolitan Areas [ M ] . McGraw-Hill, 1961.

[ 8 ] Cooper Thomas C, Maloof Valerie Miller. Parent Involvement in Teaching Elementary-Level Chinese, Japanese, and Korean [ J ] . The Journal of Educational Research, 1999, 92 ( 3 ): 176-183.

[ 9 ] Decker L E, Decker V A. Home, School, and Community Partnerships [ M ] . Scarecrow Press, 2003.

[ 10 ] Dodd A W, Konzal J L. How Communities Build Stronger Schools: Stories, Strategies, and Promising Practices for Educating Every Child [ M ] . Palgrave Macmillan, 2002.

[ 11 ] Epstein J L. School, Family, and Community Partnerships: Preparing Educators and Improving Schools [ M ] . Westview Press, 2010.

[ 12 ] Epstein J L, Sheldon S B. School, Family, and Community Partnerships: Your Handbook for Action [ M ] . SAGE Publications, 2008.

[ 13 ] Epstein Joyce L. Parents' Reactions to Teacher Practices of Parent

Involvement[ J ] . The Elementary School Journal, 1986, 86（3）: 277-294.

[ 14 ] Epstein Joyce L, Sheldon Steven B. Present and Accounted for: Improving Student Attendance through Family and Community Involvement [ J ] . The Journal of Educational Research, 2002, 95（5）: 308-318.

[ 15 ] Furnham Adrian, Hosoe Tatsuro, Tang Thomas Li-Ping. Male Hubris and Female Humility？ A Crosscultural Study of Ratings of Self, Parental, and Sibling Multiple Intelligence in America, Britain, and Japan[ J ] . Intelligence, 2001, 30（1）: 101-115.

[ 16 ] Guinagh Barry J. An Experimental Study of Basic Learning Ability and Intelligence in Low-Socioeconomic-Status Children[ J ] . Child Development, 1971, 42（1）: 27-36.

[ 17 ] Ireton Harold, Thwing Edward, Gravem Howard. Infant Mental Development and Neurological Status, Family Socioeconomic Status, and Intelligence at Age Four[ J ] . Child Development, 1970, 41（4）: 937-945.

[ 18 ] Iver Douglas J. Mac, Epstein Joyce L. Middle Grades Research: Not Yet Mature, but No Longer a Child[ J ] . The Elementary School Journal, 1993, 93（5）: 519-533.

[ 19 ] Lareau Annette. Home Advantage: Social Class and Parental Intervention in Elementary Education[ M ] . Rowman & Littlefield Publishers, 2000.

[ 20 ] National PTA. National standards for parent/family involvement programs [ M ] . National PTA, 1997.

[ 21 ] Newman Katherine. Class Matters[ J ] . Contexts, 2004, 3（1）: 64-65.

[ 22 ] Perna Laura Walter, Titus Marvin A. The Relationship between Parental Involvement as Social Capital and College Enrollment: An Examination of Racial/Ethnic Group Differences[ J ] . Journal of Higher Education, 2005: 485-518.

[ 23 ] Sanders Mavis G. How Parent Liaisons Can Help Bridge the Home-School Gap[ J ] . The Journal of Educational Research, 2008, 101（5）: 287-297.

[ 24 ] Sanders Mavis G. School-Family-Community Partnerships Focused on School Safety: The Baltimore Example [ J ]. The Journal of Negro Education, 1996, 65 ( 3 ): 369.

[ 25 ] Schultz Theodore William. Investment in Human Capital: The Role of Education And of Research [ M ]. Free Press, 1970: 272.

[ 26 ] Sewell William H, Armer J Michael. Neighborhood Context and College Plans [ J ]. American Sociological Review, 1966, 31 ( 2 ): 159-168.

[ 27 ] Sewell William H, Shah Vimal P. Socioeconomic Status, Intelligence, and the Attainment of Higher Education [ J ]. Sociology of Education, 1967, 40 ( 1 ): 1-23.

[ 28 ] Sewell William H, Shah Vimal P. Social Class, Parental Encouragement, and Educational Aspirations [ J ]. American Journal of Sociology, 1968, 73 ( 5 ): 559-572.

[ 29 ] Sewell William H, Shah Vimal P. Parents' Education and Children' s Educational Aspirations and Achievements [ J ]. American Sociological Review, 1968, 33 ( 2 ): 191-209.

[ 30 ] Sheldon Steven B. Parents' Social Networks and Beliefs as Predictors of Parent Involvement [ J ]. The Elementary School Journal, 2002, 102 ( 4 ): 301-316.

[ 31 ] Sheldon Steven B, Epstein Joyce L. Involvement Counts: Family and Community Partnerships and Mathematics Achievement [ J ]. The Journal of Educational Research, 2005, 98 ( 4 ): 196-206.

[ 32 ] Steven B Sheldon. Testing a Structural Equation Model of Partnership Program Implementation and Parent Involvement [ J ]. The Elementary School Journal, 2005, 106 ( 2 ): 171-187.

[ 33 ] Sui-Chu Esther Ho, Willms J Douglas. Effects of Parental Involvement on Eighth-Grade Achievement [ J ]. Sociology of Education, 1996, 69 ( 2 ): 126-141.

[ 34 ] Sun Yongmin. The Academic Success of East-Asian-American Students-An Investment Model [ J ]. Social Science Research, 1998, 27 ( 4 ): 432-456.

[35] Turner R H. The Social Context of Ambition：A Study of High-school Seniors in Los Angeles [ M ]. Chandler Publishing Company，1964.

[36] Wilson A B. Residential Segregation of Social Classes and Aspirations of High School Boys [ J ].American Socio Logical Review，1959（24）：836.

[37] 爱普斯坦，桑德斯，谢尔顿，等.学校、家庭和社区合作伙伴：行动手册 [ M ].吴重涵，薛惠娟，译.南昌：江西教育出版社，2012.

[38] 贝克.儿童发展 [ M ].吴颖，译.南京：江苏教育出版社，2002.

[39] 波普诺.社会学：第 11 版 [ M ].李强，译.北京：中国人民大学出版社，2007.

[40] 布尔迪约，帕斯隆.再生产：一种教育系统理论的要点 [ M ].邢克超，译.北京：商务印书馆，2002.

[41] 哈里楠.教育社会学手册 [ M ].傅松涛，译.上海：华东师范大学出版社，2004.

[42] 何瑞珠.家长参与子女的教育：文化资本与社会资本的阐释 [ J ].教育学报，1999，26（2）：37.

[43] 何瑞珠.家庭学校与社区协作：从理念研究到实践 [ M ].香港：中文大学出版社，2002.

[44] 赵延东，洪岩璧.社会资本与教育获得——网络资源与社会闭合的视角 [ J ].社会学研究，2012，27（5）：47-69.

[45] 金久仁.家庭背景与教育获得的代际传递公平性研究 [ J ].教育学术月刊，2009（2）：17-20.

[46] 科尔曼.社会理论的基础 [ M ].邓方，译.北京：社会科学文献出版社，1999.

[47] 赖德胜，孟大虎，苏丽锋.替代还是互补——大学生就业中的人力资本和社会资本联合作用机制研究 [ J ].北京大学教育评论，2012，10（1）：13-31.

[48] 李春玲.社会政治变迁与教育机会不平等——家庭背景及制度因素对教育获得的影响（1940-2001）[ J ].中国社会科学，2003（03）：86-98.

[49] 厉以宁.论城乡二元体制改革 [ J ].北京大学学报：哲学社会科学版，2008（2）：5-11.

[50] 林明地.学校与社区关系 [ M ].台湾：五南图书出版股份有限公司，2002.

［51］陆学艺.当代中国社会流动［M］.北京：社会科学文献出版社，2004.

［52］马莉萍，丁小浩.高校毕业生求职中人力资本与社会关系作用感知的研究［J］.清华大学教育研究，2010，31（1）：84-92.

［53］平狄克.计量经济模型与经济预测［M］.钱小军，译.北京：机械工业出版社，1999.

［54］吴重涵.从国际视野重新审视家校合作——《学校、家庭和社区合作伙伴：行动手册》中文版序［J］.教育学术月刊，2013（1）：108-111.

［55］吴重涵，范忠茂，王梅雾，等.在路上：江西省家校合作试点学校工作案例选编［M］.南昌：江西教育出版社，2013.

［56］吴重涵，王梅雾，张俊.家校合作：理论、经验与行动［M］.南昌：江西教育出版社，2013.

［57］吴重涵，王梅雾，张俊.国际视野与本土行动：家校合作的经验和行动指南［M］.南昌：江西教育出版社，2012.

［58］吴重涵，张俊，王梅雾.家庭背景与家长参与关系的实证研究［M］.南昌：江西教育出版社，2014.

［59］伍尔夫 B L.教育的外部收益［C］// 卡诺依.教育经济学国际百科全书.闵维方，译.北京：高等教育出版社，2000.

［60］岳昌君.中国高校毕业生就业满意度的影响因素分析［J］.北京大学教育评论，2013，11（2）：84-96.

［61］张万录.基于都市发展阶段论的城市居住隔离研究［D］.大连理工大学，2013.

［62］张文宏.社会资本：理论争辩与经验研究［J］.社会学研究，2003（4）：23-35.

［63］张文彤，董伟.SPSS 统计分析高级教程［M］.北京：高等教育出版社，2004.

［64］赵延东，洪岩璧.网络资源、社会闭合与宏观环境——教育获得中的社会资本研究及发展趋势［J］.社会学评论，2013，1（4）：1-25.

［65］朱敏.“学区房热”现象中教育公平问题探析［J］.现代中小学教育，2011（01）：4-6.

2014 年第 8 期

# 替代还是互补：基于弹性视角的我国高校经费支出结构研究

胡　姝　丁小浩*

摘　要：为研究高校经费支出中的教师工资福利支出、基建设备支出对教学和科研的结构性影响，根据超对数生产函数构建了高校的教学产出和科研产出模型，采用教育部直属高校的财务数据，通过岭回归等方法，实证分析了这两项支出对教学和科研的产出弹性和替代弹性。研究发现，教师和基建支出是影响高等学校产出的重要因素；教师支出的产出弹性都高于基建支出的产出弹性，教师与基建支出具有一定的相互替代关系；在教学产出方面，教师与基建支出的相互替代性更明显，而在科研产出方面，两者更趋向于互补；不同学校类型的经费支出结构存在差异，相对"211"高校来说，"985"高校的教师和基建支出相互替代性较低，互补性更显著，这类院校的支出结构更为稳定。

关键词：经费支出结构；超对数生产函数；产出弹性；替代弹性；教学产出；科研产出

基金项目：本文是国家社科基金重大项目"高校创新能力国际比较研究"（编号：AIA120003）的研究成果。

---

* 作者简介：胡姝，女，北京大学理工大学副研究员，博士；丁小浩，女，北京大学教育经济研究所教授，博士生导师。

## 一、问题的提出

2011 年底，全国财政性教育经费占 GDP 的比重达到 4%，其中高等教育经费占全国教育经费总支出的比值稳定在 30% 左右，仅次于普通义务教育占全国教育经费的比重（43.7%）（北京大学课题组，2013）。尽管我国的高等教育存在区域、院校等层面上的不均衡，但从总量上看，高等教育经费实现了相对充足。因此，高校如何分配和使用教育经费，各支出项目存在何种结构关系，成为本文的研究重点。

教师和基建设备是高校生产活动的两类重要投入要素。高校管理者通过分配对教师和基建设备的经费投入，以期在合理激励教师的同时，改善教学科研环境，从而获得更大更高质的学校产出。高等学校是集合教学、科研和社会服务为一体的多产出实体，不少研究者利用成本函数从成本结构的视角综合分析高校的多产出性质（Cohn，1989；Groot，1991；Hashimoto，1997；Koshal，1999；侯龙龙，2004；由由，2005；成刚，2007；Leton，2008），本文拟采用生产函数分析教师和基建设备支出对教学和科研产出的影响，并探讨两种投入要素存在的结构性关系。

过去的研究主要从静态的视角，对教育经费结构进行分析，而要素替代弹性为我们分析高等教育支出结构的动态关系提供了技术支持。要素之间的替代弹性是反映投入要素之间相互关系的重要指标。鉴于此，笔者将利用产出弹性和替代弹性，分析在高等教育生产过程中，教师支出和基建设备支出的结构关系，两者是互补还是替代关系？这种异质或同质的程度有多大？

以往对高校教育经费支出结构的研究主要根据《教育经费统计年鉴》中的划分方法和统计数据，将高校教育经费支出分为事业性经费支出和基本建设支出（李福华，2002；刘学岚，2009；陈晓宇，2012）。本文依据《高校决算分析报表》对经费支出结构的界定，将经费支出结构分为：基本支出、项目支出、经营支出、对附属单位补助支出和专款支出，来分析高校经费的使用结构状况。其中基本支出包括人员支出（工资福利支出、对个人和家庭的补助支出）和公用支出（商品服务支出、其他资本性支出、债务利息支出）。在本研究中，工资福利支出将作为对教师投入的代理变量，其他资本性支出作为对基建设备投入的代理变量，高等学校学生数和发表论文数分别作为教学和科研产出的代理变量。

## 二、理论基础

生产理论认为生产是将投入转化为产出的过程，生产可能常常被视为有效刻画多投入多产出行为的方法（杰里，2012），尽管生产可能集中反映的是高等教育多产出与多投入的行为活动，但是这种方法采取非参数估计，获得的结果无法通过显著性检验，导致结论有效性偏低。因此，可以考虑多投入与单产出的生产状况，通过选择合理的生产函数，从而分析高等教育投入要素间的替代关系，以反映经费支出的结构关系。

1. 产出弹性。产出弹性又称生产弹性，是指当所有其他投入要素保持不变时，一种投入要素的变动百分之一引起产量变动百分比。若厂商生产函数为 $y=f(x)$，则产出弹性的公式表达如下：

$$E = \frac{dy/y}{dx/x} = \frac{\mathrm{din}y}{\mathrm{din}x}$$

若要素产出弹性大于 1，表明要素的边际产量大于平均产量；若要素产出弹性等于 1，表明该要素的边际产量等于平均产量；若要素的产出弹性小于 1，表明该要素的边际产量小于平均产量；若要素 $A$ 的产出弹性大于要素 $B$ 的产出弹性，表明要素 $A$ 的产出效率大于要素 $B$ 的产出效率。

2. 替代弹性。替代弹性是关于投入要素和产出量之间的技术关系的重要特征，它表示生产既定产出的两种投入要素的替代程度，具体定义为两种投入要素的边际技术替代率的变化率引起这两种投入比例的变化率。其中边际技术替代率是指在保持产量不变的情况下，增加一单位某种投入要素投入量所引起的另一种要素投入的减少量。假设厂商的生产函数为 $y=f(K, L)$，则边际技术替代率 $\mathrm{MRTS}_{LK} = -\frac{\Delta k}{\Delta l}$，因此要素 $L$ 对要素 $K$ 的替代弹性表达如下：

$$\sigma_{KL} = \frac{d(K/L)/(K/L)}{d(MRTS_{LK})/MRTS_{LK}} = \frac{dln(K/L)}{dln(MRTS_{LK})}$$

由于：

$$\sigma_{KL} = \frac{dln(K/L)}{dln(MRTS_{LK})} = \frac{d[-ln(K/L)]}{dln[-(MRTS_{LK})]} = \frac{dln(L/K)}{dln(MRTS_{KL})} = \sigma_{LK}$$

因此，要素 $L$ 对要素 $K$ 的替代弹性等于要素 $K$ 对要素 $L$ 的替代弹性，要素替代弹性反映的是两种投入要素之间的相互替代弹性。替代弹性 $\sigma$ 的取值范围为 $[0, \infty)$，替代弹性等于 0，表明要素之间不可替代（或完全互补）；替代弹性等于无穷大，表明要素之间可以无限替代或完全替代（李子奈，2011）。即要素替代弹性越大，表明一种要素能有效地替代另一种要素，两者的同质性（相似性）更强，厂商可以通过增加其中一种投入要素以提高产量。若替代弹性小于 1，则投入要素之间是互补的关系，若替代弹性大于 1，则投入要素之间是替代的关系（Acemoglu，2002）。因此替代弹性体现了投入要素之间相互关系及替代或互补程度，是反映投入要素同质性的重要指标。如果两种投入要素之间是相互替代的关系，那么其中一种投入要素的价格上升时，厂商可以通过增加另外一种要素的投入量以替代之；如果两种投入要素是相互互补的关系，那么其中一种投入要素的价格上升会引起总成本的增加。

3. 生产函数。传统的线性生产函数、柯布—道格拉斯生产函数和不变替代弹性（CES）生产函数[①]分别假定了投入要素间的替代弹性为 0、1 和 $\frac{1}{1-p}$。它们分别假设生产要素之间不具备替代弹性，具备单位替代弹性或者具备固定的替代弹性，这种不考虑研究对象或样本点的替代弹性假设不符合现实情况。例如，不同类型高等学校（农林学校与综合性大学；"985"与"211"院校）和不同个体学校（A 校与 B 校）的教师和基建设备的分配结构不同，两者之间的替代性是不一致的。基于以上分析，本文将引入可变替代弹性（VES）的生产函数，它假定不同研究对象的要素替代弹性是不同的，这反映了高等学校更多的经济内容。

## 三、研究设计

（一）研究模型

本文采用 L. Christen、D. Jorgenson 和 Lau 于 1973 年提出的超越对数生产函数（Translog Production Function），这种可变替代弹性生产函数可以估计不同高校的教育经费支出结构，教师和基建设备之间的替代关系。生产函数模型如下：

$$\ln Y = \beta_0 + \beta_F \ln F + \beta_P \ln P + \beta_{FP} \ln F \cdot \ln P + \beta_{FF} (\ln F)^2 + \beta_{PP} (\ln P)^2 + \beta_1 \text{SIZE} + \beta_2 \text{CATEGORY} + u$$

$Y$ 分别为高校的教学和科研产出——学生数（student）和发表论文篇数（paper）；$F$ 为教师工资福利投入（faculty salary），$P$ 为基建设备支出（physical investment），SIZE 和 CATEGORY 分别为两个控制变量——学校规模和学校类型（"985" 或 "211" 类高校），$\beta_i$ 是估计参数。

根据超越对数生产函数，我们可以确定教师支出和基建设备支出的产出弹性及替代弹性如下：

教师工资福利支出的产出弹性：$E_F = \dfrac{\text{d}\ln Y}{\text{d}\ln F} = \beta_F + \beta_{FP} \ln P + 2\beta_{FF} \ln F$

基建设备支出的产出弹性：$E_P = \dfrac{\text{d}\ln Y}{\text{d}\ln P} = \beta_P + \beta_{FP} \ln F + 2\beta_{PP} \ln P$

基建设备与教师的替代弹性（刘学岚，2009；王灿雄，2013）：

$$\sigma_{PF} = \frac{\text{d}\left(\dfrac{P}{F}\right)}{\dfrac{P}{F}} \left[\frac{\text{d}\left(\dfrac{MP_F}{MP_P}\right)}{\dfrac{MP_F}{MP_P}}\right]^{-1} = \frac{\text{d}\left(\dfrac{P}{F}\right)}{\text{d}\left(\dfrac{MP_F}{MP_P}\right)} \frac{\dfrac{MP_F}{MP_P}}{\dfrac{P}{F}} \tag{1}$$

其中：

$$MP_F = \frac{1}{\ln Y} \cdot (\beta_F + \beta_{FP} \ln P + 2\beta_{FF} \ln P) \cdot \frac{1}{F} = \frac{E_F}{\ln Y \cdot F} \tag{2}$$

$$MP_P = \frac{1}{\ln Y} \cdot (\beta_P + \beta_{FP} \ln F + 2\beta_{PP} \ln F) \cdot \frac{1}{P} = \frac{E_P}{\ln Y \cdot P} \tag{3}$$

于是：

$$\frac{MP_F}{MP_P} = \frac{E_F}{\ln Y \cdot F} / \frac{E_P}{\ln Y \cdot P} = \frac{E_F}{E_P} \cdot \frac{P}{F} \quad (4)$$

因此：

$$\sigma_{PF} = \frac{P}{F} \cdot \left[ \frac{d\left(\frac{E_F}{E_P} \cdot \frac{P}{F}\right)}{d\left(\frac{P}{F}\right)} \right]^{-1} = \frac{P}{F} \cdot \left[ \frac{E_F}{E_P} + \frac{d\left(\frac{E_F}{E_P}\right)}{d\left(\frac{P}{F}\right)} \cdot \frac{P}{F} \right]^{-1} \quad (5)$$

其中：

$$d\left(\frac{E_F}{E_P}\right) = \frac{1}{E_P} \cdot dE_F - \frac{E_F}{E_P^2} \cdot dE_P \quad (6)$$

$$d\left(\frac{P}{F}\right) = \frac{1}{F} \cdot dP - \frac{P}{F^2} \cdot dF \quad (7)$$

由此可得：

$$\frac{d\left(\frac{E_F}{E_P}\right)}{d\left(\frac{P}{F}\right)} = \frac{\frac{1}{E_P} \cdot dE_F - \frac{E_F}{E_P^2} \cdot dE_P}{\frac{1}{F} \cdot dP - \frac{P}{F^2} \cdot dF} = \frac{\frac{1}{E_P} \cdot \frac{dE_F}{dF} - \frac{E_F}{E_P^2} \cdot \frac{dE_P}{dF}}{\frac{1}{F} \cdot \frac{dP}{dF} - \frac{P}{F^2}} \quad (8)$$

而：

$$\frac{dE_F}{dF} = \frac{2\beta_{FF}}{F}; \quad \frac{dE_P}{dF} = \frac{\beta_{FP}}{F}; \quad \frac{dP}{dF} = \frac{2\beta_{FF}}{\beta_{FP}} \cdot \frac{P}{F} \quad (9)$$

最后，将公式组（9）代入公式（8），并代入公式（5），整理可得：

$$\sigma_{PF} = \left[ 1 + \left( -\beta_{FP} + 2 \times \frac{E_P}{E_F} \beta_{FF} \right) (-E_P + E_F)^{-1} \right]^{-1} \quad (10)$$

（二）数据来源

本研究数据来源于《教育部部属高校财务决算协议 2010》，由于中央美术学院等三所学校不属于"985"及"211"类型院校，本数据删除了这三所学校，以便统一分析，因此，实际样本量为 73 个。变量定义及基本统计量如下。

因变量：学生数和发表论文数。73 所教育部直属高校学生数均值为

61665.79 人，其中，最少学生数为 4852 人，最大为 146757 人；各高校发表论文的平均数值为 3856.78 篇，发表论文最少数为 117 篇，最大数为 15856 篇。

自变量：教师工资福利支出和基建设备支出。各高校教师工资福利支出均值 34693.2 万元，其中，教师工资福利支出最小值为 3787.82 万元，最大值 133055.99 万元。各校对基建设备支出的平均水平为 29904.31 万元，其中，基建设备等资本性支出最小值为 27714.76 万元，最高值为 191641.98 万元。

控制变量：生师比（学校规模）和学校类型。教育部直属高校生师比均值为 8.95，其中，生师比最低值为 1.83，最大为 20.07。本文选取虚拟变量——学校类型，基准变量为"211"院校，当学校为"211"院校时，取值为 0；当学校属"985"类院校时，取值为 1。其中，"985"院校共 38 所（占样本量的 47.95%），"211"院校共计 38 所（占样本量的 52.05%）。

**表 1　变量定义及基本统计量**

| 变量名称 | 定义 | 均值 | 标准差 | 最小值 | 最大值 |
|---|---|---|---|---|---|
| Y：STUDENT | 学生数（人） | 61665.79 | 33790.51 | 4582 | 146757 |
| Y：PAPER | 发表论文数（篇） | 3856.78 | 3476.31 | 117 | 15856 |
| F | 教师工资福利（万元） | 34693.28 | 25239.18 | 3787.82 | 133055.99 |
| P | 基建设备（万元） | 29904.31 | 27714.76 | 1220.13 | 191641.98 |
| SIZE | 生师比 | 8.95 | 3.69 | 1.83 | 20.07 |
| CATEGORY | 学校类型 | "985"院校：35 所；"211"院校：38 所 | | | |

（三）模型估计结果

由于本研究模型中的解释变量间具有较强的多重共线性，若采用普通最小二乘法进行估计会产生不显著或者正负值倒置的错误结论。针对解释变量间多重共线性现象，本文采用 A.E.Hoerl 提出的改进最小二乘估计的方法——岭估计（ridge estimate）。根据岭迹图分析，笔者分别确定教学（学生数）回归模型和科研（发表论文数）回归模型的岭参数值 k 为 0.08 和 0.03，并对数据进一步处理，回归结果如下。

1. 教学产出模型的回归结果。教学产出的超对数生产函数回归结果显示（表2），教师的人力资本投入、基建设备的物质资本投入和学校规模是教学产出（高等学校学生数）的重要影响因素。通过逐步回归方法，笔者在经典超对数函数模型的基础上，逐步加入控制变量，以确定合理的函数形式。第一列回归模型为经典的超对数生产函数模型，除基建设备支出的对数二次项没有通过显著性检验外，其他解释变量对教学产出（学生数）都产生了显著的影响，模型的拟合程度较好，该模型解释了学生数变异程度的53.6%；第二列回归模型加入控制变量——学校规模，结果显示，学校规模对学生数的影响显著，回归模型的拟合优度判定系数（$R^2$）增至84.5%；第三列回归模型进一步加入控制变量——学校类型（当学校为"985"高校时，CATEGORY=1，当学校为"211"院校时，CATEGORY=0），结果显示，学校类型对学生数的作用不显著，不同类型学校的教学产出不存在显著差异。因此，根据以上分析，可以确定第二列回归模型为合适的教学产出模型，笔者依此测算了教师支出和基建设备支出的教学产出弹性，以及两者之间的替代关系。

教学产出的回归模型如下：

STUDENT=$-3.395 + 0.441\ln F + 0.014\ln P + 0.003\ln F \cdot \ln P + 0.009$ $(\ln F)^2 - 0.001 (\ln P)^2 + 0.106$SIZE$ + u$

教师投入的教学产出弹性：$E_F = 0.441 + 0.003\ln P + 0.018\ln P$

基建设备的教学产出弹性：$E_P = 0.014 + 0.003\ln F - 0.002\ln F$

教师与基建设备的替代弹性：$\sigma_{PF} = \left[ 1 + \left( -0.003 + \dfrac{E_P}{E_F} \times 0.009 \right) \left( -E_P + E_F \right)^{-1} \right]^{-1}$

表 2  教学产出的回归结果

| 变量 | 参数 | 因变量：学生数 | | |
| --- | --- | --- | --- | --- |
| | | （1） | （2） | （3） |
| constant | $\beta_0$ | $-1.149$ | $-3.395^{***}$ | $-1.703^{*}$ |
| | | （1.203） | （0.743） | （0.853） |

续表

| 变量 | 参数 | 因变量：学生数 | | |
|---|---|---|---|---|
| | | （1） | （2） | （3） |
| $\ln F$ | $\beta_F$ | 0.384*** | 0.441*** | 0.390*** |
| | | （0.061） | （0.036） | （0.037） |
| $\ln P$ | $\beta_P$ | 0.084* | 0.014 | 0.014 |
| | | （0.047） | （0.027） | （0.027） |
| $\ln F \cdot \ln P$ | $\beta_{FP}$ | 0.002*** | 0.003*** | 0.003*** |
| | | （0.001） | （0.000） | （0.000） |
| $(\ln F)^2$ | $\beta_{FF}$ | 0.007*** | 0.009*** | 0.008*** |
| | | （0.001） | （0.001） | （0.001） |
| $(\ln P)^2$ | $\beta_{PP}$ | 0.001 | −0.001 | −0.001* |
| | | （0.001） | （0.000） | （0.001） |
| SIZE | $\beta_1$ | | 0.106*** | 0.095*** |
| | | | （0.009） | （0.009） |
| CATEGORY | $\beta_2$ | | | 0.068 |
| | | | | （0.073） |
| $R^2$ | | 0.536 | 0.845 | 0.804 |
| 样本量 | | 73 | 73 | 73 |

注：括号内为标准差；***，**，* 分别代表 1%，5% 和 10% 水平上显著。

2. 科研产出模型的回归结果。科研产出的超对数生产函数回归结果显示（表3），教师支出和基建设备支出是影响科研产出（发表论文数）的重要因素。通过逐步回归方法，笔者在经典超对数函数模型的基础上，逐步加入控制变量，以确定合理的函数形式。第一列回归模型为经典的超对数生产函数，结果显示，除基建设备支出对数值及其二次项外，教师投入等解释变量对科研产出（发表论文数）产生显著的影响，该模型解释了科研产出变异的 73.3%；第二列回归模型引入了学校规模这一控制变量，结果显示，学校规模并未对科研产出（发表论文数）产生显著影响；第三列回归模型进一步引入控制变量——学校类型，结果显示，学校规模和学校类型均对发表论文数的作用不显著，即不同规模和类型学校的科研产出不存在显著差异。因此，根据以上分析，可以确定第一列回归模型——经典的超对数生产函数为科研产出模型，笔者据此进一步测算了教师支出和基建设备支出的科研产出弹性，以及两者之间的替代关系。

科研产出的回归模型如下：

$PAPER = -10.90 + 0.594 \ln F + 0.081 \ln P + 0.003 \ln F \cdot \ln P + 0.127 (\ln F)^2 - 0.001 (\ln P)^2 + u$

教师投入的科研产出弹性：$E_F = 0.594 + 0.003 \ln P + 0.254 \ln P$

基建设备的科研产出弹性：$E_P = 0.081 + 0.003 \ln F - 0.002 \ln F$

基建设备与教师的替代弹性：$\sigma_{PF} = \left[ 1 + \left( -0.003 + \dfrac{E_P}{E_F} \times 0.127 \right) \left( -E_P + E_F \right)^{-1} \right]^{-1}$

表 3　科研产出的回归结果

| 变量 | 参数 | 因变量：发表论文数 | | |
|---|---|---|---|---|
| | | （1） | （2） | （3） |
| constant | $\beta_0$ | $-10.90^{***}$ | $-11.140^{***}$ | $-8.508^{***}$ |
| | | （1.497） | （1.537） | （1.780） |
| $\ln F$ | $\beta_F$ | $0.594^{***}$ | $0.592^{***}$ | $0.497^{***}$ |
| | | （0.081） | （0.080） | （0.084） |
| $\ln P$ | $\beta_P$ | 0.081 | 0.054 | 0.041 |
| | | （0.068） | （0.067） | （0.068） |
| $\ln F \cdot \ln P$ | $\beta_{FP}$ | $0.003^{***}$ | $0.004^{***}$ | $0.003^{***}$ |
| | | （0.001） | （0.001） | （0.001） |
| $(\ln F)^2$ | $\beta_{FF}$ | $0.127^{***}$ | $0.014^{***}$ | $0.013^{***}$ |
| | | （0.002） | （0.002） | （0.002） |
| $(\ln P)^2$ | $\beta_{PP}$ | $-0.001$ | $-0.001$ | $-0.001$ |

续表

| 变量 | 参数 | 因变量：发表论文数 | | |
|------|------|---------|---------|---------|
| | | （1） | （2） | （3） |
| | | （0.001） | （0.002） | （0.001） |
| SIZE | $\beta_1$ | | 0.225 | 0.012 |
| | | | （0.017） | （0.018） |
| CATEGORY | $\beta_2$ | | | 0.096 |
| | | | | （0.140） |
| $R^2$ | | 0.733 | 0.740 | 0.702 |
| 样本量 | | 73 | 73 | 73 |

注：括号内为标准差；***，**，* 分别代表 1%，5% 和 10% 水平上显著。

3. 教师支出和基建设备支出的产出弹性与替代弹性。根据教学和科研模型估计结果，测算教师投入和基建投入的产出弹性和替代弹性，结果如表 4 所示。

在产出弹性方面，从总体上看，教师工资每增加 1% 所引起的学生和科研产出增加幅度在 1% 左右，这远高于基建支出引起的教学科研产出幅度（不足 0.1%）。因此，无论是在教学还是科研方面，教师支出的产出弹性比基建设备的产出弹性大，教师的产出效率更高。从不同的学校产出类别看，教师和基建设备支出的教学产出弹性（0.875 和 0.035）低于其在科研上的弹性作用（1.158 和 0.095），教师和基建设备在培养学生方面表现出更高的产出效率。

在替代弹性方面，教师与基建设备的替代弹性大于 1，表明教师和基建设备能有效相互替代。从产出类别上看，在教学产出上，教师对基建设备的替代弹性均值为 1.0035，教师支出与基建设备支出能有效替代，以培养更多的学生；在科研生产方面，教师对基建设备的替代弹性均值为 1.0024，教师支出和基建设备支出之间同样能有效替代。通过比较，在科研生产（科学研究）上，教师和基建设备支出之间的相互替代性显著低于其在教学生产（培养学生）上的表现（sig=0.000），这说明，在培养学生环节，教师和基建设备支出的同质性更高，教师支出与基建设备支出是一种"此消彼长"的关系，当教师支出不足时，学校可以通过增加基建设备支出弥补之，从而达到培养更多学生的同样目的；然而，在科学研究上，教师和基建设备支出的同质性较低，教师支出和基建设备支出是一种更趋近"互补"的关系，学校不能仅仅依靠教师或者基建设备进行科学创造，而需同时依靠教师和基建设备。

表 4　产出弹性与替代弹性

| 产出 | 变量名 | 定义 | 均值 | 标准差 | 最小值 | 最大值 |
|---|---|---|---|---|---|---|
| 教学 | $E_F$ | 教师支出的产出弹性 | 0.875 | 0.015 | 0.827 | 0.912 |
|  | $E_P$ | 基建设备的产出弹性 | 0.035 | 0.001 | 0.031 | 0.039 |
|  | $\sigma_{PF}$ | 教师替代基建设备的弹性 | 1.0035 | 0.0001 | 1.0024 | 1.0037 |
| 科研 | $E_F$ | 教师支出的产出弹性 | 1.158 | 0.019 | 1.097 | 1.206 |
|  | $E_P$ | 基建设备的产出弹性 | 0.095 | 0.002 | 0.090 | 0.099 |
|  | $\sigma_{PF}$ | 教师替代基建设备的弹性 | 1.0024 | 0.0000 | 1.0023 | 1.0026 |

　　分析不同院校类型，可以发现"985"和"211"类院校的经费支出结构存在差异：（1）"985"院校的教师支出的教学产出弹性（0.883）和科研产出弹性（1.168）显著地高于"211"类院校（0.867和1.148），而"985"院校的基建设备支出的教学产出弹性（0.036）和科研产出弹性（0.095）略高于"211"类院校（0.035和0.094），但差异不显著；（2）"985"院校在教学和科研产出方面，教师对于基建设备的替代弹性都显著地低于"211"类院校，即对"211"类院校来说，无论是从事培养学生还是进行科研创造，教师与基建设备支出可以有效替代；（3）无论是"985"院校，还是"211"院校，在教学方面，教师与基建设施的替代弹性高于科研方面，即对于培养学生来说，教师与替代基建设备的弹性较高，而对于科研创造活动，教师与基建设备更趋向于互补。

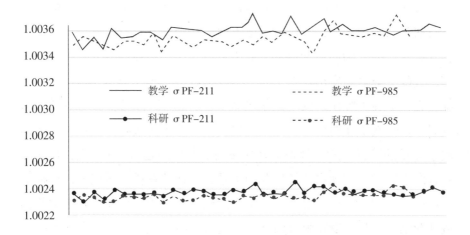

**图1 "985""211"院校教师与基建设备的替代弹性**

（四）基于结果的解释

实证结果表明，教师支出的产出弹性高于基建设备支出的产出弹性，产生这一现象的可能解释在于：作为知识密集型的组织，高等学校的形成和发展依赖教师群体，学校的实力和声望在很大程度上取决于教师的实力和创新能力，而非豪华的基建和先进的设备。高等教育的直接需求者——学生，会依据学校的声望和教师实力选择是否就读一所学校，高等学校的优质博学教师是吸引和培养学生的关键要素。高校配额更多经费用于支付教师工资福利，招募和引进国内外优秀的青年教师和顶尖人才，从而提高教学产出（培养更多的学生），因此高校的教师支出产出弹性显著高于基建设备支出。

教师和基建设备支出的教学产出弹性低于其科研产出弹性，可能的原因是：本文选取的教学产出（学生数）是相对稳定的产出值，我国各高校每年根据教育部计划安排确定当年的招生数，因此各院校的学生数变动对学校投入变化的敏感性较低，学校经费支出要素对学生数的产出弹性较小；另一方面科研产出（发表论文数）是相对市场化的竞争指标，它较为真实地反映了学校的产出能力，并根据支出总量和结构的变化而变化。

教师与基建设备在教学上的替代弹性大于在科研上的替代弹性，即与科研创造活动相比，在培养学生方面，教师和基建设备支出能更好地相互替代，两者的同质性更大。原因可能在于：在教学方面，当教师不足（教师工资福利支出较少）时，学校可以通过扩建教室，增加基础设施建设，提高生师比，以培养更多的学生。此外，随着信息科技的快速发展，远程教学和网络课堂等各种现代教学技术使教师传授知识不必拘泥于面授的形式，这为教师被基建设备替代的可能性提供了技术支持，两者之于教学，表现出"替代"的关系。然而，在科学研究上，教师是知识积累和创新的核心要素，任何理论构建和科学发现离不开教师的创造性劳动，教师可以在艰苦的环境下进行科学研究，也可以在优越的条件下发挥创造才能，而研究成果不能脱离教师劳动在基建设备的运作下自行产生，因此，教师与基建设备支出在科研上的同质性较低，两者之于科学研究，表现出更趋近于"互补"的关系。

"985"高校经费支出的产出弹性高于"211"院校，教师和基建设备支出的替代弹性低于"211"院校，即"985"高校的教师和基建设备支出的同质性较弱，相互替代性较低。究其原因，由于历史承袭和政策支持，"985"高校在获得政府竞争性预算拨款、充分利用市场机会获得优待，他们拥有国内及国际领先的学术群体，能招募更多的优秀青年教师和成功学者加入，这造就了"985"高校的综合实力优于"211"院校，并不断增强，而学校的强大声誉、物质和智力优势能最大程度吸引学生，更高学术素养、创新能力的教师团队和优越的物质环境是创造更多的学术成果的基石，因此"985"院校经费支出的产出弹性高于"211"院校。与此同时，这同样能解释为什么"985"高校的教师和基建设备支出的同质性较低，因为"985"高校拥有独特创新能力的教师团队和先进的设备，他们分别在教师劳动力市场和要素市场上具有很强的竞争力，两者在各自市场上都有很强的独特性（不可替代性）；另一方面，我们常常可以看到，优势高校为引进优秀人才，多以提供合作团队和先进的实验室及相关设备作为配套支持，两者是相辅相成，不可或缺的关系，"985"

高校具有同时引进人才、购置设备的财政实力，因此其教师和基建设备之间的相互替代性较低。

## 四、结论与不足

本文使用 2010 年《教育部部属高校财务决算协议》数据，运用超对数生产函数模型，采取岭回归估计方法，对教育部直属高校经费支出的结构进行实证分析，主要结论总结如下：

第一，教师工资福利支出和基建设备支出是高等学校经费投入的两个重要方向，教师工资福利和基建设备投入对教学产出（培养学生数）和科研产出（发表论文篇数）有重要的影响。学校规模是影响学校教学产出的重要因素，但对学校的科研产出的作用不显著；"985"类和"211"类高校在教学和科研产出的总量上不存在显著差异。

第二，无论是在培养学生环节，还是在科学研究方面，教育部直属高校教师支出的产出弹性都高于基建设备的产出弹性，对教师投入所获得的产出效率高于对基建设备投入获得的产出效率；此外，教师对基建设备的替代弹性大于 1，即高等学校的教师支出与基建设备支出具有相互替代性。

第三，教师和基建设备支出在教学上的产出弹性皆低于在科研上的产出弹性，可能的原因在于，本文选取的教学产出的代理指标（学生数）较科研产出的代理指标（发表论文数）缺乏市场化性质，高等学校按照教育部计划确定每年的招生数，因此各校学生数随学校投入的变化较小。在替代弹性方面，教师与基建设备对教学的替代弹性高于对科研的替代弹性，即对于培养学生来说，教师与基建设备支出可以有效替代，而对于科研创造活动，教师与基建设备的替代性略低，互补性要明显一些。

第四，不同学校类型的教师和基础设施的产出弹性及其替代弹性存在差异。"985"院校的教师支出的教学和科研产出弹性显著地高于"211"院校，即与"211"院校相比，"985"院校的教师支出的效率更高；此外，"985"院校的教师与基建设备的替代性低于"211"院校，这表明，"985"院校的教师和基建支出的相互替代性较低，这类院校现有的支出结构较为稳定。

基于以上研究和分析，笔者认为本研究仍然存在如下不足：

其一，本研究的样本为一年的截面数据，样本量较小，因此无法分析不同性质院校（综合性大学、理工院校、师范院校、外语院校等）的经费支出结构。不同性质院校的办学理念和发展目标不尽相同，因此这些高校的经费支出和产出会存在差异。后续的研究可以在历时性数据（面板数据）基础上，进行区别分析。

其二，本文选取高等学校学生数作为教学产出的代理变量。尽管国际上教育经济领域专家常选取学生数作为高等教育的教学产出指标，然而这与国外高校招生数额随市场化竞争变动不无关系，而我国教育部直属高校的学生数量按照一定的计划指标浮动，变化较小。因此，选取何种指标作为我国高校（尤其是教育部直属高校）的教学产出的代理变量，值得研究。

其三，对于科研产出（发表论文），不同学科的科研产出对教师和基建设备的需求程度不一，例如，人文历史类的科研产出主要源于教师对知识的积累和思辨；物理化学等理工科类的科研产出离不开先进的仪器设备，因此，不同学科的教师和基建设备支出结构及其弹性关系可能存在差异。本研究囿于数据限制未能对此进行分析。

其四，本研究中投入（教师工资福利）和产出（发表论文数）可能存在互为因果的关系。工资福利支出包括基本工资、津贴补贴、奖金、社会保障缴费、伙食补助费、绩效工资和其他。其中，教师的"奖金"和"绩效工资"与科研产出孰因孰果？一方面，丰厚的奖金和绩效工资能有效激励教师，降低科研产出积极性和动力；另一方面，拥有多产且高质科研成果的教师能获得更多的奖金和绩效工资。因此，接下来可将剔除"奖金"和"绩效工资"后的教师工资福利支出作为投入变量，研究我国高校经费支出结构的动态关系。

**注：**

①假设资本 K 与劳动力 L 是生产的两种投入要素，经典的线性生产函数模型为：$Y=\alpha_0+\alpha_1K+\alpha_2L$，经典的柯布—道格拉斯生产函数模型为：$Y=AK^\alpha L^\beta$，经典的不变替代弹性生产函数模型为：$Y=A(\delta_1K^{-\rho}+\delta_2L^{-\rho})^{-1/\rho}$。关于不同生产函数的要素替代弹性的具体推导过程请参考（李子奈，2011）。

**参考文献：**

[1] Acemoglu D. Directed Technical Change [J]. The Review of Economic Studies, 2002, 69（4）: 781-809.

[2] Cohn E, Rhine S L W, Santos M C. Institutions of Higher Education as Multi-product Firms: Economies of Scale and Scope [J]. The Review of Economics and Statistics, 1989, 71（2）: 284-290.

[3] De Groot H, et al. The Cost Structure of American Research Universities [J]. The Review of Economics and Statistics, 1991（73）: 424-431.

[4] Hashimoto K, Cohn E. Economies of Scale and Scope in Japanese Private Universities [J]. Education Economics, 1997, 5（2）: 107-115.

[5] Koshal R K, Koshal M. Economies of Scale and Scope in Higher Education: A Case of Comprehensive Universities [J]. Economics of Education Review, 1999, 18（2）: 269-277.

[6] Leton P. The Cost Structure of Higher Education in Further Education Colleges in England [J]. Economics of Education Review, 2008, 27（4）: 471-482.

[7] 北京大学课题组. 我国公共教育财政 20 年: 4% 政策的回顾与展望 [R]. 北京: 北京大学教育学院, 2013.

[8] 陈晓宇. 我国教育经费结构: 回顾与展望 [J]. 教育与经济, 2012（01）: 21-28.

[9] 成刚, 吴克明. 我国高校内部效率研究——基于范围经济的分析 [J]. 北京师范大学学报: 社会科学版, 2007（2）: 81-91.

[10] 侯龙龙. 中国高等教育中的范围经济 [D]. 北京大学, 2004.

［11］黄磊，周勇.基于超越对数生产函数的能源产出及替代弹性分析［J］.河海大学学报：自然科学版，2008，36（1）：134-138.

［12］杰里，瑞尼.高级微观经济理论［M］.北京：人民大学出版社，2012：97.

［13］李福华.普通高校经费支出结构分析［J］.中国高等教育评估，2002（3）：27-30.

［14］李子奈.计量经济学模型方法论［M］.北京：清华大学出版社，2011：137-145.

［15］刘学岚.我国高等教育经费支出结构分析［J］.武汉大学学报：哲学社会科学版，2009，62（4）：574-578.

［16］王灿雄，谢志忠.论超越对数生产函数要素替代弹性的逻辑错误［J］.统计与信息论坛，2013，28（10）：13-16.

［17］由由.经费来源与高等教育成本效率研究［D］.北京大学，2005.

**2021年10期**

# 中小学课程思政：育人向度及其建设

潘希武<sup></sup>

**摘　要：**课程思政并非简单地是一个在学科课程中挖掘思政育人元素或实现学科课程与思政教育融合的问题。课程思政与思政课程具有各自的内涵、育人向度及角色扮演。学科课程具备多向度的思政育人功能，大体存在三种表现：部分学科直接构成思政教育的重要内容或基础性支撑，各学科部分内容直接指向思政育人，学科教学本身存在难以言说的思政育人。课程思政的关键问题在于围绕学科知识特点和学科核心素养培养推进学科教学改革，遵循自身教学特点和要求，在真正实现自身教学目标和任务的同时，实现多向度的课程思政育人，进而实现课程思政与思政课程的协同育人。同时，课程思政要特别重视专题性活动课、日常生活课程以及学校文化的建设，促进隐性思政育人走向显性思政育人。

**关键词：**课程思政；思政课程；思政育人；育人向度

思政教育有赖于思政课程与课程思政的协同育人。学界普遍认为课程思政需要挖掘思政育人元素，实现与思政教育的融合，但问题是普遍理解的"融合"是否可能并具有必然性。如果并不存在所谓的融合，那么思政课程与课程思政的协同育人就需要另外的答案。为此，有必要追问两者各自在思政育人中扮演什么样的角色或发挥什么样的功能，特别是课程思政的内涵与育人向度究竟是什么。唯有明确课程思政的育人内涵与向度，才能找到课程思政的育人路径，真正有效推进课程思政建设。

---

\* 作者简介：潘希武，深圳市教育科学研究院副院长、研究员，博士。

## 一、课程思政研究的主要聚焦及存在问题

课程思政的内涵及其建设路径，是当前课程思政研究的重点问题，也是思政教育实践迫切需要回答的问题。从现有的研究看，课程思政的内涵大体上存在两种不同的界定，一种是把课程思政界定为所有课程（包括思政课程和思政课程之外的其他学科课程）的协同思政教育的理念、模式、方式方法。这种观点强调整体课程的运作以推进全员、全方位、全过程的思想政治教育[1]，即把思想政治教育融入所有课程教学的各环节、各方面[2]，或者强调将思想政治教育渗透到知识、经验或活动过程中并转化为内在德性[3]。为此，一些人认为课程思政是教学活动全过程育人的理念和方法的突破，是以思想政治教育目标为指导的教学体系[4]；或者把课程思政看作一种将思想政治教育融入课程教学和改革的各环节、各方面的课程观[5]；或者倾向于把"课程思政"视作一种新型教学模式，主张将思想政治教育的内容和精神融入所有课程中[6]。如果把课程思政中的"课程"理解为包括专门思政课在内的所有课程，课程思政确实可以被视作一种新型教育理念、教学模式或方式方法。应该说，这种认识或理解准确地把握到了思政教育的特点，即思政教育不同于一般的学科教学，不是单维度的知识、经验或实践的教育，而是贯穿于所有学科的知识、能力与价值的教育，贯穿于所有教育实践领域或教育活动之中的教育。尽管一般的学科教学也未必就是单维度的知识、能力或价值的教育，但其综合性的育人内涵显然无法与思政教育相提并论。无疑，思政教育是一种思想教育，但其不是一般意义上的思想教育，而是思想政治的教育，其关注的根本问题在于促进人在政治社会中获得正确的社会认知或世界认知，进而获得正确的自我认知并付诸实践，从而获得自我的完满性和幸福。正是因为其关注的问题具有根本性，成为立德树人的关键性教育，思政教育才获得了全程与全方位教育的定位。也因此，一些人特别强调课程思政的显性课程和隐性课程（包括物质层面、精神层面、行为层面、制度层面）[1]或者显性思政与隐性思政的协同教育作用。但是，着眼于思政教育的内涵与特点来理解课程思政，把课程思政的范围扩大，并没有进一步有效区分专门的思政

课程与学科课程思政的育人差异，也就没有回答两者的协同育人问题。从根本上说，还是没有具体回答思政育人的路径问题。究竟如何实现思政整体育人，还需要探索。

因此，对课程思政就有了另外一种理解，即把课程思政中的"课程"界定为思政课之外的其他学科课程。这种界定显然是想探讨课程思政究竟如何育人，试图从课程思政的育人内涵出发，力图探索其具体的建设路径和方式方法。为此，如何挖掘学科课程中的思政育人元素，成为不少学者的重点探讨内容或者关注的焦点。他们主张要坚持深入挖掘与有机融入，坚持专业教学与思政教育相统一[7]。有的甚至进一步提出需要挖掘学科课程中隐含的共性化的思政元素，包括价值导向、文化传承、品德养成、科学精神与技术伦理等[8]。显然，大家已经普遍意识到不能把学科课上成思政课，而是要挖掘学科课程中的思政元素并实现学科课程与思政教育的统一。但问题是，两者是否存在所谓的有机融入问题，以及究竟如何实现两者的有机统一。诸如价值导向等共性的思政元素，实际上涵括知识、能力之外的所有其他元素，并且这些共性元素体现在学科教学的全部内容、领域以及全过程环节或所有活动中；或者说，学科课程中的思政元素无处不在。思政育人元素越是无处不在，往往比较模糊或无法具体言说，甚至具有相当的偶然性，越是难以把握。但是，挖掘学科课程中的思政元素并不容易，难以具体操作。因此，课程思政并非在于挖掘某些元素。实际上，"挖掘"这个概念并不确切。"挖掘"往往意味着根据思政教育的内容对学科课程内容进行相应的开发，以实现特定的思政育人。这是一种机械式的融合问题。课程思政的育人向度并非在于此。

这两种内涵理解上的差异，对推动课程思政教育并没有显著的作用。有的人用广义与狭义之分来概括两种内涵的理解分歧[7]，这种划分实际上并不能解决思政课程建设的基本问题。"课程思政"无论是理解为所有的课程还是专门的思政课程之外的其他学科课程，都不是问题的关键，因为前者也需要在区分专门的思政课程与其他学科课程思政中构建整体的课程观，后者同样需要在专门思政课程的比较视野中确立自身的课程观。因此，真正需要关心的在于思政课程与课程思政各自的教育功能定位、育人维度及其教育方式的适切性问题。

## 二、思政课程与课程思政的育人分工与协同

政治社会都具有自己的意识形态、政治学说，即一套以国家概念为核心的政治的思想或学说体系，相应地，思政课程必然具备自身独立的内容体系。当代中国的思想政治理论体系包括马克思主义基本原理、马克思主义中国化、中国特色社会主义，是一个严密的理论与实践逻辑体系。其中，中国特色社会主义要构建的是坚持党的领导、社会主义制度、社会主义核心价值观、以人民为中心的理论与实践逻辑体系。中小学思政课程包括义务教育阶段的"道德与法治"和高中政治，内容涉及社会主义核心价值观、理想信念、道德情操，以及马克思主义理论、习近平新时代中国特色社会主义思想，同样具有严密的理论体系。为此，需要加强系统的理论逻辑认知教育。

思想政治理论作为独立的课程，具有自身独特的特点，其并非呈现为某种知识，而是表现为思想或观念的体系。人的政治思想或观念的形成虽然也依赖于情感或意愿行为，但更依赖于深层次的理性判断和逻辑建构。当然，作为思想观念的意识，其形成非常复杂。在胡塞尔看来，人的意向性意识行为是一种"视域并因此而构造着世界"[9]。也就是说，意识视域存在着综合性构造过程，表现为现象直观及其时间性的想象生成与理性判断的交互综合，或实践与意识的反复生成与综合。应该说，把意向性意识行为及其逻辑建构看成理论与实践相融合的视域而不是纯粹的意识本身，是对的，但并没有否定意识逻辑建构的作用。为此，应当综合统筹情感、意愿、判断与逻辑建构在个体思想政治观念形成中的不同作用。

相应地，思想政治理论教育虽然也强调直观、情感体验及实践，但首先仍然是要解决思想政治理论的逻辑认知问题。知然后行。正因为如此，有必要开设专门的思想政治理论课程并进行专门的教育，着重解决思想政治的理论与实践逻辑体系认知或认同问题，以及通过专门的理论与实践教育活动解决人的思想政治实践问题。专门的思政课程所承担的系统的理论逻辑认知教育功能是其他学科所难以承担的。当然，理论是实践的

抽象和体现，思想政治理论教育实际上是理论与实践相结合的逻辑认知教育。因此，思政课程也需要通过开展广泛的实践活动，以专门实施思政实践育人，并通过理论与实践的融合，实现理论与实践的自觉。其他学科课程当然也可以进行局部或某些侧面的思政育人，但无法做到专门性的思政育人。

思政教育是一种全方位、全过程的综合性育人活动。思政课程是立德树人的关键性课程，学科课程同样担负着思政育人的功能。学科课程如何实施思政育人，关键是要看到学科课程或教学的思政育人维度存在显著差异。课程思政体现在思政课程之外的各学科课程或综合性课程之中，由于学科课程的知识特点、内容体系存在较大差异，因而其思政育人模式也存在较大差异，大致上有三个方面的差异性体现。

其一是诸如历史学科、艺术学科及心理健康教育等课程，本身就构成思想政治教育的重要内容或支撑。其中，尤其是中国近现代史，直接构成思政课程的重要内容，无须过多考虑与思政课程的融合问题。当然，历史课程的教学方略，是陷入历史人物与事件的叙述，还是以中国特色社会主义的理论与实践逻辑来统率历史教学，更加注重历史学科课程教育的思想主线，直接影响到思政育人的效果。艺术学科和心理健康课程本身并不直接构成思政教育的内容，但艺术的审美教育及心理健康教育构成思政教育的重要基础或直接支撑。审美和心理健康出现问题，必然波及思想健康问题。当然，艺术课程内容也有一些直接构成思政课程的内容，不过是以艺术的形式表现出来而已，甚至也可以围绕思政教育主题，拓展艺术教育内容。

其二是相关学科课程中的某些内容直接构成思政教育内容。比如，地理学科中涉及的国情教育内容、语文课程中的中华传统文化经典研习、中国革命传统作品研习或英语学科课程中的相关文本内容，甚至自然学科课程中的人物故事或科学事迹，都直接构成思政教育的内容。其中，尤其是语文学科课程中的传统经典作品，或侧重于情感的审美、道德榜样塑造，或侧重于思想及精神境界的提升，以及革命传统作品的时代背景、思想风貌及精神气概，无不构成思政教育的重要内容。同样，地理学科课程中的区域位置、自然资源、经济与社会发展战略、政治模式、思想文化等内容以及相应的综合性学习，也构成思政教育的内容。因此可以说，某些学科内容既体现为学科的知识，也体现为思政教育的内容，本身融为一体，很难严格分辨其究竟属于何种教学内容。

其三是部分学科课程及其内容很难直接构成思政育人内容，但存在特定的思政育人维度。任何学科课程通过知识的呈现，目的并非仅仅在于传授给个体以系统的知识或必备的能力培养，从根本上说终究是回归到人本身，即促进人获得对世界的认知进而获得正确的自我认知，并通过应用知识促进人的发展，获得自我意义和对世界的通达。从这个意义上说，任何学科课程无疑都具备广义上的思政育人功能。但就知识内容本身来看，诸如数学、物理、化学、生物等学科课程，具有严密的知识体系，往往更多地强调知识的学习与能力的培养，并不直接构成和未必一定要体现特定的思政教育内容，或者说可以构成思政教育的内容不会很广泛。但并不能因此否认这些学科本身可以构成思政育人的重要维度，而如何构成直接的思政育人维度则需要深入分析。大体上说，这些学科课程的思政育人维度可以表现为三个方面：一是这些学科自身具有的学科核心素养培养活动，可以构成直接的思政育人维度；二是学科教学的各环节和过程，往往存在着无限的思政育人可能性，只是难以精准识别；三是学科教学方式的变革，诸如探究性学习、合作式学习等方式，改变了知识的单向传授，扩大了思想交往的时空，进而增大了思政育人的可能性。思想的启迪或教育并非仅仅来源于书本或教师教学，也来自关系中的交往及实践。但是，学科教学环节、过程以及教学方式均非常复杂，很难直接对应于特定的思政育人内容，唯有遵循自身的教学规律。学科教学活动往往具有综合育人效果，并非一定要特意根据思政育人的要求，进行特别的教学内容设计并实施教学。事实上，学科教学环节和过程的思政育人无处不在，但很难进行确切的教学设计以实现其思政育人效果。

从以上三个方面看，课程思政并非一个简单的内容渗透或融入的问题，甚至并不存在所谓的融合或挖掘思政元素的问题。学科课程的思政育人往往是分散的，并不能成为学科课程展开思政教育融合的理由。学科课程具有自身独特的思政育人向度，在回归自身教学规律的同时，或具有明确的思政育人内容和指向，或存在无法言说清楚的思政育人内容和方式，均决定了思政教育融合的虚假性或非必要性。

### 三、课程思政建设的两个重要路径

（一）回归学科教学本身

学科课程的思政育人，存在诸多难以明确辨别的或者说是隐性的多向度可能性，因此必须改变惯常的融入性思维，立足于学科课程特点，真正回归学科教学本身。问题在于如何真正回归到学科教学本质，或者说回归到什么样的教学本质。从 20 多年来的新课程改革来看，教学改革的重要探索在于落实立德树人根本任务，深入推进素质教育，从根本上减少"机械刷题"现象。课程改革在考试与评价改革的逐步推进中获得越来越清晰的内涵，特别是新一轮高考改革的启动，主要是在三个层面的系统推进，即学科核心素养体系的构建，高考命题改革对综合性、应用性、开放性和创新性的转型指向，以及课程内容模块的整体调整，给基础教育课程教学改革注入了新的内涵与发展方向。尽管考试命题改革距离完全意义上的开放性和创新性尚有差距，综合性、研究性学习还不可能成为教学的主流模式，或者说，传授式的知识教学方式仍然存在，但基础教育课程与教学改革毕竟获得了新的空间并步入新的发展阶段。

这种系统性变革对学科课程的实施提出了新的要求，核心是要求学科课程从知识传授式教学走向综合性和研究性学习等新型教与学方式，培养学科核心素养，实现学科的整体育人。为此，推进学科教学改革，一是必须聚焦学科核心素养培养。学科教学改革的目的在于培养学生核心素养，所谓核心素养则是学生全面发展的具体指标表现，思政育人同样也有自身的核心素养培养要求，两者之间必然存在一定的重合或具有共同的指向。因此，学科核心素养培养必然构成不同维度或层面的思政育人。学科课程回归到学科核心素养培养，就必然可以在自身范围内践行思政育人。以普通高中学科为例，语文学科的审美鉴赏与创造及文化传承与理解、物理学科的科学态度与责任、化学学科的科学精神与社会责任、生物学科的生命观念与社会责任、地理学科的人地协调观和地理实践力、历史学科的时空观念与历史价值观等素养培养，直接构成思政育人的培养目标体系。但是，聚焦学科核心素养培养并没有直接回答学科教学改革的具体路径，也就没有回答学科课程思政育人的具体向度。

因此，推进学科教学改革，二是要真正体现学科知识特点。不同学科的知识特点必然不同，所要求的教学方式也不会相同。实际上，综合性学习和研究性学习本身就遵循了学科知识的整体特点，当然，具体的学科知识特点必然要求不同的教学方式。比如语文课程，通过文字符号的语言，表达情感审美、世界的意义或思想，历史学科课程，通过既往的人与事记录，展示特定时空的政治、社会、经济、文化与思想等人类文明成果，都必然强调具体情境、特定时空以及思想背景与精神结构的返原与再现，强调整体性的认知与精神相遇，走向意义的通达，显然不同于以关系模型为核心的、强调逻辑计算、推理与论证的数学课程，尽管数学模型也涉及从实践问题中抽象出数学模型和应用数学模型解决现实问题，但其基本的还是形式的抽象；不同于以知识系统学习、实验性、探究性和实践应用为主要特点的、强调学生逻辑思维培养、系统知识学习和创新精神培育的物理、化学、生物等学科课程；也不同于以学生艺术技能、审美能力、审美情操和想象力培养为主旨的、强调创作式学习和跨界学习的艺术学科课程。

学科教学改革需要关切的是真正回归到基于学科知识特点的教学方式改革，而不是机械地照应学科课程思政问题。实际上，围绕学科知识特点推进教学改革，本身必然在不同层面实现学科课程思政育人的目的。也就是说，回归学科教学本身，就必然在特定向度上实施思政育人。首先，学科课程的整体育人改变了知识传输的单维度育人，更加注重能力与素养的培养，而且更重要的是从世界的整体意义探索学科课程的综合性教学，这本身符合思政育人的根本指向。其次，学科课程通过个体的具身性投入，转变到一种更为深度的学习，促进个体从知识获得转变为自我意义的获得，本身就获得了一种思政育人的效果。最后，学科教学方式的变革，诸如研究性学习、情境性学习，改变了师与生、生与生、生与物的关系，教学关系的变革扩大了思政育人的时空；同时，知识不再仅仅是人的观察或研究对象，而是成为了人的自我建构的意义，协同推进着思政育人。

综上两点看，学科课程唯有回归自身，才能真正实现课程思政。所以，课程思政的问题并非在于如何指向思政课程育人内容，或勉强从自身课程中挖掘所谓的思政育人元素，而在于如何根据自身知识特点和核心素养培养，更好地推进自身的教学改革。脱离了自身的学科本位，牵强地去照应思政课程内容，都会背离学科育人和思政育人的根本。思政课程与课程思政各自具有自身的育人内容、方式与向度，唯有扮演好自身的角色，才能真正实现协同育人的目的。

（二）充分发挥专题性和日常生活课程及学校文化的思政育人功能

课程思政的"课程"并非仅专指学科课程，也包括活动课程以及日常生活课程。课程思政既要发挥学科课程的思政育人作用，也要注重专题性活动课程、日常生活课程及学校文化的思政育人作用。

一是加强专题性课程整合。思政教育在加强理想信念、爱国主义等专题性教育的同时，要充分整合劳动教育课程、生涯规划教育课程、生命教育课程、传统文化教育课程、综合实践课程、研学旅行课程。所谓课程整合，并非意味着对课程内容进行必要的组合，而是表明要强化这些课程的思政育人的统一指向。即劳动教育课程除了要加强劳动技能、劳动体验教育外，还要特别重视劳动精神和劳动价值的培育；生涯规划教育在加强职业认知教育的同时，还要加强自我认知教育；生命教育课程，指向人的终极关怀，引导个体尊重和理解生命及其与世界的关系，引导个体积极健康地生存，与思政教育具有显著的相同育人指向；传统文化教育既要加强优秀文化作品的语言教育，更要重视作品的思想性和精神性教育，帮助学生在与作品的相遇中走近他人的情感与理性、困惑与坚守，更为深刻地理解人性或人文的东西，获得更多更深入的生活思考和精神熏陶；综合实践课在加强技能训练或创新精神培育的同时，要提高道德教育和实践教育的分量；研学旅行课程在注重自然地理考察、人文景观考察及探究性学习外，要加强红色教育和国情教育。

二是重视和健全日常生活课程体系。思政教育重在整体育人，课程思政不仅要重视学科课程的思政育人，也要重视学校的整体育人活动，要统筹加强班会课教育以及国旗升旗、表彰先进、运动会开幕、节日庆典、开学典礼等仪式教育，包括早午餐、午休等在内的班级日常生活教育。思政教育重视全方位、全过程整体育人的关键，既在于内容和环节的完整，更在于细节的深刻。很多人倾向于把此类生活教育课程看作思政教育的隐性课程，实际上，隐性课程意味着其育人功能无处不在，并非真的隐而不见，而是我们未能凸显其显著性，并将其开发为显性课程。任何活动都具有潜在的育人性，要发挥日常生活教育活动的显性育人作用，关键在于要将其做细微、做深入、做深刻。日常生活教育课程唯有实现细微的深刻，抵制教育的表面化和形式化，才能真正触发人的灵魂，焕发向上的精神活力，走向情感与思想的深处，进而达到思政育人的目的。以仪式教育为例，仪式的举行，旨在通过庄重的礼节，彰显特定时刻的不同意义和独有的精神内涵，在严肃场景中唤醒个体对生命的敬畏与尊重。因此，仪式具有重要的育人价值。遗憾的是，不少中小学的仪式感教育往往流于形式，没有发挥其深刻的育人作用。

三是重视学校文化的思政育人功能。学校的思政整体育人还包括学校建筑文化、环境建设文化、制度文化以及言行文化的育人。学校的建筑设计与环境建设，需要与教学用途相匹配，但其本身也构成文化育人，除了要考虑到审美育人，也要考虑到思政育人的向度。学校的制度文化，包括行为规范、班级规则、奖惩机制等，本身代表着特定的价值取向，蕴含着思政育人向度。学校的言行文化，虽然具体言行的产生具有相当的偶然性，但整体上还是存在着特定的价值结构，对学生思想影响深远。如何调控和引导其价值结构，是学校文化建设的重要内容，密切关系到思政育人效果。

通常而言，学校日常生活课程和校园文化的思政育人功能还发挥得远远不够。其与学科课程的思政育人向度存在显著区别，相对而言比较隐性化，但仍然可以促进其思政育人的显性化，关键在于探索整体的显性环境或方式，而不是具体教育内容或计较于全过程、全时空育人的精准性。日常生活课程及校园文化具有多向度育人性，我们需要重视日常生活课程及校园文化的思政教育设计，但并非挖掘其中的思政元素。

**参考文献：**

［1］何玉海.关于"课程思政"的本质内涵与实现路径的探索［J］.思想理论教育导刊，2019（10）：130-134.

［2］陆道坤.课程思政推行中若干核心问题及解决思路——基于专业课程思政的探讨［J］.思想理论教育，2018（3）：64-69.

［3］邱伟光.课程思政的价值意蕴与生成路径［J］.思想理论教育，2017：7.

［4］何衡.高职院校从"思政课程"走向"课程思政"的困境及突破［J］.教育科学论坛，2017（30）：27-30.

［5］高德毅，宗爱东.从思政课程到课程思政：从战略高度构建高校思想政治教育课程体系［J］.中国高等教育，2017（1）：43-46.

［6］宫维明."课程思政"的内在意蕴与建设路径探析［J］.思想政治课研究，2018（6）：67-69，91.

［7］刘建军.课程思政：内涵、特点与路径［J］.教育研究，2020，41（9）：6.

［8］汪瑞林.中小学"课程思政"的功能及其实现方式［J］.课程教材教法，2020，40（11）：78-83.

［9］黑尔德.生活世界现象学［M］.倪梁康，张廷国，译.上海：上海译文出版社，2002：33.

2023 年第 12 期

# 以教育财政体制机制改革保障教育强国建设

胡耀宗 蒋 帆\*

**摘 要**：教育财政体制机制改革在保障教育强国建设中具有战略作用。以教育之强夯实国家富强之基需综合施策，从而建设更为全面和可持续的教育强国，应从以下四方面着力。第一，优化财政支撑结构以回应人口规模巨大的现代化，包括：以学龄人口减少为契机缩小班级规模并提升义务教育质量；统筹规划延长义务教育年限，将高中和学前纳入十五年一体化规划；谋划高等教育毛入学率至80%的目标，发展职业本科，推进高等教育本科化。第二，面向教育高质量发展优化全学段学生资助体系，包括：建立幼儿资助制度，资助投入重点向经济不发达地区倾斜；强化省级统筹，建立义务教育财政资助经费充足性标准；实施农村高中贫困学生特殊资助计划，一体化设计至研究生阶段；强化中职资助政策目标性，提高中职毕业生的就业技能；重视中央政府的资助责任，制定合理的学费定价政策。第三，加强省级政府对教师工资的统筹以优化财权事权配置，包括：建立住房补贴、交通补贴、年度考核等的分项目按比例分担机制；大力推动政府层级间基础教育事权和支出责任划分；以高位领导的管理体制保障农村教师工资增长。第四，面向教育强国建设完善现代教育财政制度，包括：建立财权与支出责任对等的政府间教育财政关系；完善规范透明的预算制度并强化绩效管理；继续坚持教育财政投入的指

---

\* 作者简介：胡耀宗，华东师范大学教育学部教育管理学系系主任，教育经济研究所所长、教授、博士生导师，国家教育经济宏观政策研究院研究员；蒋帆，华南师范大学政治与公共管理学院特聘副研究员，博士。

标挂钩制度。

**关键词**：教育强国；教育现代化；教育财政；体制机制改革

**基金项目**：国家社会科学基金项目"国家教育体系适应人口结构变化的战略管理研究"（编号：20AGL030）。

教育财政是国家教育治理的重要支柱，也是建设教育强国进程中需要不断突破和发展的重要保障。2023年5月29日，习近平总书记在中央政治局第五次集体学习中强调，建设教育强国，是全面建成社会主义现代化强国的战略先导，是以中国式现代化全面推进中华民族伟大复兴的基础工程。教育财政的现代化程度是体现教育强国建设水平以及成熟度的关键表征。我们要站在新的历史起点上，从以习近平新时代中国特色社会主义思想不断推进教育改革发展、大力提高国民素质的战略高度上谋划中国财政保障的建设。未来一段时间，如何应对建设教育强国的基本要求，助力实现中华民族伟大复兴，是教育财政必须要回答好的问题。以高质量财政保障支撑教育强国建设是教育财政的时代责任，能更好地促进经济社会发展。据此，要优化财政支撑结构以适应人口规模巨大的现代化，面向教育高质量发展优化全学段学生资助体系，加强省级政府对教师工资的统筹以优化财权事权配置，面向教育强国建设完善现代教育财政制度。

## 一、优化财政支撑结构以适应人口规模巨大的现代化

建设教育强国首先需要面对史无前例的庞大人口规模这一现实。正如党的二十大报告所言：我国十四亿多人口整体迈进现代化社会，规模超过现有发达国家人口的总和，艰巨性和复杂性前所未有，发展途径和推进方式也必然具有自己的特点。然而，为了更好地支持未来的发展，需要对财政支持结构进行优化。第七次全国人口普查数据显示，我国总人口达到了14.1178亿人，相比2010年的13.3972亿人，增加了7206万人，增长了5.38%。年均增长率为0.53%，较2000年到2010年的0.57%略有下降，减

少了 0.04 个百分点[1]。根据国家统计局数据计算可得，2001—2010 年我国人口自然增长率呈现略微下降趋势，但总体保持稳定。2011—2020 年间，我国人口出生率一路下降，由此导致人口自然增长率持续降低，由 2011 年的 6.13‰ 一直下降到 2020 年的 1.45‰，直到 2022 年首次出现负增长，出生人口仅 956 万人。总体人口的减少势必会对学龄人口产生冲击，基于七普数据的学龄人口预测结果表明，2021—2035 年我国学龄人口总规模将从 3.28 亿持续减少至 2.50 亿左右，其中义务教育阶段在校生总量将下降约 3000 万。学前教育人口在 2020 年已达到峰值，小学和初中教育将分别在 5 年和 10 年内达到峰值，之后将快速下降。总体来看，在经济持续发展与教育总体需求减小的情况下，人口下降将为我国教育体系调整与优化带来新契机，优化结构可从下列各方面着手。

（一）以学龄人口减少为契机，缩小班级规模，着力提升义务教育质量

义务教育学龄人口减少为提升义务教育质量提供了契机。随着生育率和出生人口下降，2020—2035 年间我国义务教育阶段学生人数呈现出持续下降趋势，在校生体量在 1.10 亿—1.46 亿之间，其中峰值为 2024 年，在校生总量为 1.46 亿，到 2035 年，在校生较 2020 年预测值将下降 3000 万[2]。总体而言，2020—2035 年期间义务教育阶段学龄人口减少是预期可以观测的事实，按现行生师比标准，我国义务教育阶段专任教师的需求量必定会下降。学龄人口下降后，义务教育阶段的校舍和教师存在冗余，可以适当提高办学条件标准，通过缩小班级规模、降低生师比、提高生均校舍面积这些举措，来促进义务教育质量提升。

班级规模的缩小会提高生均办学成本，在学校学生人数不变的情况下，班级规模的缩小会增加班级数量，进而增加教师、教室等人力物力资源的需求，学校的整体办学成本和生均办学成本均会提高，因此，平均班级规模是体现教育资源配置水平的重要指标。如表 1 和表 2 所示，中国 2021 年小学阶段的平均班级规模为 37 人，我国初中教育阶段的平均班级规模为 45 人，而 OECD 国家的小学平均班级规模为 20 人，初中平均班级规模为 19 人（2020 年），显示出我国义务教育阶段的班级规模过大。对

标 OECD 国家，我国班级规模还有很大缩减空间，以学龄人口的结构性变动为契机，师资的相对增多创造了缩小班级规模的可能性，更为教育质量的提升提供了师资保障。同时，由于中国的城镇化进程，大量学生从农村和镇区向城区转移，中国很多中西部农村地区学校"被动"成为小班化教学，但这种由于学龄人口流失导致的小班化，并不意味着高质量办学，这类地区的师资质量水平也相对有限。因此，这类地区应着力提升教师质量和优化教师队伍结构。

从表 1 和表 2 中得知，中国班级规模远大于 OECD 国家，但生师比并没有远高于 OECD 国家，这里的解释是：第一，OECD 国家班级是动态的灵活走班制，中国义务教育是固定班级，在教学组织形式上与中国存在较大差异；第二，中国教师队伍空间分化严重，OECD 国家小班化学校通常意味着该校办学质量较高，但中国很多小班学校，特别是乡村学校，是由于学龄人口流失所致的"被动小班化"；第三，中国专任教师较多，但教辅人员远低于 OECD 国家。因此，在对标高质量发展新阶段，我国可探索性进行教师队伍结构和空间分布的优化，各地可将学校的"自然小班"作为发展契机，正确认识学校的现实状况，变被动为主动，挖掘优势资源，让"自然小班"的薄弱短板走向高质量的小班化教学[3]。

表 1　中国与 OECD 国家小学生师比和班级规模比较

| 地区 | 小学 | | | | | |
| --- | --- | --- | --- | --- | --- | --- |
| | 在校生数 | 学校数 | 专任教师 | 班级数 | 平均生师比（专任教师） | 平均班级规模 |
| 中国（2021） | 10780 万 | 15.43 万 | 660 万 | 287 万 | 16.33 | 37 |
| OECD 均值（2020） | —— | —— | —— | —— | 14 | 20 |
| 欧盟 22 国（2020） | —— | —— | —— | —— | 13 | 19 |

注：中国数据来源于 2021 年全国教育事业发展统计公报，OECD 和欧盟数据来源于 OECD 统计网站，表 2 同。

表2 中国与OECD国家初中生师比和班级规模比较

| 地区 | 初中 | | | | | |
| --- | --- | --- | --- | --- | --- | --- |
| | 在校生数 | 学校数 | 专任教师 | 班级数 | 平均生师比（专任教师） | 在校生数 |
| 中国（2019） | 5018万 | 5.29万 | 397万 | 110万 | 12.63 | 45 |
| OECD均值（2018） | —— | —— | —— | —— | 13 | 23 |
| 欧盟22国（2020） | | | | | 11 | 21 |

（二）统筹规划延长义务教育年限，将高中和学前纳入十五年一体化规划

在产业结构的转型和升级背景下，我国对人力资本的需求也逐步提高，仅仅实行九年义务教育远远不够。且我国财力稳步增加的同时，学龄人口减少的现实背景，也适用于考虑延长义务教育年限的战略目标。人口减少趋势下，学前教育将首先受到影响，学前教育适龄人口将呈持续下降态势，从2020年的5279万下降至2035年的2461万—3164万，小学阶段适龄人口从2020年的10874万将减少至2035年的5620万—6314万，规模上减少4560万—5254万，初中阶段适龄人口从2020年的5021万将减少至2035年的3173万，高中阶段适龄人口将呈现先增长后降低的现象，从2020年的4427万逐步增加至2025年的5236万，进而到2035年的4146万[4]。另一方面，我国学前教育阶段面临着公办园和普惠性民办园供给不足的问题，高中阶段则面临区域间办学条件和办学质量的巨大差距，这些问题能否解决关键在于能否将学前和高中纳入中央与地方共同财政事权，通过提高层级政府的财政支出责任来解决供给不足和地区差异大的问题。

表3 新冠疫情前全球义务教育年限变动情况

| 义务教育年限 | 2013年国家地区数量 | 2018年国家地区数量 | 变动 |
| --- | --- | --- | --- |
| 8—10年 | 97 | 90 | 减少7.8% |
| 9年 | 47 | 41 | 减少12.8% |
| 12—15年 | 48 | 56 | 增加16.7% |

如表 3 所示，在全球 200 多个实施义务教育的国家和地区中，2013 年至 2018 年间，12—15 年义务教育的国家和地区数量从 48 个增至 56 个，增加了 16.7%，这表明至少在新冠疫情前，相当一部分国家延长了义务教育年限[5]。12 年及以上义务教育的国家/地区约占全球 1/4，且这些国家多为发达国家，如表 4 所示，欧美国家义务教育年限大都在 12 年及以上，法国更是达到了 15 年，覆盖 3—18 岁从学前教育到高中教育整个阶段。近年来，我国部分省区市围绕延长义务教育年限和扩大免费教育范围进行了积极探索，例如，2010 年陕西省吴起县即开始实行学前三年免费教育，2007 年广东省珠海市开始实行本市户籍学生高中教育免学费政策。据不完全统计，当前实施免费学前教育政策的地区有陕西省吴起县、西藏自治区、山东省济宁市、新疆乌鲁木齐市等地，实施高中阶段免费教育的有广东省珠海市、河北省唐山市、西藏自治区、江西德兴市、河南新郑市、湖南吉首市、内蒙古自治区、福建晋江市等地[6]。

表 4　部分欧美发达国家的义务教育年限及年龄规定

| | 义务教育年限 | 最低年龄 | 最高年龄 | 备注 |
|---|---|---|---|---|
| 美国 | 9—13 | 5—8 | 16—19 | 各州规定在 9—13 年之间，大部分为 12 年 |
| 英国 | 11—12 | 4—5 | 16 | 北爱尔兰为 12 年，其他地方为 11 年 |
| 德国 | 12—13 | 6 | 18—19 | 11 个州为 12 年，另外 5 个州为 13 年 |
| 法国 | 15 | 3 | 18 | |
| 比利时 | 13 | 5 | 18 | |
| 芬兰 | 12 | 6 | 18 | |

注：数据来源为美国国家教育统计中心、欧盟。

结合一些地区学前教育和高中教育免费政策的实践以及国际经验，建议逐步延长义务教育年限至 12 年，谋划远景至 15 年，将高中和学前纳入义务教育一体化规划。这需要将学前和高中阶段纳入共同财政事权的一体化基础教育财政责任，共同财政事权应坚持保障标准合理适度和坚持差别化分担的两大原则。适时调整国家基础标准，逐步提高保障水平，针对学前、普通高中不同学段定位需要考虑到中央和地方政府的财力水平，并根据学前、普通高中不同的外部性水平，合理地分担政府承担教育成本的比例以及府际间承担的财政成本比例。同时，也要考虑差别化分担原则，即充分审视我国各地经济社会发展不平衡、基本公共服务成本和财力差异较大的国情，中央承担的支出责任向困难地区倾斜，并适当简化基本公共服务领域的共同事权与支出责任的分担方式。

（三）谋划高等教育毛入学率至80%的目标，发展职业本科，推进高等教育本科化

学龄人口的结构性变化具有阶段性和传导性，预期义务教育阶段学龄人口的减少或波动也会传导至高等教育阶段。我国目前进入高等教育普及化初期，面向2035年，迈向全民普及化新阶段，需尽快启动谋划高等教育毛入学率至80%的目标，推进普及化向中高水平迈进。《中国教育现代化2035》确定了到2035年我国高等教育毛入学率实现65%的目标，2021年我国高等教育毛入学率已达到57.4%，目前看高等教育确定的2035年发展目标过于保守。一方面，从《国家中长期教育改革与发展规划纲要（2010—2020年）》确定目标40%与实现值54.4%、超额14.4%的历史经验值得反思；另一方面，世界主要国家的高等教育毛入学率均已超过80%，这反映了世界高等教育发展的普遍规律，折射出发达国家的经济社会发展对高等教育普及的强烈需求。坚持扩大本专科招生规模，拓宽本专科向研究生层次上升的渠道，着力提升创新型、复合型、应用型专业学位研究生规模。

以美国和日本作为对比，如表5、表6、表7所示，中国毕业生结构中，高中阶段普通高中占比为67.5%，高职占比为32.5%，日本的普通高中毕业生占比则为78%。高等教育阶段，中国的高等职业学段对标国际高等教育ISCED 5阶段（短周期），短周期高等教育通常以实践为基础，针对特定职业，为进入劳动力市场做准备，从概念上与中国高等职业阶段相匹配。短周期高等教育ISCED 5阶段进行对比，日本比例为30%，美国比例为25%，而中国毕业生高职学生占比为44%，这里还未包含成人教育阶段，如果纳入比例则会更高。研究生阶段，日本和美国研究生毕业生占

高等教育阶段所有毕业生比例分别为 13% 和 25%，美国有 1/4 的高等教育毕业生是研究生，对比我国则是 9% 的水平，研究生规模还有很大的增长空间。美国和日本这类经济相对发达国家，更大力推进高等教育本科化和研究生化。因此，需要大力推进中等职业升格为高职高专，高职高专转型为职业本科，整体高等教育向本科化和研究生化转型。

职业教育大规模推进至本科层次，并向上与专业学位硕士培养贯通，是 20 世纪后期以来职业教育的发展趋势。发展职业本科教育，引导我国职业本科教育发展成为培养高端技术技能人才的重要途径，让我国职业教育体系建设及时跟上世界步伐，并在世界技能竞争中处于先进水平，可为国家经济社会全面的高质量发展提供稳健的人才支撑。2018 年年底，教育部发文在全国开展本科层次职业教育试点工作，现阶段还处于试点建设期，招生规模还待进一步扩张，需要逐步提升高职高专院校质量，高职高专渐进转型为职业本科。另外，职业本科教育的扩张需要向上贯通，对接职业技能型、专门型和应用型专业学位硕士培养。根据国家确定的 2025 年政策目标，在维持学术学位硕士招生稳定的条件下，预计 2025 年专业学位硕士招生规模将达到 80 万人以上。研究生阶段的规模扩张能够带来额外增值效益，促进创新、经济和教育人力资本提升，推动贸易扩张、技术进步和消费升级，特别是在当今数字经济赋能下，研究生作为高阶创新性人力资本，其与现代技能岗位的适配性更高，更能够促进我国科技创新和产业结构升级。我国专业学位硕士规模在实现招生规模 2/3 的目标后，仍存在进一步扩张的空间。

表 5　中国高中阶段至高等教育阶段的毕业生结构（2021 年）

| 中国 | 高中教育阶段（ISCED-3） | | | 高等教育阶段（ISCED5-8） | | | |
|---|---|---|---|---|---|---|---|
| | 高中阶段总计 | 普通高中 | 中等职业教育 | 高职（专科）不含成人 | 本科毕业生 | 硕士毕业生 | 博士毕业生 |
| 毕业生规模 | 1155.6 万 | 780.23 万 | 375.37 万 | 398.41 万 | 428.10 万 | 70.07 万 | 7.20 万 |
| 内部结构占比 | —— | 67.5% | 32.5% | 44% | 47% | 8% | 1% |

注：研究者根据 2021 年全国教育事业发展统计公报整理。

表 6　日本高中阶段至高等教育阶段的毕业生结构（2020 年）

| 日本 | 高中教育阶段（ISCED-3） | | | 高等教育（ISCED5-8） | | | |
|---|---|---|---|---|---|---|---|
| | 高中阶段总计 | 普通高中 | 高中职业教育 | 短周期高等教育 ISCED5 | 学士或同等水平 ISCED6 | 硕士或同等水平 ISCED7 | 博士或同等水平 ISCED8 |
| 毕业生规模 | 1149007 | 895035 | 253972 | 298045 | 568909 | 104541 | 15545 |
| 内部结构占比 | — | 78% | 22% | 30% | 58% | 11% | 2% |

注：研究者根据 OECD 网站统计整理，下表同。

表 7　美国高中阶段至高等教育阶段的毕业生结构（2020 年）

| 美国 | 高中教育阶段（ISCED-3） | | | 专上非高等教育（职业教育）ISCED 4 | 高等教育阶段（ISCED5-8） | | | |
|---|---|---|---|---|---|---|---|---|
| | 高中阶段总计 | 普通高中 | 高中职业教育 | | 短周期高等教育 ISCED5 | 学士或同等水平 ISCED6 | 硕士或同等水平 ISCED 7 | 博士或同等水平 ISCED 8 |
| 毕业生规模 | 3635614 | 3635614 | — | 963330 | 1018233 | 2038431 | 960122 | 73505 |
| 内部结构占比 | — | — | — | — | 25% | 50% | 23% | 2% |

（四）提高流动人口普通高中入学机会需要优化经费配置方式

"七普"数据显示，我国流动人口大幅度增加，适龄流动人口子女的流动动机亟待关注。我们发现，15—17 岁的流动人口子女的主要流动原因是学习培训，尽管整体规模相对较小，但却对随迁子女的高中阶段的入学和高等院校的升学机会带来重要影响。高中阶段在流动子女一生中有着承前启后的重要作用，既是义务教育阶段的继续拓展，又是高等教育阶段的前一站。如何能够满足高中阶段流动人口子女的入学机会需要，并帮助其获得高质量的教育是需要未来的政策研究者和制定者研究的重要议题。我国 15—17 岁适龄人口流动子女可以分为跨省流动和省内流动两种情况。这两种情况不仅有着不同的流动原因，亦呈现出不同的变化趋势和情况。对于跨省流动人口子女，提升入学、升学和经费的供给。根据预测计算，在2022—2025年间，针对跨省流动的流动人口子女需要提供1309.10312亿元人民币的经费支持。从入学机会来看，在未来需要提供77万个跨省流动子女入学的机会。

对教育资源配置需要把握以下几点。首先，以常住人口为统计口径，将随迁子女纳入当地的教育规划制定的政策议程设置中，科学预测当地适龄高中阶段人口的发展趋势，以现有办学条件和教育教学水平所能够提供的学位数量为依据，对高中阶段教育的供给与需求变动状况做出科学判断，并进行资源的合理配置，满足随迁子女在流入地参加升学考试的需求。其次，落实生均公用教育经费，让受教育者在各地都能享有平等的求学机会。应该加大省级财政对基础教育的统筹力度，同时加大中央财政转移支付，建立学费随学籍走的机制，减少流入地地方财政的教育投入压力，减轻城市负担。最后，加大招生计划的宏观调控力度。对接纳随迁子女参加高考数量较大的省份，根据报考人数和招生比例，适当增加招生计划指标。

各地还需要构建起人口流动的动态监测机制。将教育资源的提供建立在对随迁子女流入的基本情况进行系统了解的基础上，基于规模、流动、学籍变动等信息识别他们对普通高中、职业学校和高等教育的需求信息[7]。对随迁子女的规模变动趋势和教育需求，完全可以进行前瞻性预测，各地应科学预测本地适龄高中阶段人口的分布及发展变化趋势，以现有办学条件和教育教学水平所能够提供的学位数量为依据，科学布点、合理整合，对高中阶段教育的供给与需求变动状况做出科学判断。

二、面向教育高质量发展优化全学段学生资助体系

我国资助教育体系存在的发展不公平、不充分问题表现在学前教育资助投入水平较低，适龄儿童入学机会不足[8]；义务教育财政资助投入不稳定，生均资助水平与资助范围有待平衡；普通高中资助总量不足，制度建设与政策执行问题突出；中职资助政策亟须优化，资金投入效率有待提高；高等教育政府投入压力大，资助过程不公平[9]。着力完善全学段资助体系促进教育现代化需要注意以下几个方面。

（一）建立幼儿资助制度，资助投入重点向经济不发达地区倾斜

首先，经济贫困幼儿的入园资助制度亟待建立。目前我国普通高中阶段的助学体系已经完善，可以为学前资助制度提供启发。确立以财政补助为主、机构减免和社会资助相结合的资助模式，在此基础上，中央政府可按在园幼儿总数的一定比例来确立入园补助金标准。在分配资助名额和资金时，应考虑各省、自治区和直辖市的贫困人口比例，对于保育教育费高于全国平均水平的地区，由省级政府提供额外资助。当然，完善幼儿入园补助金制度，可以借助学生资助管理系统来降低管理成本。其次，学前教育的政府投入对象亟待扩大，公办园和合格民办园拨款需要得到平衡，以确保每个幼儿都能享受资助。最后，鼓励省级政府因地制宜适度增加对各县的学前教育经费转移支付。在资助分配上，各地区的经济发展水平和适龄幼儿数应当得到综合考虑，以实现投入的平衡，增加对弱势地区的学前教育经费转移支付，从而缓解由于经济发展水平和人口结构差异引起的机会不平等[10]。

（二）强化省级统筹，建立义务教育财政资助经费充足性标准

一方面，加强省级政府的统筹功能。建立由县级政府负责主要管理，省级政府统筹和最终供给的基础教育体制，即省级政府在整合中央的转移支付资金基础上，结合县级教育需求和财政状况，最终确定其责任，并通过转移支付方式承担下属的县级政府所无力负担的基础教育经费之间的差额，即承担基础教育经费支出的最终责任[11]。另一方面，建立义务教育财政资助经费充足性标准。将常规性因素和突发性因素综合纳入政策制定和实施范畴，规定义务教育财政资助的最低比例标准；对各学制阶段资助经费配置结构进行新一轮调整，保证义务教育财政资助经费的环比递增态势，以及在教育资助经费中的稳定性占比，科学规划义务教育财政资助经费的总量水平、结构和比例。

（三）实施农村高中贫困学生特殊资助计划，一体化设计至研究生阶段

一是增加高水平中学在贫困地区的招生指标。打破示范性高中城乡区别招生限制，让优秀贫困生有更多的机会进入高中继续学习。二是设立农村高中贫困学生特殊资助计划。国家高中助学金投入数量和覆盖比例应根

据相对贫困学生实际情况动态调整，鼓励设立高中省级助学金，加大对家庭经济困难农村高中学生的资助比例和力度。三是从与高等教育衔接的角度出发，考虑根据家庭经济状况和学生成绩设置准入条件，满足条件的低收入家庭优秀学生在进入高中阶段后就可以向政府提出申请财政资助，通过财政出资补助贫困农村普通高中学生的住宿费、书本费和一定的生活费等，逐步将本专科学生国家助学贷款政策和绿色通道政策下移至高中阶段，后续阶段这些学生只要家庭状况没有明显改善并能正常升学，财政资金则自动持续资助到研究生阶段。

（四）强化中职资助政策针对性，提高中职毕业生的就业技能

首先，考虑在不增加财政负担的前提下，强化中职教育政策的目标性和正向舆情宣传，收紧资金的使用范围，提高贫困家庭孩子的补助力度，为他们的入学提供全方位的资助。其次，在资金投入上，未来应该开展中等职业院校适度规模的研究和生均培养经费的核算，适时调整预算内生均拨款标准，鼓励省域或者地市范围内的资源（教师、课程和设施）共享，尤其是在建立了高教园和职教园的地区。再次，通过加强对院校的绩效考核来提高资金的使用效率，如对中职学校进行职业技能抽查，并将抽查的结果与学校的政府拨款挂钩。最后，实施相应的减税计划，对积极投入职业教育和培训的企业以及其他社会团体进行税收减免，提高各主体的主动性，统筹政府资金和资源积极搭建平台，促进投资主体走上"投资—回报—再投资"的良性循环发展道路。

（五）强化中央政府在高等教育资助中的责任，制定合理的学费定价政策

第一，政府的财政资金应逐步减少用于"奖优"类学生资助的金额，将更多的财政资金用于"助困"类学生资助项目；学生资助中"奖优"类项目的资金来源主要由高校事业收入和其他社会资金来承担，将有助于缩小高等教育学生资助的地区差异。第二，高等教育学生资助中的财政资金来源由中央与地方财政分担改为主要由中央财政负担，并按某种家庭收入指标的全国平均水平或中位数水平为准入条件制定统一的资助标准。这种方案虽然看似没有考虑高校所在地的经济发展水平，但是学生资助政策本身就是一种财政转移支付政策，具有调节收入分配的功能，这样的制度设

计实际上更有利于缩小地区差异。这个改革过程，如条件允许，可以一步到位，将用于高等教育学生资助的财政资金全部改由中央财政负担。如暂时不具备这样的条件，可考虑采用过渡性方案：根据地方财政收入状况将各省区市分为高、中、低三类地区，分别制定三种不同的中央和地方财政在高等教育学生资助中的分担比例。第三，依据培养成本制定合理的高校学费政策，建立面向学生个人的财政直接资助制度。高等学校财务状况显示，当前学费价格仅占生均教育支出不到20%，对比国外高等学校有结构性差异。采用成本比例法、通货膨胀法、收入比例法估算发现，调整后学费定价虽高于现阶段收取的学费，但通过现有的学生资助手段仍具有负担这一价格水平的可能性，也就是说，学费存在一定上涨的空间[12]。

### 三、加强省级政府对教师工资的统筹以优化财权事权配置

2009年绩效工资政策实施以来，彰显了国家以加强激励为导向，努力改善义务教育教师工资待遇的努力，向中西部农村教师倾斜的措施对鼓励优秀人才终身从教显示出较大吸引力。绩效工资政策在两方面取得了突出成绩，一是直面了1993年津贴制度实施之后在各地区和层级部门之间形成的教师与公务员工资在津贴补贴板块上的差距；二是将数量庞大的农村教师队伍工资制度纳入公共财政；三是在基础教育学校初步形成了一套绩效考核制度。但绩效工资在实施过程中的主要问题是经济发达地区教师工资与公务员工资形成新的差距，农村地区教师工资总量中绩效工资占比过低。背后原因在于没有明确政府间的财政责任，发达地区地方政府缺乏投入动力，而薄弱地区县级政府则存在财政保障的压力[13]。

（一）完善由省级统筹为主的基础教育学校教师工资保障

对比美国各层级政府基础教育经费分担比例。如图1所示，在1960—2018年期间，美国地方政府对基础教育阶段支出占比从56.5%下降至45.4%，州政府支出占比从39.1%上升至46.7%，州政府支出占比已超过地方政府，教师工资是由州和地方政府共同负担的。我国当前基础教育阶段的财政投资主体还是以县级政府为主，省级政府财政支出占比提升有助于缩小省内基础教育师资质量和办学质量差距，促进优质均衡目标实现。

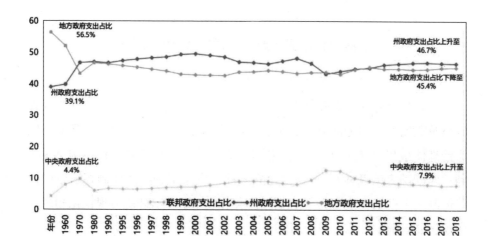

图 1　美国各层级政府基础教育经费分担比例（1960—2018 年）

注：数据来源于美国联邦教育统计中心（NECS）。

（二）建立住房补贴、交通补贴和年度考核等的分项目按比例分担机制

对于教师与公务员四个津贴补贴项目新形成的工资差距，应结合地方经济发展水平和财力差异，计算各地差距缺口，建立中央、省以及县级政府分项目、按比例的政府间经费分担机制。具体而言，可根据绩效工资经费四个项目缺口规模，划分不同类型地区，分别确定层级政府分担的原则和比例。对于发达地区和城市地区教师工资，主要要加强对县区政府的引导和监督，强调省级政府的监管。

（三）以划分政府层级间事权与支出责任和高位领导的管理体制保障农村教师工资增长

在深化绩效工资改革的过程中，须明确各级政府和部门在绩效工资改革中的权责，建立绩效工资改革的"权力清单"。对于农村教师工资偏低问题，在中央政府财力平衡性资金和转移支付资金加大投入的基础上，强化省级政府的统筹责任，缩小省域内教师工资差距。为切实强化各级政府绩效意识，建议责成省、市、县三级政府成立教师绩效工资领导小组，由各级党委、政府领导及人事、财政、教育等部门负责人作为小组成员。领导小组成员所在部门应具有绩效工资改革的政策方案制定、工资水平核定、绩效考核方案确定等实权，具有落实的能力。

## 四、面向教育强国建设完善现代教育财政制度

（一）现代教育财政制度完善的逻辑起点

确立与完善现代财政制度的基本思路是使中国的财税体制走在当今世界财政制度发展的最前沿，实现财税体制的现代化。基本目标是建立与国家治理体系和治理能力相适应的财税体制，从"适应市场经济体制"过渡到"匹配国家治理体系"，从"建立与社会主义市场经济体制相适应的财税体制基本框架"演变为"建立与国家治理体系和治理能力现代化相匹配的现代财政制度"[14]。

现代教育财政制度作为现代财政制度的关键组成部分，其构建基于我国的公共教育财政制度。1998年以来，在"投资于人"的科学理念指引下，中国各级党委、政府和社会各界倾力教育，不断调整财政支出结构，加大教育投入，形成了财政为主、多渠道并举的公共教育财政制度。主要包括以下几项。

1. 教育财政预算制度

1995年颁布的《中华人民共和国预算法》以及1996年的《中华人民共和国预算法实施条例》确立了中国的基本预算制度。通过20多年的不懈努力，预算制度的基本框架已经形成。也就是说，教育预算作为在国家预算体系中的财政预算的重要组成部分，预算分为类、款、项、目四级。具体来说，教育事业费属于教科文卫事业费类的款级，教育基本建设费属于基本建设类中的社会文教费款级。各级政府不仅在每年年初预算中优先保证教育投资，在年中调整预算和年底决算中，对财政超收部分的支出分配也按比例安排教育经费。此外，财政部颁布的《中小学校财务制度》《高等学校财务制度》，都对学校预算工作的开展做出安排，一些高校还要求院系等二级单位开展财务预算。目前，一个覆盖各级政府和各级各类学校的教育财政预算制度体系基本建立。

2. 采用"4%"的教育财政外部比例制度

以 OECD 为代表的国际组织制定了监测各国教育投入的指标。其中，我国政府主要使用两个指标：财政性教育经费占国内生产总值的比例和财

政性教育经费占财政支出的比例。前者反映国民财富中用于教育的比例，后者则反映政府在教育投资方面的水平和努力程度。"4%"的教育投入目标已经成为我国长期以来党和政府凝聚全社会共识、确保财政性教育经费的基本指标。我国国家财政性教育经费占 GDP 的比重连续多年保持在 4% 以上。

3. 实行"三个增长"和两个"只增不减"的一般公共预算增长制度

教育优先发展理念深刻嵌入在我国的财政投入理念中，中央政府通过不同时期的重大教育决策始终要求财政性教育经费的稳定增长。《中国教育改革和发展纲要》（1993 年）和《中华人民共和国教育法》（1995 年）规定，各级人民政府教育财政拨款的增长应高于财政经常性收入的增长，确保教育费用逐步增长，实现教育费用的"三个增长"，即教育财政支出、教师工资和学生人均公用经费。2017 年 9 月，《关于深化教育体制机制改革的意见》提出"一般公共预算教育支出逐年只增不减"，更为精细、具体，因为财政性教育经费的口径大于一般公共预算。

4. 持续创新基于生均经费的教育财政资源配置机制

资源配置是指政府将教育经费有效分配到各级各类学校。实际上，我国教育财政资源配置方式深刻内嵌于教育管理体制中，基础教育实行"地方负责、以县为主、省级统筹"体制，高等教育实行"中央和省两级管理、以省为主"的体制。当前，我国义务教育和高等教育阶段的生均经费统计发布和生均公用经费拨款制度已经建立。部分发达地区已经在生均公用经费制度完善的基础上，开始探索建立公办幼儿园和高中阶段的生均经费制度，这凸显我国教育财政投入的治理机制具有阶段性、探索性、层级性和整体性等特点。

5. 教育财政转移支付制度

财政转移支付制度是国际上通行的平衡地区财政能力和维持大体相当的公共服务水平规范的制度。中国政府建立起了包含多种形式的混合模式公共教育转移支付制度。首先是一般性转移支付，即不规定具体的适用范围和方向，由地方政府确定使用的去向，包括均衡补助和收入分享两种形式，地方政府都会安排一定比例用于发展教育；其次，教育财政专项转移支付制度要求，按照支付方政府规定的项目和用途使用资金，可分为非配套补助和配套补助两种形式；最后，省级政府之间的教育财政横向转移支付制度，目前在中国尚未建立正式标准的横向省际转移支付体系，中央政府一直以来一直以政治号召的方式鼓励省级政府之间相互协助，如鼓励东部发达地区教师去西部支教五年、东西部教育管理干部交流等。

（二）现代教育财政制度建设的主要任务

如果说对逻辑起点的认知是思考现代教育财政制度的基础，那么，首先随起点而联动的基本定位则是指明中国教育财政治理未来航向的关键。在教育财政理论中，经费充足、教育资源有效分配和公平配置是国家对教育财政评估的主要标准。当前以教育结果为导向的财政充足标准体系被认可，它包括小学阶段的入学率、中学阶段的规模和性别比例、全体国民终身学习的教学质量以及对教师数量和质量水平的要求。其次，坚持考量教育资源的配置是否高效。在宏观层面，财政学以"需要"和"可能"原则为基础，提供适度规模的公共产品以满足社会需求；在中观层面，关注财政结构的合理确定；而在微观层面，追求在具体环节上实现单位产出成本的最小化。国际主流的教育财政学研究主要集中在微观层次，以成本—收益和成本—效率两种方法作为判断教育财政效率的标准。最后，坚持教育资源的公平配置。教育财政公平包括横向公平、纵向公平和财政中立原则，涵盖了教育资源在不同群体间的分配以及不同群体教育成本的分担。

1. 建议建立财权与支出责任对等的政府间教育财政关系

教育是各级政府共同投入的领域，根据基本公共服务均等化原则，采用权责明晰、财力协调、区域均衡的中央和地方财政关系思路，明确教育基本公共服务的中央和地方共同财政事权范围，制定教育服务的国家基础标准。规范共同责任支出方式，调整转移支付制度，尤其要调整省以下支出责任划分。首先，在义务教育方面，包括公用经费保障、教科书免费提供、家庭经济困难学生生活补助以及贫困地区学生营养膳食补助这四项措施；其次，在中等职业教育方面，涵盖国家助学金和免学费补助，以及普通高中教育方面的国家助学金和免学杂费补助这四项资助措施，都被纳入基本教育公共服务标准范围。此外，为适应不同地区的经济发展水平，还实施差异化的学生分担制度。

2.教育财政预算制度要规范透明，强化绩效管理

教育预算制度要纳入全口径预算管理，不仅以一般预算支出保障教育，更要在政府性基金预算中划拨一定比例给教育投入。要把已经实施的土地出让收益计提教育经费纳入教育经费统计口径，向社会公开发布。在教育财政规划管理的具体过程中，对于单位年度教育预算编制的指导亟待强化，跨年度的预算平衡机制需要进一步完善。尤其要解决教育预算的自然年和教育事业的学年制需求矛盾，制定更加符合教育事业特点的预算编报制度。绩效管理的范围仍然亟待扩大，当前教育内部已经被绩效管理的理念和方法深度融入，也贯穿了预算编制、执行和全程监督的过程。

3.继续坚持教育财政投入的指标挂钩制度

2013 年，党的十八届三中全会颁布的《中共中央关于全面深化改革若干重大问题的决定》中，关于改进预算管理制度的部分提出了"清理规范重点支出，使其与财政收支增幅或生产总值挂钩的事项"。教育财政领域对财政投入指标是否运用比例挂钩制度存在较大争议。考虑到教育事业发展的阶段性特征，以及当前整个财政收支供需矛盾凸显、教育改革任务艰巨等现实，在没有找到新的合理的教育投入保障的替代性政策工具之前，继续坚持财政教育投入的指标挂钩制度是非常必要的。

## 五、结语

以教育财政体制机制改革保障教育强国建设是讲好中国教育故事的关键，将为人类实现可持续发展提供新的选择，对于推进人类社会现代化进程具有重要的理论价值和实践意义。建设教育强国也对教育财政提出了新挑战和新要求，教育财政如何为全面建设教育强国、全面推进中华民族伟大复兴作出新的贡献，是摆在教育财政工作者面前的使命。为了推动国家财税体制改革，教育领域需要进行合理的财政事权和支出责任划分，建立全口径预算制度，完善财政转移支付制度，同时逐步降低专项转移支付比例。这已成为国家近年来财政改革的关键方向。未来有理由相信，完善教育财政保障，一定能够为建设教育强国提供强大的资源支撑。

**参考文献：**

〔1〕国家统计局.第七次全国人口普查公报（第二号）〔EB/OL〕（2021-05-11）〔2023-12-06〕https：//www.stats.gov.cn/sj/tjgb/rkpcgb/qgrkpcgb/202302/t20230206_1902002.html

〔2〕乔锦忠，沈敬轩，李汉东，等.2020—2035 年我国义务教育阶段资源配置研究〔J〕.华东师范大学学报：教育科学版，2021，39（12）：59-80.

〔3〕姚昊，胡耀宗，马立超.班级规模、教师学历如何影响学生学业成绩？——基于 PISA 2018 的国际比较研究〔J〕.清华大学教育研究，2021，42（5）：40-54.

〔4〕张立龙，史毅，胡咏梅.2021—2035 年城乡学龄人口变化趋势与特征——基于第七次全国人口普查数据的预测〔J〕.教育研究，2022，43（12）：101-112.

〔5〕张力.延长义务教育年限与扩展免费教育范围的多维度分析〔J〕.中国教育学刊，2021（5）：37-44.

〔6〕王美艳，屈小博，贾朋.中国延长义务教育年限的财政可行性分析〔J〕.宏观经济研究，2022（5）：111-120.

〔7〕胡耀宗，姚昊.高等教育扩张、人力资本传导与实现共同富裕〔J〕.华东师范大学学报：教育科学版，2023，41（10）：116-130.

〔8〕范晓婷，曲绍卫，纪效珲.基于全国 36 个省级参评单位数据的学前教育资助政策绩效评估〔J〕.学前教育研究，2015（7）：43-51.

〔9〕赵海利，朱迪.中等职业教育专项转移支付的受益归宿分析——以 Z 省为例〔J〕.教育研究，2019，40（10）：91-101.

〔10〕田志磊，张雪.中国学前教育财政投入的问题与改革〔J〕.北京师范大学学报：社会科学版，2011（5）：17-22.

〔11〕哈巍，陈晓宇，刘叶，等.中国农村义务教育经费体制改革四十年回顾〔J〕.教育学术月刊，2017（12）：3-11.

〔12〕王培石.我国高等学校学费定价合理性分析〔J〕.教育研究，2020，41（3）：128-142.

〔13〕胡耀宗，严凌燕.义务教育教师绩效工资政策执行偏差及其治理——基于沪皖豫三省市教师和校长的抽样调查〔J〕.教师教育研究，2017，29（5）：14-18.

〔14〕胡耀宗，刘志敏.从多渠道筹集到现代教育财政制度——中国教育财政制度改革 40 年〔J〕.清华大学教育研究，2019，40（1）：111-120.

2024 年第 2 期

# 指向高质量的教育数字化转型：高校组织适配及其生成

吴南中　　陈恩伦[*]

**摘　要：**高校数字化转型改变了高校存在的基础环境，需要组织层面的积极调适予以协同推进。文章基于适配理论建构了高校教育数字化转型的高校组织适配分析框架，系统分析了高质量数字化转型指向中因为组织目标、组织资源、组织壁垒等造成的高校组织"失配"现象，提出了通过组织目标的适应性调整、组织结构的整体性调适、组织责权的一致化配置和组织控制的治理转向，为组织及其人员提供认知引导、聚情共鸣、功用协同和保障架构，完成从功能适配、结构适配、价值适配和场域适配等组织适配内容的整体推进。高校组织适配的整体生成需要以适配原则为指引，通过梳理适配关系，建构资源、目标、任务和控制体系之间的运行机理，建设技术赋能与权力变迁双向调适的组织框架，完成组织的运行网络建构等四方面系统推进。

**关键词：**教育数字化转型；高质量；高校组织适配；信息化；整体生成

**基金项目：**2023 年重庆市教改重大项目：重庆职业教育数字化转型行动体系建构与检验（编号：Z231038W）；"数字化学习技术基础与应用教育部工程研究中心"2023 年创新基金项目"数字技术赋能教师专业发展成效研究"（编号：1331006）。

---

* 作者简介：吴南中，西南大学教师教育学院博士后，原重庆开放大学教授，教育部工程教育研究中心兼职研究员；陈恩伦，西南大学教师教育学院教授、博士生导师，教育部政策法规司西南大学教育立法研究中心学术委员会主任。

目前，教育研究与教育实践工作者的焦点集中在教育数字化转型的本质探讨、内容架构、方法设计和路径规划等方面，教育数字化转型作为"数字技术与数字价值共同演化的转型逻辑"[1]，是数字化技术在教育领域的"元素性"嵌入，改变的是教育存在的基础、内容和方式，是教育系统的"创变"[2]。教育数字化转型重塑教育体系，包括数据共享、数字化学习空间建设、人机协同教学、大规模个性化学习、智能支持服务、智能评价体系和教师智慧素养等方面，是教育过程的流程再造、技术赋能的发展方式变革、数字创造价值的教育生态和机制体系的协同配合，是教育领域的系统工程、复杂任务和长期工作。然而，落实到实践领域，工业时代基于笛卡尔的分割理论所形成的组织管理条块分割状态，从根本上割裂了学校内部组织之间的协同，造成教育数据的分裂、资源供给的割裂和围绕数字化转型的治理非系统化，高校组织冲突的苗头显现，影响了高校数字化转型能达到的高度，"各部门对数据所蕴含权利的'撼守'导致我国教育数据治理举步维艰"[3]。对此，中共中央、国务院专门出台了《关于构建数据基础制度更好发挥数据要素作用的意见》[4]，为数据共享清除数据壁垒。尽管如此，高校组织还是缺乏实质性的改变，不能匹配高校教育数字化转型的现实需要。高校组织是一个复杂的松散偶联系统，是受物质流、能量流和信息流共同作用的体系，建构高校教育数字化转型的组织适配理念，支持教育体系有目的、有计划地开展组织调整，以适应高等教育数字化转型的要求，是本研究尝试解决的问题。

## 一、基于适配理论的高校组织适配逻辑框架

"组织是意在寻求特定目标且具有高度正式化社会结构的集体。"[5]在实践中，组织被赋予了关注多重利益、追求持续存在的功能，并通过活动、人员、资源和信息的汇聚，促使自身不断变迁，并形成广泛物质资源和制度环境的整合体，被赋予了自主行动等特征，成为研究社会发展的重要概念。按照新制度理论，组织系统是社会的重要行动者，主要

通过组织场域对社会生活进行规制、调动和发展。在组织场域中，通过"共同文化—认知框架、规范性框架或规制性系统的限制，形成一个拥有共同意义系统的组织共同体，实现一种互惠系统"[6]。在这种系统中，各个主体会为自身利益形成冲突，并在多重逻辑共同作用下，形成"零和博弈"[7]。因此，在复杂的场域环境下，需要推动组织场域的再结构化，使主体互动在制度规划约束下开展。高校是一种代表性的复杂发展场域，在高校体系中运行着各类正式的、非正式的组织，有的以部门存在，有的以非正式的组织存在，这些组织在数字化转型的整体行动网络中，发挥行动者和关键节点的作用，并随着数字化转型的推进，显现出"冲突"特征，需要通过数字化技术和数字化资源在场域变迁中发挥主导作用，使教育数字化转型符合更多人的利益。

适配理论是以协同为基础，指向多元主体协调一致或者相互搭配，形成共同作用发挥的组织模式，是源于种群生态学的模型和情境理论，是如何设计权责关系、分工与协作的相关理论[8]。具体来说，适配理论需要组织与情境形成相互协同的整体关系，在原有创新环境下，通过与外部环境的交互，产生创新行为，形成新成果。由于数字化转型的推进，对高校形成了新的冲击，需要高校做出系统性调整。从实践来看，更多的调整聚集于教育教学层面，比如对教学内容的调整、教学方法和教学评价的调整，而制度是技术生成的基础，缺乏制度的保障，无法形成"技术—制度—情境"的配合关系。基于适配理论的视角，文章对高校数字化转型过程中的内部组织架构进行了系统观察，分析了高校组织调配的资源、权力与控制系统现象，系统阐述了高校数字化转型过程中的组织"失配"问题，并按照数字化转型运行的组织动力、功用和意义梳理了组织适配的现实需求，进而建构了组织适配行动路径，实现组织与内部数字化转型和外部环境变迁的双向适配。整体理论逻辑框架如图1所示。

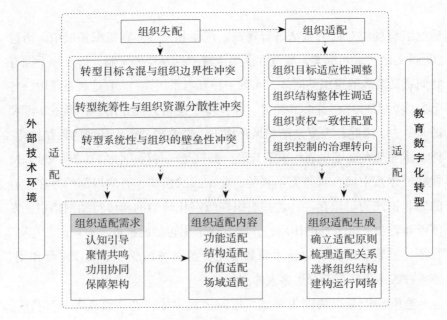

图 1　教育数字化转型组织适配分析框架

## 二、从"失配"到"适配"：高校数字化转型需要组织的调整

在数字化转型的整体社会背景下，以云计算、大数据和人工智能为代表的数字化技术逐步嵌入教育，成为助力高校系统调整办学模式、转变教学方式、生成教学内容、优化评价体系的重要推动力。但已有调整更多从"功能"视角对数字化技术的作用场景进行探索，但教育数字化转型不是"教育"与"数字化技术"的简单加法，而是通过思想和方法的融合、濡化形成新的教育进程，是概念、方法、知识观、教学论、学习空间和教学问题解决的整合，蕴含了高等教育生产方式的全方位变革[9]，是一项复杂的整体行动，需要借助组织的力量，系统推进转型工作。然而，高校组织在传统建设历程中呈现条块分割，以业务逻辑划分部门，形成了高校内部之间的组织壁垒，造成了数字化转型过程中组织的"割裂现象"，与教育数字化转型所倡导的"开放共享互联"等相悖，导致教育数字化转型的推进举步维艰，亟待组织层面的调整。

（一）教育数字化转型中的组织"失配"表征

1.数字化转型的目标含混与高校组织职能边界固化冲突。目标是制定和选择行动路径的指引性准则，是决策和行为的方向性约束，也是行动者聚情和激励的源泉。按照赛尔茨尼克的说法，"目标可以作为攻击对手和从环境中吸取资源的意识形态武器"[10]。从现有数字化转型的表述来看，教育数字化转型有三种主流的观点：一是利用数字化进行教育教学变革的策略和方法[11]；二是解决问题的方法论[12]；三是"划时代的系统性教育创变过程"[13]。以上观点都触及了数字化转型的实质，也是数字化转型系统性和复杂性的体现，高等教育数字化转型的范畴、内容和技术路径并不明确，无法通过具体的、象征性的、行为性的目标来激发各个组织的参与承诺，而现行高校组织是按照科层逻辑建立的权力和资源传导体系，具有相对清晰的任务和资源。比如教务处在意数字化资源等标志性成果，但不会支持分布式混合教学，担心学生的"错时空分布"会影响教学管理；学院更关注教育教学数字化，对学生服务数字化关注却不够。两者之间的冲突导致现行高校组织体系在践行数字化转型过程中的行动片面化、局域化、刻意化和表面化，无法形成整体协同。

2.数字化转型的统筹性与高校组织资源的分散性冲突。数字化转型需要各个组织的权力和资源的协同来实现。当前来看，主要存在两个方面的问题。一是单一组织可支配的资源总量不够且容易产生本位主义。从现有高校组织配置来看，尽管教务处等职能部门都标榜自身是代表学校开展工作，但落实到具体的运行过程中，始终以自身的常规业务为主来推进工作，无法将数字化转型作为工作的核心来推进，在制定计划时，对数字化转型的整体安排不系统，权力可支配的资源不够。二是数字化权力分配割裂，数字化转型所需要的数据和标准协同很难实现。高校不同部门都建立起了自身的信息系统，并运行多年，沉淀了很多数据，"数据孤岛"事实上形成[14]。比如教务数据平台沉淀了多年教务、学生成绩的数据，其格式和标准与现行通用标准都不一致，如果按照数字化转型中数据通用、可异步读取的要求来调适数据，需要付出巨大的精力，教务部门参与时可能就会以工作量巨大（甚至是不可做）的理由来逃避数字化一致性行动。

3. 数字化转型的系统性与高校组织的壁垒性冲突。高校数字化转型的推进需要通过组织场域的控制系统建构独特规范和认知结构，对参与者进行控制，形成内容与实质、表层与核心、外部与内部之间的系统协同。在传统意义上，控制系统运行的本质是对绩效的高度关注，前提是绩效本身的边界和标准是清楚的，运行所需要的资源是切合的，行动者在行动过程中，能得到有效的反馈。然而，现有的运行体系由于数字化转型技术嵌入，组织出现关系性瓦解、情境性失位、倒易性生成，内部关系的改变影响组织参与数字化转型的信心和决心，同时也很难与其他组织围绕数字化转型形成协同。以人工智能辅助教学为例，人工智能在知识生产过程中，还不足以精准化支持教与学全过程，导致部分抵制者不参与相关的工作，并在现有规制下通过悄然抵抗或者是公开批判的行为实现"小赢"，导致组织内部关系瓦解，影响数字化转型的整体进程。

（二）教育数字化转型的高校组织适配内涵与行动隐喻

教育数字化转型的高校组织适配是指在高等教育数字化转型过程中，技术的大规模嵌入导致高校教育系统目标、工作内容、教学流程等随之发生转变，比如数字化转型视域下教学管理的重心从服务课堂教学转向服务更高品质的学习，这些变化影响了高等教育体系的内部系统，形成了组织之间和组织内部的冲突，需要对其组织或者通过组织的调整与其适配，释放高等教育和数字化技术的双重活力，包括了如下行动隐喻。

1. 组织目标的适应性调整。组织是功用的承载体，由特定目标驱动产生，如果缺乏目标，组织就没有存在的意义，比如高校有学术委员会，而中小学中就很少有学术委员会。组织目标制定和选择行动方案的准则，具有认知性、象征性、激励性等特征，教育数字化转型的发生需要借助目标的适应性调整实现理念的转变、发展动力建构和确定实施方向，需要通过协同多元主体进行明确的战略规划设计和行动标准建设，并将目标落实在教育数字化转型的行动过程中来，形成"目标与制度""目标与成效""目标与组织发展"的互动。

2. 组织结构的整体性调适。组织结构既包括高校组织体系的调整，也包括原有组织的适应性改造。组织体系调整指的是按照教育数字化转型的逻辑来设计学校的部门和机构，破解传统的权力科层结构所带来的"门阀现象"，解除"数字孤岛"等不适应教育数字化转型的传统高校组织架构[15]。组织内部调整指的是高校自身为了适应教育数字化转型，对组织内部的分工、职能和人员进行调整，比如财务部门需要将信息流、资源流和资金流进行对接，形成数字化转型所需要的新型财务管理。

3.组织权责的一致性配置。组织权力调整是形成组织与资源配套的有效办法，是提高资源使用成效的有效方式。教育数字化转型的权力治理主要是扭转权力分配不具体导致数字化转型的推进不聚焦的问题，既有权力的整体划分，也有权力的动态性内部治理。权力整体划分主要是通过对高校组织的权源和权力结构进行调整，使组织在教育数字化转型中实现"权责一致"，比如针对数字化转型下更多学习者通过在线学习获取学分，成立专门的学分认证委员会；动态性内部治理是根据教育数字化转型的推进，根据资源变动和权力运行的状态，或者是外部授权的情况，进行有针对性的调整，比如部分高校针对"双一流建设"，积极设立"双一流建设办公室"。

4.组织控制的治理转向。教育数字化转型中组织对绩效的高度关注，以及自身转型的系统性，使组织的控制逻辑发生变化，特别是权力的倒易性特征更加明显，组织为了适应数字化转型的隐序规则，需要进行有针对性的调整。通过建立多元主体参与数字化转型的目标制定、路线生成和评价决策，形成对数字化转型本身的认知和内容认同，使更多的参与者能在没有激励或者是激励不足的情况下，内化并自愿兑现所分派任务的承诺。治理体系的建构，本身可以扩大高校组织对信息的接触，使之成为一种可以用来增强使命感的资源，促进其再参与。

## 三、教育数字化转型中高校组织适配的现实需求

（一）认知引导：为数字化转型的决策与行动提供方位与约束

高校组织的适配过程，实质是数字化嵌入教育教学，导致原有生态产生"空位现象"[16]，原有高校组织架构形成了权力真空，其实质是环境变化下资源、权力和控制体系整体变化的过程。学校不同组织各自为了拥有

更多资源和减少相关责任，在场域结构中占据有利位置，会形成自觉竞争或者抵制，需要与组织系统协同，并对组织或组织要素做出权力调整。在教育数字化转型过程中，高校组织适配过程通过决策和行动为组织所面向的行动者提供认知引导。一是组织的调整本身是教育数字化转型决策与行动的产物，代表组织的意愿。二是组织目标的生成过程是统一思想。新组织或者是组织内部新架构生成过程中，是梳理职能和权力架构，并形成组织目标，实现思想的统一。比如高校新部门组建，需要填报组织任务，实质就是该组织通过梳理具体使命建构思想统一的组织内外关系。三是组织功能的变迁是行动者转译的结果，需要高校组织理解转型所蕴含的知识，才能有效防范转译过程中的信息失真，使数字化转型发生在认知所确定的范畴。

（二）聚情共鸣：为数字化转型的合理性行动提供认同与动力

人通常会选择支持自己判断的证据[17]。按照哈耶克的"理性不及"思想，面对复杂的体系，基于自身判断的证据必然有一定的"不及"，甚至是"无知"，需要借助"实践—认知—实践"的循环过程，实现对事务认知的不断深化[18]。在理性没有形成指引教育数字化转型的整体逻辑时，需要通过组织适配，将本身极其复杂的变革过程以组织适配的方式提供感情承诺，为参与者提供清晰的目标辨识，完成基于组织宗旨的情感共鸣。当组织建设者认可了数字化转型的价值，就会自觉梳理自身的权力和可以调动的资源，更加积极主动开展数字化转型的工作。

（三）功用协同：为数字化转型行动提供强力的功能调整支持

在复杂生态中，不同种群的相互协同一致是巨大问题。美国学者霍兰在研究蚁群、生态、免疫系统、计算机网络的复杂系统中，提出了复杂适应系统理论，旨在通过规则描述、相互作用的适应性主体，通过不断变化规则、改变自身结构和行动方式，主动适应环境变化，并产生新的功能[19]。在高校教育数字化转型中，教育整体环境已经发生变化，数据成为高校教育教学的基础性要素，人工智能成为运行架构，数字化改造成为动力源泉，数字化时代独有的场域空间形成，数据孤岛、数据质量、算法设计与训练、教学对接等问题都需要以组织变革的形式来推动。高校需要根据这种变化，通过学习规则、改变自身结构和行动方式，形成组织变迁，并以扩散形式实现整体整合，为实现数字化转型行动提供功用一致的组织体系。

（四）保障架构：为数字化转型提供基于系统控制的发生场域

"教育组织的战略保证和文化保证直接决定着教育数字化转型的速度和方向"[20]，同时也影响了数字化转型所需要的资源和制度环境。首先，通过组织适配进行关系梳理。高校的教育数字化转型涉及教育活动的多个方面，是战略系统下的整体行动，对传统权力运行模式和分配结构产生了冲击，比如数据不再是各个组织的"自留地"，而是需要纳入共享的流通体，需要梳理数据进入流通之后形成新的控制权、安全保障机制和信任机制。其次，通过组织适配明确整体情境。组织适配的驱动因素既有组织自行采取行动的主动配合，也有权力来源转变的被动驱动。从复杂系统控制的高校组织之间的关系性建构来说，需要在数字化转型的情境中通过多边组织关系的建构，消除组织的亚单元对数字化转型的目标转向和内容转化，强化组织的目标引导和激励作用。最后，通过组织适配减少"权力倒易现象"造成的资源内在消耗。"权力倒易"是数字化时代的典型特征，并不完全是冲突和能力消解，也是协同的机会，但这种机会需要打破传统的科层权力递减现象，建立多元主体的参与机制，实现多方协同，并规避其间的冲突。

## 四、教育数字化转型中高校组织适配的内容

（一）功能适配：形成支持教育数字化转型的高校组织功能

从教育数字化的本质来看，高校数字化转型的过程就是数字技术嵌入教育教学，驱动高校教育及其与社会关系的各个方面的系统性变革。"教育参与者之间的关系、组织目标事件与教育参与者目标之间、技术与组织目标之间、技术与相关事件之间的关系等是教育数字化转型的实践场域"[21]。具体包括教学变革、教育基建、教育管理和教育研究等方面，是一个具有多层次特征的体系[22]。以教学变革为例，包括数字化平台的奠基性设计、课程教学资源的适配化调整、教学关系的系统性重塑、教学结

构的重建等内容[23]，这些表面功能的背后还存在数据联动逻辑、应用协同逻辑、系统配套逻辑等，这些功能的实现不会自发形成，而是需要根据其运行过程中折射的需要建构制度运行的框架，并形成组织的调整或者是组织内部职能的调整。

（二）结构适配：建立符合教育数字化转型的整体结构

结构适配指的是按照教育数字化转型的运行模式开展结构上的调整。在权变理论的隐喻中，组织的基本特征不难改变[24]，但制度学派有不同的看法，认为组织结构具有惯性，是路径依赖的结果，不太容易改变。从逻辑上看，组织的变迁涉及适应和学习，"一种形态取代另一种形态的产生，必然导致组织形态的变化"[25]。从进化论的逻辑来看，结构是功能调整的结果，是受资源、环境和行动者共同作用，需要进行主动调整。结构适配包括了三个阶段：变异的产生、形态的选择、保持形态并扩散。第一阶段是组织产生，主要是根据教育数字化推进过程中为技术系统的应用而建立组织，是汇聚性、序贯性、倒易性等形态的组织。在第二阶段，主要是组织形态的选择。随着教育数字化转型中技术确定性提升和组织环境完善，选择为技术核心构建缓冲隔离结构的组织，使组织功能常态化、权力效能提升和资源调整便利化，比如建立学习支持服务部门，探索以人工智能服务学习者学习。第三阶段，主要是组织形态的保持并扩张。随着外部技术的发展和应用深化，组织被赋予更多的数字化职能，并开始向其他组织传递数字化能力、资源和权力，最终实现与教育数字化相适应的组织样态，完成组织适配过程。

（三）价值适配：塑造高校教育数字化转型的价值体系

价值适配是指高校组织在变迁过程中，与教育数字化所隐含的价值精神和价值特征匹配。在新制度主义视野中，组织是制度落实文化、认知、准则和管制要素及其相关活动与配套资源的载体，是制度实现的稳定性依托和支撑[26]，其实质是高校组织通过价值承载共同使命，并实现一致化行动。组织适配过程中的价值适配通常包括形式适配、符号适配和文化适配三个阶段。在形式适配阶段，通过理性认识教育数字化转型的价值，形成组织功能变迁或者自身形态的形式转变，比如建立教育数字化转型工作小组；在符号适配阶段，逐步形成教育数字化转型的特定符号，比如对智慧教育场景的共识，促使不同组织围绕智慧教育场景开展合作；在文化适配阶段，核心是形成根植于高校组织内心的"思维软件"，体现为高校组织在交往过程中建立支撑集体行动的文化认知和行动理解框架，并在特定环境下形成意义。组织适配过程中文化适配作为一些无意识的观念和想当然的假设，是最为固执的，需要长时间调整才能真正实现。

（四）场域适配：培育适应教育数字化转型的发展空间

从场域逻辑来看，场域的要素调度、能量流动及其方式以及惯习等[27]，都会影响组织适配的过程，具体体现为跨文化认知、社会与政治环境、战略选择观、技术的双重属性特征等对高校组织适配的影响。跨文化认知是指教育数字化转型过程中多元行动主体的文化特质融合过程；社会与政治环境是指教育外部社会和政治主体，在基于利益、技术和经济的综合考量中对高校组织变迁的诉求；战略选择观是指战略制定者选择长期、短期或者均衡心态，不同的战略选择会影响高校组织系统的设计，比如注重短期战略的行动者，在组织调整的过程中偏向于功能适应；技术的双重属性是指技术既是产品又是对象对组织适配的影响。从产品来看，因为教育数字化转型过程中的技术是具有结构属性的技术，是由特定的行动者建构，需要形成与形态契合的结构，简而言之是"技术自带结构"；从对象来看，数字化转型过程，实际是技术从客体转型为内嵌到机体的过程，在创造技术价值的同时，成为组织的一部分，或者是结构附属。这种双重属性在特定阶段会影响组织的类别与内在结构。场域适配的过程，就是遵循场域中要素、能量和惯习，进行高校组织内容、结构的改造过程，比如在注重长期战略的组织中，赋予涉及长期战略实施的有效资源和权力结构，使之在数字化转型行动中保持高校关注长期目标的控制能力。

## 五、教育数字化转型中高校组织适配的生成路径

（一）确立适配原则：承接数字化转型的组织形成

1.宽口径组织分工。从教育数字化转型的功能特征来看，转型任务的系统性、复杂性和多变性形成了高校组织主体的多元化和组织内容的不稳

定性，需要组织系统调整和内容结构变化适应工作任务的变化，这就需要以宽口径分工来调适。

2.依赖规约与多边协同。在复杂系统中，多元主体的适应性系统是依托规则描述和相互适应的主体结构，实现对环境变化的能力[28]。在数字化转型过程中，高校组织通过新的结构、层次和对多样性的整合，形成适应数字化转型的组织形态，其中核心的规约包括适应性主体、共同演化、共同解决混沌问题，实现基于规约的多边协同组织架构。

3.复杂逻辑结构形态。数字化转型的任务复杂性形态和多变规则约束状态，使高校组织将汇聚性、序贯性、倒易性的形态结构特征汇聚在一起，形成基于多种逻辑的复杂结构形态，突破了过往组织结构中的简单逻辑形态，按照功能、结构、内容和组织场域的调整，实现组织新的控制体系的建构。

（二）梳理适配关系：厘清组织内部运行机理

1.资源高效利用的整体方位。组织适配并不改变技术赋能教育的内在机理，组织适配只是加速技术赋能教育的过程，其作用方式通过资源调整来实现，重心是在技术可替代的领域减少资源投入，将更多资源投入智慧学习空间、教学过程变革、师生数智化能力培养等协同性体系中。

2.组织与目标共演性调适。当前，数字化转型的建设目标始终是一个含糊的概念，比如祝智庭谈及的"教育系统的创变"[29]，属于激励性质的目标。与机械系统相比，高校组织是一种复杂的松散偶联系统，是受物质流、能量流和信息流共同作用的体系，也是不断变化的过程，适应数字化转型启动阶段的组织形态不见得能适应数字化转型持续推进的阶段。因此，组织适配并不是完全由目标决定组织，而是组织与目标共演并逐渐形成适配的过程，体现为目标的长期导向和短期导向的兼顾决定了组织重构过程既有长期主义倡导的图景召唤，也有短期主义形成的应景性架构，组织在与目标的共演过程中受技术变迁和环境变迁的共同作用，实现以适配为特征的演进。

3.组织与任务的相关关系。教育数字化转型是超越了传统组织体系边界的任务。按照加尔布雷斯提出的信息需求量增函数："任务信息需求 =

复杂性 × 不确定性 × 互依性"[30]。组织的边界与任务的复杂性、不确定性和互依性等密切相关。在教育数字化转型中，其三个指标都是较高的水平，比如互依性，只有教务部门围绕数字化转型转变教学管理，才能有效推动人力资源部门对教师数智化素养的关注，才能以职称等引导教师的数智化素养的提升，并推动教务部门的教学改革，进而形成了完整的相互关系。

4.组织关系重建。一是组织的适配进程按照资源效用优化的整体逻辑推进。资源增量和内部资源投入调整是组织适配进程的关键着力点，核心是按照技术成熟进程进行短期性投入和长期性投入结合。二是组织适配进程中要处理好长期性和当期性的关系。从教育逻辑看，每个学生都是当前的重点，转型的重心在于学生当期数字化能力的培育；从技术逻辑看，数据标准、资源等基建工作是面向未来的工作。如何有效解决这种当期和长期的冲突，需要组织适配和重构。三是组织的适配过程需要关注权力来源和运行方式的变化。在教育数字化转型中技术裹挟权力、直接行政权力与高校本身发展的控制感密切相关，将权力来源和运行方式的变化纳入高校本身的权力运行体系，并改变运行体系作用方式，是组织适配的重要内容。

（三）选择组织结构：技术赋能与权力变迁双向调适的矩形架构

技术对教育的渗入，导致依托实践、环境和培训的能力下移，领导虽然形式上具有决策权，但失去了独立决策的权力。因此，高校组织需要结合技术赋能的力量，在纵向减少层级，在横向扩大边界，将科层结构转型成矩形结构，形成适应教育数字化转型的新架构。

1.技术赋能形成组织的扁平化架构

数字化技术冲击了高等教育组织的规范结构和行为模式：一是数字化技术对组织复杂化和协同化的改造，需要对高等教育内部的科层结构进行改造，形成以需求为导向的横向价值流工作团队，适应技术引发的权力倒易关系，服务技术时代的教育教学；二是数字化技术对传统工作的改造，降低了传统工作的难度，需要凸显技术人员的价值，形成与之适应的柔性框架和绩效分配机制；三是逐步提升管理者的管理幅度。从教育数字化转型的逻辑看，任务的对接主体提升带来了运行机制和组织结构形式的变化，需要管理者扩大管理的范围幅度，提高信息沟通的效率，在保持系统运行流畅性的同时提高控制能力。

2. 权力变迁形成的治理型关系

教育数字化转型需要遵循两种逻辑：一种是权力运行的行政逻辑，旨在建立契合数字化转型的组织形态，提高权力运行的质量；另一种是数字化转型内蕴的技术逻辑，旨在从技术本身发展的规律性和客观性要求，形成组织发展的基础。当前教育体系正在积极推进权力的分布式布局，形成效率、职能和资源的协同配置，冲击了传统权力运行体系。高等教育体系在技术的改造下，需要激发全体教职员工围绕教育数字化的前沿发展积极研究，并且听取多方主体的意见，形成多主体协同参与治理的机制，将高校组织体系及其组织内部的分立关系建构成为相互协商的治理关系。

（四）建构运行网络：建立相互关联的互动系统

教育数字化转型的关键在于行动者体系，行动者之间通过联系形成联结，以动态性目标和当期任务，全面识别教育数字化转型的异质行动者，通过转译、掘进、协同等形式推动数字化转型的创造性迭代，完成组织适配。

1. 明确行动网络中的行动主体

从架构来看，教育规划部门和组织部门是确定组织职能、组织架构的主要协调者，是组织适配网络中的关键节点，教务部门和信息部门由于掌控教学资源和技术资源成为功能的提出者和技术架构的评估者，他们需要在尊重其他组织利益的情况下，主动开展行动网络基础架构的组织，形成核心行动者。行动主体的核心价值栖居于数字化转型过程中，并能敏锐感知技术及其背后的组织逻辑，并判断与教育教学的内在关系，成为转型的主导力量。

2. 激发行动者动力

组织适配的过程蕴含了双重动力：一是外部技术和行政权力的扩散形成了组织调整的外部动力；二是技术力量作为"化学元素"形成的内部动力。需要建构有效对接这种"外促＋内生"动力的机制，促使组织的适配系统生成。主要包括：形成开放的组织形态，从文化价值的角度保持对外部数字化技术的敏锐感知；形成灵活的组织形态，适应初生技术的实践性调整、成熟技术的扩散性推广；建立组织自我调节机制，形成突出运行、控制和规则三个要素的互动，其中运行偏重引领和适应灵活、复杂的环境；控制偏重以效果评估实施的整体权力运行模式；规则偏重对数字化技术的响应。

### 3. 选择适配方式

在教育数字化转型的推进过程中，既有现有内容逐渐优化、范围逐渐拓展和应用深度逐渐加强的渐变过程，比如从混合式教学逐步转向智慧教学，教学从规模化转向大规模个性化[31]；也有新产品应用的过程，比如增强现实技术在教育中的应用，是一种"创变"。"渐变"和"创变"的组织适配方式是教育数字化转型过程中教育系统理性化、内部化和正式化的结果，但也不会是截然不相关的两种形态，通常在渐变中蕴含了创变的需要，创变的完善需要在渐变中得到支持，如智能教育的兴起，为大规模个性化教学提供了支持，大规模个性化学习形成了大规模个性化资源建设的需求，独立的资源建设部门成为学校建设的重要组织。这种"渐进＋创变"联动的形态，最终落实为与外部环境和内部转型需求的双向适配。

**参考文献：**

［1］胡姣，彭红超，祝智庭. 教育数字化转型的现实困境与突破路径［J］. 现代远程教育研究，2022，34（5）：72-81.

［2］祝智庭，胡姣. 教育数字化转型的实践逻辑与发展机遇［J］. 电化教育研究，2022，43（1）：5-15.

［3］刘永贵. 数字化转型中的 IT 治理与管理流程再造［J］. 现代教育技术，2023，33（1）：15-16.

［4］中共中央　国务院关于构建数据基础制度更好发挥数据要素作用的意见［EB/OL］.https：//www.gov.cn/zhengce/2022-12/19/content_5732695.htm.

［5］斯科特，戴维斯. 组织理论：理性、自然与开放系统的视角［M］. 北京：中国人民大学出版社，2011：30.

［6］斯科特.制度与组织——思想观念与物质利益［M］.姚伟，王黎芳，译.北京：中国人民大学出版社，2010：58-67.

［7］徐顽强.社会治理共同体的系统审视与构建路径［J］.求索，2020（1）：161-170.

［8］沈曦.组织结构视角：大学管理低效的根源及对策［J］.高校教育管理，2009，3（2）：28-31.

［9］陈林.数字化转型赋能高等教育高质量发展：价值机理与推进策略［J］.教育学术月刊，2023（8）：95-103.

［10］吴光飙.企业发展分析：一种以惯例为基础的演化论观点［D］.复旦大学，2003.

［11］黄青青，周俊华.欧洲教育数字化转型的缘起、现状和实现路径［J］.教育学术月刊，2023（7）：37-45.

［12］Gama J A P. Intelligent Educational Dual Architecture for University Digital Transformation［A］//IEEE Frontiers in Education Conference（FIE）. San Jose：IEEE，2018：1-9.

［13］祝智庭，胡姣.教育数字化转型的本质探析与研究展望［J］.中国电化教育，2022（4）：1-8.

［14］吴南中，黄治虎，曾靓，等.教育大数据生态圈构建："3+3"模型的逻辑与实践［J］.中国远程教育，2019（7）：77-85.

［15］陈良雨，陈建.大数据背景下的教育治理能力现代化研究［J］.现代教育技术，2017，27（2）：26-32.

［16］肖凤翔，邓小华."多中心"理念下职业教育治理主体的角色定位——"中和位育"思想的启示［J］.高校教育管理，2018，12（2）：66-73，124.

［17］斯科特.制度与组织：思想观念、利益偏好与身份认同［M］.姚伟，等，译.北京：中国人民大学出版社，2020：42.

［18］哈耶克.哈耶克文选［M］.冯克利，译.南京：江苏人民出版社，2007：458.

［19］霍兰.隐秩序：适应性造就复杂性［M］.周晓牧，韩晖，译.上海：上海科技教育出版社，2022：76.

［20］胡姣，彭红超，祝智庭.教育数字化转型的现实困境与突破路径［J］.现代远程教育研究，2022，34（5）：72-81.

〔21〕祝智庭，胡姣.教育数字化转型的本质探析与研究展望〔J〕.中国电化教育，2022（4）：25.

〔22〕余胜泉.教育数字化转型的层次〔J〕.中国电化教育，2023（2）：55-59，66.

〔23〕卢强.教育数字化转型下技术革新教学推进路径的审视与展望〔J〕.现代教育技术，2023，33（1）：17-28.

〔24〕李臣之，郑涵.权变理论视角下新手教师的期望落差及其消解〔J〕.中国教育科学（中英文），2022，5（6）：87-96.

〔25〕刘靖.区域经济转型时空演化及政策仿真研究〔D〕.上海社会科学院，2016.

〔26〕斯科特.制度与组织：思想观念、利益偏好与身份认同〔M〕.姚伟，等，译.北京：中国人民大学出版社，2020：56.

〔27〕吴南中，李健苹.虚实融合的学习场域：特征与塑造〔J〕.中国远程教育，2016（1）：5-11，79.

〔28〕霍兰.隐秩序：适应性造就复杂性〔M〕.周晓牧，韩晖，译.上海：上海科技教育出版社，2022：98.

〔29〕祝智庭，胡姣.教育数字化转型：面向未来的教育"转基因"工程〔J〕.开放教育研究，2022，28（5）：12-19.

〔30〕朱健，张彬.因循守旧，还是独辟蹊径？数字化领导对团队与个体创造力的多层次影响〔J〕.科技进步与对策，2023，40（23）：129-139.

〔31〕吴南中，邢西深.大数据支持大规模个性化教学的发生逻辑〔J〕.终身教育研究，2021，32（2）：20-28，39.

2024 年第 6 期

# 中国式教育现代化视域中学校治理现代化评价指标体系

蒲 蕊 郝以谱 常 波*

**摘 要：** 推进学校治理现代化，是加快建设教育强国、推进中国式教育现代化的必然要求。作为我国国民教育体系的基础组成部分，中小学治理现代化是教育治理现代化实现的重要载体。构建学校治理现代化评价指标体系是检验学校治理现代化水平、提升学校治理效能不可或缺的环节。中国式教育现代化视域中学校治理现代化评价指标体系的构建有其自身要遵循的理论依据、政策依据和实践依据，应坚持职能性和发展性、科学性和特色化、系统性和侧重性的原则。在此基础上，从学校治理的价值、目标、决策、运行、过程、技术、能力等七个维度构建中国特色的学校治理现代化评价指标体系。

**关键词：** 中国式教育现代化；学校治理现代化；评价指标体系；立德树人

**基金项目：** 湖北省高等学校哲学社会科学研究重大项目"学校家庭社会协同育人机制研究"（编号：22ZD009）；中央高校基本科研业务费专项资金项目"学校家庭社会协同育人机制研究"（编号：CCNU23ED024）。

治理现代化是以中国式现代化全面推进中华民族伟大复兴的重要一

---

* 作者简介：蒲蕊，华中师范大学教育学院教授、博士生导师，华中师范大学中国教育管理研究中心主任，美国哥伦比亚大学教师学院访问学者；郝以谱，华中师范大学教育学院博士研究生；常波，空军航空大学教授，博士。

环。习近平总书记在党的十九大报告中指出："必须坚持和完善中国特色社会主义制度，不断推进国家治理体系和治理能力现代化，坚决破除一切不合时宜的思想观念和体制机制弊端，突破利益固化的藩篱，吸收人类文明有益成果，构建系统完备、科学规范、运行有效的制度体系，充分发挥我国社会主义制度优越性。"《中共中央关于制定国民经济和社会发展第十四个五年规划和二〇三五年远景目标的建议》提出"到二〇三五年基本实现国家治理体系和治理能力现代化"的目标。教育治理现代化是国家治理现代化的重要组成部分，亦是中国式教育现代化的重要战略任务之一。教育治理的重点在学校，难点在学校，落实也在学校。作为我国国民教育体系的基础组成部分，中小学校治理现代化是教育治理现代化实现的重要载体，没有中小学校治理现代化的实现，教育治理现代化就无从谈起，中国式教育现代化目标更难以实现。

治理通过评价实现其追求的价值[1]。面对高质量发展阶段的中小学治理问题以及落实立德树人根本任务的新挑战，学校治理评价的指挥棒、推进器作用不容忽视。近年来，随着学界对教育治理、学校治理、治理现代化研究的逐步深入，治理评价的相关研究受到学者关注。就教育治理现代化而言，多数学者在借鉴世界治理指标或国家治理标准基础上，提出衡量教育治理现代化的标准应包括科学治教、过程民主化、运行制度化、法治化[2]、结构一体化、效率最大化[3]、教育公共事务透明、教育监督质量、教育清廉[4]等维度。就学校治理而言，学校治理现代化有着综合性系统性强、公平公正要求高、治理成效显现慢、治理环节转化多等特点[5]，应从自主办学、多元共治、依法治校、监督问责、效率公平与可持续发展等五个维度分析评价学校治理[6]。也有学者建议从法治、民主参与、公开透明三个维度评价学校治理程度[7-8]。Supriadi 等则认为应从六个方面评价良好的学校治理，即透明度、问责制、责任感、自主性、公平性和参与性[9]。总的来看，现有对学校治理、学校治理现代化的研究更多关注意义、内涵与特征、问题和推进策略，缺乏对学校治理或学校治理现代化评价指标体系的系统研究。显然，没有系统科学的学校治理现代化评价指标体系，就无法了解学校治理现代化现状和问题，无法明确学校治理现代化道路方向是否正确，更无法判断学校治理成效。基于此，本文立足于新时代中国式教育现代化的目标和任务阐释构建中国特色学校治理现代化评价指标体系的重要价值，系统分析我国中小学校治理现代化评价指标体系构建的依据与原则，探索中国式教育现代化视域中的学校治理现代化评价指标体系构成。

## 一、中国式教育现代化视域中学校治理现代化评价指标体系构建的价值意蕴

学校治理现代化既是中国式教育现代化的重要内容，也是加快推进中国式教育现代化的重要保障。构建具有中国特色的中小学校治理现代化评价指标体系不仅为客观评价我国学校治理现代化水平提供科学合理的依据，引导各学校以评价指标为目标和抓手，创新学校治理，而且能持续提升我国学校治理的现代化发展水平，加快推进学校高质量发展，办好人民满意的教育。

（一）提升学校治理现代化水平的现实需要

实践中的学校治理存在着行政部门越位缺位和错位、学校办学活力不足效能不高、多元主体参与学校治理制度不完善、学校治理主体能力不强等诸多问题。学校治理现代化评价指标体系是一种尺度和规范，对学校治理的活动、行为、技术手段等进行规范和要求，也可以为学校治理现代化评价提供科学、有效的准则。具体而言，第一，为学校治理现代化指引方向。学校治理现代化评价指标体系能够给学校治理水平提升提供很好的参考，有助于学校领导者结合学校实际情况，有针对性地制定改善学校治理水平的计划，不断参照标准去挖掘学校治理现代化提升空间。第二，为学校治理提供统一的评价基准。指标体系的建构有助于清晰地了解学校治理实践的优劣得失及其原因，以帮助学校有针对性地改进，同时也使得不同学校之间治理状况和治理水平可以相互比较和学习借鉴，进而促进学校治理水平的整体提升。第三，为学校治理实践提供外在监督的依据。评价指标体系可为学校治理监督提供依据，通过合理监督纠正学校治理过程中各种违背"善治"的偏差问题，强化学校治理系统自我调节能力。

（二）助推学校高质量发展的根本要求

推进学校高质量发展是新时代实现科教兴国战略、加快建设教育强国的必然要求。党的二十大报告指出，高质量发展是全面建设社会主义现代化国家的首要任务，明确要求"加快建设高质量教育体系"[10]，标志着我国教育进入高质量发展的新阶段。学校的高质量发展离不开高质量的治理，高质量的治理必须有科学的评价体系。一方面，学校治理现代化评价指标体系构建的直接目标是促成中国式现代化学校治理效能提升，最终目标是全面落实立德树人根本任务，为党育人、为国育才。另一方面，学校高质量发展机制建立和完善，同样需要学校治理现代化评价指标体系的导向和引领。教育评价是摆脱学校高质量发展诸多困境的客观需要，学校治理现代化评价指标亦然。中小学校发展累积形成的诸多问题制约着学校高质量发展，比如学校管理过于行政化、师生缺乏活力、家校社协同育人机制不畅等。这些问题的解决亟须发挥评价的指挥棒作用，促进学校治理理念的更新、治理结构的优化和现代治理手段的运用，凝聚整合内外部力量、统筹调度各种资源，助力破解学校发展困局。

（三）办好人民满意教育的时代要求

办好人民满意的教育是新时期中国式教育现代化的重要目标。2018 年习近平总书记在全国教育大会上讲话强调要"以凝聚人心、完善人格、开发人力、培育人才、造福人民为工作目标，培养德智体美劳全面发展的社会主义建设者和接班人，加快推进教育现代化、建设教育强国、办好人民满意的教育"[11]。中国式教育现代化视域中，走中国式学校治理现代化道路是办好人民满意的教育的必由之路。目前，人民对新时代教育最关心的是两方面的问题。一是教育公平问题，人民满意的教育首先是需要保障所有学生公平享有优质教育的机会和资源。这就意味着必须构建一个系统科学的学校治理现代化评价指标体系，以便能够确保学校治理目标、内容、过程、运行、手段、技术等方面坚持公平正义，努力保障让每一个孩子平等享有接受高质量教育的机会。二是教育质量问题，人民对教育的满意取决于对人才培养质量的满意。高质量教育生成机制与治理理论在多元协商、共享共治、依法治校等方面有着内在的契合。学校治理现代化评价标准通过提升治理效能，降低治理成本，为教育高质量发展赋能。

## 二、中国式教育现代化视域中学校治理现代化评价指标体系的构建依据

任何评价指标体系的构建都需要遵循一定的依据。结合学理、政策与实践三个层面，我们认为，从中国式教育现代化视域出发，学校治理现代化评价指标体系的构建不仅要积极回应新时代中国式教育现代化的政策需要，科学审视当前学校内外部治理结构改革实践的需要，更要系统阐释学校治理现代化评价指标体系构建的理论依据，以便确保评价指标体系的科学性、合理性、实效性，并彰显中国特色。

（一）理论依据：确保学校治理现代化评价指标体系的科学性

马克思主义是我们立党立国、兴党兴国的根本指导思想。习近平新时代中国特色社会主义思想是中国化时代化的马克思主义，是新时代教育工作的指导思想。在中国式教育现代化视域下构建科学系统的学校治理现代化评价指标体系，必须坚持马克思主义的指导地位，以习近平新时代中国特色社会主义思想、习近平总书记关于教育的重要论述作为指导思想和理论依据。

在我国，推进国家治理体系和治理能力现代化的出发点和根本目的是要坚持和完善中国特色社会主义制度。在推进路径上，习近平总书记明确指出"中国式现代化是中国共产党领导的社会主义现代化"，以及必须牢牢把握的"五个坚持"重大原则。显然，面向中国式教育现代化的学校治理体系和治理能力现代化的出发点和根本目的是要坚持和完善中国特色社会主义教育制度，全面贯彻落实习近平总书记关于教育的重要论述中"九个坚持"。具体来说，中国式教育现代化视域中的学校治理现代化评价标准必须以党的创新理论作为理论基础，将学校落实立德树人根本任务的成效作为学校治理现代化的最终衡量标准，坚持以人民为中心，以办人民满意教育为目标。

与此同时，中国式教育现代化视域中学校治理现代化评价指标体系构建也离不开具体的教育治理、学校治理理论的指导，包括对西方治理理

论、教育治理和学校治理理论的借鉴。西方治理理论和学校治理实践相对成熟，我国的学校治理现代化评价指标体系构建应辩证吸收和借鉴，把民主、法治、多主体参与治理等理论思想融入其中。当然，这种借鉴、吸收和学习不是要把西方教育治理、学校治理理论神圣化、教条化，更不能简单地复制和移植。抵制国际化的"学术民族主义"和丧失本土意识的"殖民地学术"都不可取。中国式的学校治理现代化是在我国独特的教育情境下进行的，学校治理现代化评价指标体系的构建必然要立足中国本土，在与不同国家、不同民族、不同文明的平等交流与对话中，以我为主、融通中外。

（二）政策依据：增强学校治理现代化评价指标体系的合理性

学校治理实践不能脱离中国独有的宏观政策语境。学校治理现代化评价需以国家相关政策为方向指引，只有依据相关政策文件，才能保障所建指标体系的合理性。

国家治理体系和治理能力现代化以及教育治理相关政策文件为学校治理现代化建设指明了政治方向和总体要求。2019 年，《中共中央关于坚持和完善中国特色社会主义制度推进国家治理体系和治理能力现代化若干重大问题的决定》明确了推进国家治理体系和治理能力现代化的重大意义和总体要求。《中国教育现代化 2035》则将"推进教育治理体系和治理能力现代化"作为教育现代化的重要战略任务之一，提出"提高学校自主管理能力，完善学校治理结构"。《深化新时代教育评价改革总体方案》是指导新时代教育评价改革的纲领性文件，《义务教育质量评价指南》为地方开展教育评价提供重要指引[12]。这些重要的治理政策为构建学校治理现代化评价指标体系提供了顶层设计和切实可行的路径，在价值取向、评价内容以及方法选择等方面发挥着全局性、引领性作用。具体来说，一是学校治理现代化评价指标体系应富有时代特征，彰显中国特色；二是评价指标体系应以立德树人作为根本遵循，服务于学校治理现代化，完善学校治理结构，激发学校办学活力；三是学校治理现代化是一项需长期努力推进的系统工作，所构建的评价指标体系需具有长远性、预见性、全局性。

（三）实践依据：提高学校治理现代化评价指标体系的实效性

理论源于实践，在实践中发展、指导实践并在实践中得以检验。中国式教育现代化视域中的学校治理现代化，必须是不断扎根中国大地、不断获得中国实践解释力、不断丰富中国经验内涵的过程。为此，学校治理现代化评价指标体系的构建只有与学校治理实践需求紧密结合，才能保障所建指标的有效性。只有直面学校治理亟待解决的现实问题，才能保证所建指标的针对性。

随着教育管办评分离改革的推进，基层学校的治理改革正在不断深入，积累了颇具价值的学校治理经验，在一定程度上破解了落实立德树人根本任务、提高教育质量在体制机制上的束缚。比如，上海闵行区实验小学形成"多主体参与"格局，倡导"多中心治理"，融会中外办学理念从"治理"走向"善治"，推进学校治理现代化[13]。山东省昌邑市第一中学通过构建多元主体合作的现代学校治理共同体，促进县中治理能力提升[14]。这些地方学校成功的治理改革实践为学校治理现代化评价指标体系的构建提供了许多可资借鉴的经验，需要我们积极挖掘和总结。与此同时，加快建设教育强国、建设高质量教育体系、促进教育公平、发展素质教育，给现阶段的学校治理创新提出了更高要求和更大挑战。这就要求，中国式教育现代化视域中学校治理现代化评价指标体系的构建，应聚焦我国学校治理实践遇到的新问题、学校教育改革发展中的深层次问题、人民群众急难愁盼问题，以便有针对性地指导学校治理创新。

## 三、中国式教育现代化视域中学校治理现代化评价指标体系的构建原则

中国式教育现代化视域中，构建学校治理现代化评价指标体系应当对指标选取进行系统把握，坚持职能性和发展性、科学性和特色化、系统性和侧重性的原则。

（一）职能性原则与发展性原则

职能性原则是指要根据学校承担的职权来设计评价指标。只有从学校职能出发来遴选和设计评价指标，学校治理现代化评价结果才具有真实

性、科学性。立德树人是中国特色社会主义学校的根本职能，是中小学校的立身之本。学校的其他职能（政治职能、经济职能、文化职能等）是立德树人这一根本职能的衍生。立德树人成效是检验学校一切工作的根本标准。因此，学校治理现代化评价指标设计应将立德树人内化于评价标准的所有方面、所有环节，以科学评价确保落实立德树人根本任务，践行为党育人、为国育才的使命。

坚持发展性原则要求评价应有效发挥引导、诊断、改进、激励功能，达到以评促发展的目的。"五唯"问题是当前教育评价指挥棒方面存在的根本问题。评价标准制定需要破除"五唯"顽疾，从根本上扭转功利化倾向，树立科学的教育评价导向。因此，学校治理现代化评价要抓住立德树人评价这一关键环节，兼顾过程评价与结果评价，在注重考察学校治理现代化程度的同时也应关注学校努力情况，形成全面、综合、公平的学校治理现代化评价标准体系，引导学校治理实践不断优化，促进学校内涵发展和质量提升。

（二）科学性原则与特色化原则

科学化的治理评价有助于推动国家治理现代化进程，而国家治理评价科学化的关键在于评价指标的科学化[15]。学校治理现代化评价指标体系构建亦如此。评价指标选取的科学性是保障评价结果精准、合理的前提条件。不科学的评价指标体系，其所得到的评价结论必然偏离评价目标，对学校治理形成错误引导，降低治理效能，损害治理成效。因此，学校治理现代化评价应从治理规律、教育规律和人才成长规律出发，落实"改进结果评价，强化过程评价，探索增值评价，健全综合评价"要求，选择科学的评价指标。

特色化原则是指学校治理现代化评价指标体系的构建，要立足中国国情和学校发展实际，借鉴国外有益经验，构建富有时代特征、彰显中国特色的指标体系。学校治理现代化由于国情的差异而具有不同的特色。中国式教育现代化视域中的学校治理现代化评价指标体系，既不能违背学校治理现代化的基本规律，也不能照搬其他国家的标准，而是要立足中国教育实际，从我国学校治理现代化的实际情况出发，彰显中国特色和时代特征。

（三）系统性原则与侧重性原则

系统性强调评价指标构成的整体性、相关性和层次性。学校治理是一个具有丰富内涵的概念，其包含了复杂的多个维度。因此，学校治理现代化指标构成应从多维度考量，尽量能够全面、系统地反映学校治理内容。此外，系统性原则也意味着所选择的评价标准之间应是一种有机统一关系，指标之间应是一种相互协调、相互补充和相互支撑的关系。

侧重性原则也称之为"二八"原则，是指在任何一组东西中，最重要的只占其中一小部分，约20%，尽管其余80%是多数，却是次要的。在学校治理过程中，一些关键环节和因素决定了学校治理的主要方向，起着决定性作用。因此，学校治理现代化评价指标体系的设计在注重系统性的同时也不可忽略侧重性，尽量以数量较少、较为重要的指标反映学校治理体系内容。这样可以避免评价指标过于庞杂，提高评价指标的可操作性。

## 四、中国式教育现代化视域中学校治理现代化评价指标体系框架构成

中国式教育现代化视域中学校治理现代化评价指标体系不仅能够为新时期学校治理效能评估提供依据，而且能够为学校治理的改进和创新提供方向性引领。基于上述学校治理评价标准构建的依据和原则，借鉴已有研究成果并结合我国学校治理的实践，本文尝试从学校治理的价值、目标、决策、运行、过程、技术、能力等七个维度提出评价指标体系，具体见表1。

**表1　学校治理现代化评价指标体系框架**

| 评价维度 | 关键指标 | 评价维度 | 关键指标 |
|---|---|---|---|
| 学校治理价值的公平化 | 起点公平 | 学校治理事务决策的民主化 | 多元主体决策参与程度 |
| | 过程公平 | | 民主参与的组织机构完善程度 |
| | 结果公平 | 学校治理过程的透明化 | 校务公开程度 |
| | 差异性公平 | | 学校决策公开程度 |

续表

| 评价维度 | 关键指标 | 评价维度 | 关键指标 |
|---|---|---|---|
| 学校治理目标的育人性 | 学校管理质量 | 学校治理能力的高效化 | 制度执行能力 |
| | 教师教学质量 | | 沟通协作能力 |
| | 学生学习质量 | | 资源配置能力 |
| | 办学质量满意度 | | 机制创新能力 |
| 学校治理运行的法治化 | 法治制度 | 学校治理技术的数字化 | 数字化数据思维 |
| | 法治执行 | | 数字化基础设施建设 |
| | 法治监督 | | 数字化技术应用 |

（一）学校治理价值的公平化

追求公平正义是中国特色社会主义的本质要求，是社会主义核心价值观的重要内容。教育公平是社会公平的重要基础，是中国共产党执政为民的体现。因此，学校治理现代化评价首先应坚持价值取向上的公平正义。学校治理价值维度的公平化，评价学校治理推进教育公平的状况，具体包含四个二级指标，分别是维护起点公平、过程公平、结果公平以及差异性公平。第一，维护起点公平，即学校是否确保每一个学生都能够平等享有受教育的机会、享有均等化的教育资源。第二，在过程公平上，评价学校内部每一位成员是否都公平享有学校资源，是否保障学生在接受教育过程的各项权益，尊重学生的个性化成长特点，尊重不同学生的教育需求。第三，结果公平主要考察学校教育是否"让所有学生在发展水平上都达到基本标准"[16]，每个学生是否能够有效依托学校教育机会和教育资源得到符合其自身个性的综合素养发展。第四，差异性公平重点考察学校是否针对弱势学生采取补偿性措施，减弱因家庭环境或者自身原因的不足或劣势对学生发展产生的负面影响，缩小社会经济地位差距所导致的教育不公平。

（二）学校治理目标的育人性

学校的首要职责是人才培养，这是学校和其他机构的根本性区别。与此同时，中国式教育现代化是具有中国特色的教育现代化，是中国共产党领导的教育现代化。中国式教育现代化视域中的学校治理现代化，理应全面落实党的教育方针，将德智体美劳全面发展的社会主义建设者和接班人的培养目标作为学校治理确立价值立场和价值选择的重要依据和前提[17]，将为党育人、为国育才的育人性作为评价学校治理现代化的重要指标。具体来说，学校治理目标维度的育人性，评价学校立德树人的落实与实现状况，具体包括学校管理质量、教师教学质量、学生学习质量、办学质量满意度四个二级指标。首先，学校管理质量衡量的是以管理落实立德树人情况，包括：贯彻落实党的教育方针，坚持教育质量观和成才观；坚持三全育人，培养社会主义事业的建设者和接班人；将社会主义核心价值观融入教育教学全过程、各环节，引导学生爱党爱国。其次，对教师教学质量评价不仅包括班级管理方面，还包括教师以教学策略创新促进学生发展。再次，学生学习质量，是以学生品德发展、学业发展、身心发展、审美素养、劳动与社会实践等为重点，评价学生德智体美劳全面发展和核心素养培养情况。最后是学校办学质量满意度，评价师生、家长、社会等方面对学校办学质量的满意程度。

（三）学校治理事务决策的民主化

全过程人民民主是中国式现代化的本质要求，在学校层面推进民主化进程是全过程人民民主的必然要求。因此，决策维度的民主化应成为学校治理现代化评价指标体系中的重要构成。决策维度的民主化，主要是衡量学校决策中的民主化程度，包括两个二级指标，即多元主体决策参与程度、民主参与的组织机构完善程度。具体来说，第一，多元主体决策参与程度。主要评价学校转变传统的管理观念和决策方式情况，教师、学生、家长和社会是否可以通过多渠道直接或间接参与学校民主决策。第二，民主参与的组织机构完善程度。重点考察学校通过是否设立教职工代表大会、学生代表大会、家长委员会等制度，听取并采纳各主体意见和建议，以集体协商、共同决策的方式管理各项事务，实现民主治校。

（四）学校治理运行的法治化

法治是现代化的重要内容，也是现代社会的根本特征。中国式教育现代化视域中的学校治理现代化，其运行必须坚持法治，从"能人治校"走向"依法治校"。具体来说，运行维度的法治化，评价学校章程及其相关制度建设情况和执行情况，主要包括法治制度、法治执行、法治监督三个二级指标。第一，法治制度主要衡量学校是否建立公正合法的学校章程和学校治理制度，是否反映广大人民群众的意志，是否以教师和学生为中心，维护公共利益。第二，法治执行主要考察学校依法办学、依法治校、依法治教三个方面的具体情况。第三，法治监督主要考察学校是否建立法治化的监督机制，是否明确监督的标准和程序，以及综合运用多种手段进行监督的情况。

（五）学校治理过程的透明化

开放透明是学校治理现代化的基础，民主参与、协作治理是建立在学校治理过程透明化基础之上。学校信息公开、工作透明化有助于保障师生员工的知情权、参与权、表达权和监督权，有助于公众审视学校治理的过程合理性，引导利益相关者参与学校治理与监督。因此，透明化同样是学校治理现代化评价指标体系中的重要维度之一，主要评价学校教育利益相关者对学校管理的知情权和监督权情况，以及校务公开情况，具体包括校务公开程度和决策公开程度两个二级指标。其中，评价校务公开程度，主要考察校务信息公开制度建立情况，信息公开完整性、及时性和查询便捷性。学校决策公开程度，主要考察重要决策前是否征询意见、决策议事规则程序明晰、决策执行效果公开。

（六）学校治理技术的数字化

当今数字技术如人工智能、云计算、大数据、5G技术等迅猛发展，不仅改变了社会生活方式，也深刻影响着学校教育理念、教学方法、教学组织的变革，并为学校治理带来了巨大的机遇与挑战。因此，数字化必须成为新时代学校治理现代化评价指标体系中的重要内容。

技术维度的数字化，评价数字赋能学校治理程度，包括数字化数据思维、数字化基础设施建设、数字化技术应用三个二级指标。一方面，治理主体应拥有数字化数据思维。治理主体充分理解现代科技的意义，加强对数字技术的学习研究，增强运用现代信息技术进行学校治理的意识和能力。另一方面，建立完善学校统计信息系统和学校教育教学信息平台等数字化平台，推进数据共享和深度利用，促进多元主体共享资源、共同合作、协同行动。此外，利用数字化技术，促进学校治理的精准化。如利用现代信息技术下对每位学生的学习特点、学习进度等进行全过程的记录、追踪，提供针对性、精准化的人才培养方案，提供个性化教学；利用学校综合信息库为学校治理决策提供数据支撑，促进学校治理决策科学化。

（七）学校治理能力的高效化

党的十九届四中全会明确提出要"把我国制度优势更好转化为国家治理效能"，党的十九届五中全会则将"国家治理效能得到新提升"作为经济社会发展的一个主要目标。对于学校治理现代化来说，同样需要提高学校治理效能。提高学校治理效能，治理能力是关键。因此，应将能力维度的高效化纳入中国式教育现代化视域中学校治理现代化评价指标体系。

学校治理能力的高效化，主要是评价学校治理主体须具备多方面综合能力情况，具体包括制度执行能力、沟通协作能力、资源配置能力、机制创新能力等四个二级指标。第一，制度执行能力是指促成各方认可的制度设定，并能准确把握和贯彻落实制度要求的能力，是把制度优势转化为治理效能的重要能力，主要体现在具有强烈的制度意识、制度供给高效化、制度执行主体的执行素养。第二，沟通协作能力能够让多元治理主体达成协作治理共识，形成协同一致的组织力，提升学校治理效能，主要体现在与政府沟通协作、与师生良好的沟通协作、与家庭和社会沟通协作情况。第三，资源配置能力是学校合理利用有限发展资源，促进学校发展的能力，其有助于提升学校资源利用效率，实现优化资源配置，提升治理效能。应主要从人力资源配置高效、物力资源配置高效、财力资源配置高效三方面进行考察。第四，机制创新能力是学校通过体制机制创新解决更深层面的体制机制问题的能力，应主要考察学校协同治理机制、治理监管机制、治理危机防控机制等方面的创新情况。

学校治理现代化已经成为我国学校教育改革与发展的重要任务，是教育治理的重要组成部分，事关加快建设教育强国和中国式教育现代化的实现。在当前提升学校治理效能背景下，对学校治理现代化水平进行评估，对学校治理现代化的具体实效进行检验，纠正学校治理过程存在的问题，具有重要的理论价值与迫切的现实意义。本文所构建的评价指标体系是结合当前学校治理现状和中国式教育现代化相关政策战略部署，从理论上对我国中小学校治理现代化评价指标体系框架制定所进行的尝试性探索。伴随着我国学校治理实践的深入推进和相关理论研究的不断深化，评价标准内容也将在实践中进一步丰富和发展。在后续的研究中力求构建更加精细、可量化的学校治理现代化评价指标体系及其权重，并运用到学校治理评价实践中进行验证。

**参考文献：**

［1］周作宇.论教育评价的治理功能及其自反性立场［J］.华东师范大学学报：教育科学版，2021，39（8）：1-19.

［2］陈金芳，万作芳.教育治理体系与治理能力现代化的几点思考［J］.教育研究，2016，37（10）：25-31.

［3］张建.教育治理体系的现代化：标准、困境及路径［J］.教育发展研究，2014，34（9）：27-33.

［4］秦建平，张勇，张惠.教育治理现代化及其监测评价研究［J］.中国教育学刊，2016（12）：23-28.

［5］郑金洲.学校治理现代化：意义探寻与实践推进［J］.河北师范大学学报：教育科学版，2021，23（1）：70-78.

［6］赵德成，曹宗清，张颖怡.现代学校治理新思考：一个五维度综合分析框架［J］.中小学管理，2021（4）：9-13.

［7］Yüner B，Burgaz B. Evaluation of the Relationship Between School Governance And School Climate［J］.Education and Science，2019（199）：373-390.

［8］Ismara K，Khurniawan A W，Andayani S，et al. Improving the Vocational School Performance through the Good School Governance［J］. International Education Studies，2020，13（5）：57-71.

［9］Supriadi D，Usman H，JABAR C. Good School Governance：An Approach to Principal's Decision-Making Quality in Indonesian Vocational

School［J］.Research in Educational Administration and Leadership，2021（4）：796-831

［10］习近平.高举中国特色社会主义伟大旗帜　为全面建设社会主义现代化国家而团结奋斗——在中国共产党第二十次全国代表大会上的报告［N］.人民日报，2022-10-26（1）.

［11］坚持中国特色社会主义教育发展道路　培养德智体美劳全面发展的社会主义建设者和接班人［N］.人民日报，2018-09-11（1）.

［12］辛涛，李刚.党的十八大以来我国教育评价改革的成效与经验［J］.人民教育，2022（Z2）：6-10.

［13］何学锋.推进学校治理现代化的多校区模式探寻：东部城市小学的一个样本［J］.教育发展研究，2015，35（18）：60-65.

［14］张景和，黄庆亭，张聪聪.山东昌邑一中：以共治达善治促县中治理能力提升［J］.中小学管理，2022（2）：31-33.

［15］萧鸣政，张博.中西方国家治理评价指标体系的分析与比较［J］.行政论坛，2017，24（1）：19-24.

［16］褚宏启.新时代需要什么样的教育公平：研究问题域与政策工具箱［J］.教育研究，2020，41（2）：4-16.

［17］蒲蕊.新时代学校治理的价值追求［J］.中国教育学刊，2021（4）：1-4.

教师与学生发展

2002 年第 5 期

# 论教师的主体性

李小红　邓友超*

**摘　要**：教师与学生一样，也是教育主体；教师主体性有其存在的合理性。在分析教师主体性"实然"的基础上，文章提出教师主体性的"应然"是主体间意义的。进而认为，要确证主体间意义的教师主体性，就得促进教师专业成长；而教师专业成长又依靠教师研究。参与课程变革和进行反思性教学是教师研究的具体形式，它们因此而成为确证主体间意义教师主体性的两大策略。

**关键词**：主体间意义；教师主体性；教师专业成长；课程变革；反思性教学

近几年来，教育学界探讨主体性问题成为一道时髦的风景线，在梳理文献之后，笔者发现了一个值得深究的现象，那就是重学生主体性而轻教师主体性。笔者无意质疑学生主体性本身，要批判的是片面强调学生主体性的思维方式。换言之，在探讨学生主体性时，还应关注教师主体性。本文选择如下三个问题进行探讨：教师主体性存在的合理性、教师主体性的"实然"和"应然"以及教师主体性的确证策略。

*　作者简介：李小红，北京师范大学中国基础教育质量监测协同创新中心教授、博士生导师；邓友超，中国教育科学研究院研究员，全国教育科学规划办公室常务副主任，兼任北京教育学研究会副会长。

# 一、教师主体性存在的合理性

（一）后现代哲学的连续性原则呼唤教师主体性

教育中的现实做法潜隐着这样一种观点：既然有了学生主体性这一强势，教师主体性就理应为弱势，这是由主体性本身使然。若以主体哲学视角来审视，这种观点是合理的，因为主体哲学"主客二分"中的主体是绝对排他的，即在承认学生是主体，具有主体性的同时，也就意味着教师不是主体，没有主体性。若以后现代哲学视角来观之，前面的观点就显得苍白无力，因为后现代哲学"连续性原则"中的主体是主体间意义的：多个或多种类型的主体可以同时并存，而且不同主体在相互交流、对话和合作中可以同时提升各自的主体性。因此，笔者认为，既要发展学生主体性，又要提升教师主体性。

（二）教师工作时空的属性呼唤教师主体性

教师工作时空包括日常的教育教学和教改两块，具有复杂和创造的属性。在日常的教育教学中，教师面对的是活生生的、有着丰富感情和个性差异的人，身处一系列频繁切换的、无法精确预测的课堂情境，这些都"迫使"教师每天都要作无数即时的决定，导致教师的日常工作时空永远具有不确定性和复杂性。这种属性正好要求教师充分发挥其主体性，以便在教育情境中随机应变。另一方面，教师又身处教改时空，作为具体实施者，教师主体性的合理发挥是一切教改得以成功推进的最根本、最直接的基础。

（三）学生主体性的发展呼唤教师主体性

时下无人会怀疑发展学生主体性的正当性，但手段和途径如何，未敢说"路人皆知"。实际上，为发展而发展，未必能（或不能）很好地达到目标，因为单纯对学生的解放只可能产生畸形的、不彻底的结果。因此，要发展学生主体性，从一开始就需要对教育系统内部的各种关系进行结构性变革，其中，关键是要解放教师，向教师赋权，承认和确立教师的主体地位，提升教师的主体性。试想，如果教师自身不具有主体性，又怎能期望他教育出有丰富主体性的学生呢？"教师只有本人成为主体，不再仅仅是计划实施者和知识传递者，而是在发现学生、发展学生的不同需要的基础上，用自己的观念认识、信念理想、经验意向和心血情操主体性地处理知识教学，化育德性人格，经营组织管理，才可能富有生气和色彩地创造'人'的教育。"[1]

## 二、教师主体性的"实然"与"应然"

（一）"实然"：不充分或不合理的教师主体性

1. 不充分的教师主体性

（1）课程决策、开发、评价中的不充分。在传统的自上而下的中央集权制的课程管理和运作模式下，除了中央教育机构、课程专家和学科专家是课程决策、开发、评价的主体外，地方教育机构和学校的课程权力非常有限，教师更是游离于权力结构之外，要做的只能是无条件忠实地实施"局外人"编写的课程计划，只能考虑"如何教"的问题，扮演一种"教书匠"的角色。可贵的是，国内学人就此问题已经做了一些认识论层面的探讨，而且相关精神也纳入了政府的教育文件，但要在朝夕之间改变一个传统绝非易事，从认识到实践还有很长的路要走。

（2）课程实施（具体教学）中的不充分。从主观方面看，尽管教师有权决定"如何教"，但苦于自身专业特性不高，大多数教师仍然是习惯性地、不加批判地套用别人的实践理论（practical theory）。长此以往，教师的自主愿望和主体意识被磨灭光了，不仅实施课程缺乏个性，难有创新，而且还因为害怕否定自我产生了抵触教改的心理，尽管现实中很多中小学教师正"从事"教改。从客观方面看，由于总的评价制度等原因，教师在具体的课程实施中不敢也不愿发挥主体性，最保险的做法就是在规定课时内，按照规定的课程计划和教材把学科知识传授给学生，以"取悦"自己、学生及其家长、学校领导乃至教育行政部门。

（3）教师研究中的不充分。这要分两种情况：一是教师不搞研究。认为研究只是专家学者的事情，教育教学和研究泾渭分明，这样，教师对教育问题的认识"唯专家是瞻"，既丧失了主动认识和解决问题的意识，又削弱了反思自己教育教学行为的能力。这种情况在教育不发达地区尤为多见。二是教师不"下水"搞研究。由于教师主体意识和主体能力的暂时受限，很多教师研究的动机定位不准，致使研究流于形式，教师研究与教师实践"两张皮"，研究变成了装点门面之物，或者成了不得不完成的"任务"，选定的课题也往往无法认真完成。

2. 不合理的教师主体性

不合理的教师主体性在观念上表现为等同于传统的"教师中心论"。有的教师往往把主体性理解为人的独断性、唯意志性，似乎发挥教师主体性就意味着教师应该而且能够主宰一切，意味着教师凌驾于学生之上，意味着学生必须服从教师，意味着教师怎样教学生就应怎样学，抱守"只要教育者有理由提出要求，学生就必须立即服从"[2]的观点不放。经过国内学人多年来对"教师中心论"的解构，对新教育思想的呐喊，很多教师在认识上可能也明白上述论调的不合理性，但在实践中，中小学还广泛存在着体现"教师中心论"的传统课堂，也正因为这一事实，有学者呼吁要重构课堂。[3]

（二）"应然"：主体间意义的教师主体性

有了上文对"实然"的分析作基础，笔者以为，"应然"的教师主体性是指教师在对象性活动和交往性活动中通过与客体及其他主体的相互作用，不断发展而表现出来的维持和确证其主体地位的自觉性、自主性、能动性和主体间性（intersubjectivity）。

具体言之，第一，表征教师主体意识的自觉性。教师主体的自觉性是指作为教育教学主体的教师对自身主体地位、主体能力和主体关系的意识。这种自觉性越强，表明教师在参与促进自身专业发展、在教育教学中实现自己本质力量的自觉性也就越大，从而也就越能在教育教学中充分发挥自身的能动力量。因此，教师主体的自觉性是教师主体性发展的先决条件。

表征教师主体地位的自主性。自主性与依赖性相对，又称独立性，指在相对于外部强迫和控制的条件下，个人独立、自由、自觉和自主支配思想和控制行动的权力。教师的自主性具体表现为：在教育过程中，能摆脱对他人意愿的盲从，不唯书、不唯上，具有依据学生的需要、兴趣和自己的能力、思维方式来安排教育教学的自主权。只有如此，教师才能够灵活地处理教材、自由地选用教法及教学手段，创造性地挖掘自己的教学智慧。

表征教师主体能力的能动性。能动性是主体性的核心要素。它又包括选择性和创造性等。表现在教育教学上则为：积极主动地吸纳先进的教育理念和总结教改实践经验；灵活地处理和驾驭教学材料，适时恰当地选择教学方法、手段与技术，巧妙机智地解决课堂偶发事件；时刻反思、改进教育教学行为及支撑行为的深层隐性的教育信念；追求创造性教学；根据本地区、本学校的实际情况和学生的需要兴趣等主动积极地参与课程、教材、教学的改革与研究；批判性地认识宏观教育政策和社会文化观念的导向，做出自己的教育价值选择，形成独特的实践操作和思想体系，如教学风格和教学思想等。

表征教师主体关系的主体间性。这里的主体间性是指教师作为主体在合理发挥自身主体性时，注意照顾其他主体（包括学生、同事、学校领导、上级行政官员及教育理论工作者）的主体性发挥，并与之所达成的理解性、和谐性和一致性。通俗地讲，教师在充分发挥主体性时，要善于进行自我调节与反思，不能以压抑和损害他人的主体性为代价。由上可见，只有主体间意义的教师主体性才是合理的，反之，教师主体性就会演化为随心所欲。总之，主体间性既是对教师主体性发挥不合理的否定，又是教师主体性更合理发挥的保证。

教师主体性的上述四个要素是一个完整的结构，只有它们相统一和结合时，教育主体性才是完整和真正合理的。否则，就会表现出上述的不充分的教师主体性（要么自身没有主体意识，要么没有获得主体地位，要么主体能力欠缺）或不合理的教师主体性（教师缺乏对主体间性的认识）。正是在这个主体间的意义上，笔者赋予教师主体性以新的分析框架。

### 三、主体间意义的教师主体性之确证策略

上述论证表明教师应该是主体，而且其属性是主体间意义的，但这样的教师主体性还只是"委任"而非"确证"的。笔者认为，确证主体间意义的教师主体性、促进教师专业成长和教师研究三者构成一个逻辑循环。本部分拟以教师研究为起点，以促进教师专业成长为中介，最后以主体间意义教师主体性的确证结束这次循环。参与课程变革和进行反思性教学是

教师研究的具体形式，它们因此而成为确证主体间意义教师主体性的两大策略。

（一）通过参与课程变革，促进专业成长，以确证主体间意义的教师主体性

自我意识的不断觉醒加上学者的摇旗呐喊，很多教师已经觉察到他们参与课程变革的可能性与必要性。"如果他们能够抓住这个机会，不仅能有力而迅速地发展教育技术，而且将赋予教师的个人工作以生命力与尊严。"[4] 因此，教师既不甘心依赖于自己习惯和经验实施课程，也不甘心做"局外人"和"工具"，他们希望把握自己事业的"方向"。于是，实践中教师实施的课程基本上都是自己理解过的课程。这种变革的积极目的是在客观上可以使国家或地方课程更切合不同学校不同学生的需要、兴趣和能力，使它们成为"可操作"的课程；在主观上试图通过这一课程变革改造自己的课程价值和课程知识，提升自己的课程素养。任何一个有道德心（conscience）的教师都希望追寻这两个互为条件的目的。基于此，教师参与课程变革的过程，就是促进其专业成长的过程，也是确证其主体性的过程。

下面进而分析教师怎样参与课程变革：第一，调适、重构与改造国家或地方课程。这包括：（1）课程选择。在众多可供选择的、风格不一的课程中选择适合本校特点的一套付诸实践，这个选择权交给本校教师，而不是各级教育行政部门或学校领导"代劳"。（2）课程改编。根据不同的教学对象，对本校所引入的国家课程进行一些学程上的修改，甚而对其目标和内容进行一定的调整以适应具体的教学情境。（3）课程拓展。为照顾学生层次性发展的现实，教师为发展较快的那些学生增添一些有趣并有价值的新课程材料，如从报纸、杂志和声像材料等中精选一些优秀作品扩充国家课程。（4）课程整合。打破原有的分科知识体系，以"问题解决"的方式重新安排课程材料，其目的在于避免学生对同一内容在不同学科中重复学习，以增强学习材料的综合性。上述对课程的选择、改编、拓展和整合是教师主动地将国家或地方课程变为更符合教师"教"和学生"学"的课程的过程，也只有经过这种调适、重构与改造的课程才是课堂中实际运作的课程，因为教师随时都可能在以自己的判断改变着国家或地方课程。这

里强调的目的在于将这种曾经是无意识或自发的行为引向有意识或自觉。第二，真正意义上的课程创新。这里指不依赖于由外部提供的国家或地方课程，在充分利用学校和社区课程资源、调查评估学生需要的基础上，自主确立课程目标、课程计划、教材及课程评价标准。课程创新可以是由个别教师或教师小组独立进行，也可以是由教师与课程专家合作进行。课程创新是教师参与课程变革的最高层次，充分体现了教师主体性。但需提醒一点，教师创新出来的课程应该有一定的适用限度，要考虑到与学校引入的国家或地方课程的关系问题。换句话说，在最充分张扬教师主体性的同时，还得兼顾主体间性，则不在本文的叙述范围之内。

通过上列种种形式，在课程变革意识、责任和行为逐渐自觉化的同时，教师积累了大量课程变革的经验，提升了课程变革的能力。反过来，凭借这些积累又参与新一轮的课程变革。这样的循环意味着教师在参与课程变革、促进专业成长的过程中，其"委任"的主体性不断得以确证。

（二）通过进行反思性教学，促进专业成长，以确证主体间意义的教师主体性

反思性教师是"教学主体借助行动研究，不断地探究与解决自身、教学目的以及教学工具等方面的问题，将'学会教学'和'学会学习'统一起来，努力增强教学实践的合理性，使自己成为学者型教师的过程。"依笔者拙见，反思性教学的"亮点"当是极具主体间意味的反思。反思可以使教师"从冲动的行为中解放出来""以审慎的、意志的方式行动""从教学主体、教学目的和教学工具等方面，从教学前、教学中、教学后等环节获得体验，使自己变得更成熟"[5]。因此，反思是教师"取得特定实践成就……走向解放和专业自主的工具"。[6]如果一个教师仅仅满足于获得经验而不对经验进行深入的反思，那么，即使有 20 年的教学经验，也许只是一年工作的 20 次重复，除非……善于从经验反思中吸取教益，否则就不可能有什么改进。[7]正是在这一意义上，波斯纳提出：经验 + 反思 = 教师专业成长。[8]从上面关于反思性教学以及反思的众多叙述中，我们不难看出，反思性教学与教师专业成长高度相关，教师专业成长是教师研究与教师主体性确证之间的中介，所以，通过反思性教学是可以确证主体间意

义的教师主体性的。

反思性教学怎样才能确证主体间意义的教师主体性呢？笔者认为，教师当养成反思意识，知晓反思内容，掌握反思策略。反思意识的养成，就是使反思成为教师的存在方式。在认识论层面上，需要教师充分意识到反思对自己的专业成长和自己主体性的提升具有重要价值；在实践层面上，需要教师针对反思内容，运用反思策略持续地进行反思实践。

就反思内容言之，主要有如下五项：（1）技术层面的（technological）反思。即反思课堂教学内容、策略和途径等，具体如教学内容呈现的方式与技巧、教学策略的有效性以及教学目标的达成度如何等。（2）观念层面的（idealistic）反思。即反思教学得以推进所依赖的各种显性的和隐性的假定，具体如人性假定、目标预设以及对知识性质和可行性的假定等。（3）解释层面的（hermeneutic）反思。即反思师生沟通、人际理解和自我理解等。具体如课堂支持性氛围的营造、教师如何理解后进生、如何理解自己的个人品质如谦逊、勇气、公正、开明、移情、判断力、想象力以及耐性、自我知识、热情和幽默等。[9]（4）解放层面的（emancipatory）反思。即反思教学中师生权利与自由、伦理道德规范等，具体如教学中教师控制与学生参与课堂的程度，师生关系的处理是否符合主体间性原则和教师实践智慧（phronesis）等。（5）宏观背景层面的（macro-contextual）反思。教师反思教学赖以存在和进行的社会、组织、文化背景等。必须说明的是，主体间意义的教师主体性的发展水平与程度不同，其反思指向的内容也有所差异。一般而言，教师更倾向技术层面的反思，但要成为真正的学者型教师，教师应进一步对观念、解释、解放和宏观背景等层面逐一进行反思。因为仅仅对技术层面作反思，由于"不能达及灵魂深处而不能奏效，旧的不合宜行为'卷土重来'在所难免"。[10]

就反思策略言之，常用策略有五：（1）反思日记。一次教学结束后，详细回顾并记下自己的教学全过程，就反思的五项内容进行分析。（2）课堂录像。用摄像机把自己的教学过程录制下来，课后重播，围绕反思的五项内容作分析。（3）同行观摩。请同行听课，课后教研，让他们指出自己课堂中存在的问题，进而明白自评（反思）与他评之间的差异，以进一步改进自己的教学和反思。（4）校际赛课。自己与他校老师相互就对方课堂进行建设性质疑，然后共同商讨对策，共同提高。（5）专家观摩。不定期地邀请专家（包括理论专家和学科专家）光临自己的课堂，课后认真、充分地与专家对话，并积极感悟。前两种方法是单纯的自我反思，通常难以深入，故反思之初，可多习练后三种策略，因为只有在与他人对话时，教师才可能使自己的思路更清晰，反过来对方的反应又激起自己更深入的反思。一旦反思意识增强了，自我反思也不失为好策略。

在一番静态言说之后，笔者还想强调三个环节相互促进的动态过程。只有养成了一定的反思意识，教师反思才有可能；只有知晓了一定的反思内容，反思才会有的放矢；只有掌握了一定的反思策略，反思才能更高效。当每一次循环结束后，反思意识更强了，反思内容更全面、更深刻了，反思策略更丰富、运用更娴熟了，这样下一次循环则在新的起点上启动。如此反复，主体间意义的教师主体性在反思性教学实践中不断确证。

**参考文献：**

［1］朱小蔓.关于教师创造性的再认识［J］.中国教育学刊，2001（3）：58-61.

［2］任钟印.世界教育名著通览［M］.武汉：湖北教育出版社，1994：648.

［3］郑金洲.重构课堂［J］.华东师范大学学报：教育科学版，2001，19（3）：53-63.

［4］Corey S. Action Research to Improve School Practice［J］.American Journal of Education，1953.

［5］熊川武.反思性教学［M］.上海：华东师范大学出版社，1999：5.

［6］Calderhead，Jame S. Reflective Teaching and Teacher Education，Teaching and Teacher Education，1989，5（1）：43-51.

［7］斯坦托姆，汪琛.怎样成为优秀教师，1983（1）：16-18.

［8］王小明，胡谊.师资培训的新思路：对专家和新手的比较研究［J］.华东师范大学学报：教育科学版，1996（3）：76-84.

［9］Mclaughlin T H. Beyond the Reflective Teacher. Educational Philosophy and Theory，1999，31（1）.

［10］张立昌.试论教师的反思及其策略［J］.教育研究，2001（12）：17-21.

2010 年第 10 期

# 基于成人经验学习的成人教师角色定位

刘奉越*

**摘 要**：成人经验学习作为一种学习方式，是指成人在已有经验基础上学习和获取新的知识、技能、情感和态度。成人经验学习具有主体性、建构性、形象性、实践性等特点。成人教师应迎接成人经验学习的挑战，进行新的角色定位，在教学中担当导引者、研究者、建构者、设计者、评价者等。

**关键词**：成人教育；成人经验学习；教师角色

## 一、成人经验学习

经验学习是针对传统的被动式教学提出来的，其基本观点是：经验是激发学习的基础，学习者主动建构自己的经验，学习是一个整体的过程，学习是一种社会及文化的经验建构，学习受到发生时的情绪情境的影响。[1] 美国成人教育哲学家林德曼（E. Linderman）是成人经验学习的首倡者。他在《成人教育的意义》一书中指出，"成人教育的目的在于发现经验，它是一种探究心灵，寻求行为的概念的缘由"；"成人教育应强调个人的经验，并以交换和探索经验为目标"。林德曼强调"经验是成人学习者活的教科书"，"课程与教学方法都应以成人经验为基础"。在其倡导下，成人经验学习逐渐引起研究者的关注。

---

* 作者简介：刘奉越，江苏理工学院职业教育学部教授、博士生导师，教育部人文社科项目通讯评审专家，国家级教学成果奖评审专家。

成人经验学习作为一种学习方式，是指成人在已有经验基础上学习和获取新的知识、技能、情感和态度。它既包括成人通过自我导向的方式进行的经验学习，也包括在教师设计、指导下的经验学习，本文主要探讨后者。成人经验学习并非凭空想象出来的，它建立在一定的客观依据和科学理论基础之上。就客观依据而言，成人具有丰富的知识经验和生活经验，这些经验是重要的学习资源；成人心理发展成熟，形成独立自主的自我概念；注重理解学习和合作学习；成人教学注重因材施教、学以致用，教师和学员教学相长。就理论基础而言，"经验自然主义"的教育哲学、心理学（建构主义理论、知识迁移理论、群体动力理论）、"合作学习"的教学理论、成人教育学理论等，都为成人经验学习提供了科学的理论依据。因此，成人经验学习日益受到重视和推崇。

成人经验学习有着不同于其他学习方式的特点。一般来说，具有以下特点：其一，主体性。无论是成人自主进行的经验学习，还是教师设计、指导下的经验学习，都需要以成人为主体，调动其积极性。其二，建构性。成人个体以原有的认知结构为基础，学习新的知识、技能、情感和态度，通过同化与顺应，建构新的信息意义，改造和重组原有的经验，并且不同的个体有不同的建构过程和结果。其三，形象性。成人经验学习的知识都是与他们的经验密切相关，有的甚至是亲身经历的，学习是在一定的情境中进行，通过模拟、游戏、角色扮演等创造新经验，因此，学习内容和形式具有形象性。其四，实践性。成人在一定的工作、学习、生活等实践中积累了丰富的经验，通过学习进行理性升华，又反作用于实践，推动实践活动。此外，经验学习的内容并非"空穴来风"，与成人的实践密切结合，同时经验学习的开展也需要成人投入到实践中去。[2]

## 二、成人经验学习对成人教师角色的挑战

（一）学习自主权的落实

自主权是指学习者自行选择学习内容、学习方法、学习手段、学习时间等方面的权利。"在具体的教学实践中，真正落实到对生命的关怀，最根本、最直接、最有效的做法就是把学习的自主权还给学生。"[3]长期以

来，在成人教学中教师作为知识的化身，具有绝对的话语权和权威，"传道，授业，解惑"，自始至终主宰着学习过程，学员丧失了学习的自主权，只能被动机械地接受教师的知识传输，充当"记录器"或"录音机"，不能很好地利用已有的经验知识。在经验学习中，学员主动建构自己的经验，其学习主体地位得以彰显，掌握了学习主动权，真正成为学习的"主人"，这就要求教师"放权"，"以信任、真诚、谦恭、勇担风险和充满爱的态度进行对话"。

（二）以成人学员为中心

在成人经验学习中，教师要注重学员原有的经验，强调学员发展的主体性、主动性。教师由传统的讲授主体向导学主体转变，由"教"学员转变为"导"学员，实现以教师为中心、以面授讲解为主导的教学模式向以学员为中心、以组织引导为主的教学模式转变。在教学过程中，教师要考虑学员的身心特点，了解学员已有知识和经验，帮助学员诊断具体的学习需要，与学员一起制订学习计划，激发学员的学习兴趣和动机，提供必要的人力和物质资源等，把学员推向获取知识的前沿。这样，学员在教师的指导下，积极主动地参与学习，变"要我学"为"我要学"，从而在知识能力、情感态度、创新精神等方面得到发展。

（三）合理利用成人学员经验

经验是重要的学习资源，"成人的学习需求、学习兴趣、学习动机的形成及学习内容的选择在很大程度上都要以其经验为依据"。[4]经验对学习具有积极的促进作用，但经验对成人的学习也有消极作用。英国心理学家斯皮尔曼（C. Spirman）早在 20 世纪 20 年代就提出了经验的二重性问题。他通过教育实验证实了经验是一把"双刃剑"，对成人学习既有积极的作用，也有消极的作用。例如经验容易使成人固守已有的习惯方法，容易养成保守的心态，等等。这就要求成人教师要了解学员的工作情况、生活情况、学习情况以及心理特征，确定学习内容时要考虑学员的已有知识水平，确定新旧知识之间的连接点和学员的"最近发展区"，指导学员分析已有经验并决定取舍；以学员的兴趣与爱好和参与活动的主体性为基本尺度，开发经验课程。

（四）采取多元化的教学方法

如上所述，经验固然是成人的重要学习资源，但也对学习产生一定的负面影响。此外，经验作为一种内隐知识和缄默知识，包含文化、情感和认知因素，具有不易被认识到、不易被他人理解和掌握、不易衡量其价值等特点。因此，如何协助学员在经验中有效学习，是成人教师面临的重要课题。"教学的成败在很大程度上取决于教师是否能妥善地选择教学方法。知识的明确性、具体根据性、有效性、可靠性，有赖于对教学方法的有效利用。"[5]传统的讲授法已很难适应学员经验学习，教师不仅要依据一定的教学目标、教学内容，更要根据学员的心理特征和已有经验选择不同的教学方法，这样才能促进他们的经验学习。

## 三、成人教师的角色定位

（一）导引者

与普通教育中青少年处于依赖的环境下，处处需要成人意见的指引不同，成人是一个自我导向的独立个体，能够自我决定、计划自己的学习和生活。此外，学员的经验是重要的学习资源，所以"成人教师的角色应该不只局限于知识内容的传授，而是一种协助学习者自主学习的'学习助长者'角色。因此……应注重在提供教学过程中成人学习者所需要的各种资源和支援，来帮助成人在恰当的学习情境中最有效地学习"。[6]鉴于此，在成人经验学习中，教师要充当导引者的角色，把握经验学习的方向，关注其过程，运用直接和间接的手段适当调控；教师要使每一个学员都积极参与经验学习，分享自己的经验；及时帮助和点拨，以确保经验学习得以有效推进；提出学习主题和问题，激励学员思考或讨论等。

（二）研究者

要提高成人经验学习的效果，教师应充当研究者的角色，不断进行反思，这也是成人教师专业发展的必由之路。其一，研究学员。由于学员"年龄不同，有老、中、青之别；职业不同，有行业、职务、工作之区别；原有智能基础不同，有文化程度、技术水平、业务能力之差异；学习条件不同，身体有强弱、家址有远近、家务负担有轻重"，[7]他们的已有经验也不尽相同。教师要了解学员的工作情况、生活情况、学习情况以及心理特征等，研究其已有经验，以便对学员有具体了解，有的放矢，因材施教。其二，研究教学内容。经验学习要围绕一定的教学内容展开，教学内容是经验学习的载体。教师应以研究者的目光审视教学内容，使教学内容与学员已有经验联系，便于新的意义建构，使教学内容的选择遵循切合经验、与成人特点相结合、与实践相联系等原则。其三，研究教学方法。传统的教学方法很难适应成人经验学习，教师要不断反思已有的方法，注意方法的整合和互补，探讨新的方法，从而提高成人经验学习的效果。此外，教师还应当把自身作为研究对象，"吾日三省吾身"，分析指导成人经验学习做出某种行为、决策以及所产生的结果的过程，使实践经验得到总结和升华，指导以后的行动。

（三）建构者

杜威在批判传统教育忽视学生能动的活生生的现实经验的基础上，对经验学习进行概括和总结，提出"教育就是经验的不断改造或改组"的著名论断。"经验的不断改造或改组"其实质就是一个经验不断建构的过程，"绣花先得手绵巧"。要有效指导成人进行经验学习，成人教师首先自身应是一个建构者。对成人教师尤其是新手教师来说，指导成人进行经验学习需要在教学过程中不断重组其已有经验，加深对成人教学的认识。在指导成人进行经验学习的过程中，教师不再仅仅局限于将系统的知识清楚、明晰地讲解或呈现出来，而是分析学员已有经验（知识、技能、态度和信念），揭示新旧知识之间联系的线索，使其与新的经验同化、顺应，从而产生新的经验和知识。在这个过程中不仅学员要进行经验的建构，教师也要进行经验的建构。

（四）设计者

成人经验学习的发生是以一定的学习情境为载体的，学习情境对经验学习具有极其重要的作用。波德、柯恩和吴尔克（Boud, Cohen, Walker, 1993）指出，学习情境如是积极的，对学习者呈现支持、信任和信心，即可克服消极的影响，使学习者进行与过去不同的行动与思考。如果学习者在缺乏信任的情境中，这种情境通常会抑制学习的动机，强化学习者的负面印象。因此，会产生何种的学习，要视情境是积极或消极而定。[8]鉴于此，学员参与经验学习的积极性和学习效果，很大程度上取决于成人教师对学习情境的精心设计。这就要求成人教师根据教学目标和授课内容，灵活处理教材，有机地整合各种教学资源，选择合理的方法，使学员融入经验学习的环境中。除了设计课题情境外，成人教师还应创设实际情境，如角色扮演、游戏、社会和心理剧等，对真实世界的经验加以模仿、浓缩和分析，使学员能获得具体的经验，这些经验经过加工便可导致认知、态度和行为的改变。

（五）评价者

美国"成人教育之父"马尔科姆·诺尔斯（M. S. Knowles）在其专著《现代成人教育实践》一书中指出，成人教师具有六种职能，其中最重要的职能就是评价职能，即"帮助学习者评价学习活动的结果"。"教师在进行评价工作时立场必须客观、公正、公平，力求评价工具的精确和有效，使评价的结果具有意义。"[9]但由于经验是一种抽象的、感性的资源，是一种"隐性知识"，对其采取传统的定量的评价方法很难取得应有的效果。此外，学习过程的个性化使经验学习的评估标准难以统一。所以，成人教师应摒弃以学员学业成绩为中心的传统评价体系，采取灵活多样的评价方法，如定性评价与定量评价相结合，以定性评价为主，定量评价为辅；考虑学员的学习特性，采用自评与他评相结合的方法；强调学习活动本身的意义和价值，对学员学习进行形成性评价，等等。总之，教师要结合学员的以往工作、学习经验等确定评价指标和评价标准，提高成人的学习兴趣和学习效果，使学员"诗意地栖息在学习中"。

**参考文献：**

［1］台湾成人教育学会，中正大学成人及继续教育研究所.有效的成人教学［M］.台北：师大书苑有限公司，1995：271-275.

［2］王伟娜.经验分享式成人教学研究［D］.曲阜师范大学，2006：23.

［3］李娟，殷新红.把学习的自主权还给学生［J］.江西科技师范学院学报，2004（1）：111-113.

〔4〕毕淑芝，司荫贞.比较成人教育〔M〕.北京：北京师范大学出版社，1998：247.

〔5〕孔德拉秋克.教学论：中专〔M〕.北京：人民教育出版社，1984：57.

〔6〕台湾成人教育学会，中正大学成人及继续教育研究所.有效的成人教学〔M〕.台北：师大书苑有限公司，1995：381.

〔7〕叶忠海，等.成人教育学通论〔M〕.上海：上海科技教育出版社，1998：28.

〔8〕黄富顺.成人学习〔M〕.台北：五南图书出版公司，2002：275.

〔9〕台湾成人教育学会，中正大学成人及继续教育研究所.有效的成人教学〔M〕.台北：师大书苑有限公司，1995：244.

**2022 年第 3 期**

# 技术时代教师工作负担的实证研究

## ——基于规模化在线教学的分析视角

万 昆 赵 健*

**摘　要：** 为深入理解技术时代的教师工作负担，本研究以上海市和上饶市的 2354 名教师为研究对象，设计了规模化在线教学中教师工作负担的问卷，并结合 SPSS 和 Stata 等数据分析工具，统计分析了在线教学中教师工作负担的情况。调查结果显示：23% 的教师感知规模化在线教学工作负担更重；在线教学期间感知教师工作负担在教师教龄、职称、性别、任教学段等方面存在差异；规模化在线教学教师工作负担主要来源独自备课、在线批改作业、在线教学、学习新知识、新技术使用等。从长远来看，此次规模化在线教学中教师工作负担现象研究有助于我们更好地理解技术与教师工作负担的关系，也为后续如何使在线教学健康可持续发展提供了更多的思考空间。因此，为应对未来人工智能时代、线上线下融合教学的时代，我们需要提高教师与学生的数字素养与技能，追寻信息技术与教育教学深度融合的新常态。

**关键词：** 在线教学；教师工作负担；场域；实证研究

**基金项目：** 教育部人文社会科学青年项目"基于集群发展的县域基础教育信息化优质均衡提升路径研究"（编号：21YJC880070），江西省

---

\* 作者简介：万昆，上饶师范学院发展规划办主任、副教授，博士，江西省哲学社会科学重点研究基地教师发展与数字化研究中心副主任；赵健，华东师范大学教师发展学院党总支书记、研究员，博士。

教育科学规划政策专项课题"以教育信息化赋能教师专业发展"（编号：21ZCZX0402）。

## 一、问题的提出

当技术赋能教育，各种新技术应用于教育时，是人们所期许的那样能减轻教师工作负担吗？教育技术领域一直对技术能给教师带来福利充满信心，教育技术领域技术乐观主义者认为应用技术一定比不用技术的教学效果好，认为人工智能技术有助于实现教育管理的智能化，解放教师，让教师将更多的时间投入教学设计和实施[1]。也有研究者认为智能技术能为教师增能，通过学习分析技术可以帮助教师了解学生的学习过程数据，为教师优化教学设计提供依据[2]。国外研究者通过利用在线考试系统、"转变学校劳动力探路者"项目减少教师工作量，提升教师的信息素养[3-4]。事实上，技术要实现教师工作减负取决于若干个重要因素，如数字化领导力、信息化基础设施建设、以用户为中心的设计，并对学校、开发者、政府提出了要求。越来越多的证据表明，信息技术正在改变着教师的工作形式、教学方式、个体的思维方式或行动取向[5]。

另一种研究视角认为在线教学给教与学带来了很大的挑战。西蒙认为在线学习要给学生提供最好的环境，包括真实空间和网络空间，同时也要考虑相应的教学法，选择适合的技术，以促进学生的在线学习[6]。同样，教师只有对在线教学内容、在线教学策略、在线教学方法等方面做足了准备才能应对在线教学的挑战。如教师信息技术素养缺乏，课程设计、学习评价、课堂监管等的难度增加则会增加教师工作负担[7]；也存在着在线课程设计、备课花费的精力多，压力大[8]等问题；甚至有学者认为信息技术的"倚重"直接增加教师工作负荷[9]，而且有研究认为K12教师正在经历着技术超负荷，使教师感受到用于工作的技术在延长他们的工作时间，并从根本上改变了工作习惯[10]。不可否认的是，无论是何种教学技术，只有被使用者接受并融入教育过程中才能实际发挥作用，否则技术无法发挥作用且增加负荷[11]。事实上，数字技术并不能给教师减轻工作负担，因为数字技术使教师的工作进行了重组[12]。

从技术对教师工作两种不同的研究视角来看，技术给教师工作增负的同时，也在一定程度上给教师减负。当不同的信息技术应用于教育教学中，教师的工作形式和教师的工作负担类型也将发生转变。人们期待的信息技术能将教师从繁杂的事务中解放出来，还是技术赋能教育只是理想？技术的应用与教师的工作负担匹配吗？技术与教育融合的教育信息化生态形成了吗？同时每一种新的技术应用于教育场景，又对教师的技术素养提出了新的要求，推动教师不断提升自己用技术教学的胜任力、转换教师在教育活动中的角色，这又意味着技术是教师不断加码的工作负担的来源之一，因为"角色转换"的另一面，意味着规模化在线教育背景下教师的能力结构和工作负担都将呈现新的样态。回过头来看，在线教育发展到今天，人们并没有高度关注它的效果，或者说还没有实证研究或"事实"证明在线教学对教师的工作负担是减少还是增加？或是，在规模化在线教育背景下教师工作发生了哪些变化？教师工作负担的总体感知、来源和结构发生了怎样的变化？

基于此，本研究基于教师工作的真实境脉来观察规模化在线教学中技术施加给教师工作的增负和减负的两种可能性最后的整合效应如何。因此，本研究主要回答三个研究问题：规模化在线教学是否减轻了教师工作负担？规模化在线教学与常规学期教学教师工作的负担来源在哪里？规模化在线教学教师工作负担的影响因素有哪些？基于特殊时期规模化在线教学实验中的样本数据，来透视教师队伍在迎接人工智能和5G时代赋能教育所做的准备，包括教师个人的技术胜任力、教师在技术时代的课程与教学的知识准备，以及学校对于线上教学的理解力和领导力。

## 二、研究设计

（一）研究思路

关于日常学校教育中的教师工作负担已经有了众多研究，对于教师工作负担的概念及发生机制有着丰富的研究资源[13-15]。本研究主要聚焦于在线教学情境中的教师工作负担，以"常规教学情境"来代表疫情之前线下学校教学的常态情境，默认常规教学情境中"教师工作负担"的一般概念，并以常规教学情境中的教师工作负担为基本参照系，观察规模化在线教学情境中教师工作负担的变化或差异情况，以在线教学技术应用为例，来透视技术与教师工作负担之间的复杂关系。

在正式展开"停课不停学期间教师工作负担问卷"编制前，研究通过简单访谈江西省上饶市、新余市的 22 位中小学教师，访谈内容包括：您认为疫情期间在线教学增加了您的工作负担吗；您的工作发生了哪些变化；您对在线教学的看法等问题。根据文献梳理和访谈分析，研究从在线教学要素、心理要素等维度对规模化在线教学情境中的教师工作负担进行分析，主要包括：在线教学设计压力、技术应用压力、在线辅导时间长、家校合作难度大、师生分离中教师的心理负担、非教学任务的负担（如各种表格的填写上报）、在线教研、在线参与学校事务管理等，学生自主学习能力得不到保障、在线教学质量得不到保障的压力等。通过了解在线教学中教师工作负担的来源和状况，最后我们确定研究在线教学中教师工作负担是一个真问题，同时也为编制"规模化在线教学期间教师工作负担问卷"提供了依据。

（二）研究工具

为了了解规模化在线教学情境中的教师工作负担现状和问题，通过文献分析、小组讨论和实地访谈等方式，自编了中小学教师规模化在线教学情境中教师工作负担问卷，确定了教师基本信息、在线教学期间教师工作负担来源、教师工作负担感受等调查维度。问卷分为两个部分：第一部分为教师基本信息，包括：年龄、职称、性别、所在学校性质等；第二部分是在线教学中教师工作负担的感受，在线教学中教师工作负担的来源，在线教学中教师工作负担的影响因素等。研究主要是采用 SPSS 和 Stata 软件进行数据的统计分析。

（三）数据来源

采用抽样调查的方法，根据学校类型选取了上海和上饶两地的中小学教师进行调研。据统计，获取中小学教师有效数据 2354 份，基本信息见表 1。

表 1　被调查教师的基本信息

| 项目 | 人数 | 百分比 | 项目 | 人数 | 百分比 |
|------|------|--------|------|------|--------|
| 职称 | | | 教龄 | | |
| 初级 | 622 | 26.4% | 1—5 年 | 232 | 9.9% |
| 中级 | 1150 | 48.9% | 6—10 年 | 433 | 18.4% |
| 高级 | 540 | 22.9% | 11—15 年 | 347 | 14.7% |
| 其他 | 42 | 1.8% | 16—20 年 | 456 | 19.4% |
| 性别 | | | 20 年以上 | 886 | 37.6% |
| 男 | 827 | 35.1% | 学校类型 | | |
| 女 | 1527 | 64.9% | 江西农村学校 | 137 | 5.82% |
| 任教年级 | | | 江西县城学校 | 640 | 27.19% |
| 小学 | 710 | 30.2% | 江西城市学校 | 729 | 30.97% |
| 初中 | 856 | 36.4% | 上海农村学校 | 429 | 18.22% |
| 高中 | 788 | 33.5% | 上海城市学校 | 419 | 17.80% |

## 三、研究结果

规模化在线教学中学习场所发生了变化，学生居家学习带来了学生临场感、学习情境等变化，相应地，教师的教学行为也将发生转变，同样也给教师的工作负担带来新的样态。规模化在线教学不仅仅是一个教育问题，而是一个集合了社会学、政治学等多因素的复杂问题。基于此，研究结果将从以下几个方面回答在线教学是否减轻了教师工作负担。

（一）规模化在线教学的现状

从调查结果来看，第一，规模化在线教学期间教师主要用于开展线上教学的平台是微信群（52.4%），其次是钉钉（35.2%），其他运用较多的在线教学平台，如 QQ 群、晓黑板、智学网、希沃。可以看出，从在线教学过程来看，规模化在线教学期间教师开展线上教学使用的教学平台略显单一，较难满足复杂的在线教学过程，在一定程度上会影响在线教学效果。

这一调查也与王继新[16]等人的调查结果一致。

第二，从规模化在线教学方式来看，江西的教师以直播为主的教学为37%，以录播为主的教学为31%，让学生根据资源包居家自主学习的为26%，其他为6%；上海的教师以直播为主的教学为56%，以录播为主的教学为33%，让学生根据资源包居家自主学习的占6%，其他为5%。这说明，不同的教师都能根据实际情况开展在线教学，但是江西和上海两地教师在以直播为主的教学和让学生根据资源包居家自主学习两种方式上相差较大，疫情期间两地教师所呈现的在线教学方式不同，在一定程度上推测是由于教育信息化基础设施条件和教师信息素养不同。

（二）教师对常规学期与在线教学工作负担的整体感知情况

常规学期与规模化在线教学期间教师的总体工作负担感知情况如图1所示。通过图1可知，在常规时期，样本中上海教师（中位数为8）的负担高于江西教师（中位数为7）；在线教学期间，样本中上海教师（中位数为8）的负担高于江西教师（中位数为7）。在常规时期与规模化在线教学时期，上海与江西教师样本中未出现城乡差异，即在上海或江西的教师样本中，城市教师的负担与农村教师的负担相近。

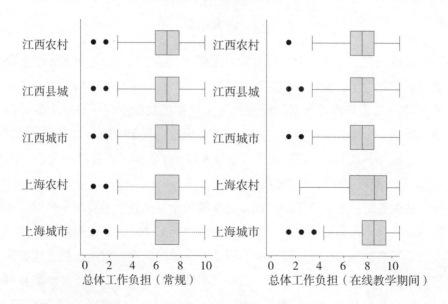

图1 教师感知工作负担情况

从样本来看，52% 的教师认为线上教育期间负担与平时无变化，23% 的教师认为线上教育加重了自己的负担，而 25% 的教师认为线上教学期间变轻松了。从江西样本来看，52% 的教师认为与平时无变化，20% 则认为加重了，28% 则认为轻松了。从上海样本来看，51% 认为与平时无变化，29% 则认为加重了，20% 则认为轻松了。从两地在线教学期间主要授课方式来看，两地差异巨大，上海地区以直播课为主，而江西地区有将近 26% 的教师让学生居家自学。

从调查的样本教师来看，不管是常规学期还是规模化在线教学期间，上海教师的工作负担都高于江西教师；在线教学期间江西教师感觉工作负担轻松的多于加重的；而上海的教师感觉工作负担加重的多于轻松的。我们推测是疫情期间在线教学组织形式不同和使用的在线教学平台不同所致，也可能与班级学生的自主性、网络的稳定性、教师与家长对在线教学的要求不一等因素相关。

（三）不同个体教师对工作负担感知的差异

为了了解哪些教师感知在在线教学期间工作负担加重，哪些教师感知在在线教学期间工作负担减轻，通过数据统计分析得出，从性别来看，70% 的女教师认为在在线教学期间工作负担加重，30% 的男教师认为在在线教学期间工作负担加重；从教龄来看，教龄 20 年以上的工作负担感知最重，其次是教龄 16—20 年的，接着是 11—15 年的，反映出随着教龄的增长，教师感知的工作负担增加；从任教学段来看，任教初中阶段的教师感知工作负担最重；从教师职称来看，中级教师感知工作负担最重，其次是高级教师和初级教师。

根据调查结果来看，教龄越高的教师感知工作负担越重，高级职称教师感知的工作负担比初级教师更重。教龄越高的教师因其年龄偏大，对在线教学能力和信息技术应用能力表现出胜任不足。或许，我们认为这通常是与教师的日常教学习惯有关，也就是说在固化的传统课堂教学中教师角色与规模化在线教学期间教师角色之间产生了冲突。规模化在线教学期间教师的角色发生了变化，如教与学场域的变化使得教师角色变得更加多元，承担着课程直播、课程录制、个性化辅导、家校沟通、疫情期间其他事情等多种角色，而且同时在家庭中还要扮演着家庭角色，而这些角色都是发生在一个场域中。

（四）影响在线教学教师工作负担的因素

为了解疫情期间教师在线教学工作负担的影响因素，研究选择二分类 logit 模型进行分析，具体模型如下：其中，$\beta_0$ 为常数项，$x_n$ 为自变量，$\beta_0$ 为模型的估计系数（相对似然数），$i = 1, 2, \cdots, n$。

$$\text{logit} \left( \frac{y= 负担加重}{y= 未负担加重} \right) = \exp \left( \beta_0 + \beta_1 x_1 + \beta_2 x_2 \cdots\cdots \beta_n x_n \right)$$

$$\text{logit} \left( \frac{y= 负担减轻}{y= 未负担减轻} \right) = \exp \left( \beta_0 + \beta_1 x_1 + \beta_2 x_2 \cdots\cdots \beta_n x_n \right)$$

为了方便模型的系数解读，本研究将模型的估计系数转化为优势比（Odds Ratio）进行分析。研究模型中，因变量为教师工作负担是否加重、教师工作负担是否减轻；自变量及控制变量为性别、教龄、任教年级、任教学科、学历、职称、疫情期间诸种任务（独自备课、在线教研活动、在线教师培训、在线教学、学习新知识、在线批改作业、在线辅导、家校沟通）、在线教学主要方式；分组变量为调查地区。通过 Stata 软件得出结果如表 2 所示。

模型 1 的因变量为是否增加教师工作负担。通过分析后发现，无论是上饶或上海教师、农村或城市，教师的职称、学历、任教的学段、在线教学以及在线批改作业的任务与在线授课的主要方式均对是否增加教师工作负担产生影响。其中，在控制其他变量的情况下，本科学历的教师往往比专科学历的教师更有工作负担的感受（其发生的概率是专科学历教师的 1.715 倍）；每增加一个任教学段（小学、初中、高中），出现负担增加感受的概率会相对减少 19.1%；有在线教学与在线批改作业任务的教师产生增加工作负担的可能是无这两种任务教师的 1.306 与 1.175 倍；职称与增加负担的感受也存在一定关系，高级职称的教师出现增加工作负担的感受的概率是初级职称教师的 1.526 倍。此外，学生的居家自学也会相应降低教师增加工作负担的感受。

表 2　影响在线教学教师工作负担的因素模型图

| 变量 | | Odds Ratio（clustered standard error） | |
|---|---|---|---|
| | | 模型 1（负担增加） | 模型 2（负担减小） |
| 性别 | 女 a | 1.362 | 0.813 |
| | | （0.255） | （0.121） |
| 学历 | 本科 b | 1.715[*] | 0.741[**] |
| | | （0.463） | （0.075） |
| | 研究生及以上 b | 1.604 | 0.689 |
| | | （0.538） | （0.168） |
| 教龄 | | 0.974 | 1.000 |
| | | （0.103） | （0.091） |
| 任教学段 | | 0.809[***] | 1.158[**] |
| | | （0.041） | （0.063） |
| 职称 | 中级（一级）c | 1.223 | 0.973 |
| | | （0.274） | （0.183） |
| | 高级 c | 1.562[**] | 0.602[*] |
| | | （0.546） | （0.147） |
| | 其他 c | 1.423 | 0.923 |
| | | （0.190） | （0.335） |
| 各种在线 | 独自备课 d | 1.004 | 1.029 |
| | | （0.230） | （0.114） |
| | 在线教研活动 d | 0.828 | 0.880 |
| | | （0.132） | （0.087） |
| | 在线教师培训 d | 0.815 | 1.047 |
| | | （0.192） | （0.218） |
| | 在线教学 d | 1.306[**] | 1.026 |
| | | （0.132） | （0.123） |

续表

| 变量 | | Odds Ratio（clustered standard error） | |
|---|---|---|---|
| | 学习新知识 d | 0.922 | 1.022 |
| | | （0.195） | （0.159） |
| | 在线批改作业 d | 1.175** | 1.131 |
| | | （0.072） | （0.135） |
| | 在线辅导 d | 1.160 | 0.919 |
| | | （0.203） | （0.070） |
| | 家校沟通 d | 1.081 | 0.937 |
| | | （0.214） | （0.123） |
| | 任教学科 | 0.992 | 0.993 |
| | | （0.017） | （0.015） |
| 主要授课方法 | 直播 e | 1.086 | 0.986 |
| | | （0.144） | （0.220） |
| | 居家自学 e | 0.752*** | 1.205 |
| | | （0.035） | （0.155） |
| | 其他 e | 1.124 | 1.286 |
| | | （0.341） | （0.340） |
| N | N | 2354 | 2354 |
| | Log pseudolikelihood | −1227.53 | −1312.83 |
| | AIC | 2463.06 | 2633.68 |

注：（1）***$p < 0.001$，**$p < 0.01$，*$p < 0.05$；（2）虚拟变量的参照项为：a= 男性，b= 专科学历，c= 初级（二级、三级），d= 无此项任务，e= 录播。

模型 2 的因变量主要验证在线教学是否减轻了教师工作负担，其主要功能为验证模型 1 结论的稳健性。通过模型 2 发现，模型 1 的结论基本稳健。但是，通过模型 2 发现，无论何种授课方式都不会使得老师变得更加轻松。此外，模型 1 的 AIC 小于模型 2，表明模型 1 的拟合程度高于模型 2。虽然任教学科这个变量没有显著差异，但是通过模型估计发现音乐、美术等教师的负担相对来说可能更轻。

通过上述分析，我们看到有在线教学与在线批改作业任务的教师工作负担明显增加，说明由于在线教学的复杂性，当前的教育信息化服务平台并不能很好地满足在线教学的开展，疫情期间各个学科的教师都在使用不同的 APP 来完成在线教学任务，在一定程度上增加了教师的工作负担。其次，在线教学期间教师工作负担与教师个体因素也有较大影响，如教师的年龄、职称、任教学段、任教科目等。

（五）常规学期与规模化在线教学中教师工作负担的来源

调查结果显示，常规学期教学中教师的工作负担主要来源于：独自备课，包括但不限于查找资料、准备教案、制作课件等（33.7%）；教研活动（13.9%）；课堂教学，包括但不限于讲授、课堂管理等（13.2%）；学校其他事务（11.9%）；批改作业（9.8%）；学习新知识、适应新教具、新技术（6.1%）等。

在线教学期间教师的工作负担主要来源于：独自备课，包括但不限于查找资料、准备教案、制作课件等（29.4%）；在线批改作业（22.1%）；在线教学，包括但不限于讲授、课堂管理等（11.4%）；在线教研活动（10.7%）；学习新知识、适应新教具、新教材、新技术，在线教师培训（7.8%）；家校沟通（4.5%）。

从调查结果来看，教师感知常规学期教学和规模化在线教学的工作负担主要来源于备课、课堂教学、批改作业等。其中，常规学期教学的工作负担还有来自学校的其他事务；而规模化在线教学的工作负担还包括学习新知识、适应新技术、在线批改作业、在线辅导、在线教研等。我们可以看到常规学期和规模化在线教学教师工作负担发生的转变。在线教学并没有如人们期待的那样能减轻教师工作负担，我们推断更加深层次的原因可能是教与学的场域发生了变化。布迪厄指出，"场域形塑着惯习"，也就意味着场域与惯习存在着制约的关系，他们之间是一种"本体论的对应关系"[17]。不同的场域存在着不同的惯习，同理，教师在常规教学和在线教学两个不同场域内的惯习也存在差异，而其中的惯习可以理解为教师的教学习惯、教学经验或者是教学观念等。当教师带着在常规教学期间积累的教学惯习进入到在线教学这一新的场域时，就会产生"水土不服"的现象，而教师在线教学期间所感知的工作负担的变化可能也有一部分是教师惯习作出调整和重建的结果。

（六）教师对规模化在线教学的感受

表3　教师对规模化在线教学的感受

| 题项 | N | 最小值 | 最大值 | M | SD |
|---|---|---|---|---|---|
| 在线教学，省去了耗费上下班路上的时间，工作更从容了（1代表非常不同意，5代表非常同意） | 2354 | 1 | 5 | 3.29 | 1.048 |
| 在线教学提升了学生的自主学习能力 | 2354 | 1 | 5 | 2.89 | 1.047 |
| 在线教学中的信息共享与实时沟通更加方便，师生交流更加充分 | 2354 | 1 | 5 | 2.92 | 0.962 |
| 在线教学让我拥有了更多的自主选择权 | 2354 | 1 | 5 | 3.17 | 0.921 |
| 在线教学让我能更加精准地了解每个学生的学习情况，有利于改进教学 | 2354 | 1 | 5 | 2.68 | 0.984 |
| 在线教学提高了师生的信息素养 | 2354 | 1 | 5 | 3.27 | 0.941 |

调查结果显示（见表3），教师对此次规模化在线教学的感受不是很理想。具体感受如下：教师对"在线教学让我能更加精准地了解每个学生的学习情况，有利于改进教学"，"在线教学提升了学生的自主学习能力"，"在线教学中的信息共享与实时沟通更加方便，师生交流更加充分"这三个维度并不是很赞同，这与王继新等人调查的结果一致，认为无法精准学情分析是在线教学亟待解决的问题[16]。但是教师普遍赞同在线教学能提高师生的信息素养和因在线教学省去了耗费上下班路上的时间，使工作更从容。同时，调查结果显示，此次教师都能顺利地开展规模化在线教学工作，75.2%的教师认为受益于以往的信息技术能力提升培训；70.2%的教师认为受益于常规学期教学工作经验；35.6%的教师认为受益于平日在线经验（如参与网络游戏、网络课程等）。从调查结果来看，教师对在线教学的感受并没有如人们理想中的在线教学那样，在一定程度上还没有真正

看到在线教学的优势，这或许与教师对在线教学的思想准备不足[18]，在线教学的设备、技术，在线教学活动设计有关。也许从另外一个维度可以看出此次规模化在线教学并没有很好地发挥出在线教学的特点。

（七）教师对规模化在线教学的认知

调查结果显示（见表4），教师对在线教学活动设计的了解情况、对在线教学技术应用胜任力得分情况偏低，表明教师对在线教学活动设计的熟悉情况和对在线教学技术应用胜任力不是很满意，且教师认为在线教学师生分离对教学效果的影响较大；在线教学期间教师与家长沟通的工作得分为6.15分，表明家校合作满意度不高；教师认为在线教学期间学生打卡、各种表格的填写得分为5.34分，反映出疫情在线教学期间学生打卡和各种表格的填写占用时间较多。从调查结果来看，教师对在线教学的认知是缺乏的，对在线教学活动设计情况不是很熟悉，对在线教学技术应用胜任力不足，认为在线教学师生分离对教学效果影响较大。在一定程度上反映出教师对在线教学认知存在一定的困惑，也表现出在线教学能力不高等问题。

表4　教师对规模化在线教学的认知

| 题项 | N | 最小值 | 最大值 | M | SD |
|---|---|---|---|---|---|
| 我对在线教学活动设计的了解情况<br>（1代表非常不熟悉，10代表非常熟悉） | 2354 | 1 | 10 | 6.91 | 1.788 |
| 我对在线教学技术应用胜任力<br>（1代表非常弱，10代表非常强） | 2354 | 1 | 10 | 6.74 | 1.755 |
| 我感到在线教学期间学校的事务管理秩序<br>（1代表无序，10代表有序） | 2354 | 1 | 10 | 6.95 | 1.903 |
| 我觉得在线教学师生分离对教学效果的影响<br>（1代表无影响，10代表影响很大） | 2354 | 1 | 10 | 7.38 | 1.961 |
| 我觉得在线教学期间学生打卡、各种表格的填写<br>（1代表非常耗时，10代表不耗时） | 2354 | 1 | 10 | 5.34 | 2.548 |
| 我在在线教学期间与家长沟通的工作<br>（1代表非常不满意，10代表非常满意） | 2354 | 1 | 10 | 6.15 | 1.950 |

## 四、结论与讨论

根据调查结果分析，规模化在线教学情境下，教师工作负担呈现了新样态。虽然教师工作存在不同的工作负担，但至少可以肯定，此次规模化在线教学改变了教师的工作样态，对教师来说既是专业成长过程中的一次挑战，也是一次机遇。这场规模化在线教学实践中蕴含了丰富的在线教学规律，其中，作为在线教学的主体教师，在这场规模化在线教学中他们是如何应对的，他们的工作负担如何，这才是我们需要在在线教学中把握的。只有把握好教师关于在线教学的认识与实践，才能真正提高在线教学的质量。

（一）结论

1.教师对规模化在线教学适应不足却在努力实践在线教学

通过调查发现，此次规模化在线教学并没有很好地发挥出在线教学的特点，而更多的是把线下课堂搬到线上；教师对在线教学的感受也没有在线教学理想中的效果那样尽如人意，且教师的在线教学活动设计能力和在线技术应用胜任力并不高。但是我们可以看到教师都在通过不同的形式努力实践在线教学。因此，我们认为如何提升教师的在线教学能力便成为后疫情时期教师专业发展的突破点。

2.规模化在线教学中教师工作负担发生了部分转变

根据调查结果来看，教师对在线教学没有如乐观者所说的减轻教师负担。23%的教师整体感知到规模化在线教学工作负担比常规学期工作负担更重，但是，教师感知工作负担并没有出现城乡差异；而且不论哪种在线教学方式都不能减轻教师工作负担。常规学期教学的教师工作负担与在线教学中教师工作负担都比较重，只是工作负担的类型发生了转变而已。当然，也有部分教师认为在线教学变得更加轻松了，我们推测可能多是年轻教师和信息素养较高的教师，还有部分让学生根据资源包居家自学的教师。因此，后疫情时期在线教学如何有效地融入日常教学中，如何让在线教学的技术应用和技术支持服务能更加精准地为教与学服务，如何有效减轻在线教师的工作负担便成为后疫情时期在线教学发展的关键。

3. 影响规模化在线教学中教师工作负担的因素较复杂

从调查结果来看，在线教学中教师工作负担的增加主要与教龄、职称、任教科目、任教学段、在线教学形式等有关。第一，教龄越高的教师感知的教师工作负担越重，高级职称教师感知的工作负担比初级教师更重，本科学历的教师往往比专科学历的教师更有工作负担的感受。第二，越是低学段的教师工作负担感越重，但学生的居家自学也会相应降低教师增加工作负担的感受。第三，有在线教学与在线批改作业任务的教师工作负担大幅增加。虽然任教科目与在线教学中教师工作负担没有显著相关，但是通过模型统计发现音乐、美术等教师的工作负担相对来说可能更轻。第四，当前的各类教学平台琳琅满目，各学校、区域缺乏统一的教育云服务平台，无法满足在线教学的要求，以致教师需要通过多种教学服务平台完成在线教学，以增加教师的工作负担。因此，规模化在线教学需要我们重新思考教师工作负担的影响因素，如何让在线教学发挥真正的优势。如何实现技术乐观者所说那样，让技术真正发挥其价值，成为教师的助手，减轻教师的工作负担，需要我们重新审视技术给教师工作带来的变化，重新思考如何提升教师的专业能力来适应技术的变化、如何通过技术促进教师专业发展等。

4. 教师遭遇着对规模化在线教学认知和感受的困惑

从调查结果来看，教师正遭遇着对规模化在线教学认知和感受的困惑，教师并不是很赞同在线教学能提升学生的自主学习能力，能让教师精准了解学生的学习和信息共享及时、交互性增强的观点。虽然，在此次调查中教师认为在线教学的教学效果没有常规学期教学效果好，但作为一次特殊时期的在线教学，在一定程度上能转变学生的学习方式，同时也隐约反映出教师对在线教学的本质和规律的认识，以及开展和设计在线教学活动能力是有缺失的。显然，我们需要重新思考的是，如何深化当前在线教学的应用及教师如何正确看待在线教学。

客观地说，此次调查反映出来的教师对规模化在线教学的感受，并不能完全代表教师对非疫情时期在线教学的感受。尽管如此，此次数据在一定程度上还是反映了在线教学中教师工作负担的现状，同时，也给后疫情时期的在线教学留下了许多反思的空间。我们认为后疫情时期的教育可能将呈现出新的样态，如何让技术在教师工作中适恰地发挥作用？我们认为需要构建信息技术与教育教学深度融合的场域。在这个场域中教师的教学行为将发生转变。只有这样，教师才能适应后疫情时代教育的变革。最后，我们需要冷静对待技术乐观主义者对技术能减轻教师工作负担的看法，也要理性对待技术悲观者对技术增加教师工作负担的看法，只有当技术与教育在一个合适的场域中，技术才能发挥它应有的价值。

（二）讨论

1.提升教师和学生的数字素养与技能，做一名合格的数字公民

数字素养与技能既是数字时代教师专业发展的必备要素，也是数字时代学生必备的素养。规模化在线教育在一定程度上对学生的数字素养是有促进提升的作用，但对于提高学生的问题解决能力和运用技术促进学习的能力还需要不断地实践与探索。根据调查和访谈结果显示，当前教师对在线教学能力胜任不足主要表现在三大方面：教师的信息技术应用能力不足；教师对规模化在线教学存在疑虑，表现在对规模化在线教学质量的担忧；教师对规模化在线教学的不适应，可能是与办公场所等场域的变化有关，反映出教师在线教学胜任能力不足，较难适应规模化在线教学。回过头来看，随着近年教师信息技术应用能力提升工程2.0项目的实施，我国教师信息技术应用能力培训取得了巨大成就，但在后疫情时期，我们需要反思，教师的信息技术应用能力提升何去何从？布迪厄认为在不同的场域之中，场域结构与场域环境对行动主体的发展具有深远影响[17]。那么我们需要思考教师如何应对后疫情时期的教育，特别是提升教师在不同场域中的数字化胜任力？第一，重新思考如何进行在线教学，如何设计和组织在线教学活动等，提升教师和学生的数字化胜任力。第二，加强在线教学APP的监管和规范在线教学质量，在线教学质量的落实在于对在线教学APP的监管，促进在线学习的深度发生和提升在线学习的投入度[19-20]。第三，转变家校合作方式。疫情过后，家校合作方式也将发生转变，均应提高家校合作意识，善用信息技术增强家

校合作等[21]。

2.追寻信息技术与教育教学融合的新常态

后疫情时期教育可能将呈现出新的样态，如何让技术在教师工作中适恰地发挥作用？我们认为需要追寻信息技术与教育教学融合的新常态。首先，要追寻信息技术与教育的生态融合，信息技术对教育教学产生持续影响的关键在于使技术能够有效嵌入生态、走向常态[22]，技术在教育教学过程中才能发挥适恰的作用。其次，要构建信息技术与教育教学深度融合的场域。在这个场域中教师的教学行为将发生转变。教师要认识到智能时代对教师提出了新的更高的要求，教师要接受智能时代学习方式的变化，如跨学科学习、技术支持的项目式学习等多种学习方式；教师要接受智能时代教学方式的变化，如线上线下融合的教学、智慧教学等多种形式的教学方式。

本研究也存在一定的局限性，调查范围的局限在于只调查了上海和上饶两个城市的教师，后续的研究可以将调查范围扩大，使调查的数据更加全面。又如，本研究对教师工作负担内涵和测量并没有精细化的研究，今后可以编制可推广的教师工作负担测量量表。

**参考文献：**

[1]徐鹏.人工智能时代的教师专业发展——访美国俄勒冈州立大学玛格丽特·尼斯教授[J].开放教育研究，2019，25（4）：4-9.

[2]顾小清，舒杭，白雪梅.智能时代的教师工具：唤醒学习设计工具的数据智能[J].开放教育研究，2018，24（5）：64-72.

[3]Aggrey E，Kuo R，Chang M. Online Test System to Reduce Teachers' Workload for Item and Test Preparation[M].Innovations in Smart Learning. Springer Singapore，2017：215-219.

[4]Selwood I，Pilkington R. Teacher Workload：Rsing ICT to Release Time to Teach[J].Educational Review，2005，57（2）：163-174.

[5]王帅.信息技术的教学本体进路及阈限[J].教育研究与实验，2018（6）：7-11.

[6]翁朱华.在线辅导：在线教学的关键——访在线教学领域知名学者吉利·西蒙博士[J].开放教育研究，2012，18（6）：4-8.

[7]张辉蓉，朱予橦，念创，等.重大疫情下中小学网络教学：机遇、挑战与应对[J].课程·教材·教法，2020，40（5）：58-63.

[8]胡小平，谢作栩.疫情下高校在线教学的优势与挑战探析[J].中国高教研究，2020（4）：18-22，58.

[9]吴仁英，王坦.翻转课堂：教师面临的现实挑战及因应策略[J].教育研究，2017，38（2）：112-122.

[10]Califf C，Brooks S L. An Empirical Study of Techno-stressors, Literacy Facilitation, Burnout, And Turnover Intention as Experienced by K-12 Teachers [J]. Computers & Education，2020（157）：103971.

[11]谭维智.教师到底应该因何施教——基于技术现象学视角的分析[J].教育研究，2013，34（9）：102-111.

[12]Selwyn N. Teachers vs Technology：Rethinking the Digitisation of Teachers' Work [J]. Ethos，2017，25（3）：10-13.

[13]李跃雪，赵慧君.中小学教师工作负担异化的生成逻辑与治理思路[J].教师教育研究，2020，32（3）：67-72.

[14]熊建辉，姜蓓佳.中小学教师工作负担现状调查与减负对策[J].中国教师，2019（9）：72-75.

[15]李新.教师的工作负担及其影响因素研究——基于中国教育追踪调查（2014—2015学年）数据的实证分析[J].上海教育科研，2019（3）：5-9，78.

[16]王继新，韦怡彤，宗敏.疫情下中小学教师在线教学现状、问题与反思——基于湖北省"停课不停学"的调查与分析[J].中国电化教育，2020（5）：15-21.

[17]布迪厄，华康德.实践与反思——反思社会学导引[M].李猛，李康，译.北京：中央编译出版社，1998.

[18]邬大光，李文.我国高校大规模化线上教学的阶段性特征——基于对学生、教师、教务人员问卷调查的实证研究[J].华东师范大学学报：教育科学版，2020，38（7）：1-30.

[19]万昆，饶宸瑞，饶爱京.后疫情时期何以发展教师在线教学胜任力[J].

电化教育研究，2021，42（8）：93-100.

　　［20］万昆，饶爱京，徐如梦.哪些因素影响了学习者的在线学习投入？——兼论智能时代在线学习的发展［J］.教育学术月刊，2021（6）：97-104.

　　［21］郑旭东，万昆.规模化 K12 在线教学中家校合作的实施逻辑、内容与建议［J］.中国电化教育，2020（4）：16-21.

　　［22］任友群，吴旻瑜，刘欢，等.追寻常态：从生态视角看信息技术与教育教学的融合［J］.中国电化教育，2015（1）：97-103.